"十三五"国家重点出版物出版规划项目·重大出版工程规划

中国工程院重大咨询项目成果文库

推动能源生产和消费革命战略研究系列丛书

（第一辑）

丛书主编　谢克昌

推动能源生产和
消费革命的支撑与保障

岑可法 等　编著

本书系中国工程院重大咨询项目"推动能源生产和消费革命战略研究"第一期（2013 年 5 月至 2015 年 12 月）研究成果

科学出版社

北　京

内 容 简 介

本书依托中国工程院重大咨询项目"推动能源生产和消费革命战略研究",从煤炭分级转化与多级利用、污染物综合脱除与资源化回收、海上油气资源开发和海洋能利用、油气供给革命、核能革命性发展与利用、智慧能源网、重点耗能产业结构调整及工艺革新、新能源与可再生能源、政策与法律法规九个角度研究中国典型能源生产行业的现状和发展趋势,对如何支撑并保障中国能源生产消费革命进行系统的研究和分析。最终建议以"生态文明建设"作为顶层设计理念指导实践,通过技术创新、体质创新、重大工程建设和政策法规及标准体系建设支撑和保障能源生产消费革命。

本书可供从事火电、钢铁、建材、石化、化工等能源行业的相关专业技术人员、研究人员参考,也可供从事政策法规研究等工作的相关人员参考。

图书在版编目(CIP)数据

推动能源生产和消费革命的支撑与保障 / 岑可法等编著. —北京: 科学出版社,2017.4

(推动能源生产和消费革命战略研究系列丛书/谢克昌主编. 第一辑)

"十三五"国家重点出版物出版规划项目·重大出版工程规划 中国工程院重大咨询项目成果文库

ISBN 978-7-03-052397-6

Ⅰ. ①推… Ⅱ. ①岑… Ⅲ. ①能源经济–研究–中国 Ⅳ. ①F426.2

中国版本图书馆 CIP 数据核字(2017)第 065417 号

责任编辑:马 跃 李 莉 / 责任校对:赵桂芬
责任印制:霍 兵 / 封面设计:无极书装

科学出版社 出版
北京东黄城根北街 16 号
邮政编码:100717
http://www.sciencep.com
中国科学院印刷厂印刷
科学出版社发行 各地新华书店经销

*

2017 年 4 月第 一 版 开本:720×1000 1/16
2017 年 4 月第一次印刷 印张:24 3/4
字数:500 000
定价:152.00 元
(如有印装质量问题,我社负责调换)

推动能源生产和消费革命战略研究系列丛书（第一辑）
编委会成员名单

项目顾问

徐匡迪　中国工程院　第十届全国政协副主席、中国工程院主席团名誉主席、原院长、院士

周　济　中国工程院　院长、院士

潘云鹤　中国工程院　原常务副院长、院士

吴新雄　国家发改委　国家发改委原副主任、国家能源局原局长

王玉普　中国石油化工集团公司　董事长、党组书记、中国工程院原副院长、院士

项目负责人

谢克昌　中国工程院　原副院长、院士

课题负责人

第 1 课题	生态文明建设与能源生产消费革命	杜祥琬
第 2 课题	世界能源版图变化与能源生产消费革命	张玉卓
第 3 课题	第三次工业革命与能源生产消费革命	何继善
第 4 课题	能源生产革命的若干问题研究	黄其励、袁晴棠
第 5 课题	能源消费革命的若干问题研究	倪维斗、金　涌
第 6 课题	推动能源生产和消费革命的支撑与保障	岑可法
综合课题	推动能源生产和消费革命战略研究	谢克昌

课题六 推动能源生产和消费革命的支撑与保障课题组编委会成员名单

组长

岑可法	浙江大学	院士

副组长

骆仲泱	浙江大学	教授、院长

成员

岳光溪	清华大学	院士
苏万华	天津大学	院士
黄维和	中国石油天然气股份有限公司	院士、副总裁
邓运华	中国海洋石油总公司	院士、副总地质师
倪明江	浙江大学	教授、院长
俞培根	中国核工业集团公司	副总经理
马重芳	北京工业大学	教授
周大地	中国能源研究会	研究员
孙 锐	电力规划设计总院	副院长
周华富	浙江省发展和改革委员会	副主任
姚 强	清华大学	教授
王辅臣	华东理工大学	教授
吴少华	哈尔滨工业大学	教授
马晓茜	华南理工大学	教授
董 宏	浙江大学	研究员、副院长
高 翔	浙江大学	教授
余潇枫	浙江大学	教授、主任
陈 臻	阳光时代律师事务所	研究员、主任
周劲松	浙江大学	教授
方梦祥	浙江大学	教授

王勤辉	浙江大学	教授
俞自涛	浙江大学	教授
程 军	浙江大学	教授
肖 刚	浙江大学	教授
薄 拯	浙江大学	教授
罗 坤	浙江大学	教授
吴学成	浙江大学	教授
郑成航	浙江大学	副教授
王 涛	浙江大学	副教授
周章贵	阳光时代律师事务所	研究员、执行主任
张厚和	中海油研究总院	教授级高工、勘探规划总师
廖宗宝	中海油研究总院	高工
赫栓柱	中海油研究总院	高工
张 理	中海油研究总院	高工、首席工程师
韩景宽	中国石油规划总院	教授级高工、副院长
陈进殿	中国石油规划总院	高工、室主任
田 瑛	中国石油规划总院	高工
魏传博	中国石油规划总院	高工
孙春良	中国石油规划总院	教授级高工、副总工程师
黄敏刚	中国核工业集团公司	教授级高工、总经济师
王 军	中国核工业集团公司	高工、副处长
方 涛	中国核工业集团公司	高工
汪永平	中国核工业集团公司	研究员级高工、处长
谢伯军	嵊州新中港热电有限公司	董事长
王 栋	浙江省技术创新服务中心	高级工程师
马 攀	浙江省发展规划研究院	博士

丛 书 序 一

　　能源是国家经济社会发展的基石。能源问题是关乎国家繁荣、人民富裕、社会和谐的重大议题。当前世界能源形势复杂多变，新的能源技术正在加速孕育、新的能源版图正在加速调整、新的能源格局正在逐步形成。国内生态环境约束日益加强，供给侧结构性改革推进正酣，构建前瞻性的能源战略体系和可持续的现代能源系统迫在眉睫。习近平总书记在中央财经领导小组第六次会议上提出了推动能源生产和消费革命的战略要求，为我国制定中长期能源战略、规划现代能源体系、推进"一带一路"能源合作、保障国家能源安全等明确了方向。

　　中国工程院在2013年5月启动了由时任中国工程院副院长的谢克昌院士牵头负责的"推动能源生产和消费革命战略研究"重大咨询项目，适度超前、恰逢其时，意义重大。这一项目的启动体现了中国工程院作为国家智库的敏锐性、前瞻性、责任感和使命感。项目研究从国际能源和工业革命规律等大视野，提出了我国能源革命的战略、目标、重点和建议，系统研究并提出了我国能源消费革命、供给革命、技术革命、体制革命和国际合作的技术路线图。项目研究数据翔实、调研充分，观点明确、内容具体，很多观点新颖且针对性强，对我国能源发展具有重要指导和参考意义。项目研究成果凝聚了30多位院士和300余名专家的集体智慧，研究期间多次向国家和政府部门专题汇报，部分成果和观点已经在国家重大决策、政府相关规划的制定中得到体现。

　　推动能源革命是一项长期、复杂的系统工程，研究重点和视角因国际形势变化、国内环境变化而表现不同，希望项目研究组和社会能源科技专家共同努力，继续深化研究，为我国能源安全发展保驾护航，为我国全面建成小康社会和实现两个"一百年"目标添薪助力。

　　谨对院士和专家们的艰辛付出表示衷心的感谢！

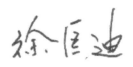

2016 年 12 月 26 日

丛 书 序 二

在我国全面建成小康社会、实现中华民族伟大复兴的中国梦进程中，能源与经济、社会、环境协调发展始终是一个重要课题。能源供给约束矛盾突出、能源利用效率低下、生态环境压力加大、能源安全形势严峻等一系列问题，以及世界能源版图深刻变化、能源科技快速发展的国际化趋势和应对气候变化的国际责任与义务，要求我国亟须在能源领域进行根本性的变革和全新的制度设计，在发展理念、战略思路、途径举措、科技创新、体制机制等方面实现突破或变革。

党的十八大报告指出，要坚持节约资源和保护环境的基本国策，推动能源生产和消费革命，控制能源消费总量。2014 年 6 月 13 日，习近平总书记主持召开中央财经领导小组第六次会议，会议明确提出"能源消费革命"、"能源供给革命"、"能源技术革命"、"能源体制革命"和"加强国际合作"的能源安全发展战略思想。可见，"能源生产和消费革命"已成为我国能源方针和政策的核心内容，成为推动能源可持续发展的战略导向，成为加快能源领域改革发展的重要举措。

作为我国工程科学技术界的最高荣誉性、咨询性学术机构，为了及时通过战略研究为推动能源生产和消费革命提供科学咨询，中国工程院在 2013 年 5 月就启动了"推动能源生产和消费革命战略研究"重大咨询项目，目的是根据国家转变能源发展方式的现实任务和战略需求，从国际视野和大能源观角度，深入分析生态文明建设、世界能源发展趋势、第三次工业革命等方面对我国能源领域带来的深刻影响和机遇，紧紧围绕能源革命的概念、核心、思路、方式和路径展开系统研究，提出推动能源生产和消费革命的战略思路、目标重点、技术路线图和政策建议，为我国全面推进能源生产和消费革命，完善国家能源战略规划和相关政策，加强节能减排、提高能效、控制能源消费总量，推动煤炭等化石能源清洁高效开发利用，拓增非化石能源、优化能源结构等一系列工作提供创新思路、科学途径和方法举措。

项目由中国工程院徐匡迪主席、周济院长、时任常务副院长潘云鹤院士、时任副院长王玉普院士，以及国家能源局原局长吴新雄担任顾问，中国工程院原副院长谢克昌院士任组长，下设六个课题，分别由相关能源领域院士担任课题组长，来自 90 家科研院所、高等院校和大型能源企业的 300 多名专家参与研究及相关工作，其中院士 39 位。研究工作全面落实国家对战略研究"基础研究要扎实，战略目标要清晰，保障措施要明确，技术路线图和政策建议要具体可行"的要求，坚持中国工程院对重大课题研究的战略性、科学性、时效性、可行性、独立性的要求，历时两年多时间，经过广泛的专家讨论、现场调研、深入分析、成果交流和征求意见，最终形成一个项目综合报告和六个课题报告。

第一册是综合报告《推动能源生产和消费革命战略研究（综合卷）》，由中国工程院谢克昌院士领衔，在对六个课题报告进行了深入总结、集中凝练和系统提高的基础上，科学论述了推动能源生产与消费革命是能源可持续发展和构建"清洁、低碳、安全、高效"现代能源体系的必由之路。《推动能源生产和消费革命战略研究（综合卷）》对能源生态协调发展、能源消费总量控制、能源供给结构优化、能源科技创新发展、能源体制机制保障等一系列突出矛盾和问题进行了深入分析，提出了解决的总体思路和主要策略；系统提出能源革命"三步走"战略思路和能源结构优化期（2020年以前）、能源领域变革期（2021~2030年）、能源革命定型期（2031~2050年）的阶段性目标以及战略重点，并就实施和落实各项战略重点的核心思路、关键环节和重点内容进行科学论证、提出明确要求。

第二册是《生态文明建设与能源生产消费革命》，由杜祥琬院士牵头，主要从生态文明建设的角度进行研究。从回顾人类文明发展和历次能源革命的历程，以及深入分析工业文明带来的危机和问题着手，总结了国际发展理念变迁、新的文明形态形成与实践的基本规律和趋势，认为全球能源革命的方向是清洁化和低碳化。分析我国转变发展方式、建设生态文明和推动能源革命的辩证关系，剖析能源生产和消费革命的难点，总结我国能源发展的主要特征和我国能源战略及其演变，最后提出推动我国能源革命的思路、路径以及政策建议。

第三册是《世界能源版图变化与能源生产消费革命》，由张玉卓院士牵头，主要从世界能源发展趋势的角度进行研究。通过总结当前世界主要经济体在能源供应、生态环境破坏以及气候变化方面面临的挑战，分析世界能源结构、供需格局、能源价格等重大趋势和规律。研究美国、欧盟等主要国家和地区能源发展与战略调整对我国能源安全发展的深远影响，提出我国必须转变能源发展理念和发展战略，主动适应世界能源发展的趋势变化，形成可持续的能源发展模式，加快发展方式转型，推动能源管理和制度创新，并从推动能源革命的基础、先导、方向、核心、支撑和保障等方面提出措施建议。

第四册是《第三次工业革命与能源生产消费革命》，由何继善院士牵头，主要从第三次工业革命的角度进行研究。在分析预判以互联网和可再生能源为基础的第三次工业革命发展趋势和机遇，以及对主要国家及地区能源战略和我国未来能源生产消费可能产生的影响的基础上，提出推动我国能源生产消费革命的战略构想，深入论证智能电网、泛能网、分布式发电与微电网、智能建筑和能源互联网等重点工程在未来我国能源体系中的作用、实施计划和经济社会价值，最后提出推动我国能源生产与消费革命的价格、财政税收、国际化经营和国际合作等政策建议。

第五册是《能源生产革命的若干问题研究》，由黄其励院士和袁晴棠院士牵头，主要从能源生产（供给）侧开展研究。厘清能源生产革命的背景与战略目标，从新能源开发利用水平和能源发展潜力两方面，论证了我国已基本具备能源生产革命的基础条件，系统阐述我国能源生产革命的方向、目标、思路和战略重点，提出能源生产革命的重大技术创新路线图、时间表，提出中长期能源生产革命重大工程和重大产业，以及能源生产革命的政策建议。

第六册是《能源消费革命的若干问题研究》，由倪维斗院士和金涌院士牵头，主要从能源消费侧开展研究。预判我国能源消费未来发展趋势，以及分析 2030 年前经济社会发展目标和能耗增长趋势。重点剖析了推动能源消费革命涉及的我国能源消费宏观政策、总量控制以及主要领域的若干重要问题，明确了我国能源消费革命的定义和内涵，提出推进我国能源消费革命、控制能源消费总量的战略目标和实施途径，以及有关政策建议。

第七册是《推动能源生产和消费革命的支撑与保障》，由岑可法院士牵头，主要从支撑和保障方面开展研究。分析我国能源生产和技术革命在支撑和保障方面的背景及目标，提出明确的定义、内涵和总体路线图。以能源消费绿色化、能源供给低碳化以及能源输配智能化三条主线为核心，提出在技术领域方面全面创新、在法律及体制机制层面深化改革的总体思路和重点内容，为推进和实施能源生产与消费革命提供支撑和保障。

"推动能源生产和消费革命战略研究系列丛书"是我国能源领域广大院士和专家集体智慧的结晶。项目研究进行过程中形成的一些重要成果和核心认识，及时上报了中央和国家有关部门，并已在能源规划、政策和重大决策中得到体现。作为项目负责人，借此项目研究成果以丛书形式付梓之机，对参加研究的各位院士和专家表示衷心的感谢！需要说明的是，推动能源生产和消费革命是一项系统工程，相关战略和政策的研究是一项长期的任务，为继续探索能源革命的深层次问题，目前项目组新老成员在第一期研究成果（即本套丛书）的基础上已启动第二期项目研究。希望能源和科技领域的专家与有识之士共同努力，为推动能源生产和消费革命、实现我国能源与经济社会持续健康发展贡献力量！

中国工程院
"推动能源生产和消费革命战略研究"
重大咨询项目负责人

2016 年 12 月 12 日

前　言

党的十八大报告中明确提出要"推动能源生产和消费革命"，建设美丽中国。在中央财经领导小组第六次会议上，习总书记详细阐述了能源革命的内涵，提出了"四个革命"和"一个合作"的战略构想，充分表明党中央、国务院对能源革命的态度和决心。为了保障能源生产和消费革命，我们应大力鼓励能源科技自主创新，建立新型的能源供需协调模式和市场、资源的保障模式，加快观念体制变革与创新，而首位重要的则是革命性的能源生产和消费理念以及顶层设计。本书依托中国工程院 2013 年 5 月启动的重大咨询项目"推动能源生产和消费革命战略研究"，并根据第六课题组"推动能源生产和消费革命的支撑与保障"的研究，对如何支撑并保障中国能源生产与消费的革命进行系统的研究和分析。

本书旨在围绕促进和保障能源生产消费革命的体制机制问题，通过研究中国煤炭、石油、天然气、核能、可再生能源等典型能源生产行业的技术水平、政策法规、标准等现状和发展趋势，以及能源网（电、水、气、热、冷、废弃物）和火电、钢铁、建材、石化、化工等典型能源消费要素及行业的运行体制、能效、排放特征等，提出政策引导的内容与方式、市场运作的机制和保证标准及评价体系的完善与建立等，并在此基础上形成能源生产与消费革命综合技术创新和体制创新思路、基础建设与重大工程新方向以及政策法规及标准体系新建议。主要研究和分析如下：

中国当前已成为世界上大气污染最为严重的国家之一，煤的燃烧生成了大量的二氧化硫（SO_2）、氮氧化物（NO_x）、重金属（汞 Hg）和有机物等多种污染物，是大气污染物的重要来源。发展高效脱除与协同控制技术，实现燃煤烟气污染物的超低排放，达到燃气轮机的排放标准，是改善环境空气质量的有效途径。在此基础上，发展活性分子烟气深度净化技术和碳捕获及封存（carbon capture and storage，CCS）技术，实现燃煤烟气污染物的近零排放。同时开发活性半焦等资源化回收利用技术，满足国内硫黄、硫酸、硝酸钙等化工原料的需求。此外，同步推进钢铁、有色、建材等行业污染物控制和资源化回收技术水平的提升，强化污染物控制装备运行的监管，保障污染物的长期稳定超低排放，为污染物的综合脱除和资源化回收提供支撑与保障。

　　加快传统产业技术创新，发展低能耗高附加值产业，严格控制高能耗低附加值产品出口。加大先进技术、工艺和装备的研发，加快运用高新技术和先进适用技术改造提升传统产业，促进信息化和工业化深度融合，支持节能产品装备和节能服务产业做大做强。支持优势骨干企业实施横向产业联合和纵向产业重组，通过资源整合、研发设计、精深加工、物流营销和工程服务等，进一步壮大企业规模，延伸完善产业链，提高产业集中度，增强综合竞争力。强化节能评估审查制度，提高行业节能准入门槛，控制高能耗产业增长速度，限制高资源消耗产品出口；提高节能环保市场准入门槛，严把土地、信贷两个闸门，严格控制新建高耗能、高污染项目。加大淘汰落后产能力度，地方各级政府要对限期淘汰的落后装备严格监管，禁止落后产能异地转移。要将上大与压小相结合、淘汰落后与新上项目相结合。

　　落实国家区域发展总体战略和主体功能区战略，根据资源能源条件、市场需求、环境容量、产业基础和物流配套能力，统筹沿海沿边与内陆、上下游产业及区域经济发展，优化产业布局，满足各地区经济社会发展需求。综合考察跨省区企业的产业链排放，并且建立区域间排放转移的补偿机制。在较不发达的中西部地区，应提高环境标准并严格执行。

　　以保护生态环境和人体健康为目标，加快环境保护标准制修订步伐，进一步完善国家环境保护标准体系。鼓励地方参与国家环境保护标准制修订，制定地方环境保护标准发展规划，制定实施较国家标准更为全面和严格的地方标准。坚持因地制宜，鼓励有条件的地区制定更严格的排放标准。严格执行节能、土地、环保等法律法规，综合运用差别电价、财政奖励、考核问责等法律手段、经济手段和必要的行政手段。

　　中国正处在快速发展时期，能源需求持续增长，能源和环境对可持续发展的约束越来越严重，因而发展清洁能源技术、加速本地化清洁能源的开发是必然选择。本书总结中国太阳能发展的方向与途径，提出目标建议与政策，并进行案例分析。关于风能，本书介绍国外不同形式的互补发电形式，指出中国发展风能与其他能源互补发电技术的挑战和主要任务、发展方向及途径，提出互补发电技术的发展目标和建议。生物质能被认为是今后最有效的可再生能源，对生物质直燃/混燃典型工程技术的经济性和生物质电厂改造案例进行分析，对生物质热裂解制取气/液高品位液体燃料进行全生命周期评价，在此基础上提出中国生物质能发展的目标和相关建议。提出先进储能技术面临的挑战和发展建议，并进行面向电力交通的储能动力系统建设的案例分析。最后，介绍国内外的氢能发展现状，提出中国发展氢能的战略定位、目标和综合建议。

　　在法律法规层面，研究并提出常规能源法律政策现状、问题与完善建议，综合研究国内外煤炭、油气、电力等法律政策的支撑与保障，提出支撑与保障中国常规能源发展的综合建议；研究并提出可再生能源法律政策现状、问题与完善建议，分析国外可再生能源法律政策发展经验，提出支撑与保障中国可再生能源发展的综合建议；研究国外节约能源法律政策发展经验并提出中国节能减排法律政策现状、问题与完善建议；借鉴国外能源安全法律政策的发展与启示，研究能源安全法律政策现状、问题并提出相关建议。

在体制机制层面，强调能源体制机制是支撑能源革命的重要保障，分析现行能源体制机制存在的问题和成因，详细研究能源体制机制的具体革命内容，并据此提出明确市场化方向，加强政府对环境的外部性管制，健全国家能源安全储备、预警与应急系统等方面的具体建议。结合国内外能源体制机制革命的借鉴研究和思考，提出相应的改革思路和对策。

最后，提出支撑和保障中国能源生产与消费革命的综合建议。

目 录

第一章　推动能源生产消费革命支撑与保障的背景与必要性

一、世界能源生产与消费支撑保障的现状与新趋势

国际能源领域正处在大调整、大变革时期。一方面，能源技术推动的绿色转型步伐加快，能源技术将成为引领新一轮产业革命的带头性领域；另一方面，全球能源市场和地缘政治正在发生深刻变化。

（一）世界各主要国家和地区能源生产与消费支撑保障现状

当前，以气候变化为代表的全球生态安全问题日益凸显，自工业革命以来发达国家和地区无节制地消耗化石能源不仅使全球面临矿产资源日趋枯竭、生态环境日趋恶化的严重局面，而且上百年来积累的二氧化碳（CO_2）排放导致了全球气候变暖，极端气候事件增多增强，给自然生态和人类社会带来越来越显著的负面影响，危及人类的生存和发展。

面对世界范围内的资源和环境制约，很多国家都把节能和提高能效提到首要战略地位。另外，各国都致力于能源结构的低碳化，确立了未来大比例的可再生能源的战略目标，努力构建以可再生能源为主体的可持续能源体系。通过高强度节能和大比例发展可再生能源，以有效减少化石能源消费和CO_2的排放，从而实现经济社会发展的低碳转型，进而实现人与自然的和谐、经济社会与资源环境的协调和可持续发展。

全球低碳发展的潮流和新的能源体系革命将引发世界范围内经济社会发展方式的根本变革，先进能源技术和节能技术则成为世界科技发展的前沿及技术竞争的热点领域，先进技术创新能力和低碳发展方式将成为一个国家的核心竞争力，甚至决定其在新的国际经济社会变革潮流中的兴衰和沉浮。

1. 美国的能源支撑保障以"能源独立"为核心

作为能源生产和消费大国，能源安全对美国的经济繁荣和国家安全具有重大

意义。自 20 世纪 70 年代石油危机开始，历届美国总统都把保证"能源安全"作为国家战略，强调节能和实现能源供应渠道的多元化，降低对中东油气资源的过分依赖。回顾美国的能源政策可以发现，其政策制定基本围绕着"能源独立"展开。2005 年美国政府颁布了《能源政策法案》，强化了能源供应多元化的重要性。由于美国石油资源储量仅占世界的 2%，其消费量却占全球的 20% 以上，保障石油供应构成了美国国家安全战略的重要基石。2006 年，布什在《国情咨文》中提出"先进能源倡议"，要求通过开发新技术寻找更洁净、低廉、可靠的替代能源，争取到 2025 年，从中东地区进口的石油量减少 75%。2007 年，美国政府发布《能源独立与安全法案》，旨在通过降低对本国石油工业的补贴，鼓励替代能源规模化利用。

得益于水平井和水力压裂技术的突破，近年美国兴起了一场规模空前的"页岩气革命"。依靠页岩气的大规模开发，2009 年美国以 6 240 亿立方米的产量首次超过俄罗斯，成为世界第一天然气生产大国。与页岩气伴生的页岩油的开发，也使得美国石油产量大幅增加。美国石油协会公布的数据显示，美国可采常规与非常规石油、天然气资源当量居于世界首位，比沙特阿拉伯还要多 24%。此外，美国的致密型砂岩气和煤层气等非常规天然气储量也非常丰富。加之加拿大油砂的大规模开发，以及北极地区和深海油气开发的提速，美国多年追求的"能源独立"梦想有望逐步成为现实。尽管美国的"能源独立"将是相对的，不可能完全停止自世界其他地区的能源进口，但是美国"很快将减少对石油进口的依赖"，并且可能"加入液化天然气（liquefied natural gas，LNG）出口国的行列"。

2. 欧盟的能源支撑保障以低碳化为核心

欧盟在发展低碳经济方面一直走在世界前列，陆续出台了多项有利于发展低碳经济的政策措施。早在 2005 年欧盟就开启了碳排放交易体制（emission trading scheme，ETS），参与 ETS 的各成员国必须履行《京都议定书》减排承诺，执行各国所辖温室气体排放量配额工作，几乎占欧盟 CO_2 排放总量的一半，是全球最大的碳排放总量控制与交易体系。为实现低碳经济和能源转型，欧盟提出了较高的温室气体减排目标，通过发展低碳能源，欧盟提出到 2050 年将温室气体的排放量在 1990 年的基础上减少 80%。此外，欧盟低碳能源战略的中期目标要求欧盟到 2020 年温室气体排放量要在 1990 年的基础上下降 25%。以上目标意味着，到 2020 年，欧盟温室气体年排放量要在 1990 年的基础上逐年下降1%；从 2020 年到 2030 年要在 1990 年的基础上逐年下降 1.5%；从 2030 年到 2050 年要在 1990 年的基础上逐年下降 2%。

近年来，世界各国因对常规化石能源日益短缺的预期，世界油气价格节节攀升，清洁发展压力增大，从而推进可再生能源技术研发取得突破性进展。太阳能、风能、生物质能等可再生能源的开发成本逐步下降,并且这些可再生能源对常规化石能源的替代作用日益增强,同时,核聚变能、可燃冰等高端新能源的开发利用也渐露曙光。

尽管可再生能源在能源生产总量中的比重还比较低,但增长势头异常迅猛。20 世纪 70 年代以来,德国、意大利等重视环境保护的欧盟国家,都加大了对可再生能源的研发和投入力度。在 2007 年欧盟首脑会议上,欧盟 27 国领导人又一致通过了新能源政策的共同行动计划。欧盟新能源政策的目标是到 2020 年实现可再生能源占总能源耗费比例的 20%,确定如此大胆的目标充分表明了欧盟的决心。法国是欧洲的核电大国,其能源政策以加强自主能源和环保为目标,强调要推进节能工作,发展可再生能源。金融危机以来,法国政府更是将发展新能源视为拉动经济的一个重要增长点。2008 年 11 月,法国环境部公布了一揽子旨在发展可再生能源的计划,涵盖生物能源、风能、地热能、太阳能以及水力发电等多个领域,计划到 2020 年将可再生能源在其能源消费总量中的比重至少提高到 23%。

3. 日本的能源支撑保障以提高能效为核心

作为能源资源匮乏国家,长期以来日本的能源供应严重依靠海外进口。为加强能源安全,日本自 20 世纪 90 年代以来出台多部《能源白皮书》,早期的有《能源政策基本法》《能源基本计划》《新国家能源战略》和《能源基本计划修改案》等,这些政策的核心包括强调节能、减少对化石能源的依赖等。在能源供应领域,日本进一步提高石油及天然气资源的自主开发率,提出由现在的 26% 提高到 2030 年的 40%。在能源消费领域,日本的能源利用效率全球领先。2010 年日本能源消费强度仅为 0.1 吨油当量/千美元,约为中国的 1/8、世界平均水平的 1/3。2009 年 4 月,《绿色经济与社会变革》提出对高碳产业(如钢铁、水泥、电力等)工业部门进行低碳技术改造,提高生产流程效率,以实现产业结构性升级,并提高发电及城市燃气制造部门等能源转换事业部门的能效。

另外,日本也一直致力于可再生能源的推广和普及。日本多年来一直积极开发太阳能、风能、核能等新能源,利用生物发电、垃圾发电、地热发电以及制作燃料电池作为新能源,特别是对太阳能的开发利用寄予厚望。经过多年发展,太阳能在日本已逐渐普及,很多家庭都购买了太阳能发电装置。从 2000 年起,日本太阳能光伏发电、太阳电池产量多年位居世界首位,约占世界总产量的半壁江山。

4. 巴西的能源支撑保障中可再生能源独具特色

在可再生能源领域,巴西已经是世界领袖。据国际能源署(International Energy Agency,IEA)的估计,到 2035 年巴西可再生能源产量几乎可以翻番,在国内能源结构中将保持43%的比例。水力发电仍然是电力部门的支柱。然而，由于大部分水资源丰富的地区处于偏远且环境脆弱的亚马逊河流域，巴西对水电的依赖度不断下降。在电力燃料结构中，占比不断上升的陆上风电（已证明有竞争力）、天然气和生物质能发电处于主导地位。在运输部门，巴西已经是世界上生物燃料的第二大生产国，产品以甘蔗乙醇为主，产量已经翻了三倍以上。适合耕种的地区满足上述能源增长绰绰有余，不需要侵占环境脆弱的地区。到2035年，巴西的生物燃料可满足国内公路运输燃料需求的1/3，其净出口将占据世界生物燃料贸易总量的40%。巴西一半以上的土地可用于农业生产，大部分地区都可推广种植甘蔗、大豆、油棕榈等生物燃料的主要作物原料。巴西是世界上第二大乙醇燃料生产国和第一大出口国。燃料酒精更加清洁，深受青睐，且价格比普通汽油低30%。2013年，在巴西的能源消耗总量中，乙醇汽油已占到43%的比例，全国有1 550万辆汽车使用乙醇汽油，其中300万辆使用纯乙醇燃料。

（二）世界能源生产与消费支撑保障新趋势

1. 全球气候变化推动能源利用低碳化

大气中CO_2浓度升高带来的全球气候变暖及其严重影响在20世纪90年代开始引起世界的广泛关注。但低碳发展方向，则是进入21世纪以来，特别是全球金融危机以来确立的新方向。在危机期间，世界主要经济体先后出台了相近的政策或战略，推动能源利用效率进一步提高，以及能源生产过程的清洁化、清洁能源种类的多样化和清洁能源消费比例最大化。预计到2025年，在世界能源消费结构中，煤炭的比例将下降到21.72%；天然气将上升到28.4%；石油的比例将维持在37.6%~37.9%。正是在这种背景下，2008年以来，世界主要国家和地区为应对全球金融危机，都将刺激经济的重点放在推动经济向低碳方向转型上，而能源变革又是核心。

在世界经济不景气的大背景下，美国政府和欧盟各成员国以低碳及新能源为重点的刺激政策实施效果大都不如预期，但比这种短期效果更重要的是，在危机的背景下，低碳发展已经悄然确立为世界经济未来发展的基本方向。这种方向不会因繁荣或萧条而改变。世界能源技术不断创新，未来世界能源利用的重点是能源效率的提高、能源数量的降低。预计到2025年，能源利用率将达到0.237 5吨油当量/千美元。

2. 能源技术创新推动能源结构多元化

世界能源结构在经历了薪柴时代、煤炭时代和石油时代之后，在国际油价高涨、全球气候变暖和新的能源技术（如"页岩气革命"）等因素的推动下，其格局正在重新洗牌，并向多元化方向快速发展，天然气、水能、核能、风能、太阳能均被广泛地利用。

进入 21 世纪以来，关于能源技术突破的报道越来越多，这从一个侧面反映了世界能源创新的活跃程度。欧洲不仅将能源创新视为展开"第三次产业革命"的核心，美国已经发生的、正在进行中的"页岩气革命"则大大加快了世界能源格局转换的进程。毫不夸张地说，活跃的能源创新是全球能源格局大变革的深层动力，它对这个产业的影响不亚于全球气候变暖因素。

欧盟未来的经济模式以能源为核心。有的学者将其蓝图概括为由五大支柱构成的"第三次产业革命"：变燃烧碳基化石燃料的结构为使用可再生能源的结构；将每处建筑转变为能就地收集可再生能源的迷你能量采集器；将氢其他可存储能源储存在建筑中，利用社会基础设施来储存间歇式可再生能源，并保证持久可依赖的环保能源供应；利用网络信息技术将电网转化为智能通用网络，从而使分散的个人将周围建筑生产的电能输送到电网中，在开放环境下实现与他人的资源共享；全球运输模式转向由插电式和燃料电池型的以可再生能源为动力的运输工具构成的运输网络。

不管是美国的"页岩气革命"还是欧洲的"第三次产业革命"，其都推动着世界能源供应的多元化和结构优化。可以预期，未来 10 年的世界能源供求格局会发生更为显著的变革。正因如此，欧洲和美国的能源创新才是世界能源格局变化的根本推动力量。根据 BP 的数据，未来 20 年，经济合作与发展组织（Organization for Economic Co-operation and Development，OECD）国家虽然继续增长，但能源需求大体稳定，变化主要体现在结构优化或能源供应的多元化方面。

二、中国能源生产与消费支撑保障面临的形势与挑战

目前中国能源支撑与保障主要存在三个问题：一是全球应对气候变化要求能源低碳发展，环境问题成为制约中国能源安全的重大问题；二是能源技术水平已成为国家重要的能源安全保障因素和经济竞争力，中国需要加快能源技术创新；三是能源消费总量大、增速过快和煤炭占比过高，油气对外依存度高，非化石能源近中期占比十分有限，导致中国的能源消费方式不可持续，进而影响能源安全。

面对这三个影响中国能源支撑与保障的问题，我们应树立包括能源供给安全、能源环境与生态安全、能源科技安全和能源经济安全的新型能源安全观，强化能源支撑与保障。

建设全面的能源支撑与保障，要经过长期努力。近期需要把能源环境安全放到更重要的地位，着重解决能源清洁化问题，保证合理的能源需求增长；同时，也要加快能源技术研发创新，为中远期的能源技术革命做好准备。中远期要通过

能源的需求合理化，以及供应的科学化、多元化、洁净化、低碳化，实现中国可持续的能源安全保障。

（一）中国节能减排、提高能效面临的形势与挑战

中国经济增长伴随着高能耗，结果使中国的 CO_2 排放量持续增加，实现低碳经济转型和可持续发展已经迫在眉睫。其实，应对国际压力只是问题比较小的部分。更大的问题在于，全球气候变化正在给并将进一步给中国带来一些严重的负面影响。根据世界自然基金会（World Wide Fund for Nature，WWF）发布的"后京都气候变化和可持续发展国家能力支持项目"中国报告，近 50 年来，中国沿海海平面上升速率为每年 1.4~3.2 毫米；西北冰川面积减少了 21%；北方干旱受灾面积扩大，南方洪涝加重；农业生产的不稳定性增加，局部干旱高温危害加重。六大江河的实测径流量都呈下降趋势，而局部地区洪涝灾害频繁；海岸带的极端天气事件造成的灾害更明显。

自改革开放以来，中国能源利用效率总的来说不断提高，但 2002~2005 年则出现了能源利用率显著下降的局面。政府随后强化了节能减排的工作力度，要求树立科学发展观、走资源消耗少的环境友好型道路，并在"十一五"规划、"十二五"规划中做出了非常明确的安排。为了配合中长期国民经济和社会发展规划的实施，还出台了一些专门的规划，如节能的年度规划。同时，中国政府加强了节能和减排方面的国际合作，在一些重要国际会议上做出了重要的公开承诺。这些措施使中国能源利用效率进一步提高。1980~2002 年，中国的能耗强度以平均每年 5% 的速度下降；2005~2006 年，中国能耗强度减少 1.79%；2006~2007 年减少 4.04%；2007~2008 年减少 4.59%。

但是，与科学发展和节能减排的要求相比，现有的大量制度以及设备设施其实与之直接冲突，这突出表现在很多方面。

1. 以煤炭为主的能源消费结构导致生态环境日益恶化，美丽中国建设亟须转变能源发展方式

长期以来，中国以煤炭为主的能源消费结构对生态环境造成巨大破坏。截至 2012 年年底，煤炭产能已接近 40 亿吨，约占世界的 50%，煤炭年消费量达到 39.2 亿吨，煤电装机占电力总装机容量的 66%。中国 SO_2、NO_x、烟尘、可吸入颗粒物（PM_{10}）等污染物排放量大，导致酸雨、雾霾等大气污染事件明显增加，严重危害了公众的健康。全国 15% 的江河湖海受到水污染，造成水质酸化、富营养化以及铅、汞、铬等重金属污染超标。建设生态文明和美丽中国，必须转变末端治理环境污染的控制策略，从源头上改变以煤炭为主的能源结构，控制和削减煤炭及能源使用量，大力发展清洁能源。

2. 大量燃烧化石能源导致 CO_2 排放量快速增加，应对气候变化压力增大

哥本哈根气候大会提出，要将 2050 年全球温升控制在 2℃以内，为此全球温室气体排放需在 2020 年左右达到峰值，2050 年与 1990 年相比减少 50%，届时发达国家需减排 80%。发展中国家可在自愿的基础上采取积极的行动。2012 年多哈气候大会决定，在 2015 年制定新一轮具有法律约束力的全球减排协议，届时包括发达国家和发展中国家在内的所有国家都要确定更强有力的温室气体减排目标及措施。中国是受气候变化不利影响最显著的国家之一，也是全球温室气体排放量最大的国家。中国已提出 2020 年单位国内生产总值（GDP）CO_2 排放比 2005 年下降 40%~45%，未来温室气体减排压力巨大，必须加快构建以低碳能源为主的能源体系。

3. 中国化石能源资源供应压力和约束加剧，能源安全形势严峻

2012 年发布的《中国的能源政策（2012）》白皮书中指出，中国人均能源资源拥有量在世界上处于较低水平，煤炭、石油和天然气的人均占有量仅为世界平均水平的 67%、5.4% 及 7.5%。能源资源分布不均，勘探开采运输难度与世界平均水平相比也较大，煤炭资源地质开采条件较差；石油天然气资源地质条件复杂，埋藏深，勘探开发技术要求较高；非常规能源资源勘探程度低，经济性较差。中国工程院研究成果表明，在各区域水资源和生态环境约束条件下，中国煤炭安全生产产能为 35 亿吨左右。随着经济社会发展和人民生活水平的提高，未来能源消费还将大幅增长，化石能源供应压力和约束不断加剧。石油等常规能源进口依存度大幅增加，能源供应安全风险日益加大。中国石油对外依存度已从 21 世纪初的 32% 飙升至 57%，80% 的石油进口量经过马六甲海峡，38% 经过霍尔木兹海峡，海上运输安全风险加大。随着全球政治环境变化、国际能源需求增加和资源争夺加剧，未来能源安全形势十分严峻。

4. 构建以清洁能源供应为主、转变能源消费模式的新型能源体系是世界能源转型发展的大趋势

世界各国能源转型的基本趋势是实现以化石能源为主向以清洁低碳能源为主的可持续能源体系转型，发达国家的能源供应中可再生能源等低碳能源比例不断提高。可再生能源国际研究机构［21 世纪可再生能源政策网络（The Renewable Energy Policy Network of the 21st Century，REN21）］在 2012 年《全球可再生能源发展报告》中指出，2011 年，欧盟新增电力装机中，可再生能源已占到 70%。最近几年，欧美国家通过采取"目标导向和系统视角"率先提出了面向 2050 年以可再生能源为主的能源转型发展战略。例如，欧盟在《2050 年能源路线图》中提出

到 2050 年可再生能源占到全部能源消费的 55%以上。美国能源部发布《可再生能源电力未来研究》,认为可再生能源可满足 2050 年 80%的电力需求。推动以清洁能源为主的能源系统,特别是电力系统重大变革将成为全球能源发展的大趋势。

为应对中国能源生产和消费革命中的诸多挑战,切实推动中国能源生产和消费革命的顺利进行,就必须鼓励能源科技自主创新,建立新型的能源供需协调模式和市场、资源的保障模式,加快观念体制变革与创新,而首位重要的则是革命性的能源生产和消费理念以及顶层设计。只有这样才能打破传统能源行业的"技术锁定",实现中国能源行业清洁化和低碳化跨越式发展,更好地应对来自国际、国内的威胁和挑战。

5. 矿业权模糊助长了低效率开采

在传统计划经济体制下,中国能源资源基本上通过行政方式划拨给国有企业开采,资源的成本被严重低估,粗放原始开采盛行,安全事故突出。1997 年虽然确立了探矿权采矿权有偿取得制度,但矿业权规定非常抽象,原则和界限模糊。结果,滥采乱挖问题屡禁不止,资源开采利用效率非常低下。加快建立"归属清晰、权责明确、保护严格、流转顺畅"的现代矿业权制度,切实保护能源产业的矿业权,已经是中国能源产业发展的当务之急。

6. 干部考核标准的缺陷不利于节能减排

按照现有的干部考绩标准,GDP 增长率是考核各级地方政府官员的基本指标。在政绩压力下,地方有关部门往往不能缺乏严格执行相关税费制度的激励。因为更高级别的官员拥有地方环境保护局掌握资源和补助的决定权,但同时追求更高 GDP 增长的激励更为有力。在这种情况下,节能、环保政策往往停留在纸上的多,执行的情况远不如各级政府宣扬的那样理想。

7. 能源价格管理不利于节能减排

在政府的行政管控下,能源价格不能反映真实成本,总体上能源价格倾向严重低估,刺激了能源的浪费。例如,在电力行业,上网电价没有市场化,缺乏独立输配电价,电力销售时没有引入竞争,煤电价格矛盾突出。煤炭行业采用电煤政府指导价或"电煤临时价格干预措施",在用电高峰期管制的电煤价格进一步限制了火电的生产。石油行业则经常出现国内油价与国际油价背离,国际油价时增时跌,而国内油价增多降少,甚至出现长时期持续只增不降的现象。天然气行业则主要采取行政定价,且定价偏低,不利于天然气的生产和相关研发。

8. 能源补贴机制鼓励了能源消费和 CO_2 排放

中国大部分的能源价格都采取政府行政定价的方式，政府的行政定价意味着补贴，尤其是对化石能源的补贴，会扭曲市场价格信号，导致能源的低效使用和过度消费以及 CO_2 排放的增加，并会阻碍清洁能源的发展。此外，中国在能源补贴上还存在着对化石能源补贴过度，而对可再生能源补贴不足的问题，补贴缺乏针对性和有效性。这样的补贴不利于经济的健康发展，也无益于能源效率的提高。取消化石能源补贴则能有效地减少温室气体的排放。2011 年 4 月，IEA 强调廉价的能源时代已经结束，并特别呼吁中国政府应该尽快降低对汽油、柴油和电力提供的补贴。

（二）中国能源安全保障面临的形势与挑战

自 1993 年推出系统的社会主义市场经济改革方案以来，中国经济持续高速增长，并于 2010 年超过日本的 GDP 总量，成为仅次于美国的世界第二经济大国。但是，中国经济的高速增长主要建立在投资和出口拉动的基础上，近 10 年来中国的投资率持续在 40%。与投资扩张相伴的，是资源和能源需求的快速增长。这给中国的能源安全、能源战略带来了巨大的挑战。

从 2000 年到 2011 年，中国能源消费总量从 15.61 亿吨标准煤猛增到 34.8 亿吨标准煤，居世界第一，占世界能源消费总量的 20%。2011 年，中国消费石油 4.7 亿吨，成为世界第二大石油消费国；消费天然气 1 305 亿立方米，已成为世界第四大天然气消费国。2011 年油气消费的增长，相当于当年世界油气新增产量的 25%，新增石油进口量占世界石油新增产量的 63%。2012 年，中国一次能源消费总量已达到 36.2 亿吨标准煤。但能源利用效率并不高，2011 年，中国 GDP 约占世界的 10.48%，但能源消耗约占世界的 20.3%。中国单位 GDP 能耗是世界平均水平的 2 倍、美国的 2.4 倍、日本的 4.4 倍，也高于巴西、墨西哥等发展中国家。

从国内供给看，国内的原油产量虽然保持稳中有升的态势，但通过开发新油田以及改进石油开采技术大幅度提高国内产量的可能性并不大。唯一潜力比较大的领域就是海上，有可能增长快一些。但据 IEA 的测算，中国的石油产量估计最多能够达到 1.8 亿~2.0 亿吨，缺口在 2.5 亿~3.0 亿吨。从国内天然气供应来看，难度也比较大。包括煤层气和页岩气在内的非常规气开发已经引起各界的高度重视，但短期内还缺乏对中国能源结构形成重要影响的能力。根据中石油的预测，到 2030 年，国内原油需求达到 7 亿吨左右，国内供给在 2.3 亿吨左右，缺口在 4.7 亿吨左右；天然气需求在 5 000 亿立方米左右，国内的产量在 3 000 亿立方米左右，缺口在 2 000 亿立方米左右。

在国内能源供应不能满足能源需求的条件下，只能通过国际市场来满足。这种趋势将会越来越严重，在未来二三十年呈扩大态势。而根据有关预测，到 2015 年，中国的能源对外依存度将超过 15%，需要净进口煤炭约 2.4 亿吨，进口石油 3 亿吨，进口天然气 950 亿立方米，成为世界第一大煤炭净进口国、第二大石油净进口国、第四或第五大天然气净进口国。因此，中国在能源领域将越来越依赖国际市场，国际能源价格的波动随时都有可能影响到国内经济的稳定和发展，而能否建立安全、稳定的能源供应体系和渠道则是对中国持久的考验。

不仅如此，由于能源需求净增长最快，中国已经成为影响国际能源市场的重量级国家。也正因为这一点，法国锡瑞镨大宗商品研究所的《世界大宗商品市场年鉴 2010 年》认为，满足石油需求是中国所面临的首要问题，也是中国的战略核心。这个战略核心有赖于全球市场体系的有效运转。

（三）中国能源多元化面临的挑战与形势

中国能源多元化面临的主要挑战为技术创新不足。与发达国家相比，中国能源科技水平仍存在较大差距，自主创新的基础比较薄弱，核心和关键技术落后于世界先进水平，一些关键技术装备依赖于国外引进。中国能源科技创新投入不足，研发力量较为分散，领军人才稀缺，自主创新基础薄弱，能源装备制造整体水平与国际先进水平相比仍有较大差距，关键核心技术和先进大型装备对外依赖程度较高，能源产业总体上大而不强，迫切需要进一步深化能源科技体制改革，大力提升能源科技自主创新能力。

欧美活跃的能源创新对中国的能源安全有重要的积极影响。通过各种溢出机制，能源创新就如同计算机或互联网在欧美的发展为中国的信息化提供根本的技术支持一样，将有助于中国能源结构的优化。欧美能源创新活跃同时凸显出中国在相关领域的落后，这使中国在能源安全、应对气候变暖方面显得极为被动。现在，中国的能源结构仍与 OECD 国家不同，煤炭依然是主要的能源形式，而且在今后相当一段时间内，也不会有很大的改变。电力结构也与 OECD 国家不同，美国正在陆续关闭以煤炭为主的火力发电厂，而这仍然是我们生产电力最主要的技术。即使是在页岩气领域，中国的页岩气部署采取了稳健的步骤，也与自身能源创新不足、自主创新薄弱紧密相关。

创新是世界能源格局变化的深层动力。虽然欧美的能源创新有利于中国能源供应的多元化和稳定化，但如果不能跟上能源创新的步伐，中国的能源战略就不能摆脱被动适应的局面，同时现有能源结构的畸轻畸重、过度依赖煤炭的弊病显得更为突出。

三、推动中国能源生产消费革命支撑与保障的必要性

改革开放以来，特别是在 2005~2015 年，中国经济实现了年均 11.5%的超高速增长，但付出的资源和环境代价很大。2011 年中国的 GDP 占世界的 10.48%，却消耗了世界 20.3%的能源。现在中国每年能源消费的增量达 2 亿吨标准煤左右，占全球增量的 70%以上。改革开放前 20 年，能源消费翻一番，支撑 GDP 翻了两番；进入 21 世纪的 10 年，能源消费翻一番，支撑 GDP 增长了 170%。按照这个增速关系，2020 年能源消费总量将超过 55 亿吨标准煤，对资源环境和国家能源安全造成巨大压力。未来，中国靠高耗能支撑快速发展的路子已经走不下去了。

近年来，中国的生态环境未见明显好转，似有恶化趋势。2013 年 1 月一个月内，中国东中部出现四次严重雾霾天气，最严重时范围达 140 万平方千米，且北京在此一个月内仅有五天没有雾霾。这样下去，可持续发展显然难以为继。为此，党的十八大报告中明确提出要"推动能源生产和消费革命，控制能源消费总量，加强节能降耗，支持节能低碳产业和新能源、可再生能源发展，确保国家能源安全"，将生态文明建设放在突出地位并融入中国经济建设、政治建设、文化建设、社会建设的全过程中。

四、中国能源生产消费革命支撑与保障的定义和内涵

能源革命是能源生产和消费方式的根本变革，是能源科技的根本变革，是能源体制机制的根本变革，也是人们对能源认识的根本变革。新一轮能源革命的发生是原有的能源生产和消费方式与人口、资源及环境之间矛盾彻底激化的结果。能源革命的目标是最终实现以绿色能源替代传统的化石能源，主要途径是推动能源生产和消费方式创新、能源科技创新、能源管理机制创新及人们的思想观念的革新。与社会革命和政治革命不同，能源革命是一个渐进式变化过程，逐步由化石能源向低碳能源转型，最终彻底实现能源的无碳化。

其中，科技变革是能源革命发生的技术基础，是推动能源革命发生的最活跃的因素，将直接影响能源革命的进程；能源生产和消费方式的变革则关系到能源革命发生的广度及深度，是能源革命的效果和价值所在；能源管理体制的变革是能源革命引起的，反过来又可以促进能源革命的发展，是能源革命得以顺利进行的保障；人们对能源认识的变革是能源革命的思想基础，直接决定能源革命的走向，并可能为新一轮能源革命的发生提供理论基础。

所谓能源革命支撑与保障，就是在技术层面、制度层面实施相应的技术创新和制度革新，为能源革命的顺利进行提供支持和保障。

第二章 中国能源革命支撑与保障的总体战略

一、中国能源革命支撑与保障的方向

能源问题是影响中国经济社会发展的全局性、战略性问题，必须系统谋划和长远考虑，形成明确的能源战略及实施举措。中国能源革命支撑与保障的总体战略需与中长期能源发展战略紧密结合，对全球和中国能源的供求形势，未来中国能源发展的目标、原则和战略途径，煤化工、核电、电动汽车等有争议的能源技术，城市化、交通等重点用能领域，能源安全以及重大能源政策进行研究，形成具有顶层设计意义的统一战略部署。

（一）中国能源领域处在大调整、大变革时期，能源技术、能源市场和能源地缘政治正发生重大变化

一是能源技术革命快速演进。

全球能源技术创新进入高度活跃期，呈现多点突破、加速应用、影响深远等特点。供给侧的可再生能源、非常规油气已进入大规模应用阶段，需求侧的电动汽车和转化环节的智能电网处在市场导入期，可燃冰开发、碳捕获及封存等技术有望取得新突破。主要国家根据其资源禀赋、技术能力、需求潜力等条件，突出重点，加力推进。能源技术革命已经引发了产业革命，将对能源供应结构、生产和利用方式、产业组织、地区格局产生深远影响，并将引领全球进入新一轮工业革命。

二是全球能源供求格局出现重大变化。

非常规油气资源的勘探开发带动石油储量增长，石油峰值理论引起的短缺恐慌已基本消失。目前全球已出现油气消费重心东移，生产重心西移的新趋势。2010~2030 年，中国和印度新增石油需求将占全球新增石油需求的一半以上。预计在 2020 年前后，美洲将成为新的石油生产中心，美国也在谋求成为石油、天然气的定价中心。石油供应地区格局呈现出传统产油地区、美洲甚至北极等多极发

展的新格局。

三是能源地缘政治日趋复杂。

美国"能源独立"取得实质性进展，使得全球能源地缘政治更趋复杂和多变。美国不会放弃在中东地区的石油利益，但在推进中东民主进程时将不再受石油问题的牵制而更加强硬和激进，国际能源市场将更加不稳定。全球能源运输通道安全风险上升，对一直在搭国际"能源运输安全便车"的中国带来新挑战，中国将直接地暴露在周边地区、中东和非洲地区的地缘政治风险之中。随着页岩油气的成功开发，美国将成为天然气的潜在出口大国，中国周边地区的能源角力将此消彼长，能源地缘政治将更为复杂。另外，"页岩气革命"导致欧洲市场上 LNG 和来自美国的低价煤炭供应增加，俄罗斯天然气所占份额和影响力下降，俄罗斯的天然气需要向东亚出口，这将对欧亚大陆的地缘政治产生深远的影响。

（二）未来 20 年是中国实现能源生产和消费革命的窗口机遇期

一是全球能源需求将持续增长，供求偏紧的局面并没有根本改变。

即使全球付出巨大努力推动绿色转型，根据模型分析，2020 年和 2030 年的全球一次能源需求将分别达到 159 亿吨标准油及 177 亿吨标准油，比 2010 年增长 20.4%和 34.1%。新兴经济体是推动国际能源需求增长的主要力量，2010~2030 年中国和印度新增能源需求分别占同期全球新增能源需求的 33%及 29%。尽管北美非常规油气开发使得地区能源供给状况有所改善，但从全球的角度来看，随着南亚、东盟、中东等地区加快步入工业化进程，能源需求持续增长，全球能源供求偏紧的局面没有根本改变。

二是在中国经济将由高速增长向中高速增长转换的阶段，能源需求增速有可能明显下降。

未来 20 年，如果采取正确的能源战略和政策，加快经济结构调整和产业升级，发展低碳交通和绿色建筑等，可将 2020 年和 2030 年的能源需求分别控制在 50 亿吨标准煤左右及 60 亿吨标准煤左右。2010~2020 年中国能源需求年均增长 4.8%，2020~2030 年年均增长 1.5%，明显低于 2000~2010 年年均 8.4%的增长速度。

三是中国能源自给率总体上保持在较高水平，但石油天然气对外依存度持续上升，能源开发利用带来的环境压力持续加大。

如果不控制石油消耗快速增长，2020 年中国石油消耗将超过 6 亿吨，2030 年将超过 8 亿吨，2030 年石油进口依存度将达到 75%左右，天然气对外依存度也将快速上升，能源安全面临严峻挑战。能源开发利用带来的环境压力增大，CO_2 排放持续上升，如果不采取控制措施，将对中国经济社会发展带来重大挑战，有损中国人民及世界人民福祉。另外，化石能源使用是细颗粒物（$PM_{2.5}$）、NO_x 和

SO_2 等大气污染物的主要排放源，如果不控制化石能源的消耗并降低排放强度，按照目前的趋势发展下去，大气质量将达到难以承受的程度。

（三）以推动能源发展方式转型为主线，构建安全、绿色、高效的能源系统

在全球能源领域大调整、大变革，以及中国加快推进转变经济发展方式的时代背景下，中国的能源战略应以推动能源发展方式转型为主线，到 2020 年应初步构建并在 2030 年基本形成"安全、绿色、高效"的能源系统。实现上述战略目标的途径包括保障安全、节能优先、结构优化、绿色低碳、技术引领、体制创新六个方面。

1. 保障安全

一是坚持立足国内的方针，加大新能源和天然气的开发力度，避免能源自给率的快速下降。石油应保持一定的储采比，稳定国内产量，适度发展煤制油和煤化工。二是安全、有效利用国际资源。明确提出控制石油、天然气进口依赖度的战略目标。加快推进石油进口多元化，降低石油进口对中东和运输通道对马六甲海峡的依赖程度，保障油气通道安全。鼓励产油国石油公司和跨国石油公司来华投资中下游业务，鼓励企业"走出去"投资上游业务及炼化等中游业务。三是提高储备和应急能力，健全国家、商业、社会多层次的石油储备体系，鼓励各类企业参与石油储备，加快石油期货交易中心建设。提高天然气储气率，保障电力系统和运输通道的安全稳定运行。

2. 节能优先

一是实施针对煤炭、石油等主要化石能源的消费总量控制。力争将 2020 年煤炭消费总量控制到 39 亿吨，2030 年控制到 41 亿吨，2020~2030 年达到峰值，2050 年控制到 32 亿吨。同时将 2020 年石油消费量控制在 5.5 亿吨，2030 年控制在 6.5 亿吨左右。二是继续制定节能约束性目标，进一步提高能源效率，到 2015 年、2020 年、2030 年分别实现能效追赶、接近、同步国际先进水平的目标。力争实现 2020 年单位 GDP 能耗比 2010 年下降 35%，2030 年单位 GDP 能耗比 2020 年再下降 30%。三是必须走绿色低碳的工业化、城镇化道路，实施较激进的可持续交通发展战略。

3. 结构优化

优化能源生产、转化、利用结构，推动能源供应体系变革。一是大幅度优化能源供应结构。大力发展非化石能源，确保实现 2020 年非化石能源占能源消费总

量 15% 的目标。2030 年，非化石能源比重进一步提高到 25% 左右。加大非常规天然气勘探开发力度，提高天然气在能源生产和消费中的比重。力争到 2020 年天然气消费量达到 3 500 亿立方米左右，到 2030 年天然气消费量达到 6 500 亿立方米左右，占能源消费的比重达到 10% 和 15% 左右。显著降低煤炭消费比例，2020 年下降到 60% 左右，2030 年进一步下降到 50% 以下。到 2030 年初步形成煤、油、气、核、可再生五足鼎立多元化的能源供应结构。二是优化能源使用结构。统筹考虑能源和化工两个领域，石油应主要用于生产交通燃料，煤炭优先用于发电，促进煤炭高效清洁利用；煤化工主要走多联产的技术路线，适度发展煤制油、煤制气等项目。三是优化能源转化结构。要明确"大电大网"与分布式电力系统并重的发展思路，形成安全可靠、经济高效、绿色智能的电力系统。一方面，积极建设大型煤电、核电、水电可再生能源基地；明确"输电与输煤并举，当前加快发展输电"的方针，优化能源输送方式；在保证安全可靠的前提下积极发展特高压输电，提高输电经济性。建设结构清晰、功能明确、匹配合理的智能电网，以提高电网对可再生能源的吸纳能力、实现用户侧响应和提高电网利用率。另一方面，提高对发展分布式能源系统重要性的认识，加快发展分布式风电、太阳能发电，发展天然气电热冷多联产能源系统。

4. 绿色低碳

一是逐步实现 CO_2 排放强度削减到排放总量控制的过渡，建议分三步实施，即 2015 年努力完成单位 GDP CO_2 排放量比 2010 年降低 17% 的目标；2015 年之后，设定与能源总量控制相对应的 CO_2 排放总量目标，实行 CO_2 排放总量控制；2030 年前后 CO_2 排放总量达到峰值，实现排放总量减排。二是加快发展低碳能源和低碳技术，显著提高碳生产率。力争到 2030 年中国因能源使用排放的 CO_2 大体上在 100 亿吨左右，人均排放量为 7 吨，和欧洲届时的人均排放水平大体相当。三是减少污染排放。通过末端工程治理、发展循环经济、源头预防和加强监管等措施，减少废气、废水和废渣排放。

5. 技术引领

实施"追赶"与"跨越"并重的能源技术战略。一是制定符合中国国情和全球能源技术发展方向的能源技术路线图。实施国家能源科技创新战略，由目前需求拉动的"跟随"式创新，逐步向需求拉动与技术推动的双重作用转变，发挥技术引领作用。二是加大对能源战略性前沿技术和重大应用技术的研发支持力度，供给侧重点支持非常规油气勘探开发技术、煤制油等石油替代技术、煤气化整体联合循环等新一代火力发电技术、风力发电、光伏发电、生物能源技术、第三代和第四代核能技术；需求侧重点支持电动汽车、分布式能源系统、热电联产系统技术；输送转换环节重点支持智能电网、储能技术和氢能技术以及碳捕获及封存技术。三是创新组织形式，建设公共研究开发平台，支持和引导组建基于市场机制的产业创新联盟，构建创新链，形成利益共享、风险分担的联盟机制，推进协同创新。

6. 体制创新

充分发挥市场在配置资源中的决定性作用，放开竞争性业务的市场准入限制和价格管制；更好地发挥好政府作用，强化对自然垄断业务和市场秩序的监管，加大节能环保和科技创新的投入力度。一是放宽市场准入，促进公平竞争。二是改革能源价格形成机制。改革的核心内容是价格形成机制的改革，而不仅仅是价格水平的调整。三是完善矿业权和资源税费政策。适度提高勘探基金的征收标准，鼓励风险勘探。四是注重建立节能长效机制。逐步形成以环境税、消费税（如成品油消费税）等为主体的绿色税收体系。五是健全碳排放政策。

（四）积极应对城镇化进程中的能源挑战，走绿色低碳的城镇化道路

城市化消耗大量能源，2010 年全球能源消费的 66% 被城市消耗。2030 年中国的城镇化率将有望达到 65%，大约再有 3 亿人（占全球城市新增人口的 20%）进入城市。中国城市人均能源消费约为农村的 3 倍，每增加 1% 的城镇化率，相应需要新增 6 000 万吨标准煤的能源消费。亟待寻求适合中国国情可持续、绿色低碳的城镇化发展道路，而紧凑型城市形态、建筑节能、高效能源系统和可持续交通是绿色低碳城镇化的主要支柱。

1. 塑造紧凑型城市形态

分析表明，推行紧凑型城镇化，与蔓延型城镇化相比，可以节约土地 73 350 平方千米，减少 10% 的能源消耗，并使人均 GDP 提高 20%，综合效益十分明显。为此，在城镇化规划中要明确城市边界，防止城镇化蔓延。发展高速轨道交通，形成城市群和城市网络。推广低碳城区规划，细化城市布局，增加土地混合利用。

2. 控制人均建筑面积，大力发展绿色节能建筑

截止到 2012 年年底，中国的城镇人均建筑面积为 31.6 平方米，美国人均面积为 61.8 平方米，德国和日本人均面积分别为 42.9 平方米及 36.6 平方米。中国不可能走美国的住房消费模式，只能走欧洲、日本的住房消费模式，在城市化的过程中，应将人均建筑面积控制在 40 平方米左右。在一二线城市推广节能率为 75% 的建筑节能标准，并逐步扩大推广范围，大力发展绿色建筑。强化建筑节能监督管理，对新建建筑实行强制性建筑能效标识制度。

3. 优化城市能源系统

发展分布式天然气电热冷多联产系统，就近利用太阳能、风能和地热能，对公共建筑提出可再生能源利用比例要求。北方城镇推广先进热电联产机组，提高集中供热效率与管网输送能力，推行供热分户计量；长江流域不宜采用集中供热，应发展高效、节能、舒适的分散式住宅采暖和空调技术。要制定城市综合能源规划，实现多种能源形式统筹优化。

4. 实施更为激进的交通能源战略

交通能源战略对保障石油安全和保护城市环境具有决定性的影响。分析表明，从运输结构优化、技术进步和加强管理三个方面推进交通节能，到 2020 年和 2030 年交通能耗与基准情景相比将下降 20.5%及 39.3%。其中，大力发展公共交通，控制私人轿车使用，使城市客运油耗下降 17.9%；提高燃油经济性、发展替代燃料、实施电动化和柴油化，可使私人轿车油耗下降 57%；通过优化货运交通方式、发展第三方物流、优化管理和提高信息化水平等手段，货运能耗可降低 16%。

（五）通过加快能源体制改革来推动能源转型

能源战略的实施、能源发展方式的转型关键在改革。要充分发挥市场在配置资源中的决定性作用，并发挥好政府在市场监管、节能环保等方面的作用，推动能源的生产和消费革命。

1. 放宽市场准入，促进公平竞争

首先，放开准入限制，在油气领域，鼓励各种所有制企业进入非常规油气资源的勘探开发，将页岩油作为独立矿种进行矿产权登记管理；放宽油气储运（主要是支线管网）、加工、销售的市场准入；取消对进口原油、成品油、天然气的限制。在电力领域，推行大用户直购电，在发电侧和售电侧形成多买方、多卖方的市场竞争，打破电网企业单一买方和单一卖方的市场格局。在放开准入限制的同时，要加强产品和服务质量的监管，让竞争主体在同样的标准和水平上竞争。其次，要逐步实现可竞争环节与自然垄断环节的分离，放开竞争性业务，加强对自然垄断环节的监管。深入研究油气管网的有效管理体制和运营模式，探索电网输配分开的必要性和机制。

2. 改革能源价格形成机制

价格改革的核心内容是价格形成机制的改革，而不仅仅是价格水平的调整。上网电价逐步由发电市场竞争或发电企业与大用户双边合同确定；输配电价实行

政府管制，形成直接反映电网企业成本和效率的独立的输配电价，并尽快建立能够反映电网企业真实成本的成本规则；居民和中小工商业销售电价仍实行政府指导价，引入峰谷电价和实时电价。改革成品油价格形成机制，政府有关部门不再直接规定成品油价格，改为在石油价格出现较大幅度波动时采取临时性干预措施。推进天然气定价机制改革，政府对输送成本加强监管，井口价格和销售价格逐步由市场定价。

3. 完善矿产权和资源税费政策

适度提高勘探基金的征收标准，鼓励风险勘探。将资源税从价定率征收逐步由油气扩展到煤炭等领域，同时探索建立天然气和煤炭特别收益金制度，将资源溢价收归国有。合理确定资源所有者与开发主体、中央和地方资源收益比例，协调理顺相关主体利益关系。

4. 注重建立节能长效机制

加快形成由市场定价的价格形成机制，健全差别电价、差别气价等政策，在全国范围内推行峰谷电价。逐步形成以环境税、消费税（如成品油消费税）等为主体的绿色税收体系。健全固定资产投资项目节能评估和审核制度，大幅度修订和提高产品能效标准，加快落实"领跑者"能效标准制度。制定重点行业节能目标，落实行业责任。加强对中小企业的节能指导与服务。落实可再生能源配额制，督促发电企业和电网企业完成规定任务。同时，健全碳排放政策。当前重点推行基于市场定价的碳交易制度，在对实施效果进行评估的基础上，研究实行碳税的必要性、方式及征收范围。

二、中国能源革命支撑与保障的具体目标及步骤

能源作为人类生存和社会发展的公用性资源，是国家和地区经济社会发展的基本物质保障。能源是经济资源，也是战略资源和政治资源，能源可持续发展直接影响中国的国家安全和现代化进程。然而，大量化石能源消费造成的环境污染严重，化石能源资源快速减少，环境和能源资源问题给中国社会经济可持续发展和现代化建设带来重大的挑战。党和政府提倡要提高能源利用效率，调整能源结构，大力发展新能源与可再生能源，构建可持续能源体系，以此推动技术革命和社会进步。

构建安全、可持续能源供应体系无疑需要解决许多科学技术问题，尤其是能源具有投资大、周期长、惯性强、关联多的特点，一旦方向选错或技术落后，将会在几十年的时间中处于技术受制于人的被动局面。因此，为了保障中国经济和

社会的现代化建设进程，必须建立符合中国发展需求和资源特色的能源科技创新体系，把握化石能源和新能源与可再生能源交替更迭的发展机遇，尽快缩短与国外先进能源科技水平的差距，进入世界能源科技前列，以支撑中国可持续能源体系和中国特色新型能源工业的形成。

本书从体现战略性、方向性和可操作性要求出发，以 2014~2020 年、2021~2035 年、2036~2050 年三个不同发展时期为时间节点，按照能源发展需求→重要能源科技问题→重要能源技术方向→技术发展路线图→创新能源技术总体部署→保障体系建设的逻辑构思编制 2050 年中国能源生产与消费革命支撑与保障战略及科技发展路线图。

在能源重要技术方向和路线选择上遵循五项基本原则：第一，对于通过自主研发但在时间上已经无法跟上需求的技术，选择引进消化吸收的路线；第二，对于未来有良好的应用前景但还没有进入规模化应用的技术，选择关键技术攻关与重点突破的路线；第三，对于未来具有重大需求，但目前尚处于科学研究、探索阶段的前瞻性技术，选择完全自主创新的研究路线；第四，已经成熟，或已规模化产业应用的技术，如水力发电，在本书路线图中不做选择；第五，对于影响能源科技路线选择的因素，按照资源性—贡献度—环境性—技术性（自主创新度）—实现度—经济性的优先顺序选择。

本书围绕能源生产与消费革命的支撑与保障，聚焦引领中国能源科技发展、造就中国特色新型能源工业、满足经济社会发展需求的重要技术方向，包括煤分级转化与多级利用技术、污染物综合脱除与资源化回收技术、海上油气资源开发和海洋能利用技术、油气供给与消费革命的技术和重大工程、核能革命性发展与利用技术、智慧能源网及其支撑与保障、重点耗能产业结构调整及工艺革新、新能源与可再生能源发展以及先进储能技术发展。

根据对能源需求、技术选择和各种技术路线的研究，可以认为：至 2050 年，中国能源科技需要分不同阶段突破各种关键技术难题，力争经过近 40 年努力，使中国的能源科技创新能力大幅提升，改变目前能源技术和装备主要依赖进口的现状，保障中国能源安全，促进中国特色新型能源工业的形成。中国能源科技创新近、中、远期发展的阶段战略目标如下：

近期战略目标（2014~2020 年），突破新型煤炭高效清洁利用技术，初步形成煤基能源与化工的工业体系；突破轨道交通技术、发展纯电动汽车，初步实现地面交通电动化的商业应用；在充分开发水力能源和远距离超高压交/直流输电网技术的同时，突破太阳能热发电和光伏发电技术、风力发电技术，初步形成可再生能源作为主要能源的技术体系和能源制造业体系。逐步提高核能、可再生能源和新型能源占总能的比重。

中期战略目标（2021~2035 年），突破生物质液体燃料技术并形成规模商业化应用，突破大容量、低损失电力输送技术和分散、不稳定的可再生能源发电并网以及分布式电网技术，电力装备安全技术和电网安全新技术比重将达到90%，初步形成以太阳能光伏技术、风能技术等为主的分布式、独立微网的新型电力系统；突破新一代核电技术和核废料处理技术〔加速器驱动次临界系统（accelerator driven subcritical system，ADS）〕，为形成中国特色核电工业提供科技支撑。实现核能、可再生能源和新型能源的大规模使用。

远期战略目标（2036~2050年），突破天然气水合物开发与利用技术、氢能利用技术、燃料电池汽车技术、深层地热工程化技术、海洋能发电等技术，基本形成化石能源、核能、新能源与可再生能源等并重的低碳型多元能源结构。

路线图的实现需要在时序上、基础理论和技术应用的衔接上、技术竞争力和制造业的协同发展上全面积极推进，还必须调动广大能源科技人员的积极性和创造力，促进全社会能源科技资源的高效配置和综合集成，形成以政府主导、市场配置资源、产学研结合的能源技术创新体系，大幅度提高中国能源技术、能源产品、能源装备的自主创新能力。作为路线图实现的保障措施，必须加强政策、规则、标准的研究制定，加强人才队伍、科技平台以及大科学装置的建设，加大必要的科技投入，加快能源科技创新体系的建立。

（一）煤炭的洁净和高附加值利用技术不同时间节点的科技目标

2014~2020年：建立多种原料、碳氢比可调和的气化模型及工艺过程，并解决耐高温材料、高温气化、过程控制等技术问题；基本建立纯氧燃烧和化学基燃烧等先进燃烧理论与工艺技术，并突破有关材料、过程控制等问题；解决煤化工的催化剂设计及过程控制等问题；建立煤与可再生能源组合应用的理论体系、工艺模型及应用示范系统；突破 CO_2 捕集和储存技术。力争在 2020 年前后，大多数洁净煤利用技术进入规模化商业应用阶段，基于先进燃烧技术的高效发电技术趋于成熟，CO_2 的捕集和储存技术成熟并逐步走向规模化商业应用。

2021~2035年：所有煤炭的洁净和高附加值利用技术进入规模化商业应用阶段，并通过逐步淘汰传统技术装备而降低煤使用的增加速度，直至向不增长或负增长转变。

2036~2050年：碳氢比可调的、原料灵活的大型气化及绿色转化技术的贡献量预计可以占到煤炭资源、应用技术的50%以上，新型煤燃烧和发电技术的贡献量预计可以占到煤炭发电应用技术的80%以上，保证今后煤炭的清洁和高附加值应用。

（二）电网安全稳定技术不同时间节点的科技目标

2014~2020年：高压硅基器件的产业化；碳化硅器件产品化；基于引进器件的大容量、高电压电力电子装置的国产化和标准化；应用于配电系统的超导电力技术得到小规模应用，应用于输电系统中的超导电力技术的核心科学技术取得突破并实现在输电系统中的实际应用；分布式发电技术逐渐成熟并规模化发展；形成微网理论体系和标准，实现多模式示范；储能取得关键技术突破，在微网和电力系统中形成规模示范；通过关键技术的突破和示范，为智能电网的建立提供技术基础。

2021~2035 年：碳化硅器件的产业化；新型硅基器件的产品化；基于国产硅基器件的大容量电力电子装置的标准化；超导电力技术在电力系统中的应用进一步拓展和推广，逐渐成为电力系统中的核心和关键技术；实现微网智能化和商业化运营，形成分布式智能配电网络的理论体系，局部示范；储能进一步实用化，在柔性电力和电力调峰中规模运营。

2036~2050 年：基于碳化硅器件的变流装置产业化；金刚石器件的应用；基于国产碳化硅器件的电力电子装置的标准化和产业化；完成电网大规模实时仿真系统；分布式智能配电网络关键技术和设备基本成熟，实现基于微网的区域配网电力交易体系，大范围联网运营；储能成为电力系统可靠稳定的重要支点。

通过技术的不断突破，电力装备安全技术和电网安全新技术逐渐取代传统的电力安全技术。2020 年、2035 年、2050 年电力装备安全技术和电网安全新技术比重将分别达到 50%、70% 及 90%，逐步构建中国的智能电网体系，减少电网综合线损率，提高整体能源利用效率水平。实现超导电力装置在电力系统中多层次的大规模应用，形成较为完善的超导电力系统的基本理论体系，2050 年先进超导电力技术在电网安全中贡献率达到 40%。

（三）可再生能源规模化发电技术不同时间节点的科技目标

1. 风力发电技术

2014~2020 年：针对 3 兆瓦风电机组关键部件展开研究，实现 3 兆瓦风电机组叶片、控制系统和变流器系统产业化，初步建立大型风电机组传动系统公共实验平台和叶片检测平台；自主进行陆上 5 兆瓦风电机组及其关键部件的研发，实现陆上 5 兆瓦风电机组叶片、控制系统和变流器系统产业化，进一步加大风电机组检测平台建设；自主进行海上 5 兆瓦风电机组及其关键部件的研发，实现海上 5 兆瓦风电机组叶片、控制系统和变流器系统产业化。2021~2035 年：进一步推进风力发电的规模商业化应用；自主进行 10 兆瓦风电机组及其关键部件的研发，实现 10 兆瓦风电机组叶片、控制系统和变流器系统的产业化。到 2050 年左右，力争风电超过水电，成为第二大主力发电电源，海上风电机组产业化，风电占电网容量的 12% 以上，在其他领域得到广泛应用。

2. 太阳能光伏发电技术

太阳能光伏电池将大体按照未来 20 年仍然以硅基太阳电池为主,发展高效硅基太阳电池,特别是发展叠层硅基薄膜太阳电池,不断加强新型低价太阳电池,如染料敏化太阳电池、碲化镉太阳电池、聚光太阳电池和铜铟镓硒薄膜电池等研究;在 2020 年以后不断替代硅基太阳电池,以提高电池转换效率和研发低成本的电池制备技术为目标,从材料、结构、稳定等方面进行研究。对于光伏并网系统,在太阳电池技术不断突破的条件下,不断提高光伏发电的装机容量和系统的稳定性。2014~2020 年:主要集中在农村电气化、城市光伏建筑一体化(building integrated photovoltaic,BIPV)应用和荒漠电站建设,预计 2020 年光伏装机容量将达到 1.8 吉瓦(峰值功率);电池以硅基太阳电池为主,掌握 10 兆瓦光伏电站相关技术。2021~2035 年:集中在薄膜太阳电池的相关技术产业化和规模商业化应用上,摸索出适合中国国情的低成本薄膜太阳电池发展道路,掌握 100 兆瓦光伏电站的相关技术,实现光伏装机容量 50 吉瓦(峰值功率)。2050 年:随着化石能源供应短缺、成本的大幅上升和薄膜光伏成本的降低,薄膜光伏电池的成本将和常规能源成本相当,2050 年光伏装机容量将达到 600 吉瓦(峰值功率),占全国电力装机量的 5%;掌握 1 000 兆瓦光伏电站的相关技术。

3. 太阳能热发电技术

2014~2020 年:对太阳能热发电技术涉及的关键技术、技术集成、系统集成技术进行重点研究。建立太阳能热发电实验示范电站,证明技术可行性;掌握一批技术经济指标达到国际先进水平的具有自主知识产权的技术;进一步探索适合在中国建立规模化低成本商业电站的技术途径,建立商业化示范太阳能热发电电站。力争在先进适用的聚光技术和吸热技术、传热/蓄热技术及太阳能热发电电站总体系统集成技术上取得重大突破,从而为太阳能热发电的产业发展提供先进的关键技术;强化并完善系统集成,力争在塔式空气/燃气-蒸汽联合循环技术方面形成重大项目;实现塔式、槽式以及碟式太阳能热发电商业示范应用,做出具有重大显示度的贡献。2021~2035 年:力争在关键技术上有进一步重要突破,使太阳能热发电技术具有明显竞争优势和经济竞争力;高效空气吸热器技术、较低成本相变储热、化学储热技术、槽式蒸汽直接发生技术和先进的碟式发动机系统技术均走向成熟,太阳能热发电技术实现大规模商业化应用;同时进行技术攻关并优化太阳能热发电技术,为太阳能热发电的大规模应用提供技术支撑。

4. 化石能源替代和碳减排目标

通过可再生能源规模化发电,预计风能和太阳能发电量在 2020 年、2035 年、

2050 年将分别占中国总能源消费的 5%、10% 和 20% 左右，将分别减少 CO_2 排放 5 亿吨、16 亿吨和 35 亿吨左右。

（四）氢能利用技术不同时间节点的科技目标

未来中国将在交通（移动源）和分布式发电（固定源）两大领域逐步发展氢能产业，根据权威专家预测，截至 2050 年，中国氢能产业将逐步达到如下发展规模。

2014~2020 年：燃料电池汽车尚处于研发示范阶段与小规模商业化阶段，2020 年产量将占当年汽车产量的 1%，数量为 15 万辆。燃料电池分布式发电容量为 10 万千瓦，占总发电容量的 0.014%；供热 20 万千瓦，占总供热量的 0.15%。

2021~2035 年：燃料电池汽车将处于商业化推广应用阶段，2030 年产量将占当年汽车产量的 5%~8%，数量约为 100 万辆，总燃料电池汽车保有量达 1 000 万辆；燃料电池分布式发电容量为 100 万千瓦，占总发电容量的 0.1%；供热 200 万千瓦，占总供热量的 1.5%。

2036~2050 年：燃料电池汽车将处于商业化推广应用阶段，2050 年产量将占当年汽车产量的 1/3，数量为 1 000 万辆，总燃料电池汽车保有量达 5 000 万辆以上；燃料电池分布式发电容量为 500 万千瓦，占总发电容量的 0.25%；供热 1 000 万千瓦，占总供热量的 7.5%。

（五）新型核电与核废料处理技术不同时间节点的科技目标

到 2035 年前后中国快堆核能系统争取达到商用水平，应尽快建成相应的核燃料循环系统（尤其是乏燃料后处理、铀钚混合氧化物燃料制备、金属合金燃料制备等后端循环），实现铀钚闭合循环。迅速提高核电比重，预计 2020 年、2035 年和 2050 年核电装机容量占中国总装机容量的比重将分别增至 5%、10% 及 12% 左右，大体能替代 1.6 亿吨标准煤、4.4 亿吨标准煤和 6.7 亿吨标准煤的煤炭消费，分别减少 4 亿吨、12 亿吨和 18 亿吨左右 CO_2 的排放。核电、水电和洁净火电一起构成中国可持续发展电力的三大支柱。

从现在起发展加速器驱动次临界反应堆系统技术到建成全尺度的示范装置总计需要经历小尺度技术集成（即原理验证）、原型加速器驱动次临界反应堆系统建设、全尺度加速器驱动次临界反应堆系统工业示范三个阶段，大约需要 30 年的时间：①在第一阶段（10 年）中，解决加速器驱动次临界反应堆系统单元关键技术问题；②在第二阶段（10 年）中，进行中等尺度的技术集成；③在第三阶段（10 年）中，进行全尺度的技术集成，建成并运行全能量、降低流强的 10 兆瓦束功率的加速器驱动的 800 兆瓦热功率的示范堆，在其后的 15 年（2036~2050 年）进行实验运行，对可靠性和系统经济性进行验证。

（六）具有潜在发展前景的能源技术不同时间节点的科技目标

1. 海洋能发电

2014~2020 年：发展全贯流水轮机技术、优化运行技术、低成本建造技术、船闸技术和鱼类迁徙通道技术，建造 20 万千瓦潮汐能试验电站，并通过长期运行，积累经验，以便进一步改进；开发第二代低成本波浪能装置，以及特殊用途的波浪能装置，总装机容量达到 2 万千瓦；建造高效、抗台风潮流能发电装置，总装机容量达到 2 万千瓦。2021~2035 年：建造 80 万千瓦级低成本规模、环境友好的潮汐能电站；第二代低成本波浪能技术走向成熟，提出提高效率的理论，进而开发第三代高效波浪能技术，总装机容量达到 100 千瓦；对潮流能发电装置进行中等规模开发，总装机容量达到 80 万千瓦。2036~2050 年：建造 400 万千瓦级潮汐能电站；促进第三代高效波浪能技术走向成熟，实现批量生产，使波浪能发电成本大幅下降，总装机容量达到 500 万千瓦；对潮流能发电装置进行大规模开发，总装机容量达到 200 万千瓦，实现较大规模的商业化示范运行。温差能和盐差能技术尚处于探索阶段。

2. 新概念太阳电池

新概念太阳电池牵涉的内容较多，2014~2020 年主要是进行相关设计和技术开发；预计在 2021~2035 年实现部分关键技术突破和中试；2050 年前实现新概念电池的规模商业应用。

3. 核聚变

2014~2020 年：瞄准国际前沿，广泛利用国际合作项目平台，建成稳态磁约束聚变等离子体实验基地，探索未来稳定、高效、安全、实用的聚变堆的物理和工程技术基础问题；积极参与国际热核聚变实验堆（International Thermonuclear Experimental Reactor，ITER）计划的工程建设，消化、吸收、掌握、创新聚变堆关键技术。2021~2035 年：建造中国自己的稳态多功能托卡马克实验堆，重点发展"持续燃烧"先进运行模式、氚自持及闭循环、低活化及抗辐照损伤材料、远程控制等关键技术。2036~2050 年：进行核聚变能商业示范堆设计、建设和运行。

三、中国能源革命支撑与保障的战略重点任务

能源消费的绿色化、能源供给的低碳化，以及能源系统的智能化，作为中国能源结构转型中最为鲜明的边际增量领域，将成为能源转型和革命的三条核

心主线。

（一）主线一：能源消费绿色化

高效率、低排放是绿色能源消费的主要特征，交通、工业和建筑将是绿色能源发展的主要领域。从中国能源终端需求的结构来看，工业用能仍是占比最高的终端需求领域；随着中国工业化进程走向中后期，需求增速略有放缓，预计到 2020 年将下降至 50%左右，但仍将是能源需求最主要的部分。而随着城市化进程推进，以及服务业的发展和居民生活方式升级，建筑耗能和交通耗能将成为未来能源消耗增长最快的两大领域。因此，工业、建筑和交通能源消费的绿色化空间最为广阔。

1. 煤炭清洁利用：中国能源清洁化的主要路径

中国是一个"富煤、贫油、少气"的国家，长期以来，煤炭是主体能源和重要的工业原料，在一次能源消费结构中比重在 60%以上。虽然煤炭作为中国主体能源的地位短期内难以撼动，但可以加快煤炭清洁高效利用，变"输煤"为"输油、输气"，将大大减少污染。

当前，对中国煤炭利用现状和趋势进行分析，从技术、工程等方面提出发展煤分级转化与多级利用主要任务，主要包括以下方面：①各专业合作进行关键技术开发；②产学研合作进行示范工程建设；③进行体制机制创新，推动煤分级转化与多级利用推广；④进行典型系统技术经济分析和工艺包建立。

2. 绿色交通：中国新能源汽车有望进入高速发展期

绿色交通是备受关注的一个研究重点，如何实现绿色交通，主要依靠推行新型交通工具。新型交通工具使用可再生能源或清洁能源代替传统能源，从而达到清洁排放的标准。在中国，广西南宁大力发展木薯制造生物质燃气工程，使其能推广使用于公交出租系统，这个方案不但有效地带动地方产业发展，更促进了绿色交通的发展。

所以，智慧能源网为进一步推动绿色交通提供了助力，原因如下：①智慧能源网带动智慧燃气网的发展，该网络提供分布式补气系统，可以为新型混合型燃气汽车提供燃气保障；②智慧能源网推行的新型冷热联供系统，可以减少供暖采冷对电力的需求，从而使一部分电力能够用于为交通工具提供动力，为电力汽车的发展提供电力保障。中国新能源汽车有望进入高速发展期。消费者对新能源汽车最关注的两个问题是续航里程和成本，解决问题的关键在于电池和相关材料技术的提升。另外，缺乏具有竞争力/吸引力的车型，亦导致中国新能源乘用车销量较低。2015 年新能源汽车产量达 340 471 辆，销量为 331 092 辆，同比分别增长了 3.3 倍和 3.4 倍；同时受益于技术进步和规模效应，电池及新能源汽车成本持续下行，中国新能源汽车有望进入高速发展期，预计 2016 年中国新能源汽车产销量会再翻一番。

此外，微公交、分时租赁等多种商业模式创新，通过提高使用率，发挥电动汽车使用成本低廉的优点，回避短期电池成本偏高的弱点，有利于加速电动汽车普及。

3. 工业节能：余热利用进入低温时代

2013 年，中国能源利用率仅为 33%左右，比发达国家低约 10%，至少 50%的工业耗能以各种形式的余热被直接废弃。这也说明中国工业余热资源丰富，广泛存在于工业各行业生产过程中的余热资源占燃料消耗总量的 17%~67%，其中可回收率高达 60%。此外，由于传统高耗能行业的中高温余热资源利用日益充分，但 300℃以下的工业余热资源的利用尚处于初级阶段，低温余热利用的巨大市场也有望逐步开启。

"十二五"重点节能工程中，余热余压回收利用要形成节能量 3 000 万吨标准煤，对应投资需求 600 亿元；此外，工业窑炉节能改造和热电联产也涉及余热发电项目，余热利用在整体工业节能投资中占比超过 37%。而在《节能减排"十二五"规划》中，进一步提出到 2015 年要新增余热余压发电能力 2 000 万千瓦（如果按单位造价 6 000~7 000 元/千瓦测算，对应投资需求 1 200 亿~1 400 亿元），"十二五"时期形成 5 700 万吨标准煤的节能能力。就盈利状况而言，余热发电项目毛利率一般在 60%以上，净利润为 30%~40%，内部收益率为 15%~25%，投资回报期为 4~6 年。

从"十一五"和"十二五"期间的节能减排政策可以看出，节能减排工作从政策指引到财政补贴，再到政绩考核和结果监督，经历了逐步完善的配套体系。我们认为这种强化地方政绩考核和监督的方式有望延续，从而有效确保节能减排工作的推进和目标实现。

4. 建筑节能：合同能源管理模式助推市场蓬勃兴起

广义的建筑节能工程是指采用节能型的建筑新工艺、新材料、新设备、再生能源，建立建筑设备监控系统（building automation system，BAS）、实施建筑机电设备节能改造、优化运行、能源监测等各种手段，实现建筑物能耗降低的各项业务。

建筑智能是实现节能的重要途径和手段。运用智能化技术，在建筑中建立 BAS，对建筑机电设备进行节能改造、优化运行、能源监测等，是开展建筑节能服务的主要方式之一。其中，建筑智能系统的 BAS 是连接建筑智能与建筑节能的纽带，主要包括空调控制、制冷控制、热力控制、电力控制、给排水控制、照明控制、电梯控制等子系统，可对建筑物内的空调与通风、变配电、照明、给排水、热源与热交换及电梯等设备进行集中监视、自动控制和管理，使所有设备处于高效、节能和最佳运行状态。

中国建筑节能行业发展极具潜力。2006~2012 年，节能服务产业总产值从 83 亿元增加至 1 653 亿元，增长了近 19 倍。合同能源管理（energy management contracting，EMC）这一市场化节能机制自引入中国以来，已获得了迅猛发展。合同能源管理项目投资从 18.9 亿元递增到 507.7 亿元，增长了 26 倍。合同能源管理项目 2012 年已形成年节约标准煤能力 1 774 万吨。

建筑节能市场占据主要市场份额的为本土企业，主要有同方股份、泰豪科技、汇通华城、达实智能、延华智能等公司。由于建筑节能服务行业在中国刚刚兴起，总体来说，目前该行业集中度不高，每家公司的市场份额较小。国际上也有一些知名的节能企业进入中国开展业务，主要以提供技术和设备为主，较少涉及施工及集成系统提供服务。

5. 生活节能：LED 照明全面爆发

LED（light emitting diode，即发光二极管）节能效果显著，空间广阔。LED 照明较普通照明具备了节能效果好、寿命长、光效高、显色性好、发热量小、光损耗低、响应时间短和绿色环保等优点，这决定了它是最理想的替代光源。相同亮度下的 LED 耗电仅为白炽灯的 1/8，节能灯的 1/2，寿命更延长近 10 倍。如果中国 1/3 的白炽灯被 LED 灯取代，每年就可为国家节省用电 1 000 亿千瓦时，相当于三峡工程一年的发电量。

6. 减排：污染物减排市场或将酝酿新的机遇

"十二五"以来，SO_2、化学需氧量（chemical oxygen demand，COD）及氨氮（NH_3-N）减排稳步推进，而 NO_x 排放控制难度最大。预计 2017~2020 年中国相关环保设施建设进度有望进一步加快，并且逐步向精细化运营管理过渡，从而确保建成设施真正发挥治污效果。未来中国污染物减排市场或将酝酿新的机遇，如市政污水提标改造趋势有望进一步强化，污泥处理处置进度或将显著加快，第三方治理有望助力工业废水整治，燃煤电厂近零排放或逐步推广等，而征收环境税有望通过显著提高排污成本进一步推动减排深化。

环境保护的发展过程大致可以分为忽视环境保护、末端治理、源头控制和末端治理并举，以及预防、全过程控制和循环利用这四个阶段。中国目前处于第二、三阶段，局部地区甚至处于第一阶段。且当前污染呈现出从单一污染向多重污染发展的趋势，针对单一污染物的脱除技术呈现出投资成本巨大，设备复杂，工作性能易受其他污染物影响的不利现状。从单一污染物治理技术向多种污染物协同控制转变并提高污染物的资源化利用水平是实现复合型污染高效治理、降低污染物治理成本、实现污染防治技术跨入循环可持续发展的良性发展轨道的必然途径。

针对污染物高效综合脱除和资源化利用的手段，提出以下总体技术路线图。根据污染物治理的现实需要，将污染物协同控制技术分为两个发展方向，即高效脱除技术和协同脱除技术。高效脱除技术包括：发展电凝并技术、多场协同高效颗粒聚并长大技术、新型电源技术、电袋复合除尘技术等实现细微颗粒物的高效控制；研发大型电站锅炉选择性非催化还原（selective non-catalytic reduction，SNCR）脱硝技术、抗中毒选择性催化还原（selective catalytic reduction，SCR）脱硝催化剂配方及成套技术、SCR 催化剂的再生技术等，实现 NO_x 高效控制；研发增效复合添加剂，实现脱硫塔内的超高效脱硫。协同控制技术包括：研发复合多效添加剂配方及其应用技术，实现脱硫塔内硫硝汞的协同脱除；研发 O_3（臭氧）喷射氧化技术、等离子体氧化技术、等离子体协同催化氧化 NO（一氧化氮）技术及汞高效氧化的氧化性催化剂等技术，实现 NO 及 Hg^0 高效低成本氧化为 NO_2（二氧化氮）及 Hg^{2+} 并在湿法吸收塔内高效吸收；研发可协同 Hg^0 氧化的 SCR 脱硝催化剂配方，实现高效脱硝协同汞氧化控制。实现污染物的近零排放，并通过对硫氧化物、NO_x 的回收生产硫黄、硫酸、化肥、亚硝酸钙等高附加值副产物，降低污染物控制技术的应用成本，提高企业对污染物控制技术的开发、应用上的积极性，实现污染物防治的全过程控制并实现环保产业的循环经济发展。

（二）主线二：能源供给低碳化

低碳化是能源结构调整的长期方向，途径有二：一是化石能源的低碳化，天然气将是化石能源中需求增速最高的品种，预计"十三五"期间需求增速为 15%左右，产业链中资源、开采装备与服务、管道输送以及分销商等将受到提振。二是发展非化石能源，核电、风电、光伏、生物质依次为全球非化石能源四大主力；就中国情况而言，预计未来风电与光伏的增长空间更大，未来技术路线符合市场方向的风电、光伏行业龙头有望受益。

从各种能源的 CO_2 强度看，天然气燃烧后的 CO_2 约为煤炭的 60%。非化石能源的优势更为显著：太阳能、生物质能的碳排放强度约为传统火电的 10%，核电、风电、水电的碳排放强度仅为火电的 2%~5%。

1. 天然气：环保要求拉动需求增长

2011 年，中国 CO_2 排放量占全球的 26%，为第一大排放国。天然气单位热值污染排放远小于石油和煤炭，将成为中国调整能源结构、节能减排的有效途径。

根据国家发展和改革委员会（简称国家发改委）《能源发展"十二五"规划》，"十二五"末，天然气占一次能源消费比重要求提高到 7.5%。根据 BP 能源统计，中国 2012 年一次能源消费结构中，天然气占比仅为 4.7%，而全球该比例为 24%。

预计"十三五"期间天然气国内需求将保持 15% 左右的较高增速。分消费领域来看，居民用气、汽车用气将保持高速增长；发电用气和工业燃气将保持一定增速；化肥用气可能维持无增长状态。具体而言：①居民燃气领域，天然气相比液化石油气（liquefied petroleum gas，LPG）和煤气而言具有明显的价格优势，随着国内天然气储运设施的完善，各省、市、县陆续推出气化工程来普及天然气利用，预计居民用气增速将保持在 20% 以上。②汽车用气领域，LNG 和压缩天然气（compressed natural gas，CNG）相比柴油、汽油而言价格优势较明显，随着天然气车保有量的不断增加，以及加气站快速建设投用，预计汽车用气增速将保持在 20% 以上。③发电用气和工业燃气领域，天然气的替代能源主要是煤炭（以及少部分重油等），处于劣势，但鉴于政府在燃气发电上网电价等方面的支持力度，以及燃气发电机组的大量建设，预计在该领域天然气需求有望保持 10% 左右的增长。④化肥领域，气头尿素相比煤头尿素而言本不具有成本优势，且化肥用气价格也将呈现逐年上调趋势，未来气头尿素将几乎没有新产能，该领域天然气需求将保持零增长。

2. 非化石能源：风电和光伏风头最劲

新能源整体均有良好的发展空间，但是安全性高且有望实现平价上网、大规模应用的新能源电力品种当属光伏和风电。其中风电有望在 2020 年率先实现发电侧平价上网，之后形成稳定的市场增速及规模。光伏发电成本虽高，但是分布式利用使其在用户侧平价方面有着先天的优势。

保守估计，风电将在"十三五"期间实现年均 20 吉瓦左右的装机增量，2020 年的累计并网容量达到 218 吉瓦，略高于国家目前规划的 200 吉瓦的目标。光伏在快速的成本下降带动下，持续高增长，尤其是分布式光伏在经过合理的政策及金融扶持后，有望实现超高速发展，预计 2020 年光伏累计装机 186 吉瓦，其中分布式占比从之前 20% 的水平，增长到 50%。核电的装机容量严格按照国家规划的 2020 年 58 吉瓦的目标进行预测，生物质的增量保持低速稳定，预计 2020 年累计装机 20 吉瓦。

在这种图景下，预计 2020 年电力装机中将有超过 1/4 来自上述四类新能源，其中风电 12%、光伏 10%、核电 3%、生物质 1%；根据各种能源的合理利用小时数，预计 2020 年将有超过 1/3 的发电量来自上述四类电源，其中风电 17%、核电 6%、光伏 13%、生物质 1%。

（三）主线三：能源系统智能化

智慧能源网是能效提升的重要路径：其将先进的互联网技术应用到能源领域，

从而实现能源分布式供应。近年来，各国都在积极推进智慧能源网战略，中国也试验性地提出智能能源网，其使用预计将提升中国能源效率 15%以上。其中，分布式储能是智慧能源网的基础技术，智能电网有望实现电网的信息化和智能化，而智慧能源网则是构建智能化能源系统的最终模式。

1. 分布式储能：智慧能源网的基础技术

国家级示范储能项目有望带动产业发展。早在 2009 年 9 月，国家电网旗下的新源控股有限公司与河北张家口就签订了协议，在张北、尚义县风电场建设国内首个风光储能示范项目，总投资 200 亿元以上，建设 500 兆瓦风电场，100 兆瓦光伏发电站，110 兆瓦储能装置。其中一期工程投资 32.2 亿元，于 2011 年 12 月 25 日建成投产，包括风电 98.5 兆瓦、光伏 40 兆瓦和储能 20 兆瓦。随着国家示范项目的展开，大容量储能系统有望在未来几年开始大规模建设，而现在能够抢先布局的企业有望获得丰厚收益。

预计 2015~2025 年的储能市场容量逾 1 000 亿美元。化学储能电池将来主要应用在 100 千瓦~10 兆瓦规模的储能上，主要包括风力和太阳能的储能、汽车充电站市场、通信基站市场和金融机构市场等。军事装备及基地、政府机构、分布式电源系统、偏远地区独立微网等也是重要应用领域。通过测算，2015~2025 年整个国内储能市场的容量在 1 000 亿美元以上。

在 100 千瓦~10 兆瓦级别的储能应用领域中，我们更看好化学储能技术，特别是钠硫储能电池和液流储能电池。其中，液流技术包括多硫化钠溴液流电池、锌溴液流电池、铁铬液流电池和全钒液流电池等。目前技术比较成熟的是锌溴液流电池和全钒液流电池，而钠硫电池目前只有日本的 NGK 实现了商业化。在 100 兆瓦级以上的主网级别储能市场中，具有相当经济性的抽水蓄能在目前和未来很长一段时间内都是毋庸置疑的王者。

2. 智能电网：电网信息化与智能化

国家电网投入 3.45 万亿元建设坚强智能电网。坚强智能电网是以特高压电网为骨干网架、各级电网协调发展的坚强网架为基础，以通信信息平台为支撑，具有信息化、自动化、互动化特征，包含电力系统的发电、输电、变电、配电、用电和调度各个环节，覆盖所有电压等级，实现"电力流、信息流、业务流"的高度一体化融合的现代电网。国家电网 2009~2020 年投入 3.45 亿元分阶段建设坚强智能电网，其中智能化投资 3 841 亿元。2009~2010 年为规划试点阶段，2011~2015 年为全面建设阶段，2016~2020 年为引领提升阶段。

厦门岛将建主动配电网，具有智慧能源网示范意义。2014 年 3 月 3 日，由国家电网福建电力公司、国家电网福建电力科学研究院为主承担的"主动配电网关键技术研究及示范"项目正式启动。该项目是国家"863"计划先进能源技术领域重大项目之一。项目将以厦门岛作为示范对象之一，建成具有国际先进水平的，集冷热电联供、生物质、光伏、风电、储能和电动汽车充换电站等单元的主动配电网应用集成示范系统。项目完成后，厦门岛主动配电网将具有主动调节能力，可支持光伏发电等分布式能源的大量接入，实现可再生能源100%消纳。

3. 智慧能源网：智能化能源系统

智慧能源网就是采用分布式能源采集系统，充分采集分散的可再生能源，通过存储技术将这些间歇式能源存储起来，然后利用互联网和智能终端技术构建起能量与信息能够双向流动的智能能源网络，从而实现能源在全网络内的分配、交换和共享。智慧能源网把一个集中式的、单向的、生产者控制的电网，转变成大量分布式辅助较少集中式的电网，可与更多的消费者进行互动。

智慧能源网以"广域网"为基本架构。我们理解，智慧能源网是以互联网理念构建的新型信息能源"广域网"，其中包括大电网的"主干网"和微网的"局域网"，双向按需传输和动态平衡使用而完成信息能源一体化架构。第一，微网是智慧能源网中的基本组成元素，通过新能源发电、微能源的采集、汇聚与分享以及微网内的储能或用电消纳形成"局域网"。第二，大电网在传输效率等方面仍然具有无法比拟的优势，将来仍然是智慧能源网中的"主干网"。

智慧能源网将带来积极影响。第一，能源将用之不竭。通过智慧能源网，分布式和离散式的可再生能源都能接入能源供应系统并加以储存。只要保证一定的能源转化效率以及日采集总量与消耗总量相匹配，水能、地热能、太阳能、风能等可再生能源将取之不尽，能充分满足需求。第二，环境得到极大改善。智慧能源网通过储能技术、能源采集技术及智能控制技术将有效解决可再生能源供应不持续、品质不稳定、难以接入电力"主干网"等问题，让可再生能源逐步成为主要能源，以减少污染物排放。第三，推进社会快速发展。智慧能源网一旦实现，人类将获得充足的能源供应，信息技术、智能控制技术、能源采集技术、储能技术、动力技术等相关技术也将飞速发展，新能源、动力设备、智能产品、生产设备、新材料等领域将不断取得新进展。

在智慧能源网"广域网"实现之前，垂直应用领域的"局域网"是主要应用场景。第一，坚强智能电网，国家电网2009~2020年投入3.45万亿元，其中智能化投资3 841亿元，特高压是坚强智能电网骨干。第二，智慧油田和智慧矿山建设快速推进，市场空间达300亿~400亿元。第三，工业安全监测监控市场达数百亿元。第四，燃料智能化浪潮来袭，市场在百亿元以上。第五，车联网提升汽车智能化，预计2018年全球市场将达400亿欧元。未来智慧能源网和智能化应用仍将不断拓展。

第三章　煤分级转化与多级利用的支撑与保障

一、煤分级转化与多级利用

（一）发展煤分级转化与多级利用背景和概念

中国一次能源资源储量位居世界前列，是仅次于俄罗斯、美国的世界第三大化石能源国。中国一次能源中煤炭资源储量占比超过 95%，煤炭在能源生产和消费中占据支配地位，所占比重一直保持在 70%左右；油、气资源储量占比不足 5%，在能源生产、消费和经济、社会发展中发挥重要的作用，但由于油、气资源储量较少，随着经济和社会的快速发展，油气进口规模逐步增大。随着中国工业化和城镇化进程的继续快速推进，煤炭作为中国主体能源的格局将在很长的一段时间内存在。按照中国煤炭的地质储量计算，中国煤炭可供支撑国家上百年的能源消费，煤炭依然是能够利用时间最长的常规能源。近年来的煤炭消耗统计数据显示，电力、钢铁、建材和化工（合成氨）是中国煤炭四个最主要的消费行业，电厂锅炉、工业锅炉、煤化工（炼焦等）以及建材窑炉消费了中国超过 90%的煤炭量。2015 年，中国能源消费总量为 43 亿吨标准煤，其中煤炭消费占 64.0%，达到 39.65 亿吨原煤，石油消费占 18.1%，达到 5.43 亿吨原油（其中进口为 62%），天然气消费占 5.9%，达到 1 930 亿立方米（其中 31%依靠进口）。中国长期以来以煤炭为主要能源资源，但中国煤炭利用一直处于一种单一发展煤炭生产、不注重煤炭综合利用的不合理产业布局，就中国煤炭消费的结构而言，其在发电、工业应用、炼焦和气化等方面占有很大比例。煤炭的开发和加工利用成为中国环境污染物排放的主要来源，使得中国环境成为典型的煤烟型污染，随着煤炭消耗的增加，面临的环境问题越来越多，环境恶化也会越严重。目前，煤炭利用导致的环境污染已严重影响了中国的可持续发展。

目前，中国煤炭的主要利用方式是直接燃烧，占煤炭总量的 80%。煤炭的直接燃烧虽然简单廉价，但利用价值较低，污染严重。工业窑炉能耗更高，这种状况不仅造成了资源的极大浪费，而且加剧了包括 CO_2 在内的污染物的排放。粗放单一的煤的利用方式加大了污染物排放的治理难度，并导致温室气体的大量排放，浪费了煤中具有高附加值的油、气和化学品。

可见，中国石油资源严重不足，电力供应紧张，煤炭资源利用效率低、污染重，能源问题已成为国民经济发展的瓶颈之一。中国的能源资源和煤炭利用现状决定了以提高煤炭利用的综合能效、控制煤转化过程中的污染排放、解决短缺能源需求为近中期能源领域的首要任务。

煤的分级利用多联产技术从煤炭同时是电力、化工、冶金等行业的资源这一角度出发，将煤的热解、气化、燃烧、合成等过程有机结合，在同一系统中生产多种具有高附加值的化工产品、气体、液体燃料以及用于工艺过程的热和电力等产品。这样，多联产系统可以从系统的高度出发，结合各种生产技术路线的优越性，使生产过程耦合在一起，彼此取长补短，达到能源利用效率最高、能耗最低、投资和运行成本最节约。此外，煤的分级利用多联产技术将煤的热解、气化、燃烧、合成等各过程有机结合，实现污染物的耦合抑制和有效脱除，从而可能用最经济的方法解决煤炭利用过程中污染物的控制问题。

因此，煤的分级利用多联产技术能够跨越式提高煤炭利用效率、环境效益和经济性，真正解决中国煤炭的高效洁净利用问题，满足中国国民经济发展的重大需求。

煤炭用于发电、气化、炼焦、化工合成等方面已经有上百年的历史，可以说分级利用系统所涉及的各个单元技术都已经存在，并有相当成熟的工艺，但将现有各个技术单元简单组合，并不能实现真正意义上的多联产。因此，到目前为止，还没有真正工业成熟的多联产系统出现。分级利用技术发展主要有如下问题：

首先，基于现有的煤转化工艺路线，结合当今社会经济的发展趋势和对煤炭利用效率、环境保护及经济性的要求，国内外专家提出了各种多联产系统，如以化工产品为主的多联产系统、以发电为主的多联产系统、以炼焦为主的多联产系统、以产氢为主的多联产系统等。但是，什么样的多联产系统能真正地解决国家的重大需求？考虑到中国每年生产的几十亿吨煤炭首先必须解决中国经济发展所急需的电力和液体燃料问题，因此我们认为国家优先发展的多联产技术应以发电和生产清洁液体燃料为主，兼顾其他化学品和副产品，走综合利用的道路，这样才能满足中国国民经济发展的重大需求。

其次，现有煤的燃烧和气化技术都是将煤视为单一物质加以转化。燃烧把煤中所含的各种组分作为燃料来利用，没有充分利用其中具有更高利用价值的组分（如挥发分等）。而气化虽然可以高效低污染地利用固体燃料，但气化过程中固定碳反应速度随转化程度增加而减慢，如果要在单一气化过程中获得完全或很高的转化率，则需要采用高温、高压及较长的停留时间，从而导致气化设备庞大，成本增加。此外，煤气化对煤质要求很高，而实际上我国很大一部分煤炭都不适合完全气化。由于碳的燃烧反应速度要远高于其气化速度，所以如果采用燃烧的方法处理煤中"低活性组分"，则可以简化气化要求，不需要追求很高的碳转化率，从而降低生产成本。针对煤中不同组分在化学反应性上差别巨大的特点，依据煤不同组分和不同转化阶段的反应性不同的特点，实施煤热解、气化、燃烧的分级转化，则可使煤炭气化技术简化，从而减少投资，降低成本，也有可能用最经济的方法解决煤中污染物的脱除问题。实际上，煤的分级转化多联产技术就是针对单一过程存在的问题及煤结构组成的复杂性而提出的。

　　挥发分是煤组成中最活跃的组分，通常在较低的温度下就会析出，同时挥发分也是煤中比较容易进行利用的组分。以煤热解为基础的分级转化梯级利用技术（图 3-1），将煤的热解、气化、燃烧、合成等各过程有机结合，将煤中容易热解的部分在热解气化炉中转化为煤气和焦油，所产生的煤气作为后续合成工艺的原料生产具有高附加值的化工产品，所产生的焦油可作为燃料直接使用或先提取高附加值产品，然后通过加氢以制取燃料油；难热解气化的富碳半焦去燃烧提供热电，灰渣进行综合利用。通过上述生产过程在系统中的有机耦合集成，简化工艺流程，减少基本投资和运行费用。通过调节系统中各产品的比例，可实现分级利用系统的优化运行，降低各产品价格，从而真正实现煤的分级综合利用，提高煤转化效率和利用效率，降低污染排放，实现系统整体效益最优化。使用多联产系统可适用于中国十多亿吨不同品质的煤炭资源，可用于新建工厂和大量旧电厂的改造，从而使分级利用系统有广阔的应用前景。

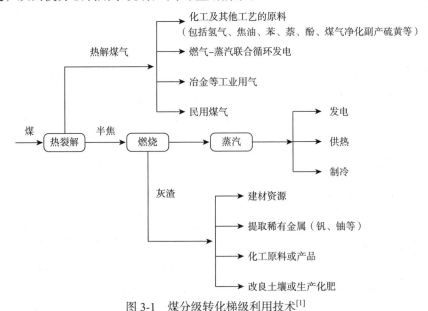

图 3-1　煤分级转化梯级利用技术[1]

（二）国内外煤分级转化与多级利用现状与趋势

采用温和的热解方法从煤中提取液体燃料和化学品的重要性及必要性已逐渐被认识与接受。日本通产省在《21 世纪煤炭技术战略》报告中特别提到了提高燃料利用率的高增值技术，并把低温快速热解制取燃气、燃油及高价值化学品作为重要研究项目[2]。美国能源部也把从煤中提取部分高品位液体燃料和化学品列为《21 世纪能源展望》计划的一项重要内容[3]。

国内外各研究机构在该领域已开展了较多的研究开发工作，开发了各种不同的煤热解工艺。国外主要的煤热解加工技术有德国的鲁奇三段炉（Lurgi-Spuelgas，L-S）低温提质工艺[4]、Lurgi-Ruhrgas（L-R）提质技术[5]，苏联的褐煤固体热载体提质（ETch-175）工艺[6]，美国的温和气化（LFC）技术[7]、Toscoal 工艺[8]、西方提质（Garrett）法[9]、COED（char oil energy development，即焦油能源开发）法[10]、CCTI①法，澳大利亚联邦科学与工业研究组织（Commonwealth Scientific and Industrial Research Organisation，CSIRO）的流化床快速热解工艺[11]和日本的煤炭快速提质技术[12]。国内的煤热解工艺目前主要可以分为以获得半焦和焦油为目的及热解半焦燃烧相结合的煤气、焦油与蒸汽联产为目的两大类。其中以获得半焦和焦油为目的的典型技术有大连理工大学开发的煤固体热载体干馏多联产（DG）工艺[13]、煤炭科学研究总院北京煤化工分院开发的多段回转炉（multistage rotary furnace，MRF）提质工艺[14]等，而将煤的热解、气化、燃烧相结合的典型的多联产技术则有浙江大学循环流化床热电多联产工艺[15~20]，北京动力经济研究所热、电、煤气"三联产"工艺[21, 22]，中国科学院工程热物理研究所双流化床煤热解技术[23~26]，中国科学院山西煤炭化学研究所提出的以移动床热解为基础的固体热载体热电气三联产技术[27~29]，中国科学院过程工程研究所基于下行床的多联产工艺[30]等。

国内外各主要的工艺流程和特点简介如下。

1. 外热立式炉工艺

干馏所需热量由加热炉墙传入，称为外热式，原料煤可以是弱黏性的烟煤，也可以用热稳定性好的长焰煤。英国开发的伍德炉用于干馏制煤气和半焦（或焦炭），已在国内外得到广泛应用。德国开发的 Koppers 炉用于生产煤气和半焦（或焦炭），中国大连煤气公司引进了该技术，用抚顺弱黏结性煤生产城市煤气。中国冶金建设集团鞍山焦化耐火材料设计研究总院开发了 JLW、JLK、JLH-D 型立式炉，以适应中小型煤气厂的需要。该类技术处理量小，煤种要求严格。

---

① CCTI，Clean Coal Technologies，Inc.，即清洁煤技术公司。

2. 内热立式炉工艺

该类技术针对褐煤块或型煤通过气体热载体方式实现中温干热解。气体热载体内热式立式炉采用 20~80 毫米块状褐煤（有些褐煤需要将粒径提高到 50~100 毫米）和型煤，这种炉型不适用中等黏结性和高黏结性烟煤。鲁奇三段炉即是这种典型炉型，煤在立式炉中下行，气流逆向通入进行热解。对粉状的褐煤和烟煤要预先压块（成型）。煤热解过程分为上中下三段：煤首先经过干燥和预热段，然后经过干馏段，最后经过半焦冷却段。在上段循环热气流把煤干燥并预热到150℃。在中段，即热解段，热气流把煤加热到 500~850℃。在下段半焦（或焦炭）被循环气流冷却到 100~150℃，最后排出。排料机构控制热解炉的生产能力。循环气和热解气混合物由热解段引出，其中液体副产物在后续冷凝系统分出。大部分的净化煤气送去干燥段和热解段燃烧器，有一部分直接送入半焦冷却段。剩余煤气外送，可以作为加热用燃料。煤气热值一般在 1 400~2 100 千卡/米^3。国内在鲁奇三段炉的基础上开发了不同类型的气燃内热立式热解炉（如典型的 SJ 气燃内热立式热解炉），现已广泛应用于内蒙古鄂尔多斯、陕西北部等地区，利用当地优质长焰煤（或不黏煤、弱黏煤）生产兰炭（半焦）。但由于生产装置过分简化，煤气中氮气（N_2）含量在 50%左右，煤气利用困难，同时污水量大，另外，对褐煤的适应性需要进一步验证。总体上，立式炉虽然工艺简单，投资较小，但能耗高，热效率低，环境污染严重，目前属限制发展技术。

1）苏联开发的能源–燃料–化学品（energy-fuel and chemical，ETCH）粉煤干馏多联产工艺[31]

苏联进行了多种固体热载体粉煤干馏工艺研究和开发工作。其中动力用煤综合利用 ETCH 方法（4~6 吨/小时试验装置参见图 3-2），曾进行了多灰多硫煤以及泥炭等的试验研究。ETCH 工艺流程为原料煤由煤槽经给料机送去粉煤机，此处供入热烟气，约550℃，把粉碎了的粉煤用上升气流输送到干煤旋风器，同时把煤加热到 100~120℃，干煤水分<4%。干煤由旋风器去加热器，在此与来自加热提升管的热粉焦混合，在干馏槽内发生热解反应并析出挥发产物，经冷却冷凝系统分离为焦油和煤气以及冷凝水。干馏槽下部生成的半焦和热载体半焦，部分去提升管燃烧升温，作为热载体循环使用，多余的半焦作为产品送出系统。在小规模试验研究基础上，开发了 ETCH-175 工业装置。在 ETCH-175 装置上试验了多种褐煤，这些褐煤含水分为 28%~45%，灰分为 6%~45%。干煤半焦产率 34%~56%，焦油为 4%~10%，煤气为 5%~12%，热解水为 3%~10%。生产的半焦可作为电站发电燃料，考虑到电、蒸汽及产品净化能耗，装置的能量效率为 83%~87%。运行表明利用气体热载体流化床加热煤粉，可以达到快速热解的目的，并且符合现代技术要求。但是，也存在较大的缺陷：在一般情况下气体热载体为烟气，煤热解析出的挥发产物被烟气稀释，

降低了煤气的质量，增大了粗煤气的分离净化设备和动力消耗。

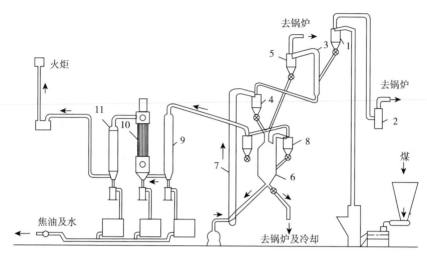

图 3-2　ETCH 方法 4~6 吨/小时试验装置原理流程图

1——旋风分离器；2——风机；3——煤加热器；4——热焦旋风器；5——热粉煤旋风器；6——热解室；
7——加热提升管；8——旋风初净器；9——冷洗器；10——电除焦油器；11——管式换热器

2）鲁奇鲁尔公司的煤干馏多联产工艺

鲁奇鲁尔公司的煤干馏多联产工艺采用热半焦作为热载体的煤干馏方法（图 3-3）。此工艺于 1963 年在南斯拉夫建有生产装置，单元系列生产能力为 800 吨/天，建有两个系列厂，生产能力为 1 600 吨/天。产品半焦作为炼焦配煤原料。煤经四个平行排列的螺旋给料机，再经过导管进入干馏槽。导管中通入冷的干馏煤气使煤料流动，煤从导管呈喷射状进入干馏槽，与来自集合槽的热半焦相混合，进行干馏过程。空气在进入提升管前先预热到 390℃，与煤气、油或部分地与半焦燃烧，使半焦达到热载体需要的温度。

原料褐煤含水分 36%，其中内在水占 8%~11%，煤的粒度为 0~20 毫米，经重液选分后，粉碎至 0~5 毫米，含水分 40%，经气流干燥后水分降至 6%~12%（图 3-4）。每吨煤的中油产率为 13~18 千克；煤气 73~83 千克；按煤的热值计，转化成半焦、焦油和煤气的热效率为 86.6%~89.0%。根据鲁奇公司的数据，用褐煤或烟煤为原料，干馏温度为 800~900℃ 时，所产城市煤气的高热值为 17.57~19.25 兆焦/米^3。干馏每吨煤耗电 11~13 千瓦时；耗蒸汽（0.25 兆帕）10~15千克。

3）Toscoal 工艺

Toscoal 工艺[8,32,33]是美国 Tosco 公司基于 Tosco-Ⅱ油页岩干馏工艺开发的煤低温干馏方法（图 3-5）。用瓷球作为热载体，在热解转炉内进行煤的干馏，属于

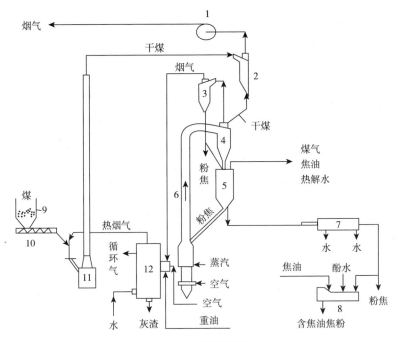

图 3-3　工艺流程图

1——风机；2——干煤旋风器；3——烟气分离器；4——粉焦分离器；5——干馏槽；6——粉焦加热提升管；
7——冷却器；8——冷却塔；9——煤斗；10——给料机；11——煤干燥管；12——燃烧炉

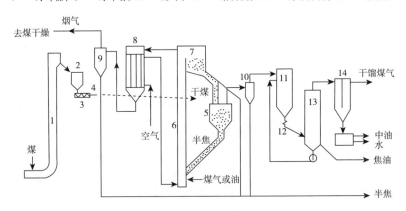

图 3-4　鲁奇鲁尔公司煤干馏多联产工艺

1——煤干燥管；2——干煤旋风器；3——热粉焦输送器；4——加热器；5——干馏槽；6——粉焦加热提升管；
7——粉焦分离器；8——冷却器；9——烟气分离器；10——煤气分离器；11——冷却塔；12——输送管；
13——焦油分离器；14——机除焦油器

内热式-低温-中速-固体热载体干馏工艺。该工艺开发的主要目的是对煤提质，增加其热值，并回收高价值气体和液体产品。所产半焦含有足够的挥发分，可用于现有的发电厂而不需改变设备或附加辅助燃料。此法始于 1970 年，最初选择美国怀俄明次烟煤为原料，在 25 吨/天中试工厂进行试验。试验表明，该方法既可用于非黏结性煤也可用于弱黏结性煤。该工艺的意义在于：降低煤炭的运输费用；降低电厂的硫排放量；半焦可用做气化原料或生产型焦；所产粗焦油经加氢可获得优质的轻质合成原油。存在的主要问题是设备复杂、投资高、维修量大。

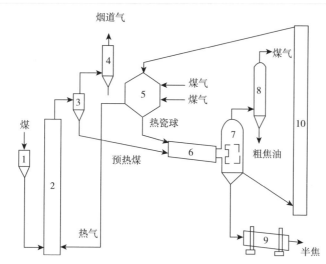

图 3-5　Toscoal 低温热解工艺

1——原料槽；2, 10——提升管；3——分离器；4——洗涤器；5——瓷球加热器；
6——热解转炉；7——筛；8——油气分离器；9——半焦冷却器

4）美国 LFC 褐煤提质技术

美国 LFC 褐煤提质技术研发开始于 20 世纪 80 年代，最初由美国 SGI 公司开发。该技术是一项温和煤炭提质或温和干馏工艺过程。之所以叫它温和，一是它温度适中，二是接近常压。它与传统的褐煤干燥不同（只是物理的变化），这个过程使褐煤发生化学变化。褐煤含水量很大，传统的物理干燥过程只是将水去除，以增加燃烧值。褐煤干燥得越干，燃烧值就越高，煤的内部结构就越遭到破坏，从而减少了水分的再吸收。利用传统的干燥法深度干燥的煤反映出严重的质量不稳定问题。而 LFC 褐煤提质技术通过加热将褐煤转化成提质煤和煤焦油两种新燃料，从而解决了这些稳定性问题。

LFC 褐煤提质的基本流程（图 3-6）包括干燥、提质、冷却、惰性化（钝化）四个阶段。干燥阶段的作用是将破碎后的原煤送入旋转干燥器中干燥脱水而不发生化学变化；提质阶段是将干燥后的煤送入提质器中进行加热分解，此阶段发生化学变化，挥发性气体从提质器中分解出来；冷却阶段对提质后褐煤进行快速冷却，阻止提质反应的继续进行；最后在振荡流化床中对褐煤进行惰性化处理，以减少提质煤本身易自燃的趋势。大唐华银与五环工程合作，在 LFC 技术上进行改良，开发出低阶煤提质（low-rank coal of clean，LCC）技术，并在内蒙古锡林郭勒盟建设褐煤干燥提质工程[34]。

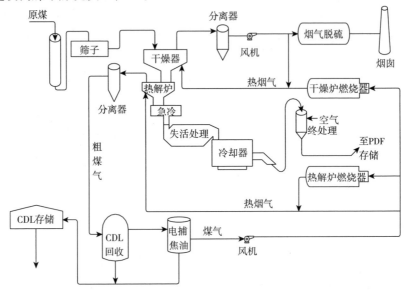

图 3-6　LFC 褐煤提质的基本流程

PDF，process-derived fuel，即过程衍生燃料；CDL，coal derived liquid，即煤炭衍生液体

　　LFC 工艺采用气体热载体，运用干燥和热解两步法，采用模块化设计，工艺技术路线简单，但该工艺需要块煤作为原料，系统自身不能做到热平衡，除了热解煤气全部燃烧外，还需要补充约 1/3 的外热，另外，污水处理等问题同样有待解决。

　　5）美国 CCTI 工艺

　　美国 CCTI 的煤脱水、中温干馏技术将煤加热、干馏减少水分和挥发分，以达到增加煤热值的目的。通过 CCTI 技术，含水分高、挥发分高的褐煤成为含水量极低、挥发分低的洁净煤。破碎筛分后 6~50 毫米的煤进入脱水干燥单元，该单元主要由两个加热室和一个冷却室组成，操作压力均为常压，生产为连续操作过程。煤气经过分离器，将烃类分出，气体进一步冷却进入轻质油分离器将轻质油分离，分离后的气体加压后进入气体吸附装置脱除气体污染物，分离后的烃类油品通过过滤将固体污染物从液体中脱除，而后送入储罐。最后得到的产品为加工后的褐煤、煤焦油（分离为烃类油、轻质油）。美国 CCTI 工艺曾经对内蒙古的褐煤在实验装置上进行试烧。目前该技术处于专利技术开始进入商业化运作阶段，还没有工业化的生产装置运行。

6）COED 工艺

COED 工艺[10,33]由美国食品机械化学公司（Food Machinery Corporation，FMC）与西方研究公司（Occidental Research Corporation，OCR）联合开发，通过煤的多段流化热解，得到煤气、合成原油和半焦。COED 工艺的特点为采用低压、多段、流化床煤热解工艺。利用该工艺对从褐煤至高挥发分烟煤的 6 种煤进行了试验。将原料煤粉碎至 0.2 毫米以下，进入从第一段开始温度逐渐提高的流化床热解炉。为使原料煤不软化熔融而凝聚，设定的各热解炉温度都比煤的软化温度略低。在各段产生的煤气和挥发分作为流化介质。从下部向最终段热解炉里吹入蒸汽和氧气，使部分半焦燃烧，并使产生的高温煤气进入前段和再前段的热解炉内。热解炉分 4 段，其段数因煤种而异，煤的黏结性增大时，其段数必须相应增多。一般情况下褐煤和次烟煤 2 段就可以，但高挥发分的伊利诺伊 6 号烟煤需要 3 段，高挥发分的匹兹堡烟煤就需要 4 段热解炉。从 1962 年开始，曾用直径 76.2 毫米的小型连续装置进行研究，后来又用 1 吨/天试验工艺开发单元（process development unit，PDU）装置进行研究。从 1970 年开始，在新泽西州建成了 3 吨/天的中试装置，并对从褐煤至高挥发分烟煤的 6 种煤进行了试验。COED 工艺流程复杂，但整个热效率很高，仅热解部分就达 90%，由于在焦油中含有很多细粒半焦，要用预涂层过滤器予以脱除。该工艺对煤种的适应性强，但在用黏结性煤做原料时，其段数要增多，运转操作时，要兼顾到各段流化床热解炉的设定温度、压力、流化状态和半焦的排出等，在操作性和规模放大上存在一定的问题。

7）Garrett 工艺

Garrett 工艺[9,33,35]是美国 Garrett 研究与开发公司独自开发的，所以称为 Garrett 法，后来与加利福尼亚州洛杉矶的西方石油公司共同对原工艺进行了改进和发展。该工艺的特点是，粉煤进料—固体半焦热载体加热—内热式—快速加热—中（低）温高压热解。该工艺以美国西部烟煤为原料，将煤粉碎至 200 目以下，与高温半焦一起进入反应炉内，升温速率为 278℃/秒以上，其操作压力最高达 344 千帕（表压）。由于在炉内的停留时间很短，不到 2 秒即发生热解反应。非凝结的煤气将煤送入炉内，循环利用。旋流器捕集的部分半焦与燃烧煤气热交换后，在很短的时间内被加热。因此，该过程可以最大限度地抑制一氧化碳（CO）的生成，有利于降低热损失和实现过程的热平衡。产品半焦与原料煤的发热量基本相同，由于孔隙多，其反应性优于原料煤，主要用于发电燃料。产生的煤气热值为 2.5×10^4 千焦/米^3 左右，可做管道气和燃料气；焦油中的含氢量较低，做合成原油或低硫燃料油用时需要加氢。1972 年，在加利福尼亚州建成了处理能力为 3.8 吨/天的中试装置，装置运行条件范围较宽，取得了一定的试验数据。该工艺的优点是：①短时间快速加热，防止焦油的二次热解，提高了焦油的收率；②部分半焦做热载体，并在气流床下行循环，热效率高。缺点为：①生成的焦油和粉尘半焦会附着在旋风器及管路的内壁，长时间运行会堵塞管道。②循环的半焦和入料煤之间的接触，以及充分进行的热交换会加剧煤的微粉碎，增加了循环的半焦量，使系统煤的处理能力无法增加太多；③用含硫量高的东部煤时，半焦中的硫分很高，作为电力燃料需要增加脱硫工序。

8）澳大利亚的流化床快速热解工艺

澳大利亚的流化床快速热解工艺由澳大利亚联邦科学与工业研究组织自 20 世纪 70 年代开始研究开发。对多种烟煤、褐煤进行了流化床快速热解研究，并着重对热解焦油的组成、性质、再加工特性进行研究试验。该工艺开发的目标是用澳大利亚煤生产液体燃料，是一种褐煤沙子炉流化床气-固热载体内热式闪裂解技术，先后建立了 1 克/小时、100 克/小时、20 千克/天试验装置[11,36~38]，完成了包括褐煤在内的 7 个煤种试验，其加热速率达到 104℃/秒，主要反应过程在 1 秒内完成，褐煤焦油产率可以达到 7%左右。

9）大连理工大学开发的褐煤固体热载体干馏多联产工艺

大连理工大学是国内最早开展褐煤固体热载体干馏技术研究的单位[13]。在实验室研究的基础上，大连理工大学在平庄建成了 150 吨/小时褐煤固体热载体干馏多联产工业试验装置[39]，并在富油集团建立了 60 万吨示范装置[40]。

如图 3-7 所示，平庄褐煤干馏多联产工艺流程由备煤、煤干燥、煤干馏、流化提升加热粉焦、煤焦混合、流化燃烧和煤气冷却、输送及净化等部分组成。原料煤粉碎到小于 6 毫米，送入原煤贮槽 1，湿煤由给料机送入干燥提升管 2，干燥提升管下部有沸腾段，热烟气由下部进入，湿煤被 550℃左右的烟气提升并加热干燥，干煤与烟气在旋风分离器分离，干煤进入干煤贮槽 3，200℃左右的烟气除尘后经鼓风机 16 排入大气。干煤自干煤贮槽经给料机去混合器 4，来自热半焦贮槽 7 的 800℃热焦粉在混合器与干煤相混合。混合后物料温度为 550~650℃，然后进入反应器 5，完成煤的快速热解反应，析出干馏气态产物。煤或半焦粉在流化床燃烧炉 8 燃烧生成 800~900℃的含氧烟气，在提升管下部与来自反应器 5 的 600℃半焦产生部分燃烧并被加热提升到热半焦贮槽 7，焦粉被加热到 800~850℃，作为热载体循环使用。由热半焦贮槽出来的热烟气去干燥提升管 2，温度为 550℃左右，与湿煤在干燥提升管脉冲沸腾中完成干燥过程，使干煤水分小于 5%，温度为 120℃左右。烟气的温度降至 200℃左右。反应器下部的半焦由产品半焦管导出部分焦粉经过冷却，作为半焦产品出厂。大连理工大学在所建的试验装置上进行了较多的试验研究，但该工业试验装置由于管道堵塞等问题并没有长期运行。2010 年在陕西榆林地区建设的 50 万吨/年规模的工业装置进行调试运行。

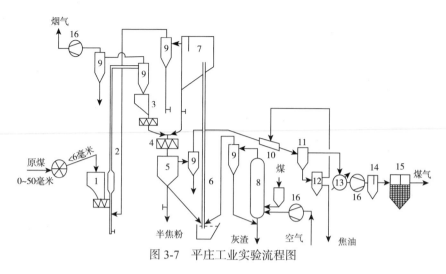

图 3-7　平庄工业实验流程图

1——原煤贮槽；2——干燥提升管；3——干煤贮槽；4——混合器；5——反应器；6——加热提升管；
7——热半焦贮槽；8——流化床燃烧炉；9——旋风分离器；10——洗气管；11——气液分离器；
12——焦渣分离器；13——煤气间冷器；14——机除焦油器；15——脱硫箱；16——鼓风机

10）煤炭科学研究总院北京煤化工分院的多段回转炉工艺

多段回转炉工艺[14]是煤炭科学研究总院北京煤化工分院开发的低变质煤热解工艺，该工艺特征是低（中）温热解—中速加热—外热式—隔绝空气—常压。多段回转炉工艺对原料煤的适宜粒度要求是 6~30 毫米，一般需对原料煤进行破碎和筛分，并将制备好的煤送入料仓。其工艺流程为：原料煤经送料器送入回转干燥炉，在此与调整至 300℃以下的热烟道气直接换热并蒸发大部分水分；干燥煤通过星形给料器进入回转热解炉，该回转炉为耐热钢制作的外热式炉体，煤或煤气在燃烧炉中燃烧，热量通过炉壁传给炉内的煤料，热解温度可控制在 550~750℃；热解后半焦通过星形给料器进入半焦冷却回转炉，在炉内用水熄灭；冷却后的半焦送往贮存库房。由回转热解炉排出的热解煤气、焦油蒸气、水蒸气的混合气体于除尘器中在较高温度下除去大部分携带的粉尘，在预冷器中初步冷却，然后进入列管冷凝冷却器进一步冷却，并经反复分离焦油和冷凝水后进入鼓风机；加压后的煤气可回热解系统作为燃料气，也可外供作为民用饮食燃气或工业燃气。该工艺对原煤粒径有严格的要求，半焦采用水淬冷法，耗水量较大，该工艺产生大量的焦油，给后续处理带来了一定难度，该工艺的主要热量来自煤或煤气的燃烧，并且属于间接换热，换热效率较低，热量损失较大。

11）基于移动床热解过程的热电气多联产工艺

北京动力经济研究所、中国科学院工程热物理研究所和中国科学院山西煤炭化学研究所先后开发基于移动床热解的循环流化床热电气多联产工艺。该类工是以移动床热解为基础的循环流化床多联产工艺，循环流化床锅炉（circulating fluidized bed，CFB）的部分高温循环灰先被送入热解炉作为热载体，在移动床热解炉内对煤进行热解，析出挥发分，而煤热解形成的半焦和循环灰，最后被回送到锅炉中进行循环燃烧。

北京动力经济研究所三联产工艺是在循环流化床锅炉一侧设置一个移动床干馏器，流化床的循环灰先被送入其中，如图 3-8 所示。同时，将锅炉给煤的一部分送到干馏器中。这样，循环热灰将作为热载体对煤进行干馏，析出其挥发分，而煤干馏形成的半焦和循环灰最后将被回送到锅炉进行循环燃烧。北京动力经济研究所与济南锅炉厂合作进行了多联产工艺小型热态试验课题的研究工作。

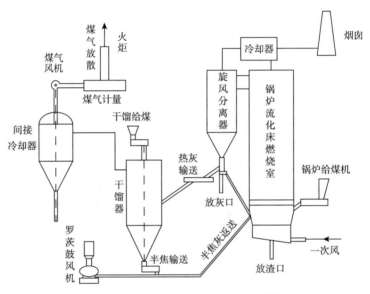

图 3-8　三联产试验装置工艺系统[41]

试验装置的工艺流程如下：①20%的煤通过锅炉给煤机进入锅炉炉膛；80%的煤通过干馏器给煤机与热灰一起进入干馏器，在干馏器内进行混合、热解，产生的半焦由返料系统送回炉膛；二者共同作为锅炉的燃料燃烧放热。燃烧烟气经炉膛上部出口的旋风分离器将灰分离后经冷却器、引风机和烟囱排出。锅炉产生的热水经冷却后循环使用。②锅炉的旋风分离器分离的热灰一部分经返料器进入锅炉炉膛，形成正常的炉膛、分离器、返料器组成的循环系统；另一部分进入干馏器与原煤进行热交换后变成半焦返回炉膛，形成炉膛、分离器、干馏器、返料器组成的大循环系统。灰循环系统采用双回路，其作用一是当干馏器停用时恢复锅炉的正常运行，二是为进入干馏器的灰量进行调节，以满足干馏原煤时的热量平衡。③干馏器内产生的煤气从其上部引出，经分离除尘、冷却、计量后由煤气风机送出，在火炬燃烧后排入大气。

除北京动力经济研究所和济南锅炉厂外，中国科学院山西煤炭化学研究所、工程热物理研究所也开发了以移动床热解为基础的多联产工艺，其原理类似，各自开展了中试研究。

12）中国科学院过程工程研究所的煤拔头工艺

煤炭的拔头工艺核心是实现煤炭的分级转化，在煤炭发电燃烧之前经过快速热解、快速分离和快速冷却，实现焦油和煤气的优先利用，以及半焦等固体产品发电，该工艺也属于多联产工艺。"煤拔头——煤炭综合利用新工艺"[30]由中国科学院过程工程研究所开发，完成了小试，取得了技术路线、工艺特点、关键技术和工艺参数实验室阶段的研究成果。该工艺由下行床与循环流化床的耦合实现。煤粉从下行床的顶部加入，与来自提升管的循环热强烈混合升温，在常压、较低温度（550~700℃）、无氢气（H_2）、无催化剂的条件下，实现快速热解。生成的气相产品在下行管的底部通过快速分离器分离后，进入急冷器进行快速冷却，最终得到液体产品。煤拔头技术的工艺特点是：条件温和，工艺简单，在常压与中温条件下从煤中提取煤焦油；系统集成，使目前国际循环流化床的快速床与下行床有机结合应用在一起；能够最优地转化提取煤中有效组分，实现高价值产品的加工。关键技术体现在快速热解、快速分离与快速冷却三方面，提高热解温度、加热速率，降低停留时间，实现液体产品的轻质化与气固快速分离。中国科学院过程工程研究所在完成的中试研究基础上，目前正开展工业化示范的工作。

13）浙江大学开发的基于流化床热解过程的循环流化床多联产技术

浙江大学的循环流化床热电气多联产工艺技术[15~20]是国内开发成功的一项具有自主知识产权的新技术，该技术将循环流化床锅炉和热解炉紧密结合，在一套系统中实现热、电、气和焦油的联合生产。以循环流化床锅炉底部排出的高温物料作为热载体进入热解气化炉，对炉内煤炭进行热解干馏，煤在热解炉中经过热解，除得到可加工高附加值产品的焦油外，还有品质较好的煤气，煤气可用于加工多种化工产品；煤炭在热解炉热解产生的高温半焦被送入循环流化床锅炉燃烧利用，锅炉生产的蒸汽用于发电、供热。该技术将煤炭的燃烧、热解、气化有机结合，使煤炭获得较高的综合利用效率和利用价值。达到较好的节能减排效果，将成为中国对提高褐煤综合利用效率研究的发展趋势。

浙江大学所提出的循环流化床热电气多联产技术将循环流化床锅炉和热解炉紧密结合，在一套系统中实现热、电、气和焦油的联合生产。图 3-9 为多联产技术的基本工艺流程图，其工艺流程为：循环流化床锅炉运行温度在850~900℃，大量的高温物料被携带出炉膛，经分离机构分离后部分作为热载体进入以再循环煤气为流化介质的流化床热解炉。煤经给料机进入热解炉和作为固体热载体的高温物料混合并加热（运行温度在 550~800℃）。煤在热解炉中经热解产生的粗煤气和细灰颗粒进入热解炉分离机构,经分离后的粗煤气进入煤气净化系统进行净化。除作为热解炉流化介质的部分再循环煤气外,其余煤气则经脱硫等净化工艺后作为净煤气供民用或经变换、合成反应生产相关化工产品。收集下来的焦油可提取高附加值产品或改性变成高品位合成油。煤在热解炉热解产生的半焦、循环物料及煤气分离器所分离下的细灰（灰和半焦）一起被送入循环流化床锅炉燃烧利用,用于加热固体热载体,同时生产的水蒸气用于发电、供热及制冷等（图 3-9）。

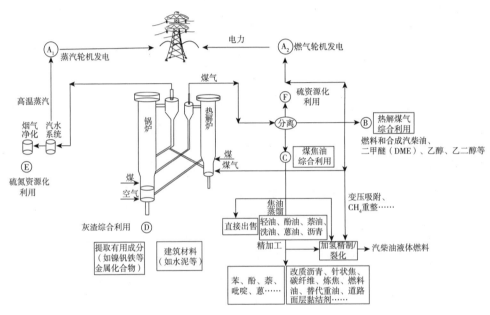

图 3-9　煤的循环流化床热电气多联产工艺流程

浙江大学所开发的基于流化床热解过程的煤循环流化床热电气焦油多联产技术具有其相应的特点和优势。

（1）工艺简单先进。

将循环流化床锅炉和热解气化炉紧密结合,通过简单而先进的工艺在一套系统中实现热、电、焦油、煤气的联合生产。在产生蒸汽发电的同时,还生产优质煤气和焦油,所产煤气品质高,是生产合成氨、甲醇、合成天然气等多种化工产品的优质原料,也可以作为燃气蒸汽联合循环发电的燃料气,所生产的焦油可以在提取高价值化学品的同时加氢制取液体燃料,从而有效利用褐煤中的各种组分,实现以褐煤为原料的分级转化梯级利用的多联产综合利用。

（2）燃料适应性广。

收到基挥发分在 20% 以上的各种褐煤、烟煤都适用于这种工艺。同时煤的颗粒粒度与现有循环流化床锅炉有同样要求，避免了现有煤气化和干馏工艺对煤种及煤粒度有较严格限制的缺点。

（3）工艺参数要求低，设备投资低。

煤在常压低温无氧条件下热解气化，对反应器及相关设备的材质要求低（常规热解气化炉操作温度为 1 300~1 700℃，压力 2~4 兆帕），设备制造成本低，同时热解气化过程不耗氧气和蒸汽，避免了常规热解气化炉所需的氧制备装置和蒸汽锅炉，大幅度降低气化系统的设备建设成本。

（4）运行成本低。

褐煤热解单元不需要氧气、蒸汽作为气化剂，系统能量损耗低，与常规气化技术相比，过程热效率大幅度提高，因此运行成本也得到大幅度降低。

（5）高温半焦直接燃烧利用。

原煤热解气化后的半焦直接送锅炉燃烧发电，避免了散热损失，使能源得到充分利用；而锅炉燃用不含水分的半焦，烟气量大幅度减少，从而降低了引风机的电耗，装置能耗降低，锅炉系统效率也有所提高。避免了以半焦为产品的工艺过程存在的半焦冷却过程，以及所产生的细半焦颗粒存在运输和利用困难的问题。

（6）易实现大型化。

所采用的流化床热解炉具有热灰和入煤混合剧烈、传热传质过程好、温度场均匀的特点，有利于给煤在炉内的热解气化，同时流化床热解炉易于大型化，而且布置上易与循环流化床锅炉相匹配，实现与循环流化床锅炉有机集成，从而避免固定床或移动床热解反应器的不易放大和布置的问题。

（7）煤气产率高，品质好，实现煤气的高值利用。

循环流化床热电气多联产工艺的热解过程以循环灰为热载体，热解所产出的煤气有效组分高，而且所产出的煤气全部用于后续利用，从而保证后续煤气合成工艺的煤气量，避免燃烧热解煤气提供热解热源使得外供煤气量小的问题。

（8）具有很好的污染物排放控制特性。

煤中所含硫大部分在热解气化炉内的热解过程中以硫化氢（H_2S）形式析出，并与所产生的煤气进入煤气净化系统进行脱硫，而仅有少量的硫进入循环流化床燃烧炉以 SO_2 形式释放。同时，与煤直接燃烧后烟气脱硫相比，从煤气中脱除 H_2S 具有较大的优势：①所处理气体量大大减少，因此脱硫设备的体积、投资及运行成本较小；②目前煤气脱硫的副产品一般是硫黄，其利用价值较大。煤中所含的氮大部分在热解过程中以氮气和氨的形式析出，同时由于循环流化床燃烧过程是中温燃烧，几乎不产生热力 NO_x，因此多联产工艺可进一步降低循环流化床燃烧炉所产生的烟气中的 NO_x 排放浓度。同样，从体积流量较小的煤气中脱出少量的氨是相对比较容易且成本较低的。

　　浙江大学早在 20 世纪 80 年代就提出了煤气−蒸气联产工艺的设想,在教育部博士点基金、省自然科学基金的资助下,进行大量理论和试验研究,表明了方案的可行性。1991 年承担了浙江省"八五"重点攻关项目,建立了 1 兆瓦燃气蒸汽试验装置,试验结果表明该方案具有燃料利用率高、污染低、煤气热值高、结构简单、投资省等特点,并获得国家发明专利授权(专利号 92100503.2)。1999 年,在国家"973"项目的资助下,进行了大量的试验研究和理论研究。

　　浙江大学和淮南矿业集团在完成了 1 兆瓦电力循环流化床热电气焦油多联产实验装置试验的基础上,共同合作将 1 台 75 吨/小时循环流化床锅炉改造为 12 兆瓦电力循环流化床热电气焦油多联产中试装置(图 3-10),于 2007 年 6 月完成安装,2007 年 8 月完成 72 小时试运行,2008 年上半年完成性能优化试验,2008 年 10 月系统投入试生产运行。12 兆瓦电力循环流化床热电气焦油多联产装置的热态调试运行表明,多联系统运行稳定,调节方便,运行安全可靠,焦油和煤气的生产稳定,实现了以煤为资源在一个有机集成的系统中生产多种高价值的产品。

图 3-10　12 兆瓦电力循环流化床热电气焦油多联产中试装置

　　12 兆瓦电力循环流化床热电气工业中试装置于 2009 年 1 月通过了安徽省科学技术厅的验收和鉴定,鉴定意见为"该循环流化床热电气焦油多联产分级转化利用技术及装置属国内外首创,成功解决了循环流化床燃烧炉和流化床热解气化炉协调联合运行、高温循环物料控制、循环流化床锅炉完全燃烧半焦、煤气与低温焦油回收以及多联产系统控制等多项关键技术"，"鉴定委员会一致认为该技术可实现煤的分级转化和梯级利用，具有重大的经济和社会效益，应用前景广阔"。

该技术可以充分利用淮南煤的各种有用成分，实现煤炭利用价值最大化和煤炭的清洁综合利用，被列入国家"863"计划的科技攻关项目——"循环流化床热电气焦油联产技术开发项目"，2011 年已经通过"863"验收。

2009 年国电小龙潭电厂、小龙潭矿务局和浙江大学合作以云南小龙潭褐煤为原料，在浙江大学 1 兆瓦电力循环流化床热电气多联产试验台进行试验研究。试验研究结果成功地验证了以褐煤为原料的循环流化床热电气多联产技术的可行性，所获得热解煤气不仅产率较高，而且煤气的有效组分含量高，同时还可以获得一定量的焦油产品，都具有后续加工的价值。

在试验研究结果基础上，结合小龙潭电厂现有 300 兆瓦电力褐煤循环流化床锅炉的结构和现状，把 300 兆瓦电力褐煤循环流化床锅炉改造为以干燥后褐煤为原料的 300 兆瓦电力循环流化床热电气多联产装置，并分两期建设。

第一期改造工程在现有 300 兆瓦电力褐煤循环流化床锅炉四个分离及回送回路中的一个回路上加装一套未干燥褐煤投煤量 40 吨/小时的热解气化炉，同时配套建设一套简易煤气处理装置。第一期改造工程已于 2011 年 6 月完成 72 小时考核运行及性能参数测试。运行及测试结果表明，系统运行稳定，操作方便，以未干燥褐煤为原料，热解气化炉给煤量达到设计的 40 吨/小时，煤气产率及组分、焦油产率达到设计要求（表 3-1）。目前，该项目进入第二期建设工作，即开展把两台 300 兆瓦电力循环流化床锅炉改造成多联产装置的相关工作，生产煤气和焦油，并以煤气为原料进行合成利用。

表 3-1　各工况考核指标完成情况

试验考核内容	考核指标	实际运行数据
热解气化炉单炉投煤量/（吨/小时）	40	40
煤气产量/（标准米^3/小时）	≥7 800	≥8 200
有效气成分（CO+H$_2$+CH$_4$）/%	≥65	≥74
热解气化炉投煤 40 吨/小时时煤焦油产量/（吨/小时）	1.0	1.1

（三）煤炭分级转化与多级利用在中国前景分析

（1）煤炭分级转化综合利用是符合中国国情的煤炭高效清洁利用主要技术方向之一，战略意义重要。

以煤的部分裂解气化制高级油品、半焦燃烧发电、灰渣综合利用为主要特点的煤分级转化综合利用技术可以在同一分级转化系统内获得低成本的煤气、焦油和蒸汽产品，蒸汽用于电力生产和供热与制冷，煤气可用于燃料气或化工合成，也可与焦油在不额外加氢情况下制汽柴油等产品，从而有效降低煤炭转化过程的复杂程度和成本，提高煤炭利用效率和效益。另外，煤气和烟气中所含硫氮污染物可分别制取硫酸、亚硝酸钙等产品，灰渣在提取高价值金属后残渣用于建材原料，实现污染物和灰渣近零排放及资源化综合利用。以煤的部分裂解为核心的煤炭综合利用方案如图 3-11 所示。

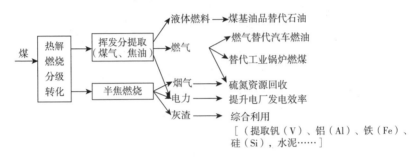

图 3-11　以煤的部分裂解为核心的煤炭综合利用方案

分析表明，中国现有 9.2 亿千瓦火电装机通过分级转化改造具备以下潜力：每年约 27 亿吨耗煤（90%以上为烟煤和褐煤）所含挥发分可制取相当于 2 713 亿立方米合成天然气（23 个西气东输气量）或 2.2 亿吨石油（2015 年中国石油进口 3.3 亿吨）。产生灰渣约 5.4 亿吨，可制取 15 亿吨水泥（2015 年全国水泥的产量 23.5 亿吨）。每年可回收约 5 000 万吨硫酸和约 3 300 万吨亚硝酸钙或硝酸铵等产品。

由此可见，推广应用煤炭分级转化综合利用技术适合中国的国情和特色，充分体现煤炭既是能源又是资源的理念，既可对现有近十亿千瓦燃煤电厂进行分级利用改造，又可适用于新建电厂，可应用于高效清洁发电、替代工业锅炉燃煤、运输燃料替代和煤化工等领域，对中国清洁高效煤炭发电、油气等资源替代、大幅度节能减排、循环经济等具有重要战略意义。

（2）现有电厂分级转化综合利用改造可提升煤电企业竞争力。

传统煤电企业易采用煤炭分级转化技术进行改造升级，既可提升供电效率，又可在发电时联产油气等产品，投资省，经济效益显著。

分析表明，如果对装机容量 5 000 兆瓦煤燃烧发电机组（单台 300 兆瓦亚临界）进行分级转化技术改造，可获得煤气和焦油，其建设成本增加 30 亿元，在扣除多增加的燃料、电力、人工和废水处理成本后，每年可以增加毛利约 35 亿元，效益可观，一年左右即可以回收增加的改造建设成本。

若燃气和焦油采用高效燃气轮机联合循环（combined cycle gas turbine，CCGT）发电，供电煤耗可降低 9.5%。在原有蒸汽侧发电容量不变情况下，总发电容量增加至 7 867 兆瓦，与同容量常规燃烧发电机组比，可年节煤 370 万吨，年减排 49% SO_2、45% NO_x、9.6%烟尘、9.6% CO_2。同时年回收硫酸 41 万吨,制取水泥约 900 万吨或 73 万吨氧化铝(Al_2O_3)和 164 万吨二氧化硅(SiO_2)等。

所获得的煤气和焦油可在不额外加氢情况下进一步转化为燃油等其他化工产品。5 000 兆瓦火电装机机组在供电容量不变情况下同时制取液体燃料及化学品,新增煤耗 302 万吨/年,可转化汽柴油组分约 88 万吨/年,联产粗苯 5.6 万吨/年、粗酚 3.5 万吨/年、沥青 31.6 万吨/年。

(3)分级转化综合利用为新建火电厂可持续发展提供核心技术支持。

煤炭分级转化技术同样为新建电厂供电效率提高、污染物减排和经济效益增加等提供核心技术支撑,以保障未来中国新建火电厂可持续发展。

例如,煤分级转化制取的煤气焦油用于燃气轮机发电,同时结合 605℃超超临界半焦燃烧发电方式,则其供电效率可达 47%;今后如果将分级转化技术与 675℃煤粉燃烧超超临界发电方式相结合,则其效率有望达到 49%左右。据全生命周期评价,这种新型发电方式与常规相比,不仅效率高,而且在温室气体排放等环境指标上有优势,且造价低。

分析表明,新建 5 000 兆瓦常规超超临界发电机组结合分级转化技术,如果煤分级转化制取的煤气和焦油作为产品,其建设成本只增加 30 亿元投资(增加 15%),而投资利润率等大幅度增加,投资回收期大幅度缩短。内蒙古产煤区投资利润率从 10.3%增加到 23.4%,投资回收期缩短 3.3 年。广东经济发达缺煤地区投资利润率从 4.17%增加到 18.2%,投资回收期缩短 5.7 年。由此可见,新建电厂采用常规超超临界发电机组结合煤分级转化综合利用系统,新增投资不大,但能带来巨大的经济效益。

(4)煤炭开发地区可形成煤炭新产业链,促进经济发展与节能减排。

煤炭新产业链形成,主要依托以煤的部分裂解气化制高级油品、半焦燃烧发电、灰渣综合利用为主要特点的煤分级转化综合利用,将煤炭转化为高附加值的油、气、电等高端产品及铝、硅、硫黄等衍生产品。这一集中转化带动产品衍生模式的新煤炭开发利用产业链,打破传统行业分隔,将电力、化工、煤炭等企业相互融合,既降低煤炭开发地区的能源与环境成本,又提高当地经济质量与规模。

煤炭既是能源又是资源的先进理念,可积极改变传统"煤—外运"煤炭发展模式,形成基于煤炭分级转化综合利用的新产业链,即煤—发电—煤化工—灰渣综合利用—污染物资源化利用,有益于产业链在区域的延伸,促进了煤炭开发地区循环经济的良性可持续发展。

(5)城市智能能源网改善区域城市群能源供应,节能减排效益显著。

区域城市群可充分利用周边燃煤电厂采用煤炭分级转化综合利用方式构建城市智能能源网,可依托煤炭资源同时发电、供热、制冷和供应燃气等,减少油气资源消耗,大幅度减少细小颗粒物、硫氮污染物排放,改善城市空气质量。

　　城市周边燃煤电厂可经分级转化改造后，制取车用天然气替代城市车用燃油，在替代的同时也能显著减少机动车排放。例如，东部沿海浙江杭州湾地区城市，其周边现有 22 000 兆瓦装机容量燃煤电厂，经分级转化改造后可提供约 180 亿立方米煤气（5 000 千卡/米^3），再经甲烷化脱碳提纯制取约 80 亿立方米车用天然气，每年可满足 253 万辆车辆使用，其中省会杭州市附近可满足 79%（7 330 兆瓦装机改造），宁波市由于分布火电厂多可满足 225%（14 670 兆瓦装机改造）。燃气车与燃油车相比，可节省燃料费约 50%，且环境效益显著，减排 98% 的 CO，减排 70% 的 HC（碳氢化合物），减排 90% 的 SO_2，减排 39% 的 NO_x，减排 35% 的 $PM_{2.5}$，减排 24% 的 CO_2。

　　城市周边燃煤电厂经分级转化改造后，制取清洁燃气替代城市工业锅炉燃煤，节能减排效果显著。以上海市为例，其周边 34% 的火电机组（约 5 000 兆瓦装机）经分级转化改造，制取清洁燃气可实现全市工业锅炉燃煤替代，节煤率 18%，每年节约工业燃煤近 60 万吨，可减排 99.9% 的 SO_2、74.7% 的 NO_x、95.9% 的烟尘、18% 的 CO_2。与常规油气锅炉相比，可节省燃料费 43%~52%。

　　二、中国煤分级转化与多级利用面临的挑战与主要任务

（一）煤分级转化与多级利用面临的挑战

　　煤分级转化与多级利用技术以煤炭电力生产为核心，同时优化工艺流程分级提取、利用煤中相应组分及污染物废弃物，生产高附加值产品，在大幅提升煤炭利用产值效益的同时，大幅降低污染物排放，显著提升煤炭单位产值综合经济社会效益。

　　主要挑战包括以下几个方面。

　　1. 煤分级转化与多级利用一些关键技术还需要突破

　　1）含焦油高温煤气的除尘、余热回收及焦油捕集

　　煤的热解气化过程中，从气化炉获得的是含焦油、固体颗粒的高温煤气，该高温煤气的除尘、余热回收和焦油捕集是影响系统稳定运行、系统热效率及焦油品质的关键问题。目前对焦炉荒煤气的净化工艺进行了相关研究，电捕焦油器、喷淋塔、洗苯塔以及脱硫塔等工艺结合可达到一定的净化效果。然而，目前在热解气化多联产系统产生的含焦油煤气的除尘、余热回收和焦油捕集等方面还没有形成有效可靠的工艺及装置，这也是目前煤热解气化燃烧分级转化技术进一步发展和应用的瓶颈问题，需要进一步的研究与开发工作。

2）热解气化炉和半焦燃烧过程的有机集成及其联合运行特性

对于循环流化床分级利用系统，热解气化炉需要锅炉的高温循环灰来提供热量，因此，锅炉与气化炉之间的高温循环灰量的控制将决定热解气化炉的热解温度的稳定性。循环灰量的不足将导致热解气化炉无法达到额定的热解温度，对焦油和煤气的产率影响较大。另外，在电厂正常运行中，锅炉负荷需保持稳定，这也要求热解炉送至锅炉的半焦量稳定而可控。当锅炉变负荷时候，要保持热解炉和后续系统稳定运行，需解决两个系统负荷匹配问题。此外，对煤粉锅炉热解系统，如何解决煤粉热解热源问题，是一个技术难点。综上，煤的热解气化过程和后续半焦燃烧过程的有机集成及联合运行特性是关系到热解燃烧分级转化系统稳定、经济运行的另一关键技术问题。

3）焦油的品质提升和深加工技术

热解焦油的成分非常复杂，其中含有的有机物估计在 1 000 种以上，主要是芳香族化合物，烷烃、烯烃化合物较少。有少量含氧、含氮和含硫的化合物。含氧化合物主要是相应烃的烃基衍生物，即各种酚类，具有弱酸性，还有一些中性含氧化合物，如古马隆、氧芴等；含氮化合物主要是具有弱碱性的吡啶、喹啉及它们的衍生物，还有吡咯类化合物以及少量的胺类和腈类；含硫化合物主要是噻吩、硫酚、硫杂茚等。目前，工业上对热解焦油提质加工方法仍不成熟，特别的，如何解决含灰焦油的深加工利用还存在困难。因此，如何对此复杂混合物进行品位提升和变成燃料油等也是需要解决的技术难点。

4）系统废水的产生及处理技术

煤的热解气化过程很可能产生一定的有机废水，这些废水一般含有较多的酚类及其他有机物质，属于难处理废水，处理技术难度大，且成本高。目前工业上针对含酚废水的处理工艺有化学氧化法、焚烧法、蒸汽法、吸附法、生化法、溶剂萃取法等。在多联产系统中采取何种处理工艺仍需进一步研究。该问题的解决直接影响分级转化技术的环境效益和经济效益。因此热解气化过程少产生废水和低成本高效废水处理技术同样是需要解决的关键技术问题。

2. 现有行业及产业政策限制了煤热解气化分级转化技术的产业化应用

由于煤的热解气化燃烧分级转化技术是一种新型跨行业技术，其涉及了电力、化工等行业。由于中国长期的行业分割，因此目前无论电力或化工领域的管理、技术人员对热解气化分级转化技术的认识都不够全面，电力行业技术人员对煤炭气化工艺不熟悉，化工领域专家对发电系统尚无系统化的知识，这限制了该技术的推广和完善。同时由于该技术是近几年提出并开发的一种新型煤炭利用技术，因此目前管理部门对该类技术还没有相应的管理政策、扶持政策，这限制了煤热解气化分级转化技术的产业化应用。

3. 行业、学科分割所导致的体制、人才、技术、市场等方面的挑战

由于中国长期以来电力、化工、冶金、建材和环保等行业各自独立、相互分割，而煤炭资源化利用发电系统是跨行业、跨学科的能源系统，发展中仍面临着行业、学科分割所导致的体制、人才、技术、市场等方面的挑战。

（二）发展煤分级转化与多级利用主要任务

在对中国煤炭利用现状和趋势进行分析的基础上，我们从技术、工程等方面提出发展煤分级转化与多级利用主要任务。

（1）各专业合作进行关键技术开发。

（2）产学研合作进行示范工程建设。

（3）进行体制机制创新，推动煤分级转化与多级利用推广。

（4）进行典型系统技术经济分析和工艺包建立。

以下我们对现有 300 兆瓦循环流化床电厂改造煤分级转化发电化工联产全流程进行技术经济分析。

1. 煤分级转化工艺介绍

300 兆瓦煤分级利用系统由一台 300 兆瓦亚临界循环流化床燃烧锅炉和 2 台流化床热解气化炉组成。煤经给煤装置从热解气化炉两个给煤口送入常压流化床热解气化炉后，与由燃烧炉进入的高温循环物料混合，在 600℃左右的温度下进行热解气化，热解气化后的半焦和循环物料一起通过返料机构进入半焦燃烧锅炉，半焦在炉内燃烧并传热。锅炉内大量的高温物料随高温烟气一起通过炉膛出口进入两个高温旋风分离器，经旋风分离器分离后的烟气进入锅炉尾部烟道，先后流经过热器、省煤器及空气预热器等受热面。被分离器分离下来的高温物料经分离器的立管进入返料机构。部分高温灰通过返料器进入热解气化炉，其余高温循环灰则直接由返料机构送回炉膛。分级利用系统中，煤中所含的氮大部分在热解过程中以氮气和氨的形式析出，产生的半焦所含氮量已经很低，由于循环流化床燃烧过程是中温燃烧，几乎不产生热力 NO_x，因此半焦循环流化床燃烧过程中通过分级燃烧手段，可以将 NO_x 排放浓度控制在较低水平。为保证燃烧炉烟气中 NO_x 浓度稳定在允许排放标准以下，同时进一步降低烟气中 NO_x 排放浓度，该项目利用循环流化床燃烧技术的特点，采用 SNCR 技术来进一步降低烟气中 NO_x 排放浓度，可以控制 NO_x 排放浓度在 100 毫克/标准米^3 以下。

煤在热解气化炉中经热解气化所产生的粗煤气通过热解气化炉上方出口进入高温旋风分离器，经分离后的粗煤气进入煤气高温过热器冷却到 450℃，然后进入高温煤气电除尘器（electrostatic precipitator，ESP）除尘，除尘后的煤气经煤气

一级急冷塔冷却、煤气间接冷却器冷却煤气至 20~30℃，冷却后煤气进入电捕焦油器进一步除去煤气中焦油雾和水雾，粗净化后煤气经煤气排送机送入缓冲罐，部分煤气经煤气加压机升压后作为热解气化炉流化介质，而产生的煤气则被送到后续煤气净化及加工利用单元。煤气冷却焦油回收系统所产生的焦油和废水经油水分离后，焦油送到焦油储槽，废水则进入酚氨回收系统，经酚氨回收后进入废水处理装置处理。

该装置本体由循环流化床锅炉和热解气化炉组成，能实现两种模式下的运行：①多联产装置系统正常运行，即锅炉和热解气化炉都投入运行。此时，烟煤加入热解气化炉，返料机构的运行介质为蒸汽。②热解气化炉停运，单独运行循环流化床锅炉。此时，全部燃料直接通过锅炉给煤口加入，返料装置的运行介质为空气。在两种运行模式下，锅炉都能在保证的额定蒸汽参数下运行，仅锅炉的运行温度有所不同。

2. 煤气和焦油利用前景分析

热解煤气主要含氢气、甲烷（CH_4）等，可用于工业燃料气、生产化工产品、合成油。

1）用做工业燃料气

热解煤气用做燃料气主要是用于工业锅炉和冶金工艺过程中的热源。中国目前燃煤污染主要是分散工业锅炉由于缺乏环保设施造成的污染，因此，对小型工业锅炉采用热解煤气，可以解决工业锅炉造成的环境污染问题，此外，很多冶金工业也需要高热值热解煤气提供热源。

2）用于生产天然气

中国目前天然气供应短缺，每年需要大量进口，热解煤气中甲烷含量较高，可以通过加压液化将甲烷分离出来制 LNG，也可以将热解煤气送入甲烷化反应器将里面的氢气和 CO 等进一步合成天然气。

3）用于生产化工产品

热解煤气也可以通过重整反应将甲烷转化为氢气和 CO（即合成气），进而用于生产化工产品。热解煤气中甲烷的转化主要有催化转化和非催化部分氧化转化两大类工艺。

4）焦油用于生产汽柴油

煤焦油加氢制取燃料油最早由德国在第二次世界大战时期提出，20 世纪六七十年代石油危机时被美国、日本、欧洲等国家和地区深入研究，后来由于中东石油的发现而被各国作为技术储备。近年来由于石油价格上涨，各国对这一技术路线又重新投入了热情。相比于其他合成燃料油的技术路线，煤焦油加氢制取燃料油有其独特的优点。与传统的费托合成煤制油比较，煤焦油加氢不需要将煤完全气化，节省了大量能量和资金投入。煤焦油加氢的目的是将其中所含的多环芳烃、含氮杂环有机物、含硫杂环有机物及酚类化合物等，在高温、高压和催化剂作用下，转化为较低分子的液体燃料，如液化气、汽油、柴油和燃料油等。目前的煤焦油加氢制取燃料油技术路线主要有加氢精制-加氢裂化技术、延迟焦化-加氢裂化技术、悬浮床/浆态床加氢裂化技术。

3. 300 兆瓦燃煤电厂改造为煤分级转化方案

对 300 兆瓦煤分级转化电厂方案进行计算，考虑了四种典型的煤种，其热力特性如表 3-2 所示。

表 3-2　四种典型煤种的热力特性

煤成分	单位	淮南烟煤	神木烟煤	小龙潭褐煤	内蒙古褐煤
收到基碳含量	%	47.25	66.93	39.93	38.80
收到基氢含量	%	2.74	4.06	4.53	2.43
收到基氧含量	%	8.23	8.12	12.65	11.54
收到基氮含量	%	0.82	0.96	1.08	0.43
收到基硫含量	%	0.23	1.80	2.46	0.27
收到基灰含量	%	33.60	10.18	10.00	11.27
收到基水含量	%	7.25	7.95	29.35	35.26
收到基挥发分含量	%	24.20	32.47	36.89	23.76
煤热值	兆焦/千克	18.26	26.14	16.45	18.99
电厂热效率	%	35.00	35.00	34.00	34.00
发电给煤	吨/小时	169	114	194	168
总给煤量	吨/小时	253	168	290	250
净给煤量	吨/小时	84	54	96	82
煤气产率	标准米^3/吨	120	157	199	160
煤气产量	标准米^3/小时	30 360	26 376	57 710	40 000
煤气成分	单位	淮南烟煤	神木烟煤	小龙潭褐煤	内蒙古褐煤
H_2	%	25.36	27.00	44.10	28.75
CO	%	7.80	10.50	13.00	16.00
CO_2	%	8.20	9.00	22.00	24.00
CH_4	%	36.30	34.00	12.00	19.00
O_2	%	0.30	0.20	0.20	0.40
C_2H_4	%	2.90	3.00	2.00	2.50
C_2H_6	%	6.80	6.00	1.20	2.70
C_3H_6	%	2.20	2.00	0.80	1.20
C_3H_8	%	1.90	1.50	0.20	0.40

续表

煤气成分	单位	淮南烟煤	神木烟煤	小龙潭褐煤	内蒙古褐煤
N_2	%	6.70	3.20	3.00	3.70
NH_3		1.00	0.80	0.50	0.50
H_2S	%	0.50	2.80	1.00	10.00
煤气热值	兆焦/标准米^3	24.35	25.89	13.79	16.64
焦油产率	%	8.0	10.0	3.0	4.9
焦油产量	吨/小时	20.2	16.8	8.7	12.2
焦油热值	兆焦/千克	36	36	36	36
焦油加氢耗量	%	5	5	5	5
焦油耗氢体积	标准米^3/小时	11 334	9 408	4 872	6 832
电耗	千瓦时/小时	2 500	2 300	2 700	2 700
蒸汽消耗	吨/小时	20	20	30	30
人工	人	40	40	40	40

300 兆瓦分级利用系统除正常发电外，还可以联产煤气和焦油。煤气可以经过净化后制天然气、甲醇、乙二醇、合成氨和汽柴油组分，焦油可以加氢制汽柴油组分。

4. 技术经济分析：投资和经济性

考虑西部产煤地区和东部发达地区两种典型情况，对 300 兆瓦分级利用系统投资和经济性情况进行比较。

1）热解部分投资和经济性

东部发达地区煤价格较高，因此，计算煤气成本较高，为 0.50~0.68 元/标准米^3，而西部产煤区由于煤价相对低廉，计算煤气成本较低，为 0.12~0.30 元/标准米^3，见表 3-3 和表 3-4。

表 3-3　东部发达地区热解系统经济性

项目	单位	淮南烟煤	神木烟煤	小龙潭褐煤	内蒙古褐煤
总投资	万元	10 000.00	10 000.00	10 454.00	10 454.00
煤价格	元/吨	600.00	800.00	500.00	550.00
水价格	元/吨	3.00	3.00	3.00	3.00
电价格	千瓦时	0.50	0.50	0.50	0.50
蒸汽价格	元/吨	100.00	100.00	100.00	100.00
人工价格	万元/人·年	10.00	10.00	10.00	10.00

续表

项目	单位	淮南烟煤	神木烟煤	小龙潭褐煤	内蒙古褐煤
焦油价格	元/吨	2 000.00	2 000.00	2 000.00	2 000.00
年运行时间	小时	7 200.00	7 200.00	7 200.00	7 200.00
煤成本	万元	36 288.00	31 104.00	34 560.00	32 472.00
水成本	万元	0.00	0.00	0.00	1.00
蒸汽成本	万元	1 440.00	1 440.00	2 160.00	2 160.00
电耗	万元	900.00	828.00	972.00	972.00
人工成本	万元	400.00	400.00	400.00	400.00
维修（3%）	万元	300.00	300.00	313.62	313.62
折旧（15年）	万元	666.67	666.67	696.93	696.93
总成本	万元	39 994.67	34 738.67	39 102.55	37 015.55
焦油销售收入	万元	29 145.60	24 192.00	12 528.00	17 568.00
煤气成本	元/标准米^3	0.50	0.56	0.64	0.68

表 3-4 西部产煤地区热解系统经济性

项目	单位	普通烟煤	神木烟煤	小龙潭褐煤	内蒙古褐煤
总投资	万元	10 000.00	10 000.00	10 454.00	10 454.00
煤价格	元/吨	350.00	450.00	250.00	300.00
水价格	元/吨	4.00	4.00	4.00	4.00
电价格	千瓦时	0.50	0.50	0.50	0.50
蒸汽价格	元/吨	80.00	80.00	80.00	80.00
人工价格	万元/人·年	10.00	10.00	10.00	10.00
焦油价格	元/吨	1 500.00	1 500.00	1 500.00	1 500.00
年运行时间	小时	7 200.00	7 200.00	7 200.00	7 200.00
煤成本	万元	21 168.00	17 496.00	17 280.00	17 712.00
水成本	万元	0.00	0.00	0.00	1.00
蒸汽成本	万元	1 152.00	1 152.00	1 152.00	1 728.00
电耗	万元	900.00	828.00	972.00	972.00
人工成本	万元	400.00	400.00	400.00	400.00
维修（3%）	万元	300.00	300.00	313.62	313.62
折旧（15年）	万元	666.67	666.67	696.93	696.93
总成本	万元	24 586.67	20 842.67	20 814.55	21 823.55
焦油销售收入	万元	21 859.20	18 144.00	9 396.00	13 176.00
煤气成本	元/标准米^3	0.12	0.14	0.27	0.30

2）煤气制化工产品成本估算

煤气成本和运行时间承接上文的对应数据，年运行时间为 7 200 小时。根据煤气制取天然气、甲醇、汽油和柴油的各自工艺特点推算对应的燃料成本。计算结果如表 3-5~表 3-7 所示。

表 3-5 煤气制甲醇成本分析

项目	单位	淮南烟煤	神木烟煤	小龙潭褐煤	内蒙古褐煤
年运行时间	小时	7 200.00	7 200.00	7 200.00	7 200.00
煤成本	万元	21 168.00	17 496.00	17 280.00	17 712.00
人工成本	万元	400.00	400.00	400.00	400.00
折旧（15 年）	万元	666.67	666.67	696.93	696.93
年煤气产量	万标准米^3	1 457.30	1 266.10	2 895.80	2 007.10
煤气成本	元/标准米^3	0.12	0.14	0.27	0.30
甲醇年产量	万吨	26.20	22.30	30.70	25.40
年煤气投入	万元	2 623.10	1 842.60	2 490.00	2 108.20
焦炉气预处理系统	万元	2 158.00	1 776.00	2 400.00	2 032.00
焦炉气干法脱硫系统	万元	2 080.00	6 105.00	8 250.00	6 985.00
焦炉气合成气压缩系统	万元	7 150.00	6 748.80	9 120.00	7 721.60
纯氧转化系统	万元	7 904.00	3 563.10	4 815.00	4 076.70
甲醇合成系统	万元	4 173.00	2 031.30	2 745.00	2 324.10
甲醇精馏系统	万元	2 379.00	3 918.30	5 295.00	4 483.10
辅助项目（基础设施）	万元	4 589.00	3 918.30	5 295.00	4 483.10
总投资	万元	33 056.10	29 903.40	40 410.00	3 4213.80
甲醇生成成本	元/吨	1 261.30	1 340.60	1 313.00	1 341.80

表 3-6 煤气制甲烷成本分析

项目	单位	淮南烟煤	神木烟煤	小龙潭褐煤	内蒙古褐煤
年运行时间	小时	7 200.00	7 200.00	7 200.00	7 200.00
煤成本	万元	21 168.00	17 496.00	17 280.00	17 712.00
人工成本	万元	400.00	400.00	400.00	400.00
折旧（15 年）	万元	666.67	666.67	696.93	696.93
年煤气产量	万标准米^3	1 457.30	1 266.10	2 895.80	2 007.20
煤气成本	元/标准米^3	0.12	0.14	0.27	0.30
总甲烷体积	万标准米^3	15 012.90	12 331.30	14 362.89	11 899.20
煤气成本	万元	3 643.20	3 692.60	15 581.70	12 000.00
单位原料成本	元/米^3	0.24	0.30	1.09	1.01
建设投资	万元	60 493.91	49 688.54	57 874.63	47 947.38

续表

项目	单位	淮南烟煤	神木烟煤	小龙潭褐煤	内蒙古褐煤
25%折旧	元/米^3	1.01	1.01	1.01	1.01
原料成本	元/米^3	0.12	0.14	0.27	0.30
人工工资	元/米^3	0.06	0.06	0.07	0.07
天然气单位成本	元/米^3	1.18	1.20	1.34	1.30

表 3-7　煤气制汽柴油成本分析

项目	单位	淮南烟煤	神木烟煤	小龙潭褐煤	内蒙古褐煤
年运行时间	小时	7 200.00	7 200.00	7 200.00	7 200.00
煤成本	万元	21 168.00	17 496.00	17 280.00	17 712.00
人工成本	万元	400.00	400.00	400.00	400.00
折旧（15 年）	万元	666.67	666.67	696.93	696.93
年煤气产量	万标准米^3	1 457.29	1 266.05	2 895.83	2 007.16
煤气成本	元/标准米^3	0.12	0.14	0.27	0.30
油类总量	万吨	4.49	3.88	4.86	4.79
汽油的质量	万吨	2.79	2.41	3.01	2.97
柴油的质量	万吨	3.82	3.30	4.13	4.07
其他烃类	万吨	1.71	1.48	1.85	1.82
煤气投资	万元	2 623.10	2658.70	11 218.82	8 640.00
建筑工程费用	万元	3 322.93	2 871.44	3 594.46	3 542.25
设备和安装	万元	2 742.86	2 370.18	2 966.99	2 923.90
其他费用	万元	318.88	275.55	344.94	339.93
人工费用	万元	600.00	600.00	600.00	600.00
电耗	万元	1 000.00	1 000.00	1 000.00	1 000.00
水耗	万元	1 500.00	1 500.00	1 500.00	1 500.00
折旧	万元	363.23	338.28	636.76	556.38
费用总和	万元	12 471.01	11 614.15	21 861.97	19 102.46
汽油成本	元/吨	4 475.62	4 823.48	7 253.18	6431.06
柴油成本	元/吨	3 964.12	4 272.23	6 424.24	5 696.08

（三）发展煤分级转化与多级利用技术路线

基于煤炭热解气化燃烧分级转化技术的发展现状，其发展总体思路如下：

（1）在总体上要坚持自主开发，但在自主开发中并不完全排除局部的关键技术上采用引进的方法，但必须排除重复引进，保证在系统集成上具有自主知识产权，这样可以保证该技术具有可持续发展性；

（2）必须坚持科技先行，坚持创新，开发适合中国国情的煤炭热解气化燃烧分级转化综合利用技术，为中国特殊的能源结构和煤炭资源服务；

（3）突破关键技术，如高效热解气化技术、半焦燃烧技术、含焦油高温煤气的除尘及焦油回收技术、废水处理技术等，完善煤炭热解气化燃烧分级转化综合利用技术；

（4）在发展过程中要考虑建立系统分析和设计软件包，奠定热、电、优质燃料多联供产业化跨越发展的基础，培养出一批高技术人才。

根据煤炭热解气化燃烧分级转化综合利用技术的发展现状，在发展战略和政策的基础上，拟制定煤炭热解气化燃烧分级转化综合利用技术未来的发展路线图。煤炭分级转化技术作为一种新兴的煤炭高效清洁利用技术，其发展必将受到国家政策制定、市场导向、技术开发以及相关研究开展情况等因素的影响。考虑以上各种因素，绘制近期及未来煤炭热解气化燃烧分级转化技术的发展路线图，如图 3-12 所示。

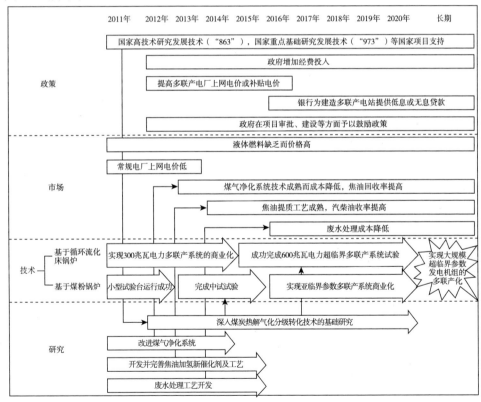

图 3-12　煤炭分级转化综合利用技术的发展路线图

三、中国煤分级转化与多级利用的综合建议

（一）加强煤分级转化与多级利用科技创新与体制创新

现有产业布局和学科发展没有充分体现煤炭既是能源又是资源的理念，对煤炭资源化利用的科技创新动力不足。在煤炭资源化利用方向上，科技、教育与经济的衔接不紧密，甚至在某些领域相互隔离，没有形成相互支撑、相互促进的协同发展态势。主要问题如下：

第一，现有煤电产业的结构布局以及发展指标存在对煤炭资源化利用的认识不足，企业创新活力不能得到有效激发。煤炭产业涉及了电力、化工、冶金、建材、环保等领域，现有煤炭产业经济指标只侧重了对自身行业的效益优化，没有统筹考虑煤炭资源的全产品生命周期和全产业链的综合经济社会效益，以及最大限度地提高煤炭资源的使用效率。

第二，科研评价体制没有充分体现科技对产业的引领优势，缺乏鼓励学科交叉协同的评价导向。高校在学科评价体制上过于单一，不能充分体现学科特色和学科优势，束缚了工程应用性学科对产业创新的科技引领作用，评价导向仍存在"科技与经济两张皮"症结。单纯以学科发展为导向的高校科研评价体制，缺乏对产业战略需求的支撑，无法实现需求的有效对接，限制了创新价值链的增值效用。此外，现有评价体制缺乏鼓励学科交叉协同的导向作用，过度追求"世界一流"的学科评价导向使得一些学科"自大情结"严重，不注重、不愿意进行学科间的交叉合作。

第三，能源相关学科布局分散、力量孤立，没有建立开放共享的科研管理体制。高校的基本组织单位是学科，而煤炭资源化利用发电技术的相关学科分属不同院系、不同学科，很难突破原有科研管理体制的障碍，构建开放共享的研发系统。一方面，学科自身的研发系统相对封闭，学科的发展重点很难统一到同一个重大研发任务上来，几乎无法组织起以任务为导向、以团队为单元的跨高校、跨学科、跨地区的重大协同创新研究；另一方面，学科的力量布局不均衡，并且相对孤立，没有形成对研发条件、研发人才等创新要素资源进行有机融合、充分共享、高效利用的体制机制。

第四，人才培养体制与煤电产业需求脱节，没有建立起支撑煤电产业发展的创新型人才队伍。煤炭资源化利用技术方面的科技创新，需要一批"宽、专、交"复合型科技研发人才和工程应用人才，在课程设计、教学计划、教师队伍等人才培养体系方面加快与煤电产业的重大现实需求对接，创新人才培养的体制机制，激发学生的科技创造力，培育一批煤炭资源化利用技术领域的科技创新人才队伍。

第五，煤电领域重大科技成果的科技转化机制不完善，产学研间的科技成果转化效率过低，高校、科研院所没有形成对企业创新主体的核心支撑。高校、科研院所与企业之间合作往往建立在单纯以研发任务为导向的合作机制上，纵向课题、横向课题的科技成果相互割裂，大量的科研成果冗余沉淀，没有实现对企业的科技引领和人才支撑作用。高校、科研院所与企业之间的异质性组织障碍导致"人才+技术"的科技转化机制构建不完善，没有形成在同一战略目标下的协同创新体，在落实推动重大科技成果转化上存在较大难度，现有知识产权制度、科技转化激励制度、企业创新成本也制约了科技成果转化的效率。

国家要进一步加强科技体制创新，充分发挥高校等研究机构的多学科交叉和多种创新要素的集聚效果，加强有组织的合作创新活动和产学研用的有效分工协作，促进高校和研究机构的原始创新与企业投入为主的应用技术创新紧密结合。

在煤炭高效转化与近零排放系统技术发展过程中，加强企业和研究机构的合作，以保证技术创新有源泉，技术发展有动力，新技术能够不断发展。

（二）加快煤分级转化与多级利用技术研发与工程应用

1. 规划重点技术方向，支撑发展重点技术

进一步明确煤炭高效清洁利用技术是今后煤炭利用的重要方向。将煤炭高效转化与近零排放系统作为重点规划内容，并作为中国重点支持的产业方向列入高新技术产业目录。在近期和中期重点技术发展规划中，安排其相关核心技术的研究、开发及推广应用。

建议重点安排煤炭分级转化利用系统、一体化煤气化燃料电池（integrated gasification fuel cell，IGFC）系统、粉煤灰提取氧化铝等示范工程建设。

2. 促进电力、化工、煤炭等企业融合，促进产业推广应用

制定与煤炭分级转化利用系统及其产品相关的健康、安全、环境的法规及技术规范。协调各方利益，打破行业保护，实现电力市场公平竞价上网，低成本低污染电力优先上网。

打破行业分隔，促进电力、化工、煤炭等企业的相互融合，推进煤炭分级转化利用等先进技术的示范和应用。

3. 出台引导政策，调动企业创新技术研发与应用积极性

政府通过科技投入、项目审批、财政、税收、价格、金融等一系列政策倾斜，鼓励企业积极投入资金，牵头参与煤炭清洁高效利用技术等重点技术的研究、开发及工业示范。

（三）完善煤分级转化与多级利用标准体系

煤分级转化与多级利用涉及能源、化工、冶金、建材多个行业，如何建立跨行业的标准和设计规范是需要解决的关键技术问题。要抓紧研究煤炭资源化利用发电系统工业应用需要的设计规范和标准，能源、化工、冶金、建材行业已有设计规范和标准的修订，以及跨行业的新标准和设计规范的建立。

第四章 污染物综合脱除与资源化回收的支撑与保障

一、污染物综合脱除与资源化回收的背景

（一）中国大气污染物排放现状与趋势

当前中国主要城市群大气污染正经历煤烟型污染向复合型污染（以 O_3 和 $PM_{2.5}$ 等二次污染物为主）的转变，大气灰霾等多种问题频繁发生，大气污染形势十分严峻。监测数据显示，2013 年，中国京津冀、长江三角洲、珠江三角洲等重点区域及直辖市、省会城市和计划单列市共 74 个城市按照新标准开展监测，依据《环境空气质量标准》（GB 3095—2012），74 个城市中仅海口、舟山、拉萨 3 个城市空气质量达标，占 4.1%。

长期以来，中国能源消费结构以煤为主，且在未来相当长时期内难以根本性改变（图 4-1）。近年来，随着经济的持续快速增长，中国能源消耗大幅增长。2013 年，中国煤炭消费 36.1 亿吨，占全球煤炭消耗一半以上。电力、钢铁、水泥、化工等重点工业源是耗煤大户。中国煤炭的主要利用方式为直接燃烧，烟尘、SO_2、NO_x 排放量维持在较高的水平。

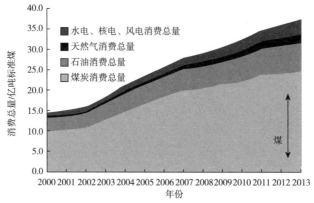

（a）中国一次能源消费情况

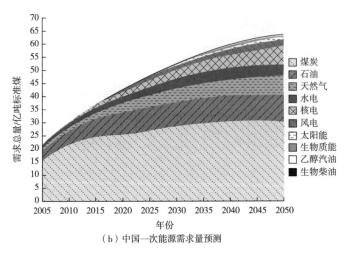

（b）中国一次能源需求量预测

图 4-1　中国一次能源消费结构及预测
2010~2050 年，累计消费量≈1 000 亿吨标准煤

　　"十一五"期间，中国烟尘、SO_2 和 NO_x 减排工作取得显著成效，但总排放量依然巨大。2007~2013 年，全国及电力行业 SO_2、NO_x 排放量如图 4-2 所示。据 2013 年环境统计年报，当年全国工业废气排放量 669 361 亿立方米（标态），SO_2、NO_x 和烟（粉）尘分别排放 2 043.9 万吨、2 227.4 万吨及 1 278.1 万吨，其中 SO_2 的 89.8%、NO_x 的 69.4%、烟（粉）尘的 85.6% 来自电力、钢铁、建材等重点行业的排放。据估算，随着经济发展，中国煤炭需求将逐步增加，2020 年煤炭需求将达到 40.9 亿吨（原煤），2030 年煤炭需求将达到 50.9 亿吨，2050 年将达到 58.7 亿吨。

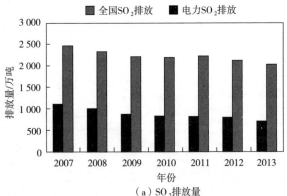

（a）SO_2 排放量

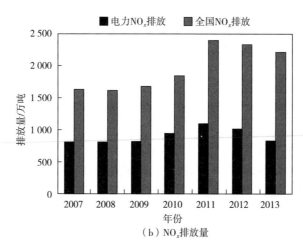

图 4-2　全国及电力行业 SO_2、NO_x 排放量

为解决中国复合型大气污染问题，应在保持经济持续增长的同时通过科技创新促进大气环境保护科技发展，改善环境质量，应及时实施污染物综合治理和资源化利用战略，完善污染物控制理论与方法，发展污染防治技术装备开发制造能力，建立以提高资源利用率、降低能耗为中心的循环经济和清洁生产技术体系。

（二）燃煤烟气污染物脱除与资源化回收技术发展现状

1. SO_2 控制技术

"十一五"期间，中国大力推进重型工业特别是电力行业 SO_2 排放控制，积极开展烧结机、燃煤工业锅炉 SO_2 治理。截至 2013 年年底，全国燃煤脱硫机组共计 4 467 台，总装机容量达 7.5 亿千瓦；钢铁烧结机烟气脱硫设施累计建成运行 526 台，烧结机总面积达 8.7 万平方米；钢铁球团脱硫设施 39 台；尚有大量在建、拟建的烟气脱硫机组。目前烟气脱硫技术包括石灰石-石膏法、氨法、海水法、活性焦（炭）吸附法、循环流化床半干法、旋转喷雾干燥法和炉内喷钙尾部烟气增湿活化法等。石灰石-石膏法目前应用最为广泛，截至 2011 年年底占中国烟气脱硫技术的 92%。

美国、日本、德国等发达国家脱硫技术起步早，石灰石-石膏法、氨法、海水法以及干法/半干法等大部分技术已经成熟，工业应用广泛。按照吸收剂和脱硫过程中的干湿状态的不同，可以将烟气脱硫技术分为湿法、干法和半干法三种。

湿法烟气脱硫（wet flue gas desulfurization，WFGD）技术是指用含有吸收剂的溶液或浆液在湿状态下脱硫和处理脱硫产物。湿法脱硫技术拥有脱硫效率高、运行可靠、机组负荷适应性好的特点，但系统复杂、初投资大、运行费用相对较高。湿法脱硫工艺根据吸收剂的不同又有多种不同工艺，常见的主要有石灰石-

石膏法、氨法、海水脱硫法和双碱法等。石灰石-石膏法具有技术成熟、吸收剂来源广泛、价格低廉、脱硫效率高（95%以上）等优点。目前，中国已掌握自主知识产权的石灰石-石膏烟气脱硫技术，具备1 000兆瓦级机组脱硫装置的生产制造能力，并在此基础上发展了燃煤烟气多种污染物湿式协同脱除技术，实现了多效复合添加剂、高效吸收塔、成套集成工艺的应用。脱硫石膏副产品的综合利用已进行了成功示范。湿式氨法脱硫技术的主要特点是以氨作为SO_2吸收的基础吸收剂，该技术具有脱硫效率高、副产物容易利用、无二次污染、初期投资成本低等优点，还可以部分脱除烟气中的NO_x。氨法脱硫技术已在300兆瓦以上机组投入运行；湿式氨法脱硫副产高附加值产物的新方法已得到运用，副产的亚硫酸氢铵可用于生产具有良好经济效益的乙醛肟、丁酮肟等，形成了能源、资源、环境一体化的综合利用系统。海水脱硫工艺是利用海水的碱度达到脱除烟气中SO_2目的的一种脱硫方法，近年来在电厂的应用取得了较快的发展。国内海水脱硫技术已在1 000兆瓦机组上实现工程应用。独立自主开发的第二代海水脱硫技术已经成功推广到海外项目，应用于土耳其BIGA电厂2台660兆瓦机组的海水烟气脱硫工程脱硫效率达到98%。

干法脱硫是指在没有液相存在的干燥状态下的脱硫过程。由于干法脱硫后的烟气一般降温不明显或降温较小，故烟气不须再热，即可满足烟气排放扩散要求，而且没有废水的二次污染，对下游设备的腐蚀性小。半干法是指利用烟气的显热来对石灰浆液中的水分进行蒸发，在湿状态下脱硫，同时在干状态下处理脱硫产物的烟气脱硫技术（如喷雾干燥法）。国内开发了适合中国电厂烟气特点的循环流化床半干法烟气脱硫技术，在有效控制 SO_2 的同时实现氯化氢（HCl）、氟化氢（HF）及汞等的联合脱除，部分技术已出口美国。

目前中国具有自主知识产权的脱硫关键技术及设计方法已得到广泛应用，但部分设备的技术性能与发达国家尚有差距，资源回收型脱硫工艺、脱硫副产物的高效综合利用技术还有待提高，"石膏雨"问题面临挑战。随着新标准的颁布及超低排放要求的提出，排放要求进一步严格，部分原设计脱硫设施已不能满足新标准中的排放限值，大量机组面临增效改进。

2. NO_x控制技术

NO_x控制技术研究和应用较多的为低氮燃烧技术及烟气脱硝技术。"十一五"期间新建机组全部采用了先进的低氮燃烧技术；截止到2013年，全国燃煤烟气脱硝机组共548台，总装机容量2.26亿千瓦（占火电装机容量的27.6%），其中SCR机组占93%，SNCR机组占6%，SNCR-SCR联用占1%。

低氮燃烧技术是燃煤电厂NO_x控制的首选技术，目前主要有低过量空气燃烧（也称低氧燃烧）、空气分级燃烧、燃料分级燃烧、烟气再循环以及低 NO_x 燃烧器等。中国已研发了具有完全自主知识产权的风控浓淡煤粉燃烧技术、可调煤粉浓淡低 NO$_x$ 燃烧及低负荷稳燃技术等低氮燃烧技术并进行了产业化应用，NO$_x$ 排放浓度可减少 40%~60%，减排效果明显。

烟气脱硝技术国内研究较多的主要为 SNCR 技术及 SCR 技术。SNCR 技术是在 900~1 100℃的温度范围内，在不加入催化剂的情况下，将氨或尿素等氨基还原剂喷入炉内，使尿素和氨选择性地将烟气中的 NO$_x$ 还原为氮气和水。

SNCR 烟气脱硝技术是较成熟的商业化技术，设备投资少，投运方便，但存在烟温窗口窄、效率一般只能达到 50%左右的特点。SNCR 成本较低，改造方便，且方便与其他低 NO$_x$ 技术组合进行联合脱硝，因此特别适宜中小型锅炉和老机组改造。

SCR 技术是目前脱硝效率最高、最为成熟的烟气脱硝技术。SCR 技术是指利用脱硝还原剂，在催化剂作用下有选择性地将烟气中的 NO$_x$（主要是 NO、NO$_2$）生成无害的氮气和水，从而达到脱除 NO$_x$ 的目的。SCR 脱硝系统一般由还原剂储存系统、还原剂混合系统、还原剂喷射系统、反应器系统及监测控制系统等组成，如图 4-3 所示。SCR 烟气脱硝技术的关键是选择优良的催化剂。SCR 催化剂应具有活性高、抗中毒能力强、机械强度和耐磨损性能好、具有合适的操作温度区间等特点，商用的 SCR 催化剂以二氧化钛（TiO$_2$）、五氧化二钒（V$_2$O$_5$）、三氧化钨（WO$_3$）为主要活性成分。SCR 技术工作温度低，脱硝效率高，具有多种布置方式，广泛适用于不同炉型和容量的机组。

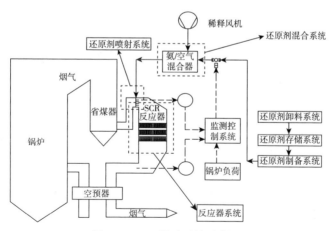

图 4-3　SCR 脱硝系统示意图

发达国家 SCR 催化剂的研究始于 20 世纪 70 年代，中国在国家政策和科技项目支撑下，SCR 脱硝技术突破了多项技术瓶颈，逐步实现了完全国产化。一直被国外垄断的 SCR 脱硝催化剂生产技术取得了重大突破，已有多家企业建立了 SCR 脱硝催化剂生产线，形成了 300 000 米 ^{3}/年的催化剂生产能力。失效催化剂的回收和再生技术，与相应燃煤烟气参数匹配的脱硝催化剂数据库的开发等是当前的研究热点。SCR 催化剂配方研究已取得了一定的进展，低温宽温度窗口、抗硫抗碱金属和高热稳定性催化剂是当前催化剂研究主要面临的难题，可同时实现脱硫脱硝效果的碳基催化剂的研究也较为活跃。此外还开展了各种形式的 SCR 烟气系统的速度场、浓度场、温度场等多场均匀性分布优化研究，开发了高效喷氨混合装置，进一步提高 NO_x 脱除效率。国内自主研发技术均已在 1 000 兆瓦等级燃煤机组上实现应用，可实现脱硝效率 85% 以上。

3. 粉尘及细微颗粒物控制技术

除尘技术一直是全球大气污染控制领域的研究热点，诸多国家大力开展颗粒物，特别是 $PM_{2.5}$ 的形成机制、物理化学行为、控制技术等方面的研究。目前有效的颗粒物控制技术包括袋式除尘、静电除尘、电袋复合除尘和湿式电除尘。"十一五"期间，静电除尘器占 200 兆瓦以上燃煤机组烟气除尘设备的 95% 以上；袋式除尘器在水泥行业使用比例达到 80% 左右，在钢铁、有色金属行业比例达到 95% 左右。

袋式除尘器也称为过滤式除尘器，是一种干式高效除尘器，它利用纤维编织物制作的袋式过滤元件来捕集含尘气体中固体颗粒物。国内大型水泥窑头和窑尾袋式除尘技术、燃煤电厂锅炉袋式除尘技术和大型高炉煤气干法袋式除尘技术已达到很高水平，在此基础上进一步发展的电袋复合除尘技术，通过组合电区和袋区等方法，实现电除尘和布袋除尘优点的有机结合，首先由电场捕集 80% 左右的粗粉尘，再由滤袋收集剩余的微细粉尘。目前中国电袋复合除尘技术已成功用于大型电除尘器改造，取得了显著的成效。

常规除尘技术对大颗粒脱除效率可达 99.9% 以上，而对细颗粒的脱除效率相对较低。近年来国内外研发出一系列静电除尘改造增效专利及技术，主要包括电凝并技术、移动极板电除尘技术、新型电源技术及湿式静电除尘技术等。电凝并技术是指粉尘在预荷电区带上异极性电荷后，引入加有高压电场的凝并区中，荷电尘粒在交变电场力作用下产生往复振动，由于颗粒间的相对运动或速度差，以及异性电荷的相互吸力，粒子相互碰撞、吸收、凝并，最后在收尘区被捕集下来。国内某 300 兆瓦机组 $PM_{2.5}$ 预荷电增效收集工程的电除尘器出口烟尘总质量浓度与 $PM_{2.5}$ 质量浓度下降率分别为 32.59% 和 34.1%。移动电极静电除尘器的收尘机理与常规电除尘器相同，仅所采用的清灰方式与常规电除尘器不同，集尘板可保持长期清洁，避免反电晕和二次扬尘，大幅提高除尘效率。国内某 650 兆瓦机组第四电场进行移动极板改造，烟尘排放浓度由 72.9 毫克/米^3 下降到 21.6 毫克/米^3。目前常用的新型电源技术主要包括高压脉冲电源和高频电源，是静电除尘器改造的重要发展方向。高频电源技术既提高了静电除尘器电场电压的最高值，增强颗粒荷电从而提高粉尘捕集效率，又能有效克服反电晕现象。湿式静电除尘技术近年来在中国燃煤电厂获得了广泛的应用，其通常布置于脱硫塔后，用于饱和烟气中颗粒物的脱除，形成脱硫塔前除尘、脱硫塔内除尘及脱硫塔后除尘的多级 $PM_{2.5}$ 控制系统，与干式电除尘器的振打清灰相比，湿式电除尘器（wet electro static precipitator，WESP）通过水膜清灰，不受粉尘比电阻影响，无反电晕及二次扬尘问题。通过加装湿式静电除尘器可实现烟尘排放浓度小于 5 毫克/标准米 ^{3}，同时可协同脱除三氧化硫（SO_3）、汞及除雾器后烟气中携带的脱硫石膏雾滴等污染物，已成为实现火电厂粉尘超低排放要求的重要技术。

4. 多种污染物联合脱除技术

开发能够对多种污染物同时脱除的污染物控制新技术是当前中国固定源烟气污染控制技术发展的一个重要方向。近年来，湿法高效脱硫及其他污染物协同控制技术、等离子体或 O_3 氧化结合碱液吸收多种污染物协同控制技术、半干法烟气高效脱硫及多种污染物协同控制技术等一批多种污染物协同控制技术得到了长足的发展，部分关键技术已在电站锅炉、工业锅炉/窑炉上得到了工业化应用。

目前国际上发展的多种污染物协同脱除技术可大致分为两类：第一类是通过成熟技术的叠加组合，实现污染物的"同时不同地"脱除；第二类是联合脱除工艺，主要通过开发新的改性吸收剂或者催化氧化改变污染物形态，从而实现污染物的"同时同地"脱除。

等离子体多种污染物协同脱除技术能够无选择地同时脱除烟气中的多种污染物，大大降低系统的复杂性以及投资成本，逐渐成为国际上烟气多脱方向的研究热点。高能电子束辐照烟气，可以使之产生多种活性基团（OH·、O·、O_3 等）对烟气中的 SO_2 和 NO_x 进行氧化。O_3 氧化多种污染物协同脱除技术是将等离子体产生的 O_3 通入烟气中，把 NO 氧化成可溶性化合物（五氧化二氮，N_2O_5），再把这种化合物从洗涤塔中除掉。结合脱硫剂进行脱硫除尘，脱硫率达 95%以上，NO 脱除效率可达 80%以上，该技术还可实现污染物脱除副产物的资源化利用，该技术已在石化及燃煤工业锅炉上实现示范应用。

5. 烟气污染物资源化回收技术

与此同时，中国在资源化回收技术研发方面也取得了一定的进展，涌现出一批新的代表性技术，如有机胺法、活性焦干法烟气脱硫技术等，部分已经实现工业化应用。

有机胺 SO_2 回收技术的基本原理是利用有机胺吸收液在低温环境下选择性吸收烟气中的 SO_2 组分，在高温环境下将有机胺中吸附的 SO_2 解吸出来，形成纯净的气态 SO_2，经过干燥升压等工序后送入常规硫酸生产工艺，进行硫酸的生产，从而实现硫资源的有效回收，目前正在高硫煤地区燃煤电厂开展示范应用研究。

活性焦干法烟气脱硫技术主要通过碳基材料对 SO_2 进行吸附脱除,达到饱和后在高温下解析,实现烟气脱硫和再生循环过程。该工艺具有脱硫效果高、无二次污染、同时脱除多种污染物(NO_x 、烟尘粒子、二噁英、重金属汞等)以及可实现硫资源的回收等优点,受到广泛关注。目前,全世界已建成多套活性焦烟气净化装置,用于处理燃煤烟气、燃油烟气、烧结机烟气、垃圾焚烧烟气和重油分解废气。

(三)中国污染物综合脱除与资源化回收面临的挑战与主要任务

1. 污染物排放要求更加严格

随着经济的不断发展,中国烟尘、SO_2、NO_x 等大气污染物量不断增长,引起了严重的复合型大气污染问题,损害了中国可持续发展的经济和环境基础。煤在燃烧过程中会产生大量烟尘、SO_2、NO_x 和重金属等多种污染物。近年来,国家为了进一步推动、深化大气污染控制密集出台了一系列以《中华人民共和国国民经济和社会发展第十二个五年规划纲要》(简称《"十二五"规划纲要》)、《重金属污染综合防治"十二五"规划》及《火电厂大气污染物排放标准》(GB 13223—2011)为代表的节能减排政策和重点行业污染物排放标准,分别提出了"十二五" SO_2 总量减排 8%和 NO_x 总量减排 10%的约束性指标,《火电厂大气污染物排放标准》(GB 13223—2011)也调整了大气污染物排放限值,其中新建、改建和扩建的燃煤火电锅炉执行 100 毫克/米³ 的 SO_2 排放浓度限值,并需同步配套建设烟气脱硝装置,执行 100 毫克/米³ 的 NO_x 排放浓度限值;首次增设了汞及其化合物排放限值,为全球现行最严格的大气污染物排放标准。2014 年以来,国家出台了一系列政策大力推进实施燃煤电站超低排放技术。2014 年 9 月,国家发改委下发了《煤电节能减排升级与改造行动计划(2014—2020 年)》(发改能源〔2014〕2093 号),提出在东部地区新建燃煤发电机组大气污染物排放浓度基本达到燃气轮机组排放限值。2015 年 12 月出台了《全面实施燃煤电厂超低排放和节能改造工作方案》,要求到 2020 年,全国所有具备改造条件的燃煤电厂力争实现超低排放,大幅降低燃煤电站大气污染物排放量。

2. 提高煤质及工况变化适应性

中国煤种来源广泛、煤质波动大,火力发电机组实际燃用煤种、煤质和设计值相比较,普遍存在较大的差别,燃煤电厂机组的运行带来一系列影响,如锅炉效率下降、污染物控制装置运行不稳定、脱除效率下降、安全风险增加等问题。这一现状在对单一污染物控制技术形成挑战的同时,对开发适应性好的污染物协同控制技术也是一个难题。污染物协同控制技术不但要满足污染物性质和含量在一定范围内波动时也能高效脱除的要求，还要协调好污染物种类变化及各种污染物之间协同脱除效果的要求，对污染物协同控制技术的经济性也有更高的要求。

3. 开发新型污染物资源化回收技术

在中国建设资源节约型、环境友好型社会的国家战略的指导下，在实现污染物综合脱除的同时，应积极实施污染物资源化利用战略，开发高效低成本可资源化的烟气污染物控制技术，包括活性炭、活性焦技术，多脱技术副产品硫、硝酸盐回收，灰渣提炼铝、钒等高附加值产品，减少相关化学物资的进口依存度，提高资源利用效率，提高污染物控制过程的环境效益和经济效益，促进大气污染防治体系的可持续发展。

4. 建立完善的法律法规和监管体系

随着中国经济发展，单纯依靠工业减排已无法解决现阶段复合型大气污染问题，应在结构减排和管理减排方面加大研发应用力度。目前，针对大气复合污染防治的国家需求，应针对各污染物排放重点行业，实施以准入为基础、以技术（产业）政策为引导、以排放管理为核心、以经济激励为补充的污染控制政策），积极开展污染物控制的顶层设计和联防联控工作，完善重点区域和城市群大气复合污染防治的技术体系及区域协调机制。

二、污染物综合脱除与资源化回收的方向和途径

中国大气污染问题已引起政府、民众及国际社会的高度关注，各种污染物脱除技术的研发得到政府的大力支持。单一污染物控制技术起步较早，各技术较为成熟，随着污染物控制要求的提高，多种污染物协同脱除的需求越来越大。世界各国的专家、学者致力于燃烧后烟气多种污染物协同脱除开发研究，通过采用单一污染物控制装备或单一工艺流程实现多种污染物的协同脱除。未来的发展趋势是在单一污染物高效控制的基础上实现其他污染物的协同控制，同时大力发展污染物的资源化回收技术，并在此基础上实现两种技术的有机结合，形成资源化回收的烟气污染物超低排放绿色清洁电厂。

（一）高效脱除技术

1. 高效脱硫及其他污染物协同控制技术

湿法烟气脱硫长期占据着主导地位，约占世界上已建成脱硫装置的80%，国内已投产的脱硫机组约92%采用石灰石-石膏湿法脱硫技术。湿法脱硫技术相对成熟，脱硫效率较高，但是随着国家对环境问题的日益重视及更严格的新标准的推

出，湿法脱硫技术面临新的挑战：一是针对原脱硫技术实现更高效深度净化；二是在现有湿法基础上开发硫硝汞尘等多种污染物协同脱除技术。

实现脱硫深度净化的具体技术手段主要有塔形优化、多塔布置、运行参数优化、增加喷淋层数、采用托盘、合理布置喷嘴、使用脱硫添加剂等。脱硫深度净化工艺还可进一步解决"石膏雨"问题，实现 SO_3 污染物的深度脱除。国内某 600 兆瓦机组引进国外"双塔技术"，脱硫效率可达 99%。根据燃煤含硫量及液气比、循环泵流量等具体情况选择多层喷淋技术。

通过脱硫塔前段氧化技术，如通过 O_3、催化剂氧化等方法实现 NO、Hg^0 转化为更高价态的可溶性更好的 NO_2/N_2O_5、Hg^{2+} 等，并在脱硫塔内实现硫硝汞等多种污染物的协同吸收脱除，该技术正在燃煤工业锅炉等进行工业示范研究。湿法烟气脱硫塔在实现高效脱硫的同时也可协同脱除烟气中的颗粒物，强化脱硫塔协同除尘的技术手段主要有采用托盘、棒栅等塔内构件，增加喷淋层数，采用高效除雾器等。针对脱硫塔对亚微米级颗粒物脱除效率较低的问题，国内开展了蒸汽相变、化学团聚、声凝并等 $PM_{2.5}$ 脱除增效研究，并逐步转入工业试验阶段。

2. 高效脱硝协同汞氧化技术

鉴于《"十二五"规划纲要》、《重金属污染源综合防治"十二五"规划》及《火电厂大气污染物排放标准》（GB 13223—2011）为代表的节能减排政策和重点行业污染物排放标准明确提出的"十二五"NO_x 减排 10% 以及汞减排 15% 的约束性指标，中国迫切需要研发高效的 NO_x 脱除技术与 NO_x、汞协同控制技术对 NO_x、汞等污染物进行深度、高效、协同、经济的脱除。

1）NO_x 梯级控制技术

NO_x 梯级控制技术是通过低氮燃烧技术和烟气脱硝技术的高效耦合实现 NO_x 高效脱除的新型技术，该技术充分发挥各种低氮燃烧技术和烟气脱硝技术的优势，可实现高效的 NO_x 脱除，并且能够根据实际情况选择系统的组合脱硝方法。

其中由再燃技术、SNCR 技术、SCR（单层）技术与活性分子多脱技术高效耦合的梯级 NO_x 控制技术（图 4-4），实现了 5 级梯级脱硝，不仅使各级脱硝效率依次高效提升（总脱硝效率 99%），在初始 NO_x 浓度为 630 毫克/标准米 ^{3} 的烟气条件下，保证了出口浓度<50 毫克/标准米 ^{3} 的超低排放要求，优于中国甚至欧美国家 NO_x 排放标准，同时通过多种技术的经济高效联用，取得了良好的经济效益。

2）硝汞协同脱除技术

硝汞协同脱除技术通过改性 SCR 催化剂，实现在 SCR 设备中 Hg^0 的催化氧化以及 NO_x 的高效还原，从而达到高效、协同、经济地控制多种燃煤大气污染物的目的（图 4-5）。技术已在 1 000 兆瓦燃煤机组上实现示范应用，实现 SCR 系统 Hg^0 氧化率达到 50% 以上，NO_x 排放小于 50 毫克/米 ^{3}，汞排放小于 0.003 毫克/米 ^{3}。

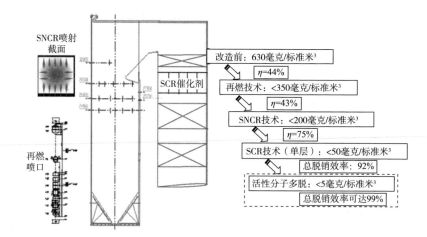

图 4-4 组合脱硝控制工艺示意图

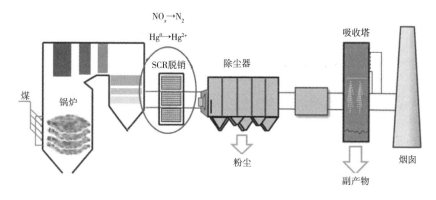

图 4-5 硝汞协同脱除示意图

3. 颗粒物高效控制技术

中国当前的电除尘技术虽已较为成熟，但与国际先进水平相比尚有差距，若要实现 PM$_{2.5}$ 的深度脱除，需要当前处于国际领先水平并持续改进的电除尘技术（如极配方式的改进、烟气调质、移动电极、高频电源等）。

1）颗粒物静电增效脱除技术

为提高燃煤电厂及工业锅炉的 PM$_{2.5}$ 去除效率，采取分别在常规电除尘器前、后增加电凝并装置和旋转电极式电除尘器的方式进行 PM$_{2.5}$ 高效脱除（参见图 4-6）。脱硝后的锅炉烟气先进入电凝并区中，通过双极性预荷电及湍流凝并，促使微细颗粒凝聚成大颗粒后，进入常规收尘器中实现颗粒物的高效脱除。常规除尘器后的非烟气流通区域布置旋转刷，用来清除吸附在集尘极表面的粉尘，从而可靠保证集尘极的清洁，防止反电晕，同时最大限度减小二次扬尘，减少微细颗粒泄漏。

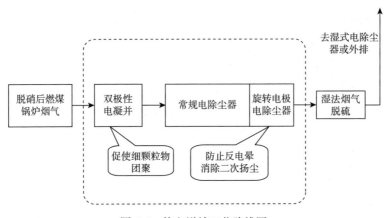

图 4-6　静电增效工艺路线图

2）高频电源+低低温电除尘技术

余热利用高效低低温电除尘技术采用汽机冷凝水与热烟气通过换热器进行热交换，使得汽机冷凝水得到额外的热量，并使进入电除尘器的运行温度由通常的低温状态（130~170℃）下降到低低温状态（90~100℃），实现余热利用和提高除尘效率的双重目的。脱硝后的烟气在低低温除尘器中同时进行换热和颗粒脱除。颗粒脱除的过程中采用的高频电源，通过逆变电路和整流变压器形成高频脉动电流，可以根据电除尘器的工况提供最佳的电压波形及最大的运行电压，从而提高电除尘器的除尘效率，并大幅度地节约电能。

因此，余热利用协同高频电源技术，可以在实现颗粒物高效脱除的同时，回收热量，节约电能，具有显著的节能降耗减排的优点。技术已在 300 兆瓦、600 兆瓦及 1 000 兆瓦机组上实现推广应用,实现颗粒物排放小于 15 毫克/米^3 的要求。

3）电袋复合除尘技术

电袋复合除尘技术是组合电区、袋区的技术，首先由电场捕集 80% 左右的粗粉尘，再由滤袋收集剩余的微细粉尘（图 4-7）。实现电除尘和布袋除尘优点的有机结合。电除尘部分去除烟气中大部分粉尘后，后部过滤除尘的负荷就大大减小，因而阻力上升速度变小。这不仅可以降低设备的阻力，还能延长滤袋的清灰周期，节省清灰能耗，延长滤袋使用寿命。近年来，在高精过滤滤料、系统匹配选型技术等方面取得重要进展，可实现颗粒物排放浓度小于 10 毫克/米^3,并在 300 兆瓦、600 兆瓦及 1 000 兆瓦等级燃煤机组上实现了推广应用。

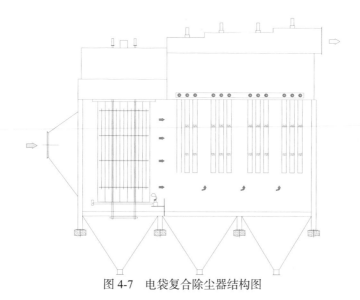

图 4-7　电袋复合除尘器结构图

4）湿式静电除尘技术

湿式静电除尘器不仅可有效去除烟气中的 $PM_{2.5}$，同时可协同脱除 SO_3、汞及除雾器后烟气中携带的脱硫石膏雾滴等污染物，抑制"石膏雨"的形成，实际现场测试和研究结果表明，湿式静电除尘器可实现颗粒物排放浓度小于 5 毫克/米 ^{3}，可以与湿法烟气脱硫等其他技术联合使用协同控制多种污染物，其对重金属（如汞）等多种污染物也具有脱除效果，是实现燃煤电厂超低排放的重要技术装备，目前中国自主研发的湿式静电除尘技术已在大型燃煤电厂实现了推广应用。湿式静电颗粒物深度控制装置如图 4-8 所示。

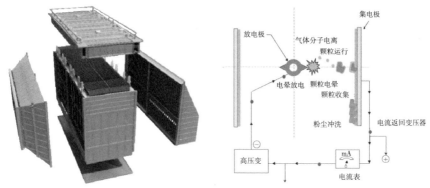

图 4-8　湿式静电颗粒物深度控制装置

（二）多种污染物协同脱除技术

活性分子污染物协同脱除技术作为大气污染物控制领域的前沿技术，以其装置简单、启停方便、设备紧凑、低能耗和无二次污染等优势，受到了国内外广泛关注。等离子体中包含了大量的高能电子、离子、激发态原子/分子和活性自由基等活性物质，这些物质可与有害气体分子发生碰撞，打开污染物分子化学键，将其分解生成氮气、CO_2 和水等无害产物。也可产生诸如 O·、OH·、O_3 等具有强氧化性的活性分子基团，将污染物氧化成易于吸收的 NO_2、Hg^{2+} 等。通过等离子体氧化污染物，并结合湿法吸收技术及湿式电除尘技术，可实现多种污染物协同控制和燃煤电厂污染物的深度脱除，使 NO 排放小于 30 毫克/米^3、SO_2 排放小于 20 毫克/米^3、粉尘排放小于 5 毫克/米^3。

O_3 分子作为等离子体产生的活性分子的一种，稳定性较强。在常温下，其生存时间高达 10 分钟，即使在 200℃时同样有 10 秒的寿命。在一个外置的反应器中对部分空气进行放电产生大量强氧化性的 O_3，再将 O_3 以喷射的方式送入烟道中与 NO、SO_2、汞、挥发性有机物（volatile organic compounds，VOCs）等污染物进行反应。

浙江大学以 O_3 多脱技术为基础，与广州瑞明电力有限公司建立了 5 000 标准米^3/小时烟气流量的中试试验台，进行 O_3 氧化多种污染物结合钙基吸收的中试试验。在以 $CaCO_3$（碳酸钙）$+CaSO_3$（亚硫酸钙）$+（NH_4）_2SO_4$（硫酸铵）为吸收浆液时，NO_x 的吸收率由 65% 提高到 90%，SO_2 的吸收效率为 99%，Hg^0 的氧化效率达到 99% 以上，二噁英在高浓度的 O_3 作用下降解率也达到 94% 左右。目前该技术已在 35 吨/小时燃煤工业锅炉上实现示范应用，实现了硫硝汞等多种污染物的高效协同脱除。

国际上近十年来，特别是欧美等发达国家和地区，对燃煤电厂排放多种污染物控制技术的研究十分活跃。中国的多种污染物协同脱除技术研发进展快速，部分技术已处于技术示范阶段，快速实现新技术的推广应用，是全面提升中国能源环保行业自主研发能力及装备制造能力的关键，能够为电力行业的可持续发展提供保障，有利于促进中国技术进步与产业结构调整，推动中国环保事业的进步，促进经济和社会可持续发展。

（三）资源化回收技术

1. 活性炭/活性焦污染物脱除技术

活性焦烟气脱硫工艺主要由吸附、解吸和硫回收三部分组成，其主要特点是：吸附脱硫时，在 120~160℃的烟气窗口温度下将 SO_2 转化为硫酸并存储在活性焦微孔中，升温使活性焦解吸释放出高浓度 SO_2（浓度为 20%~30%）而再生，活性焦循环使用，释放出高浓度 SO_2 气体。

首先，与石灰石-石膏湿法相比，活性焦干法烟气脱硫技术是一种干法脱硫技术，可以大幅节省宝贵的淡水资源，尤其适用于中国广大的缺水地区。

其次，此两种技术均可以通过资源化回收利用，降低生产能耗，产生巨大的经济效益。硫酸是一种重要的化工原料，广泛应用于化工、有色冶金、钢铁等行业，1998~2009 年，硫黄进口量年均增加约 25.8%，进口硫黄的 90% 用于制取硫酸，到 2015 年，中国实际硫酸生产量为 8 975.70 万吨。从图 4-9 可以看出，中国每年排放的 SO_2 如果全部回收折算为硫黄，即可替代进口，实现硫资源的自给自足。

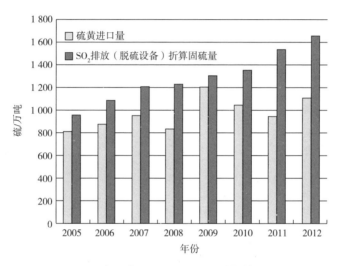

图 4-9　国内硫黄进口量及 SO_2 排放折算固硫量

目前活性焦烟气脱硫技术还存在不足，如活性焦用量大，输送过程中机械磨损比较严重，解吸附温度高造成活性焦原料的损失等，因此亟须寻求新的工艺对活性焦进行改善，制备高性能低成本的活性焦。因此，实现大规模工业应用的关键是解决活性焦的来源问题。

近年来，部分研究者已经尝试利用褐煤热解半焦，替代原有吸附剂进行脱硫吸附试验。已有数据表明（表 4-1），褐煤半焦除平均孔径略大于普遍选用的吸附剂材料外，其比表面积、孔容等特性参数均与实际应用的相差不大，部分参数甚至优于已有吸附剂材料。因此，在褐煤梯级利用多联产系统中，挥发分析出的半焦可作为吸附剂应用在烟气脱硫技术中，具有广阔市场前景和经济性，值得进一步实验和深入研究。

表 4-1　现有吸附剂与 1 号褐煤 800℃半焦吸附特性参数

种类	比表面积/（米²/克）	微孔面积/（米²/克）	孔容/（厘米³/克）	平均孔径/Å
1 号褐煤 800℃半焦	274.80	402.00	0.274	39.94
吸附剂 A	257.25	124.85	0.149	23.15
吸附剂 B	187.00	158.00	0.094	20.20
吸附剂 C	841.63	294.54	0.719	23.70

注：1Å=1×10⁻¹⁰米

2. 多种污染物协同脱除副产品回收技术

等离子体或 O_3 氧化结合湿法吸收多种污染物协同控制技术不仅可实现污染物的深度协同脱除，也可对脱除的污染物进行资源化回收利用，从而减少污染物脱除成本。

在脱除 SO_2 的同时，资源化回收技术还可以利用石灰乳吸收 NO_x 制取亚硝酸钙和硝酸钙，亚硝酸钙主要用做水泥混凝土外加剂的主要原料，可配置成混凝土防冻剂、钢筋阻锈剂、早强剂等，而硝酸钙则是一种含氮和速效钙的新型高效复合肥料，其中的硝态氮无须土壤转化即能被作物吸收，能对作物进行快速补氮。目前，中国亚硝酸钙的年需求量在 80 万吨以上，农用硝酸钙年消耗量 360 万~400 万吨，而与之对应的是国内产能严重不足，因此燃煤电厂中 NO_x 成分的资源化回收利用同样具有重要意义。

复盐分解法可实现液相中亚硝酸钙的回收处理。将含亚硝酸钙的石膏冲洗液通入高浓度的石灰乳中，使其发生复盐沉淀反应以复盐的形式沉淀并被分离。然后经水解反应释放出高浓度亚硝酸钙溶液，达到分离目的，滤液重新返回脱硫系统中循环使用。其工艺流程图如图 4-10 所示。

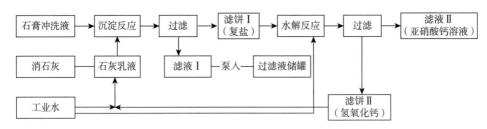

图 4-10　副产物提取工艺流程图

（四）超低排放燃煤电厂

为了响应国家政策及产业升级的迫切需求，"十一五""十二五"期间，在国家"863"计划等系列科技项目支持下，高校、科研院所、环保企业针对燃煤电站污染物高效控制技术开展了大量研究，在高效脱硝、高效脱硫协同多种污染物控制及湿式静电烟气净化等关键技术研发方面取得了重要进展，通过系统的集成及优化开发，形成了能达到天然气燃气轮机排放标准要求的燃煤电厂烟气污染物高效控制的超低排放环保岛，满足颗粒物<5 毫克/标准米^3、SO_2<35 毫克/标准米^3、NO_x<50 毫克/标准米^{3}的排放要求。

国内首套超低排放机组已于 2014 年 5 月在浙能嘉兴电厂 1 000 兆瓦机组上实现应用。目前该技术正在京津冀鲁、长江三角洲、珠江三角洲等重点区域的燃煤发电机组和热电联供机组上进行应用示范，减排效果十分明显，经济社会效益显著。经测算，若该技术在全国燃煤机组推广应用，预计燃煤烟气污染物排放量仅为 SO_2 53 万吨、NO_x 76 万吨、颗粒物 8 万吨（2012 年火电行业 SO_2 排放 883 万吨、NO_x 排放 948 万吨、颗粒物排放 151 万吨）。燃煤电厂烟气超低排放流程图如图 4-11 所示。

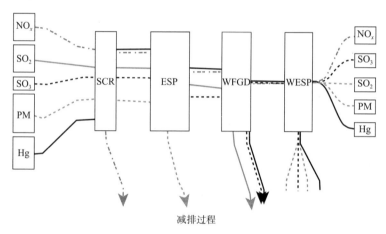

图 4-11　燃煤电厂烟气超低排放流程图

三、污染物综合脱除与资源化回收的战略定位、发展目标及布局

（一）战略定位

当前中国大气环境形势十分严峻，大气灰霾等污染频繁发生，主要城市群正经历从传统的煤烟型污染向区域复合型污染阶段的转变。复合污染成因复杂，单一污染物的控制手段已不能适应复杂大气污染的控制要求，决策管理急需适应新形势下大气环境保护的需要。这些现状促使中国大气污染控制工作从单污染源治理转向多污染源协同减排，从局地管理转向区域联防联控转变。实施大气多污染物综合控制和资源化回收战略，可降低污染物治理成本，是实现污染防治技术跨入循环可持续发展的良性发展轨道的必然途径。

据《中国能源中长期（2030、2050）发展战略研究综合卷》报告分析，中国煤炭需求到 2020 年将达 40.9 亿吨，2030 年将达 50.9 亿吨，2050 年将达 58.7 亿吨。电力用煤仍是拉动煤炭消费增长的主要因素，2030 年电力用煤将达到 25.5 亿吨，钢铁、有色、建材、化工等行业用煤，将成为未来煤炭需求的主要增长点，亟须研究适用于此类行业的适应烟气波动、负荷波动的高效新型污染物控制和资源化利用技术。中国环境宏观战略研究的大气环境保护战略研究对 2020 年、2030 年和 2050 年的空气质量提出了阶段性目标，要求在做好 SO_2、NO_x 和烟尘的总量控制的同时做好重金属及挥发性有机物污染的防治。到 2050 年，通过实施大气污染综合脱除和资源化利用战略，大幅度降低环境空气中各种污染物的浓度，使城市和重点地区的大气环境质量得到明显改善，全面达到国家空气质量标准，基本实现世界卫生组织（World Health Organisation，WHO）环境空气质量浓度指导值，满足保护公众健康和生态安全的要求。

为实现这一目标，亟须实施污染物综合脱除战略，将大气污染物控制技术由过去的先除尘、再脱硫、再脱硝的单元式、渐进式控制，向常规污染物加脱除重金属等深度一体化协同控制技术发展，逐步实现不同行业的大气污染物的超低排放。在中国建设资源节约型、环境友好型社会的国家战略的指导下，以及节能减排环境保护规划的框架下，在实现污染物综合脱除的同时，积极实施资源化回收战略，开发具有低消耗、高附加值、可资源化的烟气污染物控制技术，提高资源利用效率，提高污染物控制过程的环境效益和经济效益，促进大气污染防治体系的可持续发展。

（二）2020 年、2030 年、2050 年发展目标及布局

1. 污染物减排分析

中国以煤炭为主的能源消费结构在未来相当长的一段时期内将难以根本性改变，未来，煤等化石能源利用过程可能产生的大量烟尘、SO_2、NO_x 和重金属等多种污染物的减排仍然是污染物减排的关键。2013 年，中国工业废气排放 NO_x 2 227.4 万吨、SO_2 2 043.9 万吨和烟尘 1 278.1 万吨。近几年来，针对日益突出的灰霾等区域性大气复合污染问题，国家在密集出台节能减排政策和重点行业大气污染物排放控制新标准的同时，通过"863"计划等全面部署了重点行业主要大气污染物排放控制技术及重点城市群大气复合污染综合防治技术的研究，中国在污染减排、污染防治及环境管理方面取得了一系列创新性科技成果，并在产业化和业务化等方面都得到了长足的进展，为中国大气污染治理、环境决策及空气质量改善提供了科技支撑。例如，针对电力行业，2011 年 9 月修订颁布《火电厂大气污染物排放标准》（GB 13223—2011），2014 年出台超低排放的要求，中国现役机

组污染物排放限值要求远远严于其他国家。据估测，中国煤炭消费将逐步增加，其中电力用煤仍是拉动煤炭消费增长的主要因素。因此对耗煤行业的污染物进行深度脱除，实现煤炭的清洁利用，对燃煤烟气关键污染物进行全面深度脱除，使得燃煤烟气达到超低排放成为必由之路。针对钢铁、建材、化工、有色等行业，近年来国家出台了相关的污染物排放标准，应结合节能提效与产业结构政策，实现污染物的深度脱除。

此外，对于尚未完全列入监管范围的污染物（如重金属和挥发性有机物等），规划、探索、发展其相应的综合控制技术，实现其深度脱除和总量控制。

2. 技术发展趋势、规划

1）2013~2020 年

推广电力行业污染物超低排放技术，推动非电行业污染物控制技术。以当前处于国际领先水平并持续改进的电除尘技术为主，同时规范发展袋式除尘技术和电袋复合除尘技术。脱硫脱硝技术以当前中国广泛应用的、持续改进的传统脱硫技术和高性能的低氮燃烧技术及烟气脱硝技术为主，同时试点应用可行的资源化脱硫技术（如氨法脱硫、有机胺脱硫、活性焦脱硫等）和脱硫脱硝一体化技术（如湿法脱硫脱硝一体化技术、低温 SCR 脱硫脱硝一体化技术等），实现大部分硫、氮化合物的资源化利用，同时实现汞的协同脱除，并结合等离子体法实现大气污染物的协同控制。

污染物资源化利用方面，以大宗粉煤灰和脱硫石膏利用为主，推广示范大掺量粉煤灰混凝土路面材料技术，高铝粉煤灰大规模生产氧化铝联产其他化工、建材产品成套技术，粉煤灰冶炼硅铝合金技术，余热余压烘干、煅烧脱硫石膏技术，利用脱硫石膏改良土壤技术等高附加值利用。

2）2021~2030 年

进一步改进推进大气污染物的资源化利用及非电行业的污染物高效控制技术。除尘技术以更高性能的电除尘技术和改进的袋式除尘技术、电袋复合除尘技术相结合为主。脱硫技术以高性能、高可靠性、高适用性、高经济性的脱硫技术为主，同时规范发展资源化脱硫技术，推广应用可行的新型脱硫技术及多污染物协同控制技术。对 NO_x 的控制以更高性能的低氮燃烧技术和高性能、高可靠性、高适用性、高经济性的烟气脱硝技术为主，同时规范发展脱硫脱硝一体化技术，试点应用可行的新型脱硝技术及多污染物协同控制技术。而对汞的控制以燃烧前和燃烧中控制汞的生成量及现有非汞污染物控制设施对汞的协同控制为主，逐步发展基于现有非汞污染物控制设施的脱汞技术和专用脱汞技术。

3）2031~2050 年

针对重点耗能行业污染控制技术从传统的高开采、高消耗、高排放、低效益污染治理模式向低开采、低消耗、低排放、高效益治理模式转变。严格控制设备的运行规范和监测规范，采取更严格的手段，在保障不同行业污染物的超低排放的基础上，通过技术集成和综合治理，实现污染物资源化回收利用，变单一污染物控制为综合控制，变单纯污染控制为资源化利用，变末端控制为全过程控制，变传统污染控制方式为资源节约、环境友好的低碳、绿色新方式，减少二次污染问题。

政策方面，重新审视现有污染控制政策与战略，建立适合中国国情的自主创新战略，将烟气污染控制战略与节能环保产业发展、绿色经济、低碳经济、循环经济、可持续发展战略融于一体；同时还要加强技术创新，技术创新要顺应世界烟气污染控制技术发展的大趋势，并且适应中国烟气污染控制技术实际需求。同时，完善法律法规体系：立足于中国的基本国情，学习借鉴国外先进经验，适时修订相关法律法规，进一步调整政府、排污者和公众之间的关系，明确责任和义务。对整个排放标准体系进行完善；制定相关政策，加强排放标准的实施。实施积极的经济政策：使用积极的经济政策，通过推动税费体制改革、进行电价补偿、实施排污交易制度等手段，以加强市场对污染物排放控制技术的推动和引导；将能源使用企业的外部环境成本内部化，引导企业主动寻求高效的污染物排放控制技术，从而推动相应技术的应用和发展。

3. 联防联控

近年来，酸雨、灰霾和光化学烟雾等区域性大气污染问题日益突出，京津冀、长江三角洲、珠江三角洲等区域每年出现灰霾污染的天数达到 100 天以上，严重威胁人民群众身体健康，引起了社会各界的广泛关注。根据北京奥运会、广州亚运会、南京青奥会等空气质量保障的成功经验，以及美国、欧洲和日本空气质量改善的有益做法，解决区域大气污染严重问题，应采取联防联控措施，切实加大污染治理力度，严格落实治污责任，全面做好大气污染防治工作。

鉴于中国煤炭消费区域分布不平衡，今后较长的一段历史时期内，应对污染负荷大、环境脆弱、环境容量有限的地区实施多污染物联防联控。突出区域特点，根据空气质量的目标设立区域大气污染物特别排放限值。应将污染物约束性指标逐步推广至多种污染物，在整个区域层次上制定总体规划，推进脱硫、脱硝、除尘和脱汞等多污染物协同控制示范工程，出台前瞻性污染防治措施，对区域内的重点行业和重点企业实行比其他区域更严格的控制措施，统筹协调，确保空气质量达标。进一步完善空气质量评价体系，增加 O_3、$PM_{2.5}$ 等评价指标，逐步达到国际先进水平，从根本上解决环境监测结果与老百姓感观不一致的问题，使人民群众享受到经济发展带来的环境效益。

四、污染物综合脱除与资源化回收的综合建议

中国大气污染形势严峻，不仅影响人类生存环境与身体健康，而且会在一定程度上抑制社会生产力的发展，亟须开发适应性好的高效污染物协同控制技术以及污染物资源化利用回收技术，降低污染物治理成本，改善大气环境质量。

（一）实现燃煤污染物超低排放

在燃煤污染物综合高效脱除方面，促进污染物控制从单一污染物治理向多种污染源物协同减排转变，通过技术升级，最终实现污染物的协同高效控制。首先鼓励推广应用 SCR 高效脱硝技术、高效除尘技术、高效脱硫协同硝汞控制及湿式静电深度脱除技术，实现燃煤电站污染物排放达到燃气轮机标准要求（颗粒物≤5毫克/标准米^3，SO_2≤35毫克/标准米^3，NO_x≤50毫克/标准米^3，汞≤0.005毫克/标准米^3）。在此基础上添加 O_3 等活性分子，推广应用活性分子多种污染物协同脱除技术，并结合湿法高效脱硫协同硝汞控制技术，实现 NO_x、汞及 SO_2 等污染物的深度脱除，达到颗粒物≤3毫克/标准米^3、SO_2≤20毫克/标准米^3、NO_x≤20毫克/标准米^3、汞≤0.003毫克/标准米^{3}的排放要求。最后推进新型廉价 CO_2 吸收技术，保障 CO_2 捕集率达到 50%~90%、排放率≤7%的标准，同时大幅度降低 CO_2 捕集成本，最终实现大气污染物超低排放。

（二）大力推进燃煤污染物资源化利用

在燃煤污染物超低排放的基础上，加强推进污染物资源化回收利用。鼓励污染控制技术从传统的高消耗、高排放、低效益污染治理模式向低消耗、低排放、高效益治理模式转变。试点应用并规划发展可行的资源化脱硫技术，实现硫、氮化合物的资源化利用。严格污染物控制设备的运行监管和监测规范，采取更严格的手段，在保障污染物超低排放的基础上，通过技术集成及综合治理，实现污染物资源化回收利用，变传统污染控制方式为资源节约、环境友好的低碳、绿色污染物资源化回收利用新方式。

通过实施大气污染协同高效脱除和资源化利用战略，大幅度降低环境空气中各种污染物排放，参考国外先进技术推广模式，采用可行的多污染物协同控制和资源回收利用技术，最终实现污染物超低排放及资源化回收的最终目标。

（三）促进多行业污染物共同减排

鼓励除煤炭以外多个行业污染物近零排放的共同发展。规范工业锅炉、水泥、有色金属、煤化工等领域的污染物排放标准编制；加强污染物深度脱除协同控制及污染物资源化回收等新技术在多领域的研究与开发，在实现环境友好型发展的

同时提高能源利用效率，实现能源高效利用及污染物超低排放；同时进一步加强各行业运行监管，对多行业进行排污评价，规范多行业排污费以及补贴政策的有效实行，引导各领域污染物减排技术的发展。

（四）政策与体制建议

近年来中国在污染物综合脱除与资源化回收方面原创性科技发展较快，但还不足以完全支撑节能减排国家重大需求。因此要求加强科技创新与体制创新，大力提高自主创新能力，发挥科技支撑引领作用，加大原创性技术研发支持力度，坚持原创性技术创新驱动、服务发展。鼓励产学研用相结合，加快先进技术的产业化，改革科研成果评价体制，鼓励开展具有产业应用前景的科学研究，同时建立基础研究、应用研究、成果转化和产业化紧密结合、协调发展机制。鼓励产学研的联合研发，大力支持煤炭资源化利用环保产业发展，并着力把煤炭资源化利用的政策要求有效转化为产业发展的市场需求，促进燃煤污染物全方位协同控制并实现环保产业的循环经济发展。

针对污染物排放评价体系，亟须开发适用于污染物控制装备评价的指标、体系及方法，对污染物控制装备运行情况给出适当的评价，促进污染物减排。同时对于污染控制措施的效益分析，鼓励副产品回收效益，实施非线性的排污收费政策，通过政策进一步推动污染物高效脱除技术的发展及应用。

第五章　推动海上油气资源开发和海洋能利用革命的支撑与保障

一、中国海洋油气资源勘探开发形势

随着中国经济的持续快速发展，对石油天然气资源的需求持续上升，油气供应量不足已成为制约当前经济发展的突出问题。2012 年中国原油净进口量达到 2.84 亿吨，而当年全国石油产量为 2.05 亿吨，进口量远超产量，对外依存度达 58%，石油安全形势严峻。中国陆上油气勘探开发起步早，勘探程度越来越高，油气后备资源储量及油气产量增长越来越难。中国海洋油气资源丰富，但由于海上油气勘探开发具有高投入、高风险、高科技的特点，因而中国海上油气勘探开发起步较晚，目前勘探程度还相对较低。近年来，以海洋资源勘查与评价技术的不断进步为引领，在坚持寻找大中型油气田勘探思路的指导下，兼顾滚动勘探，以促进石油储量稳步增长、天然气储量快速增长为目标，海洋油气自营勘探商业成功率一直保持在较高水平，油气储量增长进入新的高峰期，为中国海洋石油工业的快速和可持续发展奠定了坚实的物质基础。目前，中国海上油气勘探开发主要集中于近海浅水区，近海深水区勘探起步不久，而远海区（南海中南部）尚无钻井。因此，中国海洋将成为未来油气重要战略区，深水区为主要增储上产区之一。全面分析中国海洋油气资源开发形势，正确认识海洋油气资源潜力，摸清资源家底，认清海洋油气资源分布状况和赋存特征，具有重要战略意义。

（一）油气资源概况

1. 中国海域广阔

中国海域自北向南划分为五大海区，包括渤海、黄海、东海、南海、台湾以东太平洋海区（是指琉球群岛以南、巴士海峡以东海区），前四个海区总面积约473 万平方千米。中国传统海域辖区总面积近 300 万平方千米，其中近海大陆架面积约 130 万平方千米[42]。

2. 沉积盆地发育，类型多样

中国海域可供油气勘探的盆地主要有 26 个，面积累计 183.5 万平方千米[42]。其中，近海盆地 10 个，面积累计 105.0 万平方千米。目前，中国油气勘探工作主要集中在 7 个近海盆地，即渤海湾（渤海海域部分）、南黄海、东海、珠江口、琼东南、莺歌海、北部湾盆地，总面积 89.9 万平方千米。

中国海域沉积盆地区域上隶属西太平洋活动大陆的边缘，处于太平洋板块、印度–澳大利亚板块、欧亚板块三大巨型岩石圈板块交汇带，是世界上少有的复杂构造区之一。三大板块的相互作用使该地区地壳受到多方面构造应力影响，新生代地壳发生拉张、裂解、漂移、聚敛和碰撞等构造演化，形成了一系列大中型沉积盆地。这些盆地总体具有活动大陆边缘盆地的属性，与大西洋典型被动陆缘盆地不同，它们具有较强的活动性，新、中生代经历过多幕次的拉张、挤压、扭动，发生多期断裂、差异沉降、隆起剥蚀和火山活动，沉降中心（或沉降轴）由陆向海迁移明显，有些陆缘外侧晚期剧烈沉降。

中国海域沉积盆地可分为五种类型：一是克拉通内裂谷盆地，以古近系半地堑沉积为主，经破裂不整合，其上覆盖新近系坳陷层序，形成双层结构，如渤海湾盆地、南黄海盆地、北部湾盆地、珠江口盆地。二是聚敛型陆缘盆地，内侧以断陷层序为主，外侧以坳陷或断坳层序为主，如东海盆地、文莱–沙巴盆地。三是离散型盆地，陆缘外侧晚期沉降幅度大，在陆架坡折带外，海水迅速加深，如琼东南盆地、南薇西盆地、安渡北盆地、礼乐盆地。四是走滑拉张型陆缘盆地，呈断坳型，沉积巨厚，古近系盆地两侧为对偶断裂的断陷，新近系坳陷层序巨厚，如莺歌海盆地、万安盆地。五是复合型盆地，其发育过程有明显的阶段性，不同阶段受不同的应力场控制，表现为先张后拉或先压后张的特征，如曾母盆地。

3. 油气资源潜力巨大

以 2005 年新一轮全国油气资源评价结果为基础，结合 2005~2010 年中海油对北黄海盆地、珠江口盆地、西湖凹陷、渤海湾等油气资源滚动评价结果，并依照 2008~2010 年国土资源部组织完成的渤海湾、南海北部深水区、北部湾盆地油气资源动态评价成果，通过分析、调整，确定了中国海域主要沉积盆地油气资源量，石油远景资源量为 392.96 亿吨、地质资源量为 268.36 亿吨，天然气远景资源量为 28.09 万亿立方米、地质远景资源量为 16.73 万亿立方米（表 5-1）[43,44]。

表 5-1　中国海域主要盆地石油、天然气资源量

海区	盆地	地理环境（水深）	评价面积/平方千米	石油地质资源量/亿吨				天然气地质资源量/亿立方米			
				95%	50%	5%	期望值	95%	50%	5%	期望值
近海	渤海湾	浅水	41 585	66.80	80.57	99.93	82.66	5 722	8 225	12 926	8 821
	北黄海	浅水	30 692	0.56	1.92	4.54	2.16				
	南黄海	浅水	151 089	1.64	2.86	4.44	2.98	575	1 534	4 163	1 847
	东海	浅水	241 001	2.19	8.19	17.59	8.90	4 888	12 801	24 682	13 604
	台西-台西南	浅水	103 779	0.52	1.53	3.96	1.85	984	1 855	3 638	2 052
	珠江口	浅水	115 525	11.47	17.65	24.49	17.56	1 840	3 162	4 640	3 192
		深水	85 063	0.32	5.50	13.33	5.71	6 936	15 786	27 670	16 419
		小计	200 588	11.79	23.15	37.82	23.27	8 776	18 948	32 311	19 611
	琼东南	浅水	21 772	0.78	1.66	2.64	1.69	2 434	3 749	6 962	4 251
		深水	61 221					4 616	11 163	26 861	13 888
		小计	82 993	0.78	1.66	2.64	1.69	7 050	14 912	33 823	18 139
	北部湾	浅水	34 348	11.29	13.50	18.12	13.95	938	1 249	1 904	1 323
	莺歌海	浅水	46 056					4 495	12 161	22 800	13 068
	合计	浅水	785 847	95.25	127.88	175.72	131.76	21 876	44 736	81 715	48 158
		深水	146 284	0.32	5.50	13.33	5.71	11 552	26 949	54 532	30 307
		合计	932 131	95.57	133.38	189.04	137.47	33 428	71 685	136 247	78 465
南海中南部	万安	浅水	38 402	4.78	11.63	18.46	11.63	2 486	6 666	11 399	6 832
		深水	16 750	2.07	4.86	7.70	4.87	1 021	2 816	4 652	2 828
		小计	55 152	6.85	16.49	26.15	16.50	3 507	9 482	16 051	9 660
	曾母	浅水	96 203	13.90	29.50	46.11	29.80	12 925	33 730	55 725	34 087
		深水	23 036	1.79	4.15	6.96	4.29	3 527	9 351	15 798	9 538
		小计	119 239	15.69	33.65	53.06	34.08	16 453	43 081	71 523	43 625
	北康	浅水	3 653	0.45	1.10	1.76	1.10	274	775	1 274	774
		深水	55 570	5.15	12.69	20.38	12.74	3 407	8 937	14 816	9 042
		小计	59 223	5.60	13.79	22.14	13.84	3 681	9 711	16 090	9 816
	南薇西	浅水	2 162	0.18	0.37	0.59	0.38	75	155	242	157
		深水	45 876	3.81	7.81	12.62	8.05	1 351	2 826	4 439	2 867
		小计	48 038	3.99	8.18	13.21	8.43	1 426	2 981	4 680	3 024
	中建南	深水	110 826	9.10	18.61	29.79	19.11	3 335	7 067	11 333	7 227
	礼乐	浅水	9 893	0.88	2.17	3.46	2.17	356	998	1 660	1 004
		深水	48 879	1.28	3.19	4.70	3.07	833	2 393	3 947	2 391
		小计	58 772	2.16	5.36	8.16	5.24	1 188	3 391	5 607	3 395
	笔架南	深水	40 050	1.75	4.16	6.60	4.17	885	2 410	3 822	2 376
	永暑	深水	2 287	0.11	0.27	0.42	0.27	56	141	254	149

海区	盆地	地理环境（水深）	评价面积/平方千米	石油地质资源量/亿吨				天然气地质资源量/亿立方米			
				95%	50%	5%	期望值	95%	50%	5%	期望值
南海中南部	南薇东	深水	5 762	0.29	0.69	1.09	0.69	94	242	404	246
	安渡北	深水	13 801	0.33	0.72	1.15	0.73	108	271	452	276
	九章	深水	14 651	0.13	0.28	0.45	0.28	50	125	200	125
	南沙海槽	深水	47 005	0.47	1.59	2.51	1.53	302	905	1 509	905
	文莱-沙巴	浅水	7 447	3.95	8.42	12.84	8.50	697	1 395	2 092	1 395
		深水	19 077	7.33	12.91	19.53	13.13	1 294	2 588	3 881	2 588
		小计	26 524	11.28	21.33	32.37	21.63	1 991	3 983	5 974	3 983
	西北巴拉望	深水	3 772	2.31	4.15	6.81	4.40	1 399	4 023	6 773	4 061
	合计	浅水	157 760	24.14	53.19	83.22	53.58	16 813	43 719	72 391	44 249
		深水	447 342	35.92	76.07	120.70	77.33	17 663	44 095	72 280	44 621
		合计	605 102	60.06	129.25	203.92	130.90	34 476	87 814	144 671	88 870
总计		浅水	943 607	119.39	181.06	258.93	185.33	38 690	88 454	154 106	92 407
		深水	593 626	36.24	81.57	134.03	83.04	29 214	71 044	126 812	74 927
		总计	1 537 233	155.63	262.63	392.96	268.36	67 904	159 499	280 918	167 335

近海石油远景资源量达 189.04 亿吨，地质资源量达 137.47 亿吨，主要分布于渤海湾和珠江口盆地。近海天然气远景资源量达 13.62 万亿立方米，地质资源量达 7.85 万亿立方米，其中珠江口、琼东南、东海、莺歌海四大盆地均在万亿立方米以上。中国近海主要盆地资源探明相对较低，具备可持续发展的资源基础，储量增长潜力仍然很大。

南海中南部石油远景资源量达 203.92 亿吨，地质资源量达 130.90 亿吨，主要分布于曾母、文莱-沙巴、中建南、万安、北康等盆地。天然气远景资源量达 14.47 万亿立方米，地质资源量达 8.89 万亿立方米，主要分布于曾母、北康、万安、中建南、西北巴拉望、文莱-沙巴等盆地。

（二）油气勘探形势分析

1. 勘探程度

中国海洋油气勘探起步晚，且海上勘探投入大、风险高、技术要求高，目前海上油气勘探程度总体较低，油气勘查作业主要集中于近海。

近年来，随着海上油气勘探投入力度的不断加大，中国海域油气勘探工作量也大幅增加。截至 2012 年年底，中海油累计采集二维地震 105.40 万千米、三维地震 14.63 万平方千米；累计完成探井 1 584 口，主要分布于渤海湾、珠江口、北部湾、莺歌海、琼东南、东海、南黄海七个盆地；获油气发现 325 个，累计发现三级地质储量分别为石油 61.79 亿吨、天然气 1.67 万亿立方米，其中探明地质储量分别为石油 41.92 亿吨、天然气 0.88 万亿立方米。

2. 科技现状

1）地质勘探研究技术现状

中国海洋油气勘查地质科技工作者以石油地质理论、勘探技术、计算机技术和勘探目标综合评价技术相结合，在实践中逐渐形成了一系列新理论、新认识，如含油气盆地古湖泊学及油气成藏体系理论、渤海湾新构造运动控制油气晚期成藏理论和优质油气藏形成与富集模式，初步形成了以潜在富烃凹陷（洼陷）为代表的新区新领域评价技术。

但对某些勘探领域的研究有待深入，评价技术有待提高。主要包括：一是缺乏富烃凹陷评价的定性与定量标准，对评价结果缺乏统一的刻度，潜在富烃凹陷的评价也有待加强，使之逐步成为富烃凹陷；二是对海相烃源岩与陆相烃源岩的差异性及相应的评价思路等方面，缺少创新性认识；三是对深水盆地勘探综合评价技术尚未成熟；四是有些勘探领域的研究有待深入或加强，如渤海郯庐断裂对成盆、成烃、成藏等方面的控制作用，天然气和潜山内幕油气藏勘探评价策略及技术，凹中浅层油气运移与输导机理，复杂断块油气藏高效勘探评价技术、隐蔽油气藏成藏机理及勘探评价技术等；五是对 CO_2 等非烃组分的富集机制不清楚、缺少有效的识别手段，这是近海浅水区天然气勘探近年来没有取得突破性进展的主要瓶颈之一。

2）深水勘探关键技术现状

中国深水油气勘探开发起步较晚，主要原因为深水钻探费用极其昂贵，对地质综合评价和勘探技术的提高提出了迫切要求。

目前深水勘探关键技术与国外相比储备明显不足，现有勘探技术的积累都来自外方作业者，基本是跟踪学习，难以满足深水勘探的迫切需要，应尽快系统研究和发展深水勘探作业的其他配套技术。

3）"三低"油气藏和深层油气勘探技术现状

（1）"三低"油气藏勘探技术体系尚未系统形成。

针对"三低"油气藏（低孔隙、低渗透和低电阻）的测试，研发且成功应用了螺杆泵测试井口补偿配套系统，可以使螺杆泵、气举等排液手段移植到半潜式钻井平台上，扭转了半潜式钻井平台上测试期间排液手段匮乏的不利局面。针对低阻油气藏的录井，在渤海湾初步成功应用了岩石热解技术、气相色谱技术和轻烃分析技术；在全海域成功推广应用了电缆测试流体取样以及核磁共振油气藏识别和评价技术，建立了以多极子阵列声波和核磁共振技术为核心的凝析油气藏测井技术识别和评价系列，成功开发研制了油气藏测井产能预测技术，成功总结出了"内外科"结合的低阻油气藏识别和评价技术流程，并在"十一五"期间使海域低阻油气藏的测井解释符合率提高到了95%以上；基本上建立了"三低"油气藏的测井识别和评价方法体系以及产能分类评价标准，为"十二五"期间进军"三低"油气藏打下了坚实的测井技术基础。但是，尚未对"三低"油气藏勘探过程中的钻井工程技术，钻井液选择及其储层保护技术，录井对油气藏的识别、测试技术及储层改造技术等因素统筹考虑，没有形成系统化的"三低"油气藏勘探技术体系及技术规范。

（2）深层油气勘探技术尚有差距。

尽管已在珠一坳陷深层发现了HZ19-2/3等油田，在渤中凹陷深层获得了领域性突破（渤中2-1和秦皇岛36-3等含油气构造），并实现金县1-1构造区亿吨级油气藏的勘探新突破。但高分辨率地震勘探技术、成像与核磁测井技术的深度应用、储层改造技术尚有差距。

4）高温高压天然气勘探技术现状

高温高压领域天然气勘探仍未取得重大突破，尚未形成系统的高温高压天然气勘探理论且尚待实践检验，勘探技术（地质、地震、钻井、储层保护及测试等方面）尚未成熟。

高温高压层勘探技术难度大、风险高，对钻井和测试施工设计及安全控制提出了更高的要求。这也是中海油高温高压天然气勘探技术的薄弱环节。以测试为例，其对套管及管柱的校核、流程的多点安全控制、流程管线的设计、流程管线的振动监测、流体含砂监测、水化物的防治、两级节流的控制、热辐射的控制等都提出了新的课题，其中流程管线的振动监测及流体含砂监测正在研究开发中，即将转化为科研成果。

5）地球物理勘探现有技术现状

地球物理勘探现有技术基础主要表现在：一是具有国内领先、国际先进的海上地震资料采集技术；二是通过引进消化吸收，具有业界国际领先的地球物理综合解释技术；三是形成了国内领先的海洋二维和三维地震资料处理技术体系；四是初步建立了适合中国近海勘探储层研究岩石物理分析技术及数据库；五是形成了国内领先的地震储层预测和油气检测技术体系；六是建立了世界一流的三维虚拟现实系统；七是建立了具有国内国际领先的测井处理技术体系。

地球物理勘探技术差距主要表现在：一是与国际技术对比，海上缺少高精度地震采集技术，如宽方位（wide-azimuth，WAZ）拖缆数据采集技术、多方位（multi-azimuth，MAZ）拖缆采集技术、富方位（rich-azimuth，RAZ）海洋拖缆数据采集、Q-Marine圆形激发全方位（full-azimuth，FAZ）数据采集技术、双传感器海洋拖缆（Geostreamer）数据采集技术、上/下拖缆地震数据采集技术、多波多分量地震数据采集技术、海底电缆（ocean bottom cable，OBC）地震数据采集；二是深水崎岖海底和深部复杂地质条件下的地震处理与成像技术待提高；三是复杂储层预测描述技术不足；四是特殊/复杂油气藏处理解释技术仍需要攻关；五是烃类直接检测方法技术也不够成熟。

6）勘探井筒作业技术现状

（1）录井技术基础与差距。

海上录井技术在国内外较为成熟、较为先进，整体水平处于国内先进、国际跟随的现状。

录井技术差距主要表现在以下几方面。一是中深层录井技术难题（发展瓶颈），主要包括：复杂岩性识别问题；随钻地层压力预测与井场实时监控问题；潜山、碳酸盐岩、盐膏层等复杂地层录井技术；深层井下工程实时监控。二是气体检测设备问题（行业发展方向），主要包括：非烃类气体检测（CO_2、H_2S）；烃类气体快速定量检测分析。三是井场油气水快速识别与评价。四是特殊钻井工艺条件下配套录井技术（发展瓶颈），主要包括：特殊井型（水平井、分支井、侧钻井等）录井技术系列；海上压力控制钻井技术条件下录井技术；聚晶金刚石复合片（polycrystalline diamond compact，PDC）钻头应用条件下的录井难点与对策；特殊钻井液体系（水包油、油基泥浆）条件下录井技术；小井眼钻井技术。五是录井资料处理与定量综合解释问题。

（2）测井技术基础与差距。

现有测井设备主要以进口贝克-阿特拉斯公司的设备为主，以自主研制开发仪器为辅。目前已建立了基本满足成像测井要求的技术体系，并开发了主要针对海上作业服务的 ELIS（enhanced logging & imaging system，即增强型测井成像系统），在常规三组合电缆测井（电阻率、声波、放射性测井）上达到国内领先、接近国际先进水平。同时在成像测井的部分高端技术方面进行了重点开发并取得了一定成果，如电缆地层测试与取样、阵列感应测井、阵列声波测井等技术。

测井技术差距主要表现在以下几方面：一是自主研发的设备和仪器目前只能跟随外国服务公司的设计理念来实现其功能，无法完全创新，所以总体比国际水平低。二是高端功能上距国外先进水平还有一定差距，主要缺陷在于电缆数据传输率较低，不利于系统功效的提高和新型测井仪的开发使用。三是随钻测井仪器研制刚刚起步，国际油田技术服务公司已经大规模应用，中石油在该领域加大研发力度，并取得突破性进展。四是尚无满足水平井、稠油等困难条件的生产测井仪器和技术。五是测井解释技术近几年在全海域陆续开展了海域低阻油气藏的识别和评价方法研究，以及低孔渗油气藏的识别和评价方法研究项目，使我们在"三低"油气藏的识别评价方面取得了明显的应用效果，但受到无高分辨率和高精度测井设备的限制还难以应对特低孔、特低渗、特低对比度油气藏以及复杂岩性油气藏和薄互层砂岩油气藏的挑战。大斜度井和水平井的测井解释技术尚处于初步研究及使用阶段,环井周各向异性地层的测井解释技术尚处于探索阶段。

（3）测试技术基础与差距。

测试技术日趋完善,近几年成功应用了潜山座套裸眼测试技术、复合射孔深穿透测试技术、射流泵机采技术、过螺杆泵电加热降黏技术、防砂技术等。

测试技术差距主要表现在:一是智能工具新型技术和关键设备相对落后;二是地面常规试油技术的一些关键设备（如分离器和燃烧系统等）还有差距;三是高温高压气层测试力量不足,在一些关键领域缺乏理论支持;四是尚未完全拥有快速反应的深水水下树系统等装备和技术;五是稠油油层测试、低孔低渗油气藏以及潜山油气藏裸眼测试工艺待改进;六是尚未采用多相流量计测量技术;七是测试井下数据无线传输与录取技术待进一步研发和完善;八是螺杆泵热采技术尚未研发;九是复合化、数字化、智能化射孔技术待提高;十是连续油管测试技术仍是空白。

7）非常规天然气勘查与评价技术现状

中国海洋非常规天然气勘查工作刚刚起步,目前仅限于选区和战略评价阶段。

3. 面临的形势

中国海洋油气勘探正面临着新形势,即由简单构造油气藏向复杂构造油气藏的转移,从构造油气藏向地层-岩性等隐蔽油气藏的转移,从浅、中层目标向深层目标的转移,从浅水领域向深水领域的转移、从常规油气资源领域向以常规为主并向非常规油气资源领域扩展等。

当前工作重点主要有两方面:

一是近海油气勘探亟待大突破、大发现。石油勘探处于转型期,三大成熟探区目标选择难度越来越大,表现为规模变小、类型变差、隐蔽性变强,急需开拓新区、新层系、新类型。天然气勘探仍立足于浅水区,但近年来尚未获得重大发现,新的勘探局面尚未打开,新的主攻方向尚不甚明确;深水天然气勘探虽获重大突破,但短期内受技术和成本制约勘探进展仍然缓慢。新区、新领域勘探和技术瓶颈的不断突破是勘探发展的必由之路,今后很长时期仍应坚持以寻找大中型油气田为目标。

二是近海油气储量商业探明率和动用率待提高。截至 2012 年年底,在渤海湾、珠江口、北部湾、琼东南、莺歌海、东海六个含油气盆地,已获油气发现 325 个,累计发现地质储量分别为石油 61.79 亿吨、天然气 1.67 万亿立方米,其中探明地质储量分别为石油 41.92 亿吨（45.82 亿立方米）、天然气 0.88 万亿立方米。已开发、在建设、认定商业性油气田 159 个、废弃油气田 2 个,仅占油气发现个数的49.5%,其探明地质储量分别为石油 42.05 亿立方米、天然气 0.79 万亿立方米。现有油气三级地质储量商业探明率分别为石油 62%、天然气 47%，其中探明地质储量商业探明率分别为石油 92%、天然气 90%。分析表明，近年来发现的中小型、复杂油气藏越来越多，部分油气田储量动用率偏低，部分边际含油气构造暂时无法开发。建议尽快建设开发管网，以提高储量商业探明率和动用率，此外，已开发油气田待进一步提高采收率。

4. 重大科技问题

应对油气勘探面临的新形势，必须依靠科技进步，以油气勘探技术需求为导向，依据影响勘探工作的领域规模、重要程度、战略规划导向等进行排序，按照有所为、有所不为（有限目标）的原则，针对以下主要勘探领域、技术瓶颈进行攻关，力争有所突破。

1）近海富烃凹陷资源潜力再评价技术

主要面临以下三个问题：一是富烃凹陷成熟探区未钻圈闭类型差、规模小，新区、新领域成藏条件复杂，技术要求高、成本高、风险大，勘探和研究难度加大；二是潜在富烃凹陷勘探和研究程度低，资料少且品质差，勘探和研究难度大；三是海域凹陷地质条件复杂，资料有限，还没有建立公认的不同勘探程度凹陷评价指标和技术体系。

2）近海复杂油气藏高效勘探技术

复杂断块是今后海上油气勘探的主要圈闭类型，潜山是重要的勘探领域，碳酸盐岩（含生物礁）等复杂储层也是重要勘探方向。特别是针对复杂断块油气藏封堵机理及其圈闭有效性分析预测技术、针对潜山圈闭的地球物理识别及其精细解释技术等都有待于进一步加强，为今后的油气勘探打下坚实的基础。

3）近海浅水区天然气勘探综合评价技术

多年来，浅水区天然气勘探尚未获得重大发现，新的勘探局面尚未打开，新的主攻方向尚不甚明确。为此，应进一步开展珠江口盆地、琼东南盆地（浅水区常温常压天然气）、莺歌海盆地、东海盆地、渤海湾盆地天然气勘探方向和综合评价技术研究。

4）南海深水区油气勘探关键技术

南海深水区是中国传统疆界内油气资源丰富、油气勘探潜力巨大的区域。由浅水向深水进军是中海油一次巨大的跨越，荔湾 3-1 深水天然气田的发现揭开了南海深水油气勘探的序幕。与浅水区油气勘探相比，深水油气具有特有的成藏和勘探开发特点，深水油气储层类型与产能研究、圈闭规模与经济性研究等是其勘探开发潜力评价的关键。中国深水油气勘探开发方面的理论与技术相对滞后，为此，开展南海深水区油气勘探关键技术攻关，推动和加速南海深水油气勘探及大发现，使之成为中国油气储量和产量增长的重要领域，对保障中国能源供给和可持续发展意义重大。

5）近海"三低"油气藏和深层油气勘探技术

目前，在各盆地均已发现大量"三低"油气藏。截至 2011 年年底，低渗油田已累计发现石油三级地质储量 4.41 亿吨，其中探明石油地质储量 1.87 亿吨。以低渗砂岩气藏为例，截至 2014 年，在东海、珠江口、莺歌海、琼东南盆已发现天然气三级地质储量达 5 019 亿立方米。珠江口盆地东部已开发油气田 21 个，其中有 12 个油田累计动用低渗透探明石油地质储量 9 534 万立方米。随着勘探领域的不断扩大，"三低"储量会继续增加，迫切需要继续研究"三低"油气藏定量识别与评价技术。

从浅、中层向深层转移必将是油气勘探的大势所趋。深层依然是寻找大中型油气田的有利场所，但目前深层地震勘探资料的品质较差，也未形成完善的勘探技术。

6）隐蔽油气藏识别及勘探技术

勘探实践表明隐蔽油气藏勘探大有所为，必将成为今后油气增储上产的重要组成部分。海上隐蔽油气藏勘探起步较晚，但已获得重大突破，目前已在渤海湾、莺歌海盆地、涠西南凹陷、珠一坳陷发现了大量商业性地层-岩性油气藏。值得一提的是渤海自 2006 年在辽中凹陷 JZ31-6-1 井首次针对纯岩性油气藏勘探并获得了商业性发现以来，又在埕北凹陷 CFD22-2-1 井成功钻到了东营组三角前缘背景下发育起来的低位浊积扇含油砂体，在黄河口凹陷 BZ26-3-6 井针对新近系浅层岩性圈闭钻探获得商业产能；2010~2011 年在石臼坨凸起连续发现了 QHD33-1S、QHD33-2、QHD33-3 等构造-岩性油气藏，展现了连片分布的趋势，有望形成上亿立方米规模的油田群，该突破使得渤海原来在凸起区以寻找构造油气藏为主的勘探思路发生了方向性的转变。

但是海上隐蔽油气藏特征、分布预测及勘探技术系列尚不成熟。海上油气勘探成本高、风险大，不能过多依靠钻井解决问题，因此面临一系列难点和问题，如无井或少井条件下的层序地层格架的建立以及层序追踪和解释。

7）高温高压天然气勘探技术

高温高压领域天然气勘探仍未取得重大突破。莺歌海、琼东南盆地天然气地质资源量期望值达 3.12 万亿立方米，其中 52%~65%赋存于高温高压地层。但目前勘探主要集中于浅层/常压带，已发现的天然气地质储量与其地质资源量极不相称。2009 年 DF1-1-12 井钻获中深层气层 93 米，新增地质储量 229 亿立方米；2010 年 DF1-1-14 井在黄流组一段裸眼测试日产天然气 63.7 万立方米；2011 年，DF13-1-4、DF13-1-6 井裸眼测试均获高产气流，从而成功评价 DF13-1 气田中层，新发现天然气三级地质储量为 409 亿立方米。这几口井的成功钻探，预示莺歌海盆地高温高压领域具有巨大勘探潜力。此外，东海、渤海湾等盆地也存在高温高压天然气资源潜力。因此，发展并掌握高温高压天然气勘探理论和勘探技术，如地质、地震、钻井、储层保护及测试等，必将加速中国海上天然气勘探。

8）近海中、古生界残留盆地特征及油气潜力评价技术

中国近海中、古生界普遍存在地震资料品质差的问题，现有成熟地震勘探技术及"十一五"试验成果仍不能满足该区地震成像的要求，采集和处理技术体系急需进一步突破。近海中、古生界基础资料缺乏，对盆地的石油地质特征研究不够，尚未形成油气成藏条件、勘探潜力的系统认识。

近海中、古生界作为今后油气勘探的战略准备领域，应加强区域地质研究，确定盆地结构、烃源岩等基础地质条件。

9）海洋高精度地震采集处理和解释一体化技术集成与应用

地球物理技术在油气资源勘探中发挥着主体技术支撑作用。然而，中国现行的海上地震勘探技术及技术发展模式已经显现出严重不足和不适应性，技术主要依赖进口且相对落后，已不能满足油气勘探开发的需求，制约着公司发展战略的实施。主要技术瓶颈包括：一是现有地球物理技术在复杂构造的精确成像、储层精细描述与油气准确预测等方面面临巨大挑战，已经不能满足勘探开发任务的需求；二是传统的地震勘探技术采用组合采集方式，为提高信号信噪比，部分牺牲了地震分辨率和地震振幅等重要信息，已越来越不能满足高精度地震勘探的需要，研究新的高精度地震采集技术以及相应的处理和解释技术已迫在眉睫；三是从综合解释提高勘探精度和准确性的角度，急需发展海洋电磁探测技术，作为油气地震勘探的最好补充。

10）海洋油气勘探井筒作业关键技术

海洋油气勘探的高成本以及高风险性，对录井、测井、测试等勘探井筒作业技术提出了越来越高的要求。面对越来越复杂多样的勘探领域，如深水、"三低"、深层、高温高压、特殊岩性（砂砾岩类、碳酸盐岩类、火山岩类、混合花岗岩类）等，如何有效地发现并评价油气藏，既能取到必要的井筒资料，又能降低作业成本，寻求合适的勘探井筒作业技术是关键之一。

尽管目前中国已具有一系列海洋勘探井筒作业技术，但目前尚难以满足上述领域的勘探需求，而且与国外相关技术比较尚有一定差距，特别是深水勘探作业技术，差距更大。应进一步深入研究并形成具有自主知识产权的勘探井筒作业关键技术。

11）非常规天然气勘探技术

在非常规天然气（如煤层气、页岩气、天然气水合物等）勘探领域，中国海上非常规天然气勘探工作刚刚起步，与国外及国内能源公司相比，缺少竞争优势。目前，我们对非常规天然气勘探技术和基础资料掌握很少，不利于准确认识其资源分布，难以确定其经济性和合作战略。

（三）油气开发形势分析

1. 产量形势

自 20 世纪 80 年代初中国第一个海上油田——埕北油田投入开发以来，经过 20 多年的发展，中国海上已建成渤海湾、南海西部、南海东部、东海四大油气生产基地，近海油气产量已从 1985 年年产不足 10 万吨油当量规模上升至 2010 年的 5 185 万吨油当量规模，建成"海上大庆"，实现了快速、持续发展。

截至 2012 年年底，中国近海已钻各类开发井 2 870 口，共投入开发油气田 88 个，其中油田 80 个、气田 8 个，动用探明地质储量分别为石油 30.6 亿立方米、天然气 3 885 亿立方米，已累计生产石油 4.59 亿吨、天然气 1 052 亿立方米，其中 2012 年产量分别为石油 3 857 万吨、天然气 112.6 亿立方米。

2. 科技现状

1）初步形成海上油气资源开发十大技术系列

一是近海油气田地质-油藏评价技术；二是近海油气田油藏模拟及开发方案设计技术；三是近海油气田开发大位移井、优快钻井、多底井等钻完井技术；四是海洋平台设计建造技术；五是大型 FPSO（floating production storage and offloading，即浮式生产储油卸油装置）设计建造技术，特别是冰区 FPSO 设计建造技术；六是海底管道设计、建造、铺设技术；七是海上油气田工艺设备设计、建造、安装调试技术；八是 LNG 生产技术；九是海上油气田开发作业支持和施工技术；十是环境评价以及安全保障。

2）具备国际先进的海上大型 FPSO 设计、建造能力

中国海上最早采用 FPSO 方案是从 1986 年改造"南海希望"号开始的。1987 年在开发渤中 28-1 油田中，首次自行研制了 5 万吨级"渤海友谊"号，该船获得过国家科技进步一等奖和"十大名船"称号。在海洋油气开发的实践中，通过不断地对 FPSO 进行探索，先后与国内有关科研机构和造船企业合作，FPSO 作业水深从 10 多米提高到 300 多米；服务海域从渤海冰区到南海台风高发区；储油能力从 5 万吨级发展到 30 万吨级。中海油掌握了 FPSO 总体选型、原油输送、系泊系统、油气处理设施、技术经济评价等关键技术；也是世界上拥有 FPSO 数量最多的公司之一。

截至 2015 年，中海油已建造 FPSO 17 艘。其中，创新技术包括"大型浮式装置浅水效应"设计、浮式生产储油系统抗冰设计、抗强台风永久性系泊系统、应用于稠油开发的 FPSO。2007 年投运海洋石油 117 为世界最大的 FPSO，船长 323 米，型宽 63 米，型深 32.5 米，可抵御百年一遇的海况，30 万吨储油能力，处理能力 3 万吨/天，造价 16 亿美元。

3）形成近海稠油高效开发技术体系

经过几十年的发展，中国已建立了达到世界先进水平的近海大型稠油油田开发技术体系。绥中 36-1 油田是中国近海海域迄今为止所发现并开发最大的自营油田，该油田于 1993 年正式投入开发。为了成功开发该海上大型稠油油田，建成世界最长稠油水混输管线（70 千米），所形成并应用的系列开发技术包括注海水强采技术、海底稠油长距离混输管线技术、优快钻完井技术、多枝导流适度出砂技术、电潜螺杆泵技术。

"十五"期间，中国近海主要产油区之一的渤海油田开展了海上聚合物驱技术攻关，在抗盐驱油剂、自动化撬装设备、在线熟化室内模拟等方面取得了突破进展，并开展了中国近海油田首次聚驱现场试验，实现了三个首次突破：一是疏水缔合聚合物首次用于海上油田并初步成功；二是首次实施海上稠油聚合物驱油单井先导试验，增油降水效果显著；三是首次研制成功一体化自动控制移动式撬装注聚装置，排量大，长期运行稳定。

目前，在海上油田化学驱油技术方面，已初步形成了包括海上稠油多功能高效驱油技术、海上油田化学驱油效果改善技术、海上稠油化学驱油藏综合评价技术、海上油田化学驱油藏数值模拟技术、化学驱高效配注系统及工艺技术和海上稠油化学驱采出液处理技术在内的海上稠油化学驱油技术体系，并在海上油田成功开展矿场试验。截至 2011 年 10 月，在渤海三个油田开展的化学驱矿场试验，累计增油 161 万立方米。

"十一五"期间，在海上稠油油藏开发地震、丛式井整体井网加密及综合调整、多枝导流适度出砂、化学驱油和热采等关键技术方面均取得明显突破，并初步开展了现场的试验和示范油田实际应用，已实现增油 245.8 万立方米。

4）形成近海边际油气田开发工程技术体系

目前，针对近海边际油田开发，中国已形成"三一模式""蜜蜂式"为主的近海边际油气田开发工程技术体系。

5）深水油气田开发已迈出可喜的一步

1996 年，与 AMOCO 合作开发了流花 11-1 深水油田，采用当时七项世界第一的技术，被誉为世界海洋石油皇冠上的一颗明珠。2007 年，实现流花 11-1 自主维修，仅用 10 个月便恢复生产。2009 年，中国海外深水区块 AKOP 进入生产阶段。2011 年，中国第一个深水气田荔湾 3-1 进入平台建造阶段，已于 2014 年投产。

6）深水油气田开发工程关键技术研发取得初步进展

依托国家"863""深水油气田勘探开发技术"重大项目、国家科技重大专项"深水油气田开发工程技术"以及南海深水示范工程等重大科技项目，中国已初步建立了深水工程技术所需的试验模拟系统，并开展了深水工程关键技术的研发，研制了一批深水油气田开发工程所需装备、设备样机和产品，研制了用于深水油气田开发工程的监测、检测系统，部分研究成果已成功应用于中国乃至海外的深水油气田开发工程项目中，取得了显著的经济效益。结合中国南海深水区油气田开发特点，目前正在继续开展深水钻完井工程、深水浮式平台工程、深水水下生产、深水流动安全保障、深水海底管道和立管技术、深水井控及应急救援六大关键技术研发。

目前，中国针对深水区重大石油事故的应急救援方案和装置基本处于空白，发生钻井井喷漏油事故后寻求类似的海外帮助难度很大。因此，有必要建立一套具有自主知识产权的本土化的深海应急救援技术体系。

3. 重大科技问题

1）海上稠油和边际油气田开发技术

中国近海稠油油田水驱开发采收率偏低，海上平台寿命期有限。平台寿命期满后，地层剩余油将难以经济有效利用，即花费高昂代价发现的石油资源将无法有效开采。随着中国石油接替资源量和后备可采储量的日趋紧张，在勘探上寻找新资源的难度越来越大，而且从勘探到油田开发，需要一个较长的周期。海上稠油油田原油高黏度与高密度、注入水高矿化度、油层厚和井距大，特别是受工程条件的影响，很多陆地油田使用的化学驱技术无法应用于海上油田，关键技术必须要有突破和创新。

目前，中国海上稠油主要分布于渤海海域，黏度高达 11° API，即使在陆地油田其采收率也仅为 10%~25%，陆地油田开发经验不适用。根据海上油气田开发的现状，海上稠油高效开发取决于三项因素：一是准确地刻画油藏渗流砂体单元，弄清剩余油分布；二是进一步研究提高采收率的手段，增加可采储量；三是提高稠油采油速度，实现高效开发。

当前主要面临四项重大技术问题：一是剩余油的深度挖潜调整及热采开发，海上密集丛式井网的再加密调整井网防碰和井眼安全控制，这些技术仍然是目前关注的问题和未来发展方向；二是多枝导流适度出砂技术，包括多枝导流适度出砂井产能评价和井型优化、海上疏松砂岩稠油油藏出砂及控制理论和工艺、多枝导流适度出砂条件下的钻完井工艺和配套工具、适度出砂生产条件下地面出砂量的在线监测；三是海上稠油化学驱技术，如适用于地层黏度 100~300 厘帕秒的稠油化学驱技术研究、抗剪切、长期稳定性、耐二价离子和多功能的驱油体系研制与优选、聚合物速溶技术研究、化学驱采出液高效处理技术研究、早期注聚效果评价方法及验证、适用于新型驱油体系的化学驱软件编制、聚合物驱后强化采油（enhanced oil recovery，EOR）优化技术研究、海上稠油高效开发理论体系建立及小型高效的平台模块配注装置与工艺等问题亟待解决；四是海上稠油油田开展热采开发技术受井网、井型、层系、海上平台及成本的制约，亟须深入的探索和实践。

2）深水油气开发面临中远程补给

南海深水油气田勘探开发范围广；距离依托设施远，最远距三亚市 1 670 千米；补给难，直升机、供给船能力受限，如距离陆地 318 千米的荔湾 3-1 深水气田。因此，开发深水油气需解决中远程补给问题，建立补给基地。

国外很早就开始关注深远海补给基地问题，既有军事国防目的，也有服务于资源开发的需要。冷战结束后，在海外基地不断减少的情况下，美国国防部开始设想使用海上移动基地（mobile offshore base，MOB）执行全球机动作战，国防先期研究项目局于 1992 年 10 月提出"海上平台技术计划"，1995 年 9 月美国国防部提出非正式的 MOB 使命任务书，1996 年海军研究署（Office of Naval Research，ONR）接着开展了一项 MOB 科技计划，美国研究 MOB 的初衷是提供一种前方后勤保障平台。

目前，中国刚刚启动相关研究。对于南海中南部深水区勘探来说，建立中远程补给基地尤为重要。

3）深水油气田开发工程技术

中国深水工程技术起步较晚，远远落后于世界发达国家水平，同时中国海上复杂的油气藏特性以及恶劣的海洋环境条件决定了中国深水油气田开发将面临诸多挑战。

当前深水油气田开发工程技术主要面临五大问题：

一是深水工程试验模拟装备和试验分析技术。中国初步建立了深水工程室内装置，但离系统的试验设施和性能评价设施还有很大差距，试验分析技术也有待提高。

二是中国深水工程设计、建造和安装技术。国外已经形成规范性的深水工程技术规范、标准体系，中国深水工程关键技术研究才刚刚起步，大都停留在理论研究、数值模拟和实验模拟分析研究，而且针对性不强，研究成果离工程化应用还有一段距离，远远落后于世界发达水平。

三是深水海底管道和立管、深水管道流动安全保障、水下生产系统等技术。

四是海洋深水工程装备和工程设施数量有限。中国急需深水区作业的各型海洋油气勘探开发和工程建设的船舶及装备，主要包括深水钻井船、深水勘察船、深水起重船、深水铺管船、深水工程地质调查船和多功能深水工作船；急需研究开发各型深水浮式平台、水下生产系统、海底管道和立管、海底控制设备以及配套的作业技术体系，同时现有深水作业装备数量有限，无法满足未来对深水油气开发的战略需求。

五是深水油气工程设施的设计和建设能力不足。中国尚不具备 500 米以上深海设施的设计能力及深海工程设施的建造总包和海上安装经验，难以在激烈的国际竞争中抢得先机，急需尽快形成深水平台的建造总包和海上安装能力。

二、加快南海深水区油气资源勘探开发的战略

（一）南海深水区油气资源分布特点

南海深水区发育众多沉积盆地，勘探领域广阔，油气资源丰富。中国传统疆界线（九段线）内深水区面积 153.10 万平方千米，分布着 16 个盆地，盆地深水区总面积 60.57 万平方千米，累计地质资源量分别为石油 83.04 亿吨、天然气 7.49 亿立方米，勘探潜力巨大，是油气资源开发的重要战略接替区。

根据地理位置的不同，南海深水区可划分为南海北部深水区和南海中南部深水区。中国在南海深水区油气勘探起步较晚，目前勘探工作量主要集中于南海北部深水区，而南海中南部深水区油气勘探和研究程度还很低。可以预见，为应对中国油气勘探面临的新形势、新挑战，南海深水区将逐步成为未来油气勘探开发的主战场。

（二）南海深水区油气资源勘探开发现状

1. 南海北部深水区油气资源勘探开发现状

南海北部深水区主要发育珠江口、琼东南盆地。珠江口盆地深水勘探主要集中于白云凹陷。琼东南盆地深水勘探以乐东、陵水、北礁、松南、宝岛、长昌等凹陷为主。两盆地深水区总面积为 14.63 万平方千米，累计地质资源量分别为石油 5.71 亿吨、天然气 3.03 万亿立方米，具有良好的油气勘探前景。

2006 年 6 月，珠江口盆地 LW3-1-1 井获得里程碑突破，发现了荔湾 3-1 深水大气田，揭开了南海深水勘探的大幕。近年来南海北部深水区油气勘探力度不断加大，工作量大幅增加，陆续获得了油气储量不等的油气发现，其中陵水 22-1 含气构造标志着琼东南盆地深水区也获得了历史性突破。

2012 年，海洋石油 981 深水钻井船开始投入作业，成功钻探了 3 口自营深水探井，推动了中国深水油气勘探步伐，标志着自营深水勘探成功迈出第一步。截至 2012 年年底，在南海北部深水区累计采集二维地震 160 907 千米、三维地震 34 570 平方千米，累计完成探井 66 口；获深水油气发现 17 个，其中已开发油田 1 个、在建气田 2 个；累计发现三级地质储量分别为石油 24 983.59 万吨、天然气 1 931.95 亿立方米，其中探明地质储量分别为石油 19 686.54 万吨、天然气 1 074.10 亿立方米。

2. 南海中南部深水区油气资源勘探开发现状

南海中南部主要发育曾母、文莱–沙巴、万安、北康、南薇西、中建南、礼乐、笔架南、永暑、南薇东、安渡北、九章、南沙海槽、西北巴拉望 14 个盆地。其中，中国九段线内盆地深水区总面积 45.94 万平方千米，累计地质资源量分别为石油 77.33 亿吨、天然气 4.46 万亿立方米，主要集中于曾母、文莱–沙巴、万安、北康、礼乐等盆地，油气勘探前景广阔。

1）中国在南海中南部油气资源勘探和研究进展

（1）中国油气勘探现状。

中国在南海中南部海域系统油气资源综合调查始于 1987 年"南沙海域油气勘查专项"，历时 16 年，至 2002 年累计实施地质调查 16 航次，对 10 个盆地实施普查和概查，共完成多道地震测线 8.671 5 万千米。

中海油从 20 世纪 80 年代开始，始终积极地开展南沙海域油气勘探和研究工作，持续跟踪周边国家油气勘探动态。"八五"期间，参与了南沙群岛及其邻近海区综合科学考察研究工作，并针对周缘毗邻的东南亚地区含油气盆地勘探开发情况和油气分布规律进行了多次专题调研性研究。1992 年，签订了"万安北-21"石油合同。"九五"期间，完成国家重大科技专项"南沙群岛及其邻近海区综合科学考察"之"南沙海区油气资源与构造演化综合研究"课题中的"南沙海区沉积盆地分布、形成与演化研究"专题。"十五"期间，承担了多项国家下达的有关南沙的任务，其中 2003 年完成了国家"十五"科研院所社会公益研究专项"南沙群岛及其邻近海区综合调查"之"南沙海区油气资源研究"课题中的"南沙西部海区盆地分析及其油气资源勘探基地初步规划研究"专题。2005 年，签署《在南中国海协议区三方联合海洋地震工作协议》，2005 年、2007 年联合采集二维地震测线累计 2.703 4 万千米，并持续开展协议区研究工作。"十一五"期间，承担了国家科技重大专项"海洋深水区油气勘探关键技术研究"项目，完成了"南沙海域油气地质研究与综合评价技术"课题。"十二五"期间，承担国家科技重大专项"海洋深水区油气勘探关键技术研究（二期）"项目，完成了"南沙海域主要盆地油气资源潜力与勘探方向"课题。2012 年，推出 9 个对外招标区块。上述工作对推动南海中南部油气勘探具有重要意义。

由于周边国家干扰，中国在南海中南部勘探工作量投入较少，目前尚无一口探井，累计采集二维地震测线仅 11.84 万千米。地震测线分布极不均衡，中菲越协议区 3.17 万千米，测网密度 3 千米×3 千米~12 千米×12 千米，万安、曾母盆地近 1.90 万千米，部分测网密度达 8 千米×16 千米，其他地区 6.77 万千米。

（2）值得关注的三大事件。

一是"万安北-21"石油合同。1992 年 5 月 8 日，中海油与美国 Crestone 公司签订了"万安北-21"石油合同，区块面积 25 155 平方千米。1996 年外方转让给 Benton Offshore 公司，后者又转让给 Harvest 公司。因越南干扰等多方原因，该合同一直处于休眠状态，已历经 11 次延期。

二是中菲越协议。2005 年 3 月 14 日，中海油与菲律宾国家石油公司、越南石油天然气总公司签署了《在南中国海协议区三方联合海洋地震工作协议》，该协议区面积 14.6 万平方千米。2008 年 1 月，三国石油公司建议协议延期一年，以完成第二阶段的评价工作。之后，中、越政府批准延期，菲方出现复杂形势，协议延期未果。2008 年 6 月 30 日协议到期。

三是对外招标区块。2012 年 6 月，中国在南海中南部推出 9 个对外招标区块，主要位于中建南、万安、南薇西盆地，其中日积 03 和日积 27 两个区块位于中海油矿区内，其他区块跨越中石油、中海油矿区及部分空白区。

2）周边国家在南海中南部油气资源勘探开发现状

周边国家在南海中南部的油气勘探开发大致经历了三个阶段：第一阶段为 19 世纪中叶至 20 世纪 50 年代中期以前，主要在陆地或沿岸地带开展油气勘探，发现的主要油田有马来西亚的 Miri（1910 年）、文莱的 Seria（1929 年）和 Jerudong（1940 年）等；第二阶段为 20 世纪 50 年代中期至 60 年代中期，引进了海洋地震调查技术，一般使用模拟地震方法，同时开始了海上油气钻探，并发现了几个油田，如文莱 SW Ampa（1963 年）、马来西亚 Temana（1962 年）；第三阶段是 20 世纪 60 年代中期，特别是 70 年代以来，在海上合同区块内，采用数字地震勘探方法，获得了更为精确的资料，钻探成功率大大提高，相继发现了大批有商业价值的油气田，油气储量、产量迅速增长。

据 IHS、C&C、WoodMackenzie 等，在南海中南部深水区，截至 2011 年年底，周边国家钻井累计 183 口；累计发现油气田 27 个，其中马来西亚占 24 个；累计地质储量分别为石油 9.12 亿吨、天然气 5 514.39 亿立方米，其中马来西亚累计地质储量分别为石油 7.66 亿吨、天然气 4 035.18 亿立方米[45]。

在中国九段线内深水区，周边国家钻井累计 142 口。累计发现油气田 18 个，其中马来西亚占 17 个；累计地质储量分别为石油 7.07 亿吨、天然气 3 169.09 亿立方米，其中马来西亚累计地质储量分别为石油 6.58 亿吨、天然气 2 930.54 亿立方米。

三、推动海上天然气水合物开发的战略

（一）中国海上天然气水合物资源潜力预测

中国海上天然气水合物资源前景广阔，目前已在资源勘查、地质调查、开采

机理研究等方面取得初步成果，并于 2007 年 5 月在南海北部神狐海区成功钻探取得天然气水合物样品。

中国海域天然气水合物资源丰富，主要分布于南海陆坡区。目前，已在南海划分、圈定天然气水合物远景区 11 个，总面积约 12.58 万平方千米，预测整个南海水合物的天然气远景资源量为 69.30 万亿立方米（693.0 亿吨油当量）[45]。其中，南海北部陆坡区具有一定的天然气水合物研究基础，初步划分出台西南、东沙南、神狐东、西沙海槽、西沙北、西沙南共 6 个天然气水合物远景区，累计面积约 6.38 万平方千米，累计水合物的天然气远景资源量为 38.98 万亿立方米（389.8 亿吨油当量）（表 5-2）；南海中南部的天然气水合物研究程度相对较低，初步圈定中建南、万安北、南沙中、北康北、礼乐东共 5 个天然气水合物远景区，累计面积约 6.21 万平方千米，累计水合物的天然气远景资源量为 30.32 万亿立方米（303.2 亿吨油当量）（表 5-2）。可见，中国南海天然气水合物具有广阔的勘查开发前景。

表 5-2　南海天然气水合物远景区资源量

区域	远景区	面积/平方千米	天然气远景资源量/10^{11}立方米
南海北部	台西南	23 942.3	174.2
	东沙南	12 845.5	79.0
	神狐东	6 594.8	29.1
	西沙海槽	5 712.4	41.1
	西沙北	8 558.6	47.5
	西沙南	6 122.3	18.9
	小计	63 775.9	389.8
南海中南部	中建南	12 634.6	44.5
	万安北	7 562.6	43.0
	南沙中	8 255.5	44.3
	北康北	26 123.2	146.3
	礼乐东	7 481.5	25.1
	小计	62 057.4	303.2
合计		125 833.3	693.0

目前，中国海域天然气水合物研究程度还较低，尚处于初勘和评价初期，开采技术研究还处于室内模拟系统和模拟分析方法的建立阶段，离真正的商业性开发还有很长的路要走。然而，尽早开发利用天然气水合物这一高效的清洁能源是解决中国后续能源供给的有效途径，将直接关系到中国经济、社会的可持续发展。

因此，加快天然气水合物研究、勘查、开发具有重大的战略意义。

（二）国外天然气水合物研究进展

1. 天然气水合物研究现状

1）天然气水合物勘查已形成"一陆三海"格局

1968 年，苏联在开发麦索亚哈气田时，首次在地层中发现了天然气水合物藏，并采用注化学药剂等方法成功地开发了世界上第一个天然气水合物气藏。此后不久，在西伯利亚、马更些三角洲、北斯洛普、墨西哥湾、日本海、印度湾、中国南海北坡等地相继发现了天然气水合物。

20 世纪 90 年代中期，以 DSDP（The Deep Sea Drilling Project，即深海钻探计划）和 ODP（Ocean Drilling Program，即大洋钻探计划）两大计划为标志，美国、俄罗斯、荷兰、德国、加拿大、日本等诸多国家探测天然气水合物的目标和范围已覆盖了世界上几乎所有大洋陆缘的重要潜在远景区及高纬度极地永久冻土地带，初步形成了"一陆三海"（一陆是指加拿大马更些三角洲和美国阿拉斯加北部永久冻土区，三海是指日本南海海槽、美国墨西哥湾、印度洋海域）格局。

重要里程碑事件有：

1968 年，苏联发现了位于西西伯利亚 Yenisei-Khatanga 坳陷中、永久冻土层内的麦索亚哈天然气水合物气田，并于 1971 年采用降压、化学药剂等方法实现该矿藏的开发，成为世界上第一个真正投入开发的天然气水合物矿藏，由于水合物的存在，气田的储量增加了 78%，至今已从分解的水合物中生产出约 30 亿立方米天然气。

1972 年，美国在阿拉斯加北部从永久冻土层取出水合物岩芯。

1995 年，美国在布莱克海脊钻探 3 口井，取得水合物样品。

1999 年，日本在近海钻探取样成功。

2002 年，日本在加拿大西北部用加热法开采水合物获得成功。

2006 年，印度获得海域水合物岩芯。

2007 年，中国大陆在南海北部陆坡获得水合物岩芯；加拿大等继续在西北部进行注化学剂法开采水合物藏试采。

2008 年，中国台湾获得海底水合物岩芯；墨西哥湾、阿拉斯加天然气水合物试验开采工业联合项目。

2011 年，新西兰计划启动天然气水合物工业联合项目。

2）天然气水合物室内研究不断深入，开发工程技术尚处起步阶段，短期试采逐步展开，多个国际性工业联合项目正在实施

近年来，国外科学家开展了天然气水合物沉积学、成矿动力学、地热学以及

天然气水合物相平衡理论和实验研究，并对沉积物中气体运移方式和富集机制进行了探索性研究。总体看来，目前天然气水合物藏开发工程技术还处于起步阶段，试验开采前期研究包括室内模拟和冻土带短期试采正在逐步展开，从实验室开采机理、模拟开采技术研究到长期试开采还有较长距离（图5-1），总体现状如下。

图 5-1　天然气水合物试采

（1）天然气水合物晶体结构室内机理研究不断深入。

室内机理研究主要通过高精度的 X 光衍射、电子计算机断层扫描（computed tomography，CT）、拉曼光谱等先进测量手段从分子量级刻画了水合物结晶、成核、生长、聚集过程，同时围绕自然界获取沉积物样品中水合物形态、组成等展开分析，为后续研究奠定基础。

（2）天然气水合物试验开采室内模拟技术和现场短期试采逐步展开。

基于传统的注热、降压、注剂等开采方法的系统的室内模拟逐步开展，同时建立了针对水合物气藏开发的多相渗流数值模拟系统，冻土带短期试验生产开始进行，初步研究表明：储存在中深层砂岩内并伴有下覆游离气的天然气水合物气藏具有优先开发可能，CO_2 置换开发甲烷水合物等是学科前沿。

（3）天然气水合物分解对海洋工程地质和环境影响研究刚刚起步。

天然气水合物在井筒内、水下设施、海底管道内造成内部流动安全，浅层水合物分解导致的地层不稳定性，如陆坡区滑塌、地层中水合物二次生成、水合物分解与温室气体效应等相关风险评价和安全分析技术日益得到重视。

（4）围绕永久冻土和海域水合物勘察开发，多个国际性天然气水合物工业联合项目正在实施。

工业联合项目以政府为主导、各大能源公司牵头，联合世界各大著名研究机构、优秀研究人员攻关，初步形成了从机理研究、缩尺实验、数学模拟到实际勘探、钻探、试验开采等一条龙式研究梯队和产学研用体系；后期的工业试验开采将由能源企业主导和牵头。目前，已有三个工业联合项目：一是 1995 年日本启动的天然气水合物勘探开发工程研究计划，称为 MH21，已确定 Naikai Through 为海上试开采区，同时由日本石油工团和日本产业技术研究所牵头，美国、加拿大、德国、印度等参加的冻土水合物试开采项目 MARILIK 计划已进行二期试开采，2002 年、2008 年短期试采证实通过降压和注热可由水合物分解得到气，2012~2015年在日本 Nathrou 海域进行试生产；二是美国能源部（Department of Energy，DOE）资助、BP 牵头的阿拉斯加热冰计划，已锁定 4 个试验区，计划进行至少半年以上生产测试；三是美国能源部资助、雪佛龙牵头的墨西哥湾深水天然气水合物研究已实施海上勘察、钻探取样、室内开采模拟技术研究。

近 10 年来，国外天然气水合物研究围绕全球能源供应、环境效应和海洋安全等方面的重大战略需求。美国、日本、德国、印度、加拿大、韩国等国成立了专门机构，制订了详细的天然气水合物勘探开发研究计划，其中韩国、美国、日本制定了商业开发时间表（表 5-3）。

表 5-3　主要国家试采研究计划

国家	开采计划立项时间	商业开采时间	投入
韩国	2005 年	2015 年（试采）	2 257 亿韩元
美国	1998 年	2016 年	2 亿美元
日本	1995 年	2015 年	290 亿日元

3）天然气水合物探测、试采核心技术领域快速发展

调查研究范围迅速扩大，钻探、试验开采工作逐步启动；美国、加拿大、日本及印度等国已初步圈定了邻近海域的天然气水合物分布范围，广泛开展了勘查技术、经济评价、环境效应等方面的研究。

4）天然气水合物环境效应引起各界重视

有关水合物在油气储运、边际气田新型储运技术、深水浅层沉积物中水合物分解可能导致的海底滑坡、海上结构物不稳定、环境影响等方面的研究逐步引起工业界的重视。

2. 天然气水合物研究发展趋势

目前，天然气水合物研究主要呈现以下发展趋势。

1）调查研究在世界范围内迅速扩大

许多国家（如美国、加拿大、日本及印度等国）制订了调查开发计划、成立了专门机构，投入巨资，旨在探明本国的天然气水合物资源，并为商业性开采进行试验准备。

2）呈现多学科、多方法的找矿方法

在找矿方法上呈现出多学科、多方法的综合调查研究，但在天然气水合物成藏动力学、成藏机理和资源综合评价等方面的研究相对较少，还没有十分有效的找矿标志和客观的评价预测模型，也尚未研制出经济、高效的天然气水合物开发技术。

3）天然气水合物探测和监测向高分辨、大尺度、实时化、立体化发展，多项探测技术融于一体

天然气水合物开采技术研究呈现多元化，传统的加热、注剂、降压逐步深入，同时开始探索 CO_2 置换、等离子开采等新方法。目前，大型、可视开采模拟、数值模拟与试开采、工业开发计划正在逐步实施。在"水合物形成与分解的物化条件、产出条件、分布规律、形成机理、经济评价、环境效应"等方面取得初步研究进展的基础上，加大勘探开发技术研制，融多项探测技术于一体，向"多项技术联合、单项技术深化"的方向发展，但相关技术还处于探索阶段。

（三）中国天然气水合物研究进展

1. 已取得的研究成果

中国对天然气水合物的调查研究起步较晚，大约落后西方 30 年。从 1996 年地质矿产部设立天然气水合物调研项目开始，大致经历了三个阶段：一是 1996~1998 年预研究；二是 1999~2001 年前期调查；三是 2002 年以来的 118 专项调查、石油企业的相关研究。取得了一系列重要进展：

2004 年，中海油初步提出了深水浅地层水合物和深层油气联合开发的思路，即在游离气、油与水合物的共生区域实施水合物与油气资源联合开发。

2005 年 6 月，中德联合考察发现香港九龙甲烷礁，自生碳酸盐岩分布面积约 430 平方千米。

2006 年 12 月，国家"863"计划启动"天然气水合物勘探开发关键技术研究"重大专项。

2007 年 5 月，首次在南海北部实施天然气水合物钻探，成功获取实物样品。

2008 年 11 月，中国首艘自行研制的天然气水合物综合调查船"海洋六号"

在武昌造船厂建成下水。

2009 年 6 月，"气密性孔隙水原位采样系统"在南海中央海盆水深 4 000 米海底采样成功。

2008 年 11 月，国土资源部在青海省祁连山南缘永久冻土带（青海省天峻县木里镇，海拔 4 062 米）成功钻获天然气水合物实物样品；2009 年 6 月继续钻探，获得宝贵的实物样品。

2009 年建立达到世界先进水平的天然气水合物开采模拟试验系统。

这些成果拓展了中国天然气水合物研究的空间和领域，提高了对中国南海天然气水合物成藏环境和开采机理的认识，部分成果已经达到国际先进水平。历经近 10 年的调查，中国在南海北部陆坡区进行区域性天然气水合物资源调查，发现了一系列地质、地球物理、地球化学异常和标志，划分出六个天然气水合物远景区，并初步估算了远景资源量（表 5-2）。

南海北部陆坡区整体调查研究程度仍较低，除神狐海域局部地区实施钻探外，其他均未钻探，且台西南、东沙南、神狐东、西沙海槽、西沙北、西沙南六个远景区的调查程度差异较大，对天然气水合物藏地质认识仍不足，与摸清资源状况、预测地质储量相差甚远，天然气水合物开采技术还仅在基础研究阶段。另外，由于政治、外交等客观原因，未能按计划开展南海西部陆坡区、南海南部和东海冲绳海槽西部天然气水合物资源调查。因此，这些地区天然气水合物资源调查研究几近空白。

2. 科技现状

目前，中国天然气水合物开采技术研究还处于室内模拟系统和模拟分析方法的建立阶段，初步建立了天然气水合物声波、电阻率、相平衡等基础物性测试系统、核磁成像系统、X 光衍射等水合物微观结构分析系统，天然气水合物一维、二维、三维成藏模拟和开采模拟实验系统，同时开发了三维、四相渗流天然气水合物开采数值模拟方法，开展了以石英砂等为模拟沉积物、填沙模型实验对象的注热、注剂、降压单原理开采过程实验研究。

3. 重大科技问题

尽管中国在天然气水合物开采技术研究方面取得了一些初步成果，但与国际上一些先期开展天然气水合物调查研究国家相比还有很大差距。

目前，主要面临两方面重要问题：

一是天然气水合物调查研究程度低，资源分布状况不清。初步了解南海北部陆坡的西沙海槽、东沙海域、神狐海域和琼东南海域四个调查区的天然气水合物资源潜力及其分布情况，但南海北部陆坡整体调查研究程度较低，除神狐海域局部地区实施钻探外，其他均未钻探，且四个调查区的调查程度差异较大，距摸清资源状况、预测地质储量相差甚远。

二是技术方法和装备整体落后。天然气水合物资源勘查研究是一项高新技术密集的庞大系统工程。目前，采用的地震勘探和地球化学技术较为单一，不能履行综合系统化地开展全方位多层次的立体观测要求，水合物钻探船、保压取芯、无人遥控潜水器（remote operated vehicle，ROV）、海底原位调查测试等主要技术和装备尚属空白，开发技术研究更未提到议事日程。

四、当前中国海上天然气水合物勘探开发科技攻关重点

（一）海上天然气水合物勘探评价技术

重点突破以下三个领域：

一是天然气水合物目标勘探与评价技术；

二是天然气水合物室内机理研究；

三是天然气水合物成藏机理。

（二）海上天然气水合物钻探取芯工艺

主要包括以下五方面：

一是长缆（3 000 米）、小道距、浅震源、浅拖缆沉放深度二维高分辨率数字地震采集与处理技术；

二是无套管深水工程地质钻探、取芯及电缆测井工艺技术；

三是无套管小井眼钻孔水合物保真取样工具研制；

四是水合物现场测试与存储装置研制；

五是水合物地震识别与资源评价综合技术。

（三）海上天然气水合物试采工程关键技术前期研究

重点开展以下五方面研究：

一是潜在试采区三维水合物藏成藏模拟技术。主要内容包括南海典型天然气水合物沉积物合成，成藏过程模拟与地震模拟联合实验，南海典型天然气水合物成藏条件渗流力学特性分析，下伏游离气的水合物藏成藏过程模拟与共存机制。

二是天然气水合物试采钻完井技术、配套工艺。主要内容包括井壁稳定性分析，携岩出砂风险评估及对策，钻井液、水泥浆体系优选，固井、完井工艺研究，排采技术及装备选型，岩石力学特性分析，天然气水合物试采井井控及井筒安全控制技术，水合物形成及抑制机理研究，水合物抑制剂的研究，水泥浆防窜技术评价，水泥浆低水化热性能评价。

三是天然气水合物试验开采模拟技术。主要内容包括天然气水合物岩芯、样品重塑及基础物性测试，多井注热、降压、注剂过程物理模拟，天然气水合物开采过程敏感性分析，天然气水合物试开采布井方案优选（井位、规模），数值模拟分析技术。

四是天然气水合物试开采工程概念设计技术。主要内容包括海上试验开采工程总体方案研究，南海水合物试采工艺研究与设计，水合物试采装备的研制设计，南海水合物试采工程海上实施技术预研。

五是天然气水合物试采过程安全监测。主要内容包括含水合物沉积物岩石力学离心机实验研究，含水合物沉积物机械特性变化规律综合分析，水合物藏试采对典型海底结构物稳定性分析，试采工程经济评价和风险管理技术。

（四）海上天然气水合物开发配套工程实施建议

如果条件成熟，建议适时实施以下两项配套工程：

一是海域水合物地震采集等补充调查。主要内容包括船载深水多波束水深地形测量及浅地层剖面探测，二维高分辨率数字地震，资料解释及分析研究。

二是海域水合物取样工程实施。主要内容包括水合物钻探取芯及电缆测井，资料解释及分析研究。

五、中国海上天然气水合物开发中长期发展规划

2015 年前重点开展目标勘探技术、钻探取样技术、室内样品的重塑和机理研究。

2020 年前锁定海域目标勘探区域，适时实施海域水合物取样；重点加快水合物试采装备、监测装备研制、试采方案研究，具备试验开采技术能力。

2030 年前根据勘探进展，确定海上水合物富集区域，实施海域试验开采。

六、推动中国海上天然气水合物开发的建议

（一）政策法规和技术标准体系建议

一是对天然气水合物调查和基础研究给予政策支持。目前，中国天然气水合物仍处于早期研究阶段，尚未达到商业开发的技术条件，且天然气水合物勘探开发所需投入资金大、难度大、工程技术要求高。因此，建议国家大力支持天然气水合物的调查和基础研究，立项启动相关研究项目。

二是建立天然气水合物技术标准体系，以规范、指导天然气水合物研究、试采、开采。

（二）体制机制建议

一是积极探索天然气水合物研究的合作模式，充分利用国内外研究资源和先进技术；

二是加强天然气水合物研究与人才储备，为实现天然气水合物开发奠定坚实的基础。

（三）重大工程技术立项建议

为推动中国海上天然气水合物目标勘探和试采，建议对以下重点领域进行立项：

一是海域天然气水合物探测与资源评价技术。在中国海域天然气水合物重点成矿区带实施以综合地质、地球物理、地球化学、钻探等为主的水合物资源普查，圈定天然气水合物藏分布区；进行成矿区带和天然气藏资源评价，查明其资源分布状况；详查并优选有利目标，针对重点目标实施钻探，实现天然气水合物勘查与资源评价突破，为国家提供 1~2 个天然气水合物新能源后备基地。

二是海上天然气水合物试采工程。围绕海上天然气水合物试验性开发，重点开展锁定富集区和海上试验性开采两部分工作，初步形成具有自主知识产权从室内研究到海上试采专业配套的海上天然气水合物勘探、开发工程的技术体系，完成 15~20 口水合物藏探井和评价井钻探，建造中国第一艘天然气水合物试采船，实施海上天然气水合物试采工程，为天然气水合物的商业开发做好技术支持。

三是天然气水合物环境效应研究。研究天然气水合物与海底构造变动、海平面变迁、古气候变化之间的关系，探讨天然气水合物在环境地质灾害中的作用及影响。开展含水合物沉积物力学特性实验与分析技术、海底水合物区域局部环境监测与分析技术、南海北部水合物与海底滑坡之间的关系研究、深水水合物区域钻探过程风险控制技术、天然气水合物储层与结构物相互作用及安全性研究、天然气水合物分解对海洋和大气环境的影响分析技术、形成深水水合物环境影响评价技术。

七、加大海洋能综合利用的战略

（一）中国海洋能资源潜力预测

截至 2012 年，中国已进行了 4 次海洋能资源普查。1958 年，水利电力部和中国科学院完成了沿海潮汐能资源调查。1978~1985 年，沿海各省市水电勘测设计院完成了第二次全国沿海潮汐能资源普查，调查统计了单坝容量大于 500 千瓦的港湾与河口坝址的潮汐能资源。1986~1989 年，国家海洋局和水利电力部（水利部于 1988 年重新组建）合作完成了沿海农村海洋能资源区划，其中包括单坝址可开发装机容量 200~1 000 千瓦的潮汐能资源和波浪能、潮流能的理论功率。2005年，国家海洋局开展"908"专项"中国近海海洋综合调查与评价专项"。此外，国家海洋局第二海洋研究所的王传崑教授等于 2009 年完成了《海洋能资源分析方法及储量评估》，对中国各类海洋能资源进行了较为全面系统的论述、分析和评价。

中国沿岸、近海及毗邻海域海洋能资源储量（理论功率）和可开发装机容量迄今的调查统计及估算结果汇总于表 5-4。表 5-4 中各类海洋能资源的理论功率和可开发的装机容量，由于各自的定义和计算方法不同，不能简单相加。由于中国海洋能资源调查基础工作不足，目前难以做到统一标准下的资源量计算与评价，将各种能种数据暂时和在一起，对中国海洋资源总储量在宏观上有个初步的认识。

表 5-4　中国沿岸、近海及毗邻海域海洋能资源储量和可开发装机容量

能种		计算范围	理论功率/亿千瓦	可开发装机容量/万千瓦
潮汐能		沿岸港湾内 426 个港湾和河口坝址	1.1	2 179
潮流能		沿岸 130 处海峡水道	—	1 395
波浪能	沿岸	传入沿岸的 55 个代表站	—	1 284
	海域	近海及毗邻海域（估算）	5 740	57 400（1‰）
温差能		近海及毗邻海域（估算）	373	37 300（1%）
盐差能		沿岸江河口 23 条主要入海口	1.14	1 140（10%）
合计		—	6 115	100 700

另外，根据国家海洋技术中心发布的《中国海洋可再生能源发展年度报告（2012 年）》，中国近海海洋能资源蕴藏量约 16.7 亿千瓦，技术可开发量超 6 亿千瓦。由于统计方法和区域的不同，尽管该数值少于中国工程院的 10 亿千瓦，但不可否认的是中国海洋能资源的开发市场巨大，前景非常广阔。

1. 潮汐能

根据《海洋能资源分析方法及储量评估》，对中国 426 个海湾和河口坝址进行统计，可开发的总装机容量为 2 179 万千瓦，年发电量为 624.2 亿千瓦时（注：本次调查针对全国沿岸单坝装机容量不小于 200 千瓦，在港湾、河口以外的沿岸近海区域尚有数量可观的潮汐能资源未统计在内）。

从区域分布而言，福建和浙江沿海为潮汐能较丰富地区，分别占全国潮汐能装机容量的 47.4% 和 40.9%。其中以福建最多（站址 88 处，总装机容量为 10 329兆瓦），浙江次之（站址 73 处，总装机容量为 8 910 兆瓦），然后是长江口北支（属上海和江苏，总装机容量为 704 兆瓦）、辽宁（594 兆瓦）、广东（573 兆瓦）、广

西（387 兆瓦）和山东（118 兆瓦）等。

装机容量在 1 000 兆瓦以上的电站，主要有浙江的钱塘江（乍浦）和三门湾（牛山-南田），福建有兴化湾、三都澳、湄洲湾和福清湾，合计装机容量占到全国总量的 61%。

浙江三门湾至福建省海坛岛是潮汐能能量密度最高的区域，开发利用条件最佳，应作为全国重点开发利用区。潮汐能的发电量取决于潮差，一般说来，平均潮差在 3 米以上就有实际应用价值。世界上潮差的较大值为 13~18 米，有不少港湾和河口的平均潮差在 4.6 米以上，北美芬地湾最大潮差有 18 米，法国圣马罗港附近最大潮差有 13.5 米，中国的最大值（杭州湾澉浦）为 8.9 米。

目前，全球潮汐能发电可达 265 兆瓦。世界各国计划兴建的 100 兆瓦以上的潮汐能电站有十余座。例如，英国塞文河河口大坝、加拿大芬地湾坎伯兰潮汐电站、韩国仁川湾潮汐电站、印度卡奇湾潮汐电站等。目前，潮汐能发电站的规模从中小型向大型化发展。

2. 潮流能

根据《中国沿海农村海洋能资源区划》（1989 年完成）和《中国新能源与可再生能源（1999 白皮书）》公布的调查统计结果，对 130 个水道估算统计，中国潮流能理论平均功率为 1 395 万千瓦。但是该结果仅是对中国沿岸 130 个海峡和水道进行的统计，尚有很多潮流水道没有计算在内，且每个水道仅计算一个横断面上的潮流能理论功率，显然低估了中国潮流能的资源。故取其为中国沿岸潮流能可开发装机容量。

中国属于世界上潮流能功率密度最大的地区之一。辽宁、山东、浙江、福建和台湾沿海的潮流能较为丰富，不少水道的能量密度为 15~30 千瓦/米^2，具有良好的开发价值。其中尤以浙江最多，有 37 个水道，理论平均功率为 7 090 兆瓦，约占全国的 1/2 以上。特别是浙江的杭州湾口北部和舟山群岛海区的诸水道，最大潮流流速可达 4 米/秒，是中国潮流能资源最丰富的地方，其能量密度与欧洲潮流能能量密度最大的地区相当，如杭州湾口北部为 28.99 千瓦/米^2，舟山群岛海区的金塘水道为 25.93 千瓦/米^2，龟山水道为 23.89 千瓦/米^2，西堆门水道为 19.08 千瓦/米^2，渤海海峡北部的老铁山水道北侧为 17.41 千瓦/米^2，福建三都澳西北部为 15.11 千瓦/米^2，台湾澎湖列岛渔翁岛西南侧为 13.69 千瓦/米^2，都具备非常好的开发利用价值。

根据国家海洋局 "908" 项目子课题的《潮流能开发利用前景评价研究报告》，中国潮流能理论储量为 833 万千瓦。其中浙江资源最为丰富，约为 519 万千瓦，约占全国潮流能资源的一半以上，主要集中于杭州湾和舟山群岛区域。其中，浙江舟山是潮流能开发最为理想的海区。

中国的潮流能资源大多集中分布在中国的东北及东南沿海地区，这恰恰可以弥补中国煤炭资源贮存在华北、西北地区，而沿海经济发达地区资源相对较少的缺点，同时，开发可再生能源可以大大减少北煤南运、西气东输、西电东送等额外费用。所以，可再生能源的开发利用，对改善能源结构、节省经济发展成本等都具有重要经济意义，对解决能源供需矛盾、促进社会经济可持续发展具有非常大的现实意义。

3. 波浪能

中国波浪能资源按照沿岸波浪能资源和近海及毗邻海域波浪能资源两部分计算。根据《中国沿海农村海洋能资源区划》，利用沿岸 55 个海洋站一年的波浪观测资料为代表计算，全国沿岸波浪能资源平均理论功率为 12.843 吉瓦。中国沿岸有许多著名的大浪区，有台山列岛、四礵列岛、北茭、梅花浅滩、牛山、大炸、围头、镇海和古雷头等。

对于近海及毗邻海域波浪能资源总量，马怀书和于庆武利用国家海洋局的《海洋调查资料》及中国气象局的《船舶报资料》等多年历史波浪资料，采用气候学的方法，计算得到中国近海及毗邻海域的波浪能资源理论总储量与理论总功率分别为 8 103 万亿焦耳和 574 万亿瓦[46]。参照国际现有的计算方法，可开发装机容量取理论功率的 1‰，约为 574 吉瓦。

中国沿岸波浪能资源分布不均匀，主要集中在台湾和浙江、广东、福建沿岸（表 5-5）。

表 5-5　中国波浪能资源分布概况

地域	波浪能可利用资源/吉瓦	占比/%
台湾	4.29	33
浙江、广东、福建	5.45	42

对于沿岸波浪能资源，按照波功率密度来看，近海大于大陆沿岸。全国年平均波高大于 1 米、平均周期大于 5 秒的波功率密度较大的区域有渤海海峡（北隍城 7.73 千瓦/米）、浙江中部（大陈岛 6.29 千瓦/米）、台湾岛南北两端（南湾和富贵角至三貂角 6.36 千瓦/米）、福建海坛岛以北（北礵和台山 5.32 千瓦/米）、西沙地区（4.05 千瓦/米）、粤东地区（遮浪 3.62 千瓦/米）。

渤海、黄海北部和北部湾北部沿岸波浪能密度较低，资源储量较小。

由于中国沿岸处于季风性气候区，大多数地区波功率密度具有明显的季节性变化，在波功率密度较高的岛屿附近更为明显，总体是秋冬季节较高、春夏季节较低。因受台风的影响，浙江以南地区，波功率密度在夏季也会较高，甚至出现全年最高值。

对于近海及毗邻海域，南海南部偏北海区最大，南海北部偏北海区和东海海区次之，南海南部偏南海区、渤海和北黄海最低。

4. 温差能

据王传崑[47,48]及吴文和蒋文浩[49]分别对中国近海及毗邻海域温差能资源的计算，黄海、东海和南海的理论储量为 $1.463 \times 10^{19} \sim 1.519 \times 10^{19}$ 千焦，可开发装机容量为 352.7~366.2 吉瓦。

台湾电力公司估算，台湾岛以东海域温差能资源可开发利用量为 2.16×10^{12} 千焦，可开发装机容量为 6.8 吉瓦。取技术可开发装机容量的 1%，合计中国近海及毗邻海域温差能资源可开发装机容量为 359.5~373.0 吉瓦。

中国近海及毗邻海域的温差资源有 90% 分布在南海，东海次之。有学者分析中国南海温差能理论储量为 1.296×10^{10} 万亿~1.384×10^{10} 万亿焦耳，仅开发其中的 1%，则可利用的理论储量为 331~354 吉瓦，接近 20 个三峡电站的总装机容量（三峡电站的总装机容量为 18.2 吉瓦）。

5. 盐差能

据王传崑[47,48]利用江河入海水量资料的计算，全国沿岸盐差能资源理论储量约为 3.58×10^{15} 千焦，理论功率为 114 吉瓦。若假定只能开发其中的 10%，则全国沿岸的盐差能可开发装机容量为 11.4 吉瓦。

盐差能资源储量取决于入海的淡水量和海水的盐度，因此中国的盐差能资源主要分布在长江、珠江和闽江的入海口。其中以长江口最多，可开发的装机容量为 7 022 兆瓦，占全国总量的 61.84%，珠江口为 2 203 兆瓦，占全国总量的 19.4%。长江和珠江口的盐差能资源占全国总量的 81.24%。

沿海江河入口的入海淡水流量为季节性变化，因此盐差能功率随季节有明显的波动。另外，由于河流上游大型水电站和水库的建设，中国江河的入海淡水流量逐年减少的趋势明显，有的江河经常处于断流状态。

（二）国外海洋能综合利用现状与技术发展趋势

最常见的海洋能利用方式是发电，截至 2008 年有超过 25 个国家研制出数以百计的海洋能发电装置。英国 Carbon Trust 公司将海洋能利用研究进展分为六个阶段：一是基础研究阶段，进行基础理论研究和原理样机试验；二是应用研究阶段，开展试验样机的水池试验，验证设计概念的合理性；三是早期示范阶段，开展比例样机海试，验证样机的实际性能；四是完全示范阶段，开展全尺寸样机的示范工程，验证样机的工程可实施性及各种商业化指标；五是市场积累阶段，开展 2~5 套装置的示范工程，验证工业化的商业模式；六是市场扩大阶段，将建成第一批商业化的大型电厂。通常第 1 至第 5 阶段每阶段需要 3~4 年时间，第 6 阶段需要 2~3 年时间，从基础研究到完全示范总计需要 12~16 年时间，约需总投资1.4 亿英镑，前 4 个阶段投资约需 1 200 万英镑（约合 1.2 亿元）。

　　海洋能应用技术因能种特性不同，发展进程各异：潮汐能发电技术成熟并实现商业化应用，法国、加拿大、中国等都有长期利用潮汐能发电的成功案例，2011年 8 月韩国投运了华湖潮汐电站，装机 254 兆瓦，成为世界上最大的潮汐电站；对于潮流能和波浪能，英国处于领先地位，大多数装置已完成基础研究和应用研究，进入早期示范阶段，个别装置进入了完全示范阶段，正在进行商业化应用探索；温差能研究已完成早期示范研究，美国、日本处于技术领先地位，正在进行完全示范研究和探索；盐差能研究起步较晚，尚处于基础研究阶段至早期示范阶段。

1. 潮汐能

　　潮汐发电研究已有 100 多年历史。最早从欧洲开始，德国和法国走在最前面。19 世纪末，法国工程师布洛克曾提出在易北河下游兴建潮汐能发电站的设想。1912 年，世界上第一座潮汐电站于德国建成。这座小型潮汐电站在德国石勒苏益格-荷尔斯泰因州的布苏姆湾，装机容量为 5 千瓦，第一次世界大战中该电站遭到破坏而渐渐被人们遗忘。1913 年法国在诺德斯特兰岛和法国大陆之间兴建一座容量为 1 865 千瓦的潮汐电站。这些电站的发电成功，标志着人类利用潮汐能发电的梦想变成了现实。世界上正在运行的大型潮汐能电站见表 5-6，这些电站代表着世界潮汐能开发的最高水平。

表 5-6　世界上正在运行的大型潮汐能电站

国家	站址	库区面积/平方千米	平均潮差/米	装机容量/兆瓦	投运年份
韩国	始华湖	—	10（最大）	254	2011
法国	朗斯	17	8.5	240	1967
加拿大	安纳波利斯	6	7.1	20	1984
中国	江厦	2	5.1	3.9	1980
俄罗斯	基斯拉雅	2	3.9	0.4	1968

2. 潮流能

　　世界上从事潮流能技术研究和开发的国家，有中国、美国、英国、加拿大、日本、意大利等，其中美国、英国等发达国家进行了较多的潮流发电试验研究，相对而言走在前列。表 5-7 列举了世界上具有代表性的潮流能发电装置。

表 5-7　世界上具有代表性的潮流能发电装置

技术/装置名称	公司/组织	国家	备注
 SeaGen	Marine Current Turbines Limited（MCT）	英国	水平轴式海/潮流能发电技术 1.2 兆瓦
 Verdant Power-Turbine	Verdant Power LLC	美国	水平轴式海/潮流能发电技术
 Hammertest-Turbine	Hammerfest Strom AS	挪威	水平轴式
 UEK Turbine	UEK Systems	美国	水平轴式（带导流罩）
 Clean Current Tidal Turbine	Clean Current	加拿大	水平轴式（带导流罩）海/潮流能发电技术
 TidEl	SMD Hydrovision	英国	水平轴式海/潮流能发电技术

续表

技术/装置名称	公司/组织	国家	备注
Open-Centre Turbine	OpenHydro Group Ltd.	爱尔兰	水平轴式（带导流罩）海/潮流能发电技术
Tocardo	Teamwork Technology BV	荷兰	水平轴式海/潮流能发电技术
Evopod	Oceanflow Energy, Overberg Ltd.	英国	水平轴式海/潮流能发电技术

　　潮流能研究始于 20 世纪 70 年代，21 世纪开始示范研究，已有超过 25 个国家、230 多家机构参与到潮流能开发研究中，在对潮流能开发利用选址、经济技术和环境影响等全面评估的基础上，提出了多种类型的原型设计，并在实验室、海域进行了试验和测试，多种技术正在步入规模化应用阶段。最具代表性的是英国 MCT 公司研发的 SEA GEN 潮流能发电装置，其总装机容量为 1.2 兆瓦，适用于流速 0.7~2.7 米/秒的海域，额定流速 2.25 米/秒，设计寿命 20 年。SeaGen 发电机重量为 300 吨。水轮机使用双叶片，叶片可以转动 180 度以实现落潮和涨潮两个方向发电。轴流式双转子的直径为 16 米，桩柱高 40.7 米、直径 3.025 米，横梁长 29 米，转子额定转速 14.3 转。装置采用单立柱沉箱结构支撑于海底，适应的水深为 20~40 米，每个装置由两个独立的潮流发电机组成，每台发电机包含一个水力发电或风力涡轮机的变速箱。

　　3. 波浪能

　　波浪能是全世界被研究得最为广泛的一种海洋能源，距今已有 200 多年的历史。早在 1799 年，一对法国父子就申请了世界上第一个关于波浪能发电装置的专利。他们的设计是一种可以附在漂浮船只上的巨大杠杆，能够随着海浪的起伏而运动，从而驱动岸边的水泵和发电机。但当时蒸汽动力显然更能吸引人们的注意，于是利用波浪发电的设想就渐渐地黯淡下来，最后只留迹在制图板上了。19 世纪中叶以来，波浪能利用得到了越来越多的关注和重视。利用波浪能发电的设想在世界各地不断涌现，仅英国 1856~1973 年就有 350 项相关专利。按波浪能采集系统的形式，主要有振荡水柱式（oscillating water column，OWC）、振荡浮子式（Buoy）、摆式（Pendulum）、点头鸭式（Duck）、海蛇式（Pelamis）、收缩坡道式（Tapchan）等。主要趋势为大功率靠岸式波浪能电站仍以振荡水柱式为主，离岸式装置则大多采用其他形式，这些形式不仅设计较为精巧，波浪能转换效率较高，而且在政府与不同机构的支持下，已经进入实海况或实用化运行阶段。

真正将波浪能从梦想转变为实物是日本，1964 年，日本海军士官益田善雄研制成世界上第一个海浪发电装置——航标灯，并于 1965 年率先将该波浪发电装置商品化。虽然这种发电装置的发电能力仅有 60 瓦，只够一盏灯使用，然而它却开创了人类利用海浪发电的新纪元。20 世纪 70 年代末期，日本、美国、英国等国合作研制了著名的海明号大型海浪能发电船，还具有远离海岸的电力传输装置，并进行了海上试验。

21 世纪以来，英国在波浪能装置上处于世界领先地位。2000 年，英国 WaveGe 公司与英国女王大学合作建成 500 千瓦的 LIMPET，采用岸基振荡水柱结构，这是目前世界上最成功的波浪能发电装置。全世界运行中最大功率的是英国海洋动力传递公司于 2002 年投入运行的海蛇式波浪能装置，装机功率 750 千瓦。

中国也是世界上波浪能研究开发的主要国家之一。研究工作自 20 世纪 70 年代开始，1980 年以来获得较快发展。航标灯浮用微型波浪发电装置已趋商品化，技术较为成熟，已累计生产 600 多台在沿海使用。1990 年，中国第一台装机容量 3 千瓦的岸边固定式波浪能电站在珠海市万山岛试发电成功。在此基础上，1996 年完成了 20 千瓦波浪能电站试运行。此外研建了 5 千瓦后弯管漂浮式波力发电装置和 8 千瓦摆式波浪电站，均试发电成功。2001 年在广东汕尾市遮浪研建 100 千瓦岸基振荡水柱电站，这是一座与电网并网运行的岸基振荡水柱式波浪能电站。

目前，全世界利用波浪能发电的设计方案数以千计。由于世界各国对波浪电站研建工作的兴趣有增无减，随着一个个技术难关的突破，其不久将像风力发电一样，成为新的能源产业。表 5-8 列出了世界各国波浪能装置的情况。

表 5-8　世界各国波浪能装置概况

地点	技术	容量/千瓦	现状
挪威，托夫特斯塔琳	多共振振荡水柱	500	1985~1989 年运行
挪威	聚波水库	350	1986~1991 年
日本，酒田港	防波堤振荡水柱	60	1988 年投入运行
日本，九十九里町（千叶县）	岸基振荡水柱	30	1988 年投入运行
日本，内浦港（北海道）	摆板式	5	1983 年投入运行
日本，海明号（船）	锚定驳船振荡水柱	125	1978~1980 年、1985~1986 年两期试验运行
日本，巨鲸号（船）	后弯管漂浮式装置	170	1998 年开始试验运行
印度	离岸固定振荡水柱	150	1991 年建成
葡萄牙，比克岛	岸基振荡水柱	500	土建完成，1999 年试验
英国	离岸固定振荡水柱	2 000	1995 年投放失败
苏格兰，艾莱岛	岸基振荡水柱	75	1990~1999 年
苏格兰，艾莱岛	岸基振荡水柱	500	2000 年至今
英国海洋动力传递公司	海蛇式	750	2002 年投入运行
瑞典，高廷堡	起伏浮标	30	1983~1984 年试验运行
丹麦，哥本哈根	起伏浮标	45	1990 年试验
中国，万山岛	岸基振荡水柱	20	1996 年试验运行三个月
中国，大管岛	摆板式	8	已建成运行
中国，南海	锚定后弯管	5	1995 年试验
中国，汕尾	岸基振荡水柱	100	2001 年建成

4. 温差能

海洋温差能是指海洋表层海水与深层海水之间水温之差的热能。温差能是海洋能中储量最大的能源品种。在 1981 年 3 月联合国新能源和再生能源会议海洋能小组第二届会议报告中，"分析了海洋能在技术、经济、环境和资源供应等条件后，认为海洋温差能转换是所有海洋能系统的主要中心"。中国温差能储量丰富，近海及毗邻海域的温差能资源理论储量为 1.44×10^{22}~1.59×10^{22} 焦耳，可开发总装机容量为 1.75×10^{9}~1.83×10^{9} 千瓦，90%分布在中国的南海。

人类发明温差能发电技术迄今已有 100 多年的悠久历史。美国、日本和法国是海洋温差能研究开发的牵头国家。1881 年法国科学家德尔松石首次大胆提出海水发电的设想。但他的设想被埋没了近半个世纪，后来被他的学生克劳德（另一位法国科学家）实现。

1926 年，克劳德和布舍罗在法兰西科学院的大厅里，当众进行了温差发电的实验。他们在一只烧瓶中装入 28℃ 的温水，在另一只烧瓶中放入冰块，内部装有汽轮发电机的导管把两个烧瓶连接起来，抽出烧瓶内的空气后，28℃的温水在低压下一会儿就沸腾了，喷出的蒸汽形成一股强劲的气流使汽轮发电机转动起来。

1930 年，世界上第一座海水温差发电站正式诞生，是克劳德在古巴海滨马坦萨斯海湾建造的。这里海水表层温度 28℃，400 米深水的温度为 10℃，所用的管道长度超过 2 千米，直径约 2 米，预期的功率是 22 千瓦，实际输出功率只有 10 千瓦，发电量甚至少于电站运行本身所消耗的电量。尽管如此，这项尝试却证明了利用海洋温差发电的可能性。

1964 年美国的安德森提出利用闭式循环，将蒸发器和冷凝器沉入海水中，发电站采用半潜式。这样既可减少系统自用电耗，还可以避免风暴破坏。1973 年石油危机之后，温差能发电技术又复苏起来。1979 年 8 月美国在夏威夷建成世界上第一座闭式循环海洋温差发电装置 Mini-OTEC，是温差能利用的一个里程碑。这座 50 千瓦级的电站不仅系统地验证了温差能利用的技术可行性，而且为大型化的发展取得了丰富的设计、建造和运行经验。1990 年，日本在鹿儿岛建成一座装机容量为 1 000 千瓦的海洋温差热能发电站，这座兆瓦级的电站一直保持为世界上装机容量最大的海洋热能发电站。

中国的温差能处于基础试验研究阶段，还没有开展海试试验。1985 年中国科学院广州能源研究所开始对温差利用中的一种"雾滴提升循环"方法进行研究，实现了将雾滴提升到 21 米高度的记录。同时，该研究所还对开式循环过程进行了实验室研究，建造了两座容量分别为 10 瓦和 60 瓦的试验台。国家海洋局第一海洋研究所 2012 年 8 月完成 15 千瓦闭式海洋温差能系统的整机研制并成功发出 15 千瓦电力。迄今美国和日本各建设了三座温差能试验装置，特征参数如表 5-9 所示。

表 5-9　主要温差能项目简表

项目	国家	地点	年份	容量/千瓦	型式	结果
Mini-OTEC	美国	夏威夷	1979	50	闭	净出力 15 千瓦
OTECI	美国	夏威夷	1981	1 000	闭	仅换热试验
Hztn	美国	夏威夷	1993	210	开	净出力 40~50 千瓦
Nauru	日本	瑞鲁	1981	100	闭	净出力 15 千瓦
Tokunoshima	日本	德之岛	1982	50	闭	净出力 32 千瓦
Saga	日本	九州	1985	75	闭	实验室装置，净出力 35 千瓦

5. 盐差能

1939 年美国人最早提出利用海水和河水靠渗透压或电位差发电的设想。1954 年建造并试验了一套根据电位差原理运行的装置，最大输出功率为 15 毫瓦。1973

年以色列科学家首先研制了一台浓差能实验室发电装置，证明了发电的可能性，并提出了盐差能作为一种新能源的设想。并于 1975 年建造试验了一套渗透法装置，表明了盐差能利用的可行性。能源界公认浓差能研究的历史由 1973 年开始。

随后日本、美国、巴西、瑞典等国也相继开展研究工作，不过均属于基础理论研究和原理性实验研究，还没有正式开始对能量转换技术本身的研究。理论上，可以在江河入海口淡水与海水的交汇处，通过工程措施，一般设想是构筑高坝水池，引导河水通过半透膜向海水渗透，从而形成海水池的高水位，再采用类似水力发电的方式发电（图 5-2）。前提是海水的盐度不能降低，要一直保持同样的浓度差。显而易见，淡水向海水渗透后，海水的浓度会淡化，为了保持海水的浓度，就需要不断地向海水池加盐水，只有这个过程不断地进行下去，海水池的水位才会不断上升。向这样高水头的海水池，泵入高盐度海水，可想而知需要耗费很大的电能。另外，大型半透膜的技术难度和造价也很高。鉴于上述，故经过 20 世纪 70 年代的研究后，大多数学者认为盐差能利用技术难度很大，费用也很高，近期难以解决。因此，近年已无人重视此项研究工作。

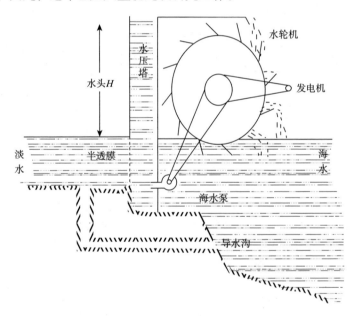

图 5-2　渗透压发电原理示意

（三）中国海洋能综合利用现状

1. 已取得的研究成果

中国从 20 世纪 50 年代开始陆续进行海洋能研究开发，目前潮汐能和近海发电已经初步规模，潮流能和波浪能研究已进入示范试验阶段并取得一定的成果。

在潮汐能方面，中国从 20 世纪 50 年代中期开始建设潮汐电站，至 80 年代初共建设潮汐电站 76 个。在 80 年代运行的潮汐电站有 8 座，到 2012 年中国还在运行的潮汐电站仅剩下了 3 座，分别是总装机容量 3 900 千瓦的浙江温岭的江厦站、总装机容量为 150 千瓦的浙江玉环的海山站、总装机容量为 640 千瓦的山东乳山的北沙口站。其中，江厦站是中国最大的潮汐电站，已正常运行 20 年，是世界第四大潮汐电站。2012 年，中国潮汐发电量仅次于法国、加拿大，位居世界第三。

在潮流能方面，2002 年哈尔滨工程大学自行设计建造了中国第一座 70 千瓦的潮流试验电站；2005 年国家"863"科技计划的 40 千瓦潮流能发电试验电站在浙江省舟山市岱山县建成并发电成功；2005 年，在"863"计划海洋监测技术主题的支持下，东北师范大学研制成功放置于海底的低流速潮流发电机；2006 年 4 月，由浙江大学研制的 5 千瓦、叶轮半径为 1 米的"水下风车"在浙江省舟山市岱山县发电成功，流速在 2 米/秒以上就能发电。2013 年，由国家海洋局和中海油联合建设的 500 千瓦海洋能多能互补电力示范工程在青岛斋堂岛投产，其中潮流能发电装置达到了 300 千瓦，单机功率 50 千瓦，是国内最大的潮流能发电装置。

波浪能方面，经过 20 多年的开发研究，中国取得了一系列的发明专利和科研成果，如额定功率为 20 千瓦的岸基式广州珠江口万山岛电站、额定功率为 100 千瓦的广东汕尾岸基式波力试验电站、青岛大管岛 30 千瓦摆式波力实验电站。另外，一些浮标式波浪能发电装置已趋于商品化，如 40 千瓦漂浮式后弯管波浪能发电装置、10 千瓦航标灯波浪能发电装置等。

总体来看，潮汐能发电站受到建坝对环境的影响因而新建项目不多，潮流能和波浪能尚处于示范阶段，装置的可靠性、稳定性、安全性还不够，发电成本高，技术和成本制约造成中国海洋能资源开发利用率还很低，产品化和商业化的程度不高。

2. 当前科技水平

中国潮汐能发电技术相对成熟，其中江厦潮汐电站总装机容量 3 900 千瓦，是世界上第四大潮汐电站，并已实现并网发电和商业化运行。

中国潮流能发电技术经过 30 多年的积累和尝试，已经取得了巨大进步，积累了丰富的经验。2013 年，由中海油和国家海洋局共同建设的 500 千瓦海洋能多能互补电力示范工程项目在青岛斋堂岛投运，50 千瓦的潮流能发电装置处于示范阶段，已进入世界先进行列，为中国潮流能开发利用规模化、商业化打下坚实的基础。

中国波浪能发电技术处于示范试验阶段，并已经取得了一系列发明专利和科研成果。例如，40 瓦漂浮式后弯管波浪能发电装置已经向国外出口，处于国际领先水平，10 瓦航标灯用波浪能发电装置已经商品化，小型岸基波力发电装置技术已经进入世界先进行列。

中国温差能尚在实验室原理阶段。据公开报道，中国科学院广州能源研究所1986 年开展了温差能转换模拟实验装置的研究，1989 年完成了雾滴提升循环试验系统。天津大学开展了温差能作为推动水下自持式观测平台的动力的研究。2012年，国家海洋局第一海洋研究所刘伟民教授牵头建立了中国第一个实用温差能发电装置，利用低沸点的物质——液氨作为工作介质，通过热水泵抽取温海水送往蒸发器，液氨吸收了温海水的能量后沸腾变为氨气，氨气推动氨透平旋转，从而带动发电机发电。然后，氨气进入冷凝器，冷海水重新将其冷凝为液氨，液氨再经由氨泵进入蒸发器蒸发。如此反复，系统就会实现不间断地发电。目前，该研究所积极开拓国际合作，与美国洛克希德·马丁公司、日本佐贺大学成功建立了联系，有望加强在温差能领域的突破。

中国盐差能也处于实验室原理阶段，中国科学院广州能源研究所于 1989 年对开式循环过程进行了实验室研究，并建造了 2 座容量为 10 瓦和 60 瓦的试验台。

但是，中国海洋能开发水平与国外相比，还存在一定的差距。技术上，海洋能发电涉及机械、电气、仪表控制、结构等领域，但目前中国海洋能技术还仅仅停留在部分学科，技术集成手段薄弱，技术研发手段不系统、不全面。产业化方面，中国海洋能项目停留在科研和小试项目，示范工程较少，缺乏孵化和培育机制，产业化基础薄弱。与国外海洋能项目由企业主导相比，中国海洋能开发以高校为主，存在一定的局限。目前国内高校各自为战，缺乏与制造领域和施工领域的合作，海洋能设备的能量转换效率低、装置可靠性和稳定性较差，缺乏可持续运行的保障。着眼未来，应不断了解国外潮流能、波浪能、温差能的技术路线，掌握海洋能前沿技术发展方向；对比和分析国外有代表性的海洋能商业化项目，了解和掌握选址标准、结构型式、设备选型、电力控制、海上安装和维护工程等成套关键技术；不断缩短与国外海洋能研发手段、实验室以及产业基地建设的技术差距。

（四）中国海洋能综合利用中长期发展思路

1. 基本原则

根据中国海洋能资源分布、技术开发现状以及当前的能源局势，中国海洋能开发应该首先服务于海洋资源开发，服务国家海洋安全的需要。海洋能开发的基本原则如下：

近期——海洋能应能为沿岸和海岛社会经济发展提供补充能源。

中长期——海洋能可为沿海地区经济发展提供能源调峰支持，同时能作为海上油气田及南海地区补给基地的重要补给方式。

区域上——应先沿海，后近海，再远海。

规模上——应先小型到中型，从单体到群体，最后达到大型和规模化发展。

开发顺序上——当前以潮汐能、潮流能、波浪能为重点，同时兼顾温差能和盐差能的技术可行性。

2. 总体目标

2011 年，中国工程院根据中国海洋能资源潜力、分布和技术现状，提出中国近期、中期和长期的海洋能发展目标：到 2020 年实现装机容量 40 兆瓦，到 2030 年实现装机容量 1 000 兆瓦，到 2050 年实现 10 吉瓦。

2012 年 8 月，国家能源局颁布《可再生能源发展"十二五"规划》，核心内容指出，"发挥潮汐能技术和产业较为成熟的优势，在具备条件地区，建设 1~2 个万千瓦级潮汐能电站和若干潮流能并网示范电站，形成与海洋及沿岸生态保护和综合利用相协调的利用体系。到 2015 年，建成总容量 5 万千瓦的各类海洋能电站"，比中国工程院的目标更为超前和紧迫。由此也体现出国家对海洋能资源的迫切需要和高度重视。

据此综合分析制定了中国海洋能开发总体目标（表 5-10）。

表 5-10　中国海洋能开发总体目标

年份	装机容量/兆瓦	年发电量/吉瓦时
2009	4.15	9.13
2015	50	110
2030	1 000	2 600
2050	10 000	20 100

3. 近期规划：2015 年

根据近年来《海洋可再生能源专项资金项目申报指南》，提出了以"海洋能电力系统规模化应用、潮流能海上试验场一期研建、海洋能资源勘查与成果汇总"为主的三大海洋能发展的近期目标。

1）海洋能电力系统规模化应用示范工程

（1）开展以潮流能、波浪能、潮汐能三个领域为主的示范工程建设。

开展 1 200 千瓦潮流能并网电力系统规模化应用示范工程，在舟山地区建成 3 兆瓦潮流能电力系统示范基地。

在 500 千瓦海洋能多能互补电力系统的基础上，建设 1 200 千瓦的潮流能并网电力系统，形成集研发、示范为一体的潮流能发电示范项目，实现可靠示范运行。

示范工程总装机容量不低于 1 200 千瓦，单机装机容量 300 千瓦，重点解决潮流能发电装置关键零部件的高可靠性设计与低成本制造、电站的高可靠控制运行、可维修性设计及规模化建造等关键技术，实现潮流能发电装置的模块化生产、提高潮流能装置的整机制造能力和工艺水平。

示范工程设计寿命不低于 15 年，年发电量不少于 250 万千瓦时。示范工程在 50 年一遇极端海况下可保证生存，年平均无故障运行时间不少于 4 300 小时，发电装置可在 1.1 米/秒流速下启动，系统转换效率不低于 30%。建立潮流能并网电力系统的设计和运行操作规范。

（2）开展 500 千瓦波浪能独立电力系统规模化应用示范工程，初步建成珠海万山岛兆瓦级波浪能海岛独立电力系统示范基地。

建设 500 千瓦波浪能海岛独立电力系统，将珠海万山岛建成中国首个兆瓦级波浪能海岛独立电力系统示范基地，实现可靠示范运行。

示范工程总装机容量不低于 500 千瓦，单机装机容量 100 千瓦，重点解决波浪能发电装置高效波浪能俘获、低成本模块化建造、智能化微网及海上施工安装的投放工艺等关键技术，实现波浪能到电能的高效转换和传递。

示范工程设计寿命不低于 15 年，年发电量不少于 65 万千瓦时。示范工程在 50 年一遇极端海况下可保证生存，年平均无故障运行时间不少于 4 300 小时，单机停运后一周之内可恢复供电，储能系统可提供不低于 1 500 千瓦时的持续供电能力，系统转换效率不低于 20%。建立波浪能独立电力系统的设计和运行操作规范。

（3）对中国已建成的潮汐电站进行增效扩容改造建设，全面推动潮汐能资源的合理开发利用。

对库区清淤工程的潮汐电站进行增效扩容改造，改造内容以潮汐电站的机电设备更新为重点，可对影响潮汐电站发电效益的金属结构物及送出工程等进行适当的必要改造，原则上不新增移民和永久占地。

单台发电机组的增容规模不低于原有机组的 20%，改造后额定工况下水轮机效率不低于 85%，发电机组的综合效率不低于 82%，单台机组的年发电量增效不低于 15%。增效扩容改造工程的初步设计应符合《小型水电站技术改造规范》《小型水电站初步设计报告编制规程》等相关国家标准的要求。

（4）积极开展温差能试验研究。

结合工业余热，研建 500 千瓦海洋温差能发电装置。同时研究西沙群岛建温差能试验电站的可行性，建立温差能、潮流能、风能为主的永久性能源基地，满足海岛边疆经济和军事建设需要。

2）潮流能海上试验场一期研建

按照总体规划、分步实施的原则，通过专项资金支持，在国家级海上试验场前期论证及工程设计项目所选定的试验场区内，开展海上试验场输配电系统一期研建工程。

（1）300千瓦潮流能试验平台研建。

在国家级海上试验场前期论证及工程设计项目所选定的试验场区内，研建升降式潮流能海上试验平台，最大可满足单机装机容量300千瓦的潮流能发电装置海上试验与测试需要。该试验平台将建于L1泊位，位于山东省荣成市成山头海域的龙须岛附近（东经122°42'6"，北纬37°23'17"）。L1泊位试验平台由平台主体结构和发电装置电气输出测试系统组成。

发电装置电气输出测试系统应具备实时连续测试发电装置输出电气参数的功能，由测试仪器、数据采集传输系统组成。测试仪器可对发电装置的电流、电压、频率、发电量、有功/无功功率、功率因数、谐波等试验参数进行测试，测试的数据由数据采集传输系统按照统一的时间、频率与周期采集，并传输到岸基数据管理系统。

（2）海上试验场输配电系统一期建设。

开展试验场输配电系统工程设计，完成配电、变压、变流及电气测试系统建设，完成L1泊位电力传输系统的设计选型和铺设施工，完成水下电缆铺设的海洋工程环境影响评价，为试验平台及潮流能发电装置提供电力输送与电能管理。

海上试验场输配电系统应包括配电系统、L1泊位电力传输系统以及潮流能电站电气测试系统，能够适应海洋工作环境的要求，并具备一定扩容能力。

（3）海上试验场综合测试与评价集成系统一期建设。

开展海上试验场综合测试与评价集成系统一期建设，完成海洋动力环境观测系统建设，监测波浪、潮流、潮汐、温盐、气象等场区主要环境参数；完成海上试验场环境监测数据与试验数据的采集、传输、接收、存储与分析系统的建设；协调并规范试验场内各种设备之间、设备与发电装置之间的数据格式、设备接口等共用技术；开展海上试验场运行与管理、标准体系研究，开展发电装置测试与评价方法研究。

3）海洋能资源勘查与成果汇总

形成中国海洋能资源重点开发利用区勘查与选划成果数据集、资源分布图集以及中国近海海洋能资源调查与评估的研究报告和专著，集成数据成果建立海洋能资源开发利用基础数据库。

以前期海洋能资源勘查与选划项目成果为基础，针对中国近海的海洋能资源特点，融合历史资料，进行统计分析，整编海洋能资源勘查的基础图件和评估报告，参照相关标准规范形成中国海洋能重点开发利用区的资源勘查与选划成果数据集、资源分布图集，形成中国近海海洋能资源调查和评估的研究报告及专著。各类成果图集及相关研究报告和专著应达到出版水平。

建立中国近海海洋能资源开发利用的基础数据库，数据库应涵盖海洋能资源相关的数据、图集、论文报告、影像文件等形式的数据资料，并与相关的公共信息服务系统衔接。

4. 中期规划：2030 年

潮汐能年装机容量达到 3 000 兆瓦，年发电量达到 6.6 太瓦时；

完成潮流能发电装置的商业化建设，总装机容量达到 1 000 兆瓦，年发电量达到 3 太瓦时；

以多个百千瓦级的波浪能发电装置建成 10 兆瓦的电场，总装机容量达到 1 000 兆瓦，年发电量达到 3 太瓦时；

完成 10 兆瓦级的温差能试验电站建设；

在海南建设温差能研发示范基地,在舟山建设潮流能研发示范基地上筹建"国家海洋能开发利用重点实验室"。

5. 远期规划：2050 年

潮汐能和潮流能年装机容量达到 10 吉瓦，年发电量达到 30 太瓦时；
波浪能装机容量达到 10 吉瓦，年发电量达到 30 太瓦时；
温差能装机容量达到 10 吉瓦，年发电量达到 30 太瓦时。

（五）加大海洋能综合利用的建议

1. 政策法规和技术标准体系建议

一是应鼓励地方、企业和个人经营投资海洋能电站建设，并在建设初期给予信贷、上网电价的特殊支持。

二是尽快形成清洁发展机制（clean development mechanism，CDM）。由于海洋能是可再生资源，且对环境低碳友好，建议尽快形成清洁发展机制，通过对排污企业征收碳税，对海洋能进行减排补贴，支持海洋能开发建设，降低海洋能开发成本。

三是相关企业制定相关标准规范，建立技术检测中心。待条件成熟后，尽快升级为国家标准规范和国家级的技术检测中心，促进海洋能技术研发向规范化方向发展。

四是筹建国家级海洋能开发利用重点实验室。以已建的海洋能示范工程成果为基础，建立中国海洋能利用综合试验基地，开展海洋能装置的海上试验与实用跟踪工作，建成以潮流能为主的多能互补系统科研基地。远期在中海油海洋能研发中心、青岛海洋能基地、南海海洋能基地的基础上筹建"国家海洋能开发利用重点实验室"。

五是筹建国家级海洋能技术检测中心，推进海洋能发电装置的规范化检测。

2. 体制机制建议

一是建立国家层面海洋能开发的管理机构，行使海洋能开发项目审批与管理，结束海洋能项目审批行政分割、行业分割、海陆分割的局面。

二是尽快出台中国海洋能资源开发的顶层设计，在《中华人民共和国可再生能源法》（简称《可再生能源法》）及《可再生能源发展"十二五"规划》的基础上，部署全面、详细、具有可操作性的规划和技术路线，推进海洋能资源开发利用的发展。

3. 重大工程技术立项建议

一是开展全海域的海洋能资源普查与评价。目前有关中国海洋能资源的数据较老，全部数据分析都是基于20世纪80年代的资料，且有些资源好的地方也没有进行调查。因此，有必要对中国现有的全海域海洋能资源重新进行普查和评估，以指导和开展海洋能发展规划。

二是应加强高效能量转换和低成本的潮流能装置开发。重点解决潮流能发电装置关键零部件的高可靠性设计与低成本制造、电站的高可靠控制运行、可维修性设计及规模化建造等关键技术，实现潮流能发电装置的模块化生产、提高潮流能装置的整机制造能力和工艺水平。

三是应加强高效能量转换和低成本的波浪能装置开发。重点解决波浪能发电装置高效波浪能俘获、低成本模块化建造、智能化微网及海上施工安装的投放工艺等关键技术，实现波浪能到电能的高效转换和传递。

四是加强海洋能发电装置材料研究。海洋能装置的材料应该具有抗海水腐蚀的特性、较好的耐久性和可靠性、廉价的技术特点。不锈钢满足前两条，不满足第三条；工程塑料在强度上已有了显著提高，但其耐久性和可靠性还未能满足要求。因此，现有的海洋能装置只采用普通钢材，靠表面涂层提高抗腐蚀能力，耐久性差强人意，海洋能水下装置抗海水腐蚀性能并不理想。

五是加强防海生物附着技术研究。重点应对阳极或阴极保护法和电解海水在机组上的防腐进行研究。

六是继续开展海洋能多能互补和并网技术研究。

第六章 油气供给革命的支撑与保障

一、概要叙述

"我国油气供给和消费革命的支撑与保障"专题研究从油气在我国能源利用中的历史使命入手，对油气在我国能源利用中的地位做出基本判断，为油气供给与消费革命研究提供方向支持。

在我国油气供需预测基础上，深入分析油气供应的资源保障、油气储运基础设施的发展支撑，提出油气战略通道发展的定位与目标，形成满足油气供给革命的资源保障与输送支撑。

结合油气主要消费方向和发展历程，厘清油气消费革命的重点领域，综合提出扩大油气利用量，促进利用规模革命；规范和引导下游产业，促进消费结构革命；改革天然气价格形成机制，促进市场良性发展等。

以建立适应未来发展、高效、安全的油气供应体系为立足点，提出油气供给与消费革命支撑与保障的综合建议，包括保障油气供给的政策法规、创新管理模式、建立综合协调机制、管网互联互通等角度分析体制创新方面的支撑与保障。

"我国油气供给和消费革命的支撑与保障"专题是中国工程院 2013 年重大咨询项目"推动能源生产和消费革命战略研究"之课题六"推动能源生产和消费革命的支撑与保障"中的子方向(专题)。本章旨在从油气资源供应、油气储运设施、油气利用设施全产业链分析入手，从技术驱动、管理创新、体制创新等多个角度，提出适应未来发展、高效、安全的油气供应体系所需的政策制度、管理和技术综合保障发展方向与建议，提出基础建设和重大工程实施的战略建议。

课题研究形成的核心内容如下。

（1）油气在中国能源利用中肩负着重要的历史使命，2050 年以前在中国能源利用中占据重要地位。

在分析全球各区域市场油气资源和消费分布，以及油气利用现状和发展趋势的基础上，对世界油气供需发展趋势及流向给出判断。从发展趋势来看，在可再生能源替代化石能源的第三次能源变革全面实现以前，以油气为主的化石能源在未来 50 年内仍将在世界能源消费中长期占据主体地位，全球大多数地区能源消费以油气消费为主，但是亚太地区油气占比相对较低，仅四成左右。从流向来看，世界油气供需总体基本平衡，但区域供需矛盾突出，"自西向东"逐渐成为世界油气主体流向。

现阶段，油气消费占中国能源消费总量的比重保持在 1/4 左右，在能源利用中占据重要地位。2012 年，中国能源消费总量达 36.2 亿吨标准煤，占全球总量的 19.3%。中国能源消费中，油气消费为 8.6 亿吨标准煤，占 24%，其中石油 4.8 亿吨，占 19%，天然气 1 471 亿立方米，占 5.3%。对中国社会经济与产业结构发展、能源需求总量及油气占比分情景分析，2030 年中国能源消费总量达 58 亿吨标准煤，占全球总量的 23%左右，中国能源消费中，油气消费为 16 亿吨标准煤，将占 28%，其中石油 7.0 亿吨，占 17%，天然气 4 800 亿立方米，占 11%。油气在中国能源利用中占据并将长期占据重要地位。

（2）油气供给革命立足于中国油气需求量巨大的发展基础，油气资源供给建立以常规为主、以非常规为突破、以多元进口为手段的综合保障体系；油气输送体系建立四大油气进口战略通道、发达的国内油气管网系统，以支撑油气供给。

在调研国外发达经济体油气消费趋势和市场发育规律基础上，结合中国经济和油气行业发展，采用多种预测方法对 2050 年前中国石油和天然气需求进行预测。研究认为未来中国油气需求呈现快速发展态势，特别是天然气，其需求量在未来一段时间高速发展。预测 2020 年、2030 年中国原油需求分别为 5.7 亿~6.0 亿吨、6.7 亿~7.2 亿吨。2050 年原油需求为 7.3 亿~7.8 亿吨。预计 2020 年中国天然气需求量 3 500 亿立方米，2030 年 4 800 亿立方米，2040 年和 2050 年分别为 5 500 亿立方米和 6 000 亿立方米。

中国油气供应以常规资源为主，油气产量快速增长，未来中国常规天然气产量将保持快速增长，高峰期产量在 2030 年前后，达到 2 600 亿立方米。非常规油气处于起步阶段，未来发展前景较好。可转化油气资源正在开展试点，初步判断其可以作为补充资源，并不是未来发展方向。中国自产油气资源仍不能满足日益增长的需求，油气消费依赖进口的局面还将长期存在。

从全球主要油气产区地缘政治情况、油气资源分布和市场供需关系等情况分析，中国未来油气进口主要来自七个方向，即中亚、俄罗斯、中东、非洲、南美、加拿大和澳大利亚。其中中亚、俄罗斯以陆上通道进口为主，其他均为海运。油气进口来源和通道正趋于多元化。

以保障国家能源安全供应为目标，以多元、均衡为原则，统筹国内外资源和市场需求，中国初步构建西北通道、东北通道、西南通道和海上通道四大多元、安全可靠的油气进口通道。把陆上天然气战略通道建设作为构筑亚太区域管网体系重要组成部分，努力扩大西北、积极强化东北、适度发展西南，构建长期、稳定、安全的天然气陆上进口通道，保障国家能源供应安全。争取 2030 年陆上引进通道规模达到 1 300 亿立方米以上，占天然气总消费量的 27%以上，占进口天然气总量的 93%；2050 年达到 1 650 亿立方米以上，保持占天然气总消费量的 27%以上，占进口天然气总量的 79%。可弥补国内天然气资源的不足，又不至于过度依赖进口，减小了因政治、经济、外交等原因产生的供应风险。进口 LNG 与陆上进口管道气互为补充和备用，形成多气源供气格局；作为辅助调峰、应急供气手段安全、平稳保障供气。扩建、新建一批沿海 LNG 接收站和输气干线，总接收能力达到 6 500 万吨/年以上。

中国油气输送管道初步形成"横跨东西、纵贯南北、连通海外"的格局。原油管道经过 10~20 年建设，形成西油东送、北油南运、海上进口油供应沿海炼厂的供应格局，总里程达到 3 万千米。成品油经过未来 30~40 年的发展，形成"西油东送、北油南下、逐次推进"的管输系统，总里程达到 10 万千米。天然气管网经过未来 30~40 年的发展，全面形成"横跨东西、纵贯南北、联通海外、覆盖全国"的天然气管道运输体系，总里程达到 30 万千米。中国油气管网最终将形成陆上连接亚洲、欧洲、非洲，海上连通中东、非洲、南美洲、北美洲、大洋洲、俄罗斯远东地区能源输送通道，成为世界油气管网格局中继美国、欧洲之后的第三极。四大战略通道是对油气进口资源和供给多元化的实施，应加快构建和完善中国能源供应的安全保障体系。

（3）中国在油气消费方面应扩大油气利用量，促进利用规模革命；引导合理消费，促进利用效益革命；规范和引导下游产业，促进消费结构革命；发挥天然气在复杂能源系统集成中的作用，贡献于中国整体能源消费的革命。

人类能源利用的演变遵循着"低碳—高碳—中碳—低碳—无碳"的规律，其中石油和天然气是关键的一环，尤其天然气将成为人类能源利用由化石能源向可再生能源过渡的桥梁。在中国能源消费结构中，油气占比远低于国际水平，中国能源结构调整要增加低碳能源比例，除了非化石能源以外，增加油气的消费比重非常重要，特别是应增加天然气的比重。建议通过税收手段逐步解决能源使用的外部性问题，对能源利用中全生命周期污染物的排放征收合理的排污费，提高能源–环境–社会和谐共生的关系水平，促进天然气的科学利用，促使天然气利用规模由现在不到 1 500 亿立方米的水平提高到 6 000 亿立方米左右的利用规模，完成天然气利用规模大幅提升的革命性转变。

在增加油气利用量的同时，应引导油气资源的高效、合理、节约利用。进一步完善中国能源法律法规，依法节油和替代石油。尽快制定"能源法""国家能源发展战略"，修改完善《中华人民共和国节约能源法》(简称《节约能源法》)，依法强化节约和替代石油，抑制石油需求过快增长，引导天然气合理利用。

结合国家社会经济目标和环境发展愿景，中国天然气利用方向应进一步优化，促进利用领域的革命。主要方向有：一是配合国家城镇化发展、改善民生、环境保护（PM$_{2.5}$治理）等工作的需求，加大城市燃气领域天然气利用；二是结合工业企业发展、环境保护（尤其是城镇工业园区）、产品质量升级等需求，加大部分工业燃料领域天然气供应；三是大力发展天然气分布式能源。由于天然气的使用是当前治理雾霾的重要手段之一，需要各级政府出台新的鼓励天然气利用的政策。其一，新建发电项目以分布式能源为主，对分布式能源的并网及上网电价给予政策支持。其二，城市居民采暖和工业小锅炉以气代煤对治理雾霾有直接效果，属于鼓励类，建议各级政府理顺采暖价格，支持新的以气代煤采暖改造，配套出台相关政策。

随着中国能源利用快速增长，能源品种日趋多元，能源系统也变得更加庞大和复杂。多能源品种间主要的交互方式是转化为电能。天然气发电能够发挥天然气在复杂能源系统集成中的作用。应结合新能源发展、电网调峰需求、需求侧管理、各类电价水平等多方面因素，深入研究天然气发电的合理规模，以提高电网消纳新能源发电能力。

（4）从政策法规、体制机制、科技创新等方面，提出油气供给与消费革命的综合保障建议。

欧美等发达国家及地区在油气管道、油气利用和市场监管等方面已形成一整套比较完善的法律法规体系，而中国在这方面还比较薄弱，很多方面处于空白。结合中国的国情和特定发展阶段，研究制定中国的石油天然气法、油气储备法、理顺油气价格形成机制，完善油气利用政策等，为中国油气安全供应提供有力保证。为此，需要把油气管道规划纳入国家发展战略，完善油气管道规划与相关规划的统筹协调，以保障国家油气安全稳定供应。

体制机制方面，中国现行天然气行业监管的体制机制还不健全，适合中国天然气行业监管的法律框架明显不足，监管缺乏权威性，难以保证油气市场的健康发展。我们需要加强油气行业监管研究，建立相关法律制度和政策条例，按照现代监管理论重塑国家油气行业管理体制和机制。打破垄断，鼓励企业公平竞争，促进产业发展，提高资源利用的总体效益。

科技创新方面，中国油气管道基础设施将有很大发展，应重视整体布局和重大工程建设。油气管道科技发展需在新材料应用、油气储存技术、信息化技术应用、装备国产化等方面取得突破。

二、油气在中国能源利用中的历史使命

（一）国内外油气利用现状及发展趋势

1. 世界油气利用现状及发展趋势

1）世界石油市场发展现状及趋势

（1）世界成品油消费总体平稳增长，发达经济体成品油消费增长呈现放缓趋势，长期低于世界总体水平。

通过分析《BP 世界能源统计年鉴 2013》统计数据可知，20 世纪 80 年代至 2012 年，世界成品油消费增速维持在 2%左右的平均水平，成品油消费量平稳增长。然而，北美、欧洲、日本等发达经济体的成品油消费增长逐渐呈现放缓趋势，尤其是 2008~2012 年已出现负增长。1995 年开始，北美、欧洲、日本三大发达经济体成品油增长速度已低于世界总体水平（图 6-1）。

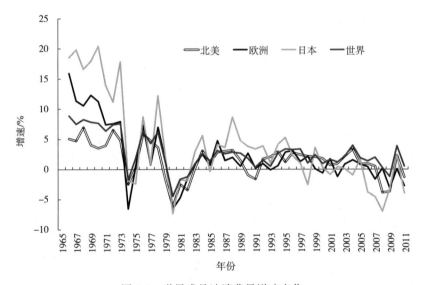

图 6-1　世界成品油消费量增速变化

另外，通过分析《BP 世界能源统计年鉴 2013》统计数据可知，发达经济体成品油消费量占世界总量的比重也呈现下降趋势。2011 年北美、欧洲、日本成品油消费量为 14.1 亿吨，占世界总量的比重为 51%，较 1965 年下降 25 个百分点。2011 年 OECD 经济体（含 34 个市场经济国家）成品油消费量为 15.4 亿吨，占世界总量的比重为 56%，较 1965 年降低 21 个百分点（图 6-2）。

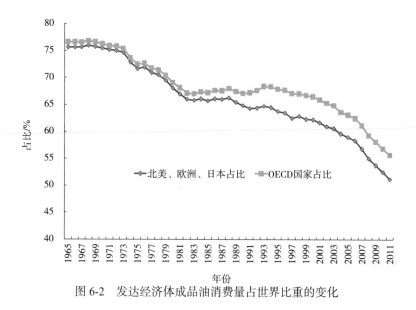

图 6-2　发达经济体成品油消费量占世界比重的变化

（2）世界不同地区消费柴汽比变化各有特点，与经济发展阶段、产业政策密切相关。

20 世纪 70 年代至 90 年代，欧洲柴汽比逐步下滑，随着欧洲国家普遍推行家用汽车柴油化，柴汽比回升至较高水平。20 世纪 60 年代至 2011 年，北美地区成品油消费的柴汽比基本持稳，维持在 0.65 左右。日本、中东和亚太地区成品油消费柴汽比稳中有降，非洲消费柴汽比呈上升趋势（图 6-3）。

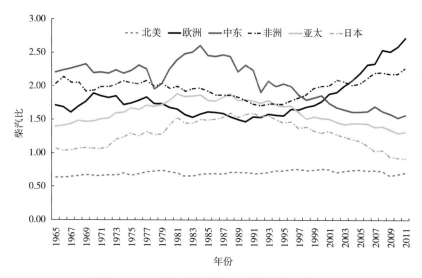

图 6-3　1965 年以来不同地区消费柴汽比变化

　　世界不同地区经济发展水平、发展阶段和产业政策等因素导致不同地区柴汽比呈现较大差异及变化特点。

　　（3）发达经济体柴油消费结构均由工业、农业向公路物流领域集中，往往也伴随着柴油消费增长的放慢。

　　随着工业化过程和 GDP 增长，特别是一个国家经历发展的重化工业化阶段，工业部门柴油消费增长较快。但当人均 GDP 达到一定水平时，第三产业进入快速发展阶段，柴油消费也向公路运输、商业民用等领域集中。如图 6-4 和图 6-5 所示，美国和英国都经历了柴油消费结构的转变。

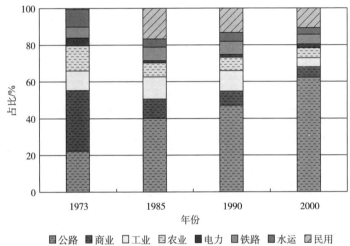

图 6-4　美国柴油消费结构变化

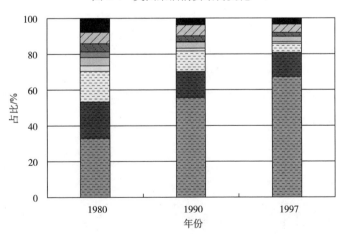

图 6-5　英国柴油消费结构变化

从 1998 年金融危机开始，日本经济发展一直低迷。农业用油逐渐下降，工业等部门柴油消费有所下降，船用柴油逐渐转向燃料油，柴油消费整体有所下降（图 6-6）。

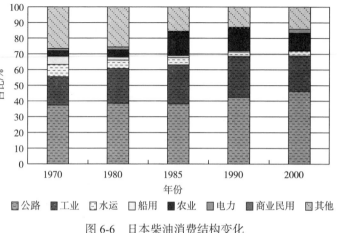

图 6-6　日本柴油消费结构变化

1970~1989 年韩国处于工业化上升阶段，GDP 年均增长 7%~8%，工业及其他非车用柴油上升较快，柴油消费年均增长 10.2%。1989 年开始经济显现衰退迹象，柴油消费年均增长率仅为 3.1%。主要是发电和农业部门消费柴油下降，同时部分民用及商业消费者逐渐转向使用天然气和液化石油气（图 6-7）。

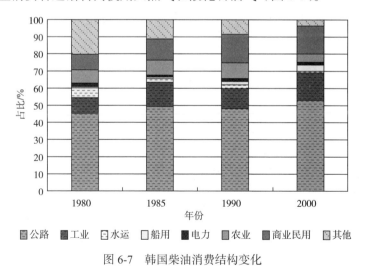

图 6-7　韩国柴油消费结构变化

2）世界天然气市场发展现状及趋势

（1）天然气在世界能源利用中占据重要地位，未来 20 年仍将快速发展。

2012 年全球天然气消费 3.3 万亿立方米，占一次能源的比例为 24%。未来 20 年，天然气消费快速增长，2030 年消费规模达 4.8 万亿立方米，是 2010 年的 1.5 倍（图 6-8）。

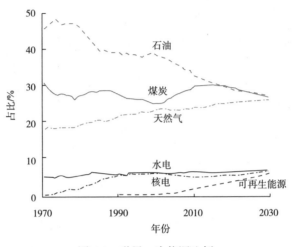

图 6-8　世界一次能源比例

（2）天然气消费主要分布在北美和欧洲，近年来亚太地区增势迅猛。

2012 年全球天然气消费中北美地区占 27.5%，欧洲及欧亚大陆占 32.6%，亚太地区占 18.8%（图 6-9）。2008~2012 年，年均增量超过 330 亿立方米。

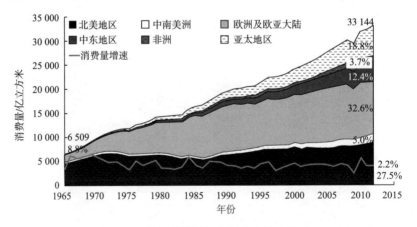

图 6-9　世界各地区天然气消费量及增速

全球人均天然气消费量最多的地区集中在欧洲及欧亚大陆和北美地区（图 6-10）。2012 年俄罗斯人均天然气消费量 2 900 立方米，位居世界第一。美国次之，人均天然气消费量 2 300 立方米。中国人均天然气消费量 109 立方米，远低于世界平均水平 417 立方米。

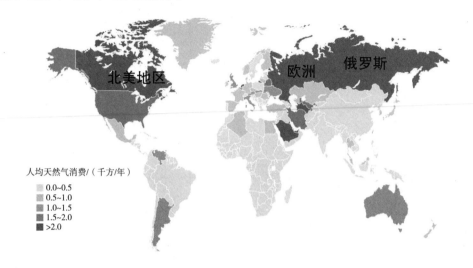

图 6-10　2012 年世界各地区人均天然气消费图

（3）世界油气供需格局正在发生深刻变化，自西向东渐成油气主体流向。

根据《BP 世界能源统计年鉴 2013》可知，2012 年全球天然气贸易量 1.03 万亿立方米，其中管道运输占 68%，LNG 运输占 32%。世界天然气贸易主要从俄罗斯、非洲流向亚太、欧洲等地区，总体上呈现自西向东的流向。俄罗斯是最大出口国，出口气量 2 200 亿立方米。

（4）天然气价格总体上呈上升趋势，天然气区域价差明显，价差逐渐扩大。

1995~2012 年，国际天然气价格在波动中不断攀升，2012 年价格与 1995 年相比高约 4 倍。但是世界天然气区域性价差明显，并有日益增加的趋势。美国天然气自给率提高，气价降至 2002 年的水平（3 美元/10^6 英热单位），日本由 10 年前的 4 美元/10^6 英热单位升至 2012 年的 17 美元/10^6 英热单位（图 6-11）。

2. 中国油气利用现状及发展趋势

1）中国石油市场现状

（1）中国石油消费量平稳增长，占一次能源的比重总体变化不大。

在中国能源消费中，煤炭一直居首要地位，这与中国煤炭资源丰富有关。随着 20 世纪 60 年代油气资源开发力度加大，能源结构发生较大转变。半个多世纪以来，中国石油消费量快速增长，2012 年石油消费量约是 1978 年的 7 倍，年均增长速度为 5%。

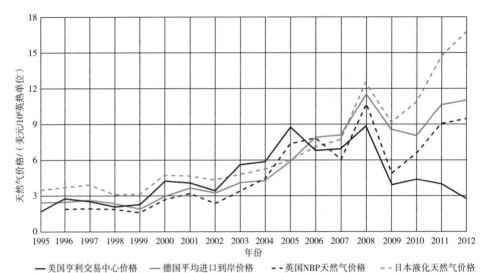

图 6-11　1995~2012 年国际天然气价格走势图

石油占一次能源的比重从 1953 年的 3.8% 跃居到 1978 年的 22.7%，2012 年石油占一次能源比重为 18.8%，期间总体在 20% 上下浮动（图 6-12）。

2012 年，中国成品油表观消费量为 2.51 亿吨，同比增长 3.3%，2011 年中国成品油表观消费量同比增长 5.2%，较 2010 年 11% 的增速连续两年明显回落。2012 年汽油消费量为 8 684 万吨，同比增长 12.3%，2011 年及 2010 年同期同比

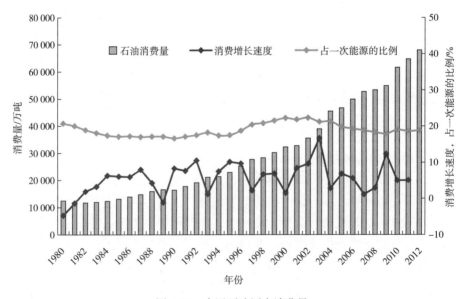

图 6-12　中国石油历史消费量

上涨 8.1% 和 6.8%，增速仅次于 2008 年。煤油消费量为 1 800 万吨，同比增长 3.5%；柴油消费量为 1.7 亿吨，同比增长 1.5%，2011 年及 2010 年同期同比上涨 7.1% 和 12.6%，柴油消费量增速仅高于 2009 年。

（2）自产石油资源不能满足日益增长的需求，中国石油消费依赖进口的局面还将长期存在。

近年来，世界石油需求增长迅速，而供应则相对较弱，国际油价始终在高位震荡，石油的廉价时代一去不复返。随着经济的快速发展，中国的石油需求快速增长，国内石油供需缺口逐年扩大，而国内石油供应难以实质性增长，石油进口成为缓解国内石油供需矛盾的主要手段。2012 年石油对外依存度达 56%，预计 2030 年将达到 76%（图 6-13）。

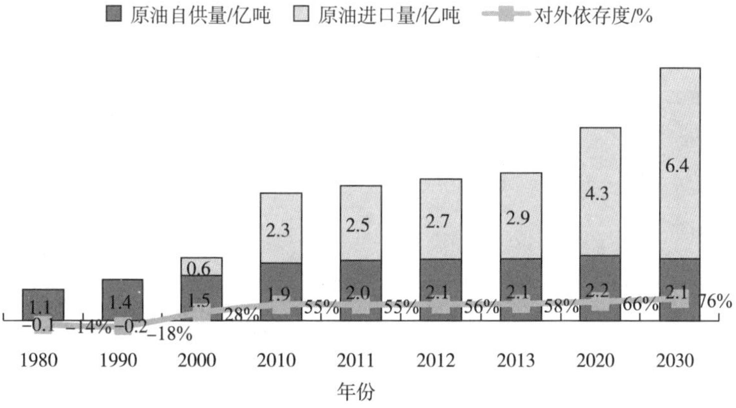

图 6-13　中国石油供应及进口量

目前中国石油安全总体上处于严峻态势，对石油安全外部风险整体控制和承受能力还有待加强，对石油价格的承受能力不强，油价在长期趋势下的上涨使得中国石油供应安全面临更大的挑战。

2）中国天然气市场发展现状与趋势

从天然气市场发展的外部表现看，纵观中国天然气市场数十年的发展历程，借鉴发达国家天然气市场发展经验，中国天然气市场发展具有阶段性、长期性、区域性、结构性、波动性五大特点。

（1）中国天然气市场正处于快速发展阶段。

借鉴世界典型国家的经验，中国天然气市场发展将经历启动期、发展期、成熟期三大阶段，目前处于发展期。前几十年天然气消费长期处于一种"供应驱动消费"的发展模式。

中国在 2 000 多年前就开始使用天然气，是世界上最早使用天然气的国家之一。当时生产的天然气是通过竹管输送的，尽管利用历史较早，但中国天然气工业在 20 世纪并未像其他国家一样迅速发展起来。自新中国成立以来经过 27 年的发展，于 1976 年首次突破了 100 亿立方米。"九五"期间，中国实施"油气并举"的战略方针，此期间天然气消费增长较快，2003 年，中国天然气消费量达到了 339亿立方米。

西气东输项目于 2004 年正式开始商业运作，标志着中国天然气市场由启动期进入发展期。天然气消费呈现爆发式增长，2012 年，中国天然气消费量增至 1 471亿立方米，占能源消费总量的 5.3%。1979 年中国人均天然气消费量为 14.8 米^3/年，2012 年中国人均天然气消费量增至 109 米^3/年，40 多年来人均天然气消费量增长了 6.4 倍。1965~2012 年中国天然气消费量增长情况见图 6-14。

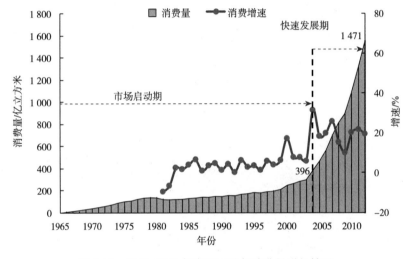

图 6-14　1965~2012 年中国天然气消费量增长情况

（2）中国天然气市场发展将是一个长期的过程。

参考典型国家经验，天然气市场发展的内在驱动因素是经济的发展、人口的增长（尤其是城镇人口）和社会的进步。从中国的现实情况看，经济、人口和社会发展都处于一个快速发展时期，并将长期持续。

根据 2009 年国务院发展研究中心研究编制的《2050 年中国能源和碳排放报告》，从经济发展目标看，中国按照"全面建设小康社会的发展目标"和"三步走"经济发展战略逐步实施经济发展计划，预计 2010~2030 年经济增长速度在 7.7%左右，2030~2050 年经济增长速度在 4.3%左右，至 2050 年中国经济建设将达到中等发达国家水平（图 6-15）。

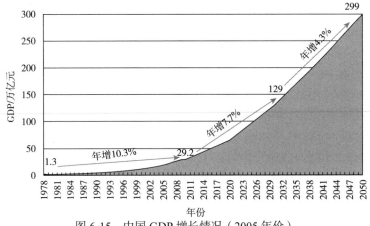

图 6-15　中国 GDP 增长情况（2005 年价）

同样根据 2009 年国务院发展研究中心研究编制的《2050 年中国能源和碳排放报告》，从人口发展情况看，中国人口总数将于 2030 年达到峰值，城镇化水平不断提升。2012 年中国总人口为 13.5 亿人，城镇化水平为 52.6%，预计中国人口 2020 年为 14.4 亿人，2030 年左右达到 14.7 亿人的峰值，2050 年回落到 14.4 亿人。城镇化率稳步提升，预计 2050 年达 70.0%，城镇人口达 10 亿人（图 6-16）。

中国经济和人口城镇化将持续发展，驱动清洁能源——天然气利用的内在因素将长期存在。此外，近期连续出现的雾霾天气让全社会认识到环境保护已经刻不容缓，而且有较长的路要走。据中国科学院研究，2012 年北京市 $PM_{2.5}$ 中各种排放源的贡献率分别为：燃煤 26%，机动车 19%，未解析 14%，餐饮 11%，工业 10%，扬尘 6%，等等。天然气在此社会背景下，面临发展机遇，将会长期持续发展。

世界典型国家天然气市场发展（是指启动期和发展期）一般经历半个世纪以上的时间。预计中国启动期到成熟期共 80 年。启动期为 1949~2004 年，历经 55 年；以西气东输投产为标志，中国天然气市场发展期为 2005~2030 年，预计快速发展 25 年。到 2050 年左右中国天然气市场完全成熟。

（3）中国天然气市场具有显著的区域特点。

"九五"之前，中国尚未大规模修建天然气管道等基础设施，天然气消费是就近利用，主要集中在油气田周边，消费区基本上就是生产区，其中川渝气区周边消费量就占全国的 40% 以上。从省份上看，全国天然气消费主要集中在拥有大型油气田的四川省、黑龙江省、辽宁省等省份。

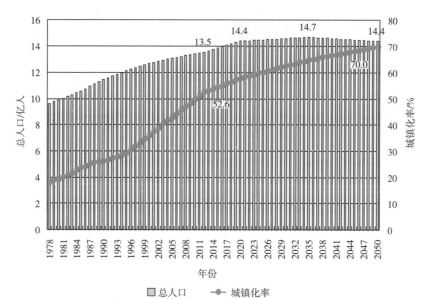

图 6-16　中国人口发展情况

随着陕京线、崖港线、涩宁兰、西气东输、忠武线、陕京二线、东海外输线等重要基干管道的陆续建成，长庆、塔里木、西南、青海等主要气区均已建成外输管道，并实现联网。西气东输工程拉开了中国天然气工业大发展的序幕，中国—中亚天然气管道的建设将大规模引进国外管道气，境内的西气东输二线也将形成横贯东西的能源大动脉，中国天然气主干管网框架基本形成。基础设施的建设，大大扩展了天然气市场区域。长江三角洲、两湖地区以及天然气干线沿线省区，掀起了气化高潮。

2012 年年底，中国内地的 31 个省区都不同程度地应用上天然气。若将全国各省天然气消费按照量的大小分为 5 个层级，四川、广东、江苏、新疆、北京等11 个省（区、市）2012 年用气量已超过 60 亿立方米，达到了第一层级；河南、山东等省份天然气用量也已达到了第二层级。

在天然气利用的区域上，目前中国基本形成了八大不同类型的天然气消费市场，具体为：东北地区的工业燃料替代型天然气市场，环渤海地区的城市清洁型和发电型天然气市场，长江三角洲地区的城市清洁型、工业燃料型和发电型相交织的混合型天然气市场，东南沿海地区的发电型天然气市场，中南地区的工业燃料型天然气市场，西南地区的化工型天然气市场，中西部的工业燃料和化工型天然气市场，以及西北地区的化工型和城市清洁型天然气市场。

（4）中国天然气消费结构将向均衡型优化。

天然气作为一种优质高效的清洁能源和化工原料，已广泛地应用于中国国民经济生产和生活中的各个领域，主要分布在城市燃气、工业燃料、化工和发电四大行业。

"九五"前，由于缺少天然气外输管道，天然气基本上就近利用。为了使油气田生产的天然气得以利用，中国50%以上的天然气用于化工。1996年中国天然气的消费结构为城市燃气14%、工业燃料37%、发电4%、化工45%。

近年来随着城市化水平和环境要求的提高，天然气作为一种清洁高效的能源，被大量地应用于城市燃气和替代其他工业燃料。天然气消费结构逐渐由以化工为主的单一结构向多元结构转变。2007年9月，国家发改委正式颁布了中国第一部《天然气利用政策》，旨在缓解天然气供需矛盾，优化天然气使用结构，促进节能减排工作。其中在利用领域上，主要鼓励用于城市民用和必需的工业上，进一步优化了中国的天然气消费结构。

城市燃气为天然气利用主要增长方面，其比例快速增长。工业燃料保持稳定增长，主要原因是城市中的小工业也是主要利用方向。发电比例增长也较大，主要原因是长江三角洲和东南沿海地区近年来新上燃气发电项目较多。化工比例大幅度下降，主要原因为：一是《天然气利用政策》的引导有一定的效果；二是天然气价格对化工有抑制作用。2012年，中国天然气消费结构为城市燃气占比31%，发电占18%，工业燃料占35%，化工占16%；天然气气化人口2.3亿，气化率为32%。

近年来中国天然气消费结构变化状况见图6-17。

预计未来中国天然气消费主要用于城市燃气和工业燃料两大行业。城市燃气用气量主要由城镇化发展、改善民生、环境保护（$PM_{2.5}$治理）、采暖用能等因素促进增长；工业燃料用气增长由工业企业发展、环境保护、产品质量提升等带动。预计2020年天然气消费结构为城市燃气占比36%，发电占15%，工业燃料占40%，化工占9%；居民用气372亿立方米，气化人口5.7亿人，约占城镇人口8.2亿人的70%，这与美国当前的均衡型消费结构类似。

（5）中国天然气利用的波动性大，对储气设施要求高。

受季节气候变化影响，全国季节调峰需求占消费总量的8%~10%。其中，东北、西北、中西部和环渤海地区属于采暖区，季节性波动大，调峰需求较大，环渤海峰谷差3.2倍，北京市峰谷差在5倍以上（图6-18）。

用气波动性的客观存在，要求分析市场供需关系时，兼顾长期和短期，统筹安排储运设施。

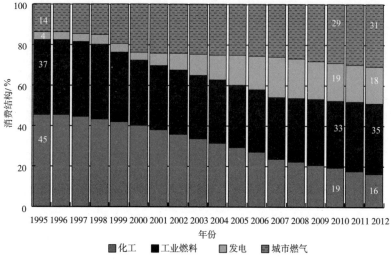

图 6-17　中国天然气消费结构变化趋势图

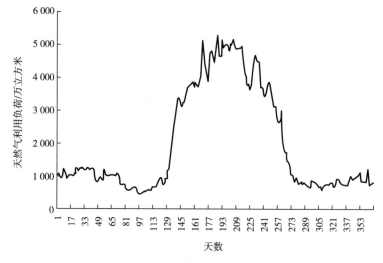

图 6-18　2012 年北京市全年负荷曲线

（二）油气在中国能源利用中地位的基本判断

1. 中国能源消费现状

1）中国能源消费总量持续增长

改革开放 34 年来，中国能源消费持续快速增长，2012 年能源消费总量达到 36.2 亿吨标准煤，较 1978 年增加了 5.3 倍，年均增速达 5.6%（图 6-19）。尤其是进入 21 世纪以后，能源消费增长加速，年均增速达 7.9%，年均增量超过 1.8 亿吨

标准煤，增量几乎与西班牙等欧洲中等发达国家能源消费总量相当。中国的人均
用能也大幅增长，由 1978 年的 0.59 吨标准煤增至 2012 年的 2.67 吨标准煤，达到
甚至超过世界平均水平。

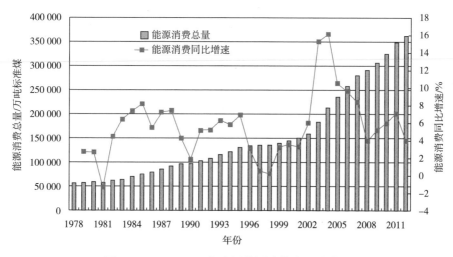

图 6-19　1978~2012 年中国能源消费总量及增速

　　为了控制这种过快增长态势，2013 年 1 月 30 日，国务院常务会议提出加快
形成能源消费强度和能源消费总量双控制的新机制，划定能源消费红线，到 2015
年，全国能源消费总量控制在 40 亿吨标准煤左右。控制能源消费总量，是贯彻落
实科学发展观，加快转变经济发展方式，促进资源节约型、环境友好型社会建设
的重要举措。

　　2）中国能源消费弹性系数日益增大

　　能源消费弹性系数是反映能源消费增长速度与国民经济增长速度之间比例关
系的指标。计算公式为：能源消费弹性系数=能源消费年平均增长速度/国民经济
年平均增长速度。

　　改革开放到 20 世纪末，中国能源消费与经济增长的关系大体是"一番保两
番"，2000 年 GDP（1978 年为不变价）是 1978 年的 7.6 倍，能源消费仅是 2.55
倍，在这一阶段平均能源消费弹性仅为 0.5 左右（图 6-20）。

　　进入 21 世纪以来，中国能源消费与经济增长的关系基本上是"一番保一
番"，2012 年 GDP（2000 年为不变价）是 2000 年的 3.2 倍，能源消费也达 2.5
倍，此时能源消费弹性系数基本在 1 左右。因此中国能源强度不断上升，经济
发展开始频频受到能源瓶颈问题的困扰，中国能源问题已经成为国民经济发展
的战略问题。

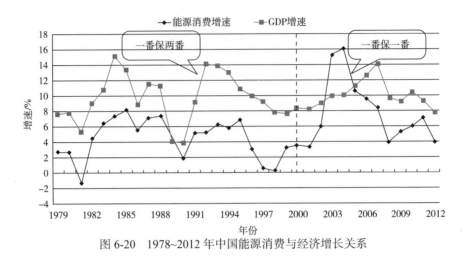

图 6-20　1978~2012 年中国能源消费与经济增长关系

3）以煤为主的一次能源结构未发生根本性转变

中国是煤炭资源比较丰富的国家，从能源消费结构来看，煤炭依然在中国能源消费总量中占主导地位。新中国成立初期，中国煤炭消费量占一次能源消费总量的 90% 以上，随着中国石油天然气工业和水电事业的发展，煤炭消费比例有所下降，1990 年煤炭消费占比达到 76%；1990~2002 年，煤炭消费占比持续下降，至 2002 年达到 68%；在 2003~2007 年，煤炭消费占比小幅上升，至 2007 年达到 71%；从 2008 年后，煤炭消费占比又开始下降，至 2012 年达到 66%。因此，从整体上看，中国能源消费基本形成以煤为基础、多元发展的能源消费结构（图 6-21）。

2. 中国未来社会经济环境发展及能源政策

1）中国未来国家发展愿景

根据中国经济建设总体战略部署，到 21 世纪中叶中国基本实现现代化，达到中等发达国家水平，建设成美丽中国，实现民族复兴。

达到中等发达国家水平是指人均 GDP 达同期 OECD 国家的中上水平，约 50 000 美元（OECD 国家按年均增长 2.4% 测算）；现代化强国是指创新驱动，R&D 投入占 GDP 的比重保持在 2.5%~3.0%，科技进步贡献率增至 80% 左右；美丽中国是指环境质量与人民群众日益提高的物质生活水平相适应，生态环境质量全面改善，天蓝水清（环境质量回到 20 世纪 80 年代初水平）。

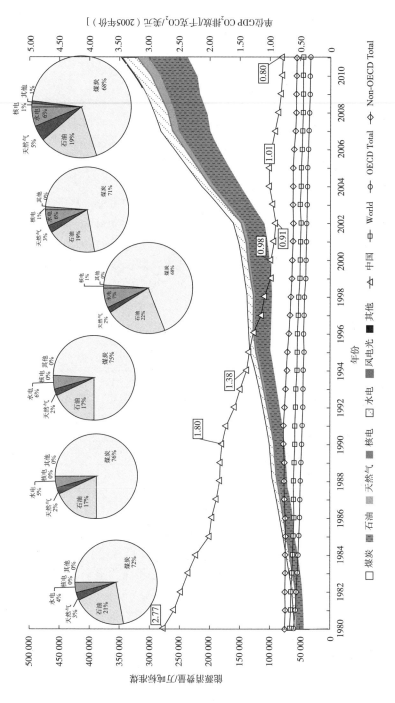

图6-21 1980~2012年中国一次能源消费构成

为了实现 2050 年国家发展目标,根据部署还制定了分阶段发展目标。到 2020 年中国经济总量与美国相当,全面建成小康社会;到 2030 年中国成为高收入国家,人均 GDP 约为高收入国家中等水平,建设现代、和谐、有创造力的社会;到 2050 年中国进入中等发达国家之列,人均 GDP 达到同期 OECD 国家中上水平。

2)中国未来社会经济发展情景

能源消费是经济发展的同步指标,能够准确、直接地反映经济运行的状况,随着经济的增长,工业化阶段初期和中期能源消费一般呈缓慢上升趋势,当经济发展进入后工业化阶段后,经济增长方式发生重大改变,能源消费强度开始下降,按照这种发展规律,中国 GDP 增速将在"十二五"后不断下台阶,未来中国能源消费强度将会不断下降。

产业结构变化是导致能源消费与经济增长不同步的重要原因,在经济运行出现上升或者下滑的转折时,能源消耗最大的第二产业波动最大,而用能相对较少的第一、三产业往往波动较小,这是三次产业结构变化导致"不同步"现象的基本原因。根据钱纳里的工业进程化理论可以基本判断,中国正处于工业化中级向高级转化阶段,预计 2020~2030 年完成工业化,现阶段服务业发展较为滞后,受政策扶持影响,未来占比将较快提高(表 6-1)。未来随着中国工业增速的下降,GDP 增幅随之下降,导致工业用能增幅下降。

表 6-1　2010~2050 年产业结构分布(单位:%)

产业结构	2010 年	2020 年	2030 年	2040 年	2050 年
第一产业比重	10.1	7	5	4	3
第二产业比重	46.8	44	39	33	30
第三产业比重	43.1	49	56	63	67

3)中国未来环境治理情景

根据 2007 年的《国家环境宏观战略研究》,中国中长期环境和生态保护目标为,2020 年,主要污染物排放总量得到有效控制,生态环境质量明显改善;2030 年,污染物排放总量得到全面控制,生态环境质量显著改善;2050 年,环境质量与人民群众日益提高的物质生活水平相适应,生态环境质量全面改善。

(1)PM$_{10}$ 排放控制目标情景。

长时间、大面积雾霾问题让人们认识到改善环境的重要性,大力建设生态文明已成为各界心声,未来将投入更多以改善环境。若要实现建设美丽中国目标,未来中国生态环境至少要回到 20 世纪 80 年代初水平。

当前,中国大气污染形势严峻,以 PM$_{10}$、PM$_{2.5}$ 为特征污染物的区域大气环境问题日益突出。随着中国工业化、城镇化的深入推进,能源消耗持续增加,大气污染防治压力继续加大。为切实改善空气质量，2013 年 9 月 10 日国务院发布了《大气污染防治行动计划》，具体目标为，到 2017 年，全国地级及以上城市可吸入颗粒物浓度比 2012 年下降 10% 以上，优良天数逐年提高；京津冀、长三角、珠三角等区域细颗粒物浓度分别下降 25%、20%、15% 左右，其中北京市细颗粒物年均浓度控制在 60 微克/米 ^{3} 左右。另外，人为源大气汞排放等也将纳入环境指标控制范畴。

对于主要污染物，参考"十二五"规划、环境保护规划、大气污染防治计划，设定未来污染控制情景，基本上较目前下降 50% 甚至更多（表 6-2）。

表 6-2　2010~2050 年主要大气污染物控制情景（单位：万吨）

污染物排放量	2010 年	2020 年	2030 年	2040 年	2050 年
SO_2 排放量	2 185	1 900	1 600	1 300	1 000
NO_x 排放量	2 274	1 950	1 700	1 400	1 100
烟尘排放量	829	700	600	500	400

（2）CO_2 排放控制目标情景。

中国 CO_2 排放增长迅速，不可能满足联合国政府间气候变化专门委员会（Intergovermental Panel on Climate Change，IPCC）提出的 2℃ 温升控制目标要求的排放水平，未来国际谈判责任分担具有很大的不确定性（图 6-22）。

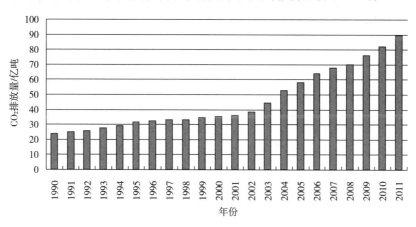

图 6-22　1990~2011 年中国 CO_2 排放量

参考 IPCC 及国内相关研究，按照树立负责任大国形象的要求，设定未来基准排放情景，到 2050 年 CO_2 排放不超过 105 亿吨（表 6-3）。

表 6-3　2010~2050 年中国 CO_2 排放控制情景设定（单位：亿吨）

年份	2010	2020	2030	2040	2050
CO_2 排放量	86	115	125	123	105
能源 CO_2 排放量	75	100	110	110	95

4）中国未来能源政策情景

（1）节能控需政策。

为了持续降低能源强度，逐步强化能源消费总量控制，"十二五"规划制定了能源强度下降 16% 的目标，"十三五"规划下降 15%，2020 年之后下降潜力趋缓；《"十二五"规划纲要》提出"合理控制能源消费总量"，党的十八大报告进一步指出要"推动能源生产和消费革命，控制能源消费总量"；《能源发展"十二五"规划》明确，到 2015 年能源消费总量及用电量控制目标分别为 40 亿吨标准煤和 6.15 万亿千瓦时；能源消费控制核心是控制化石能源，近期重点是控制煤炭消费总量。《大气污染防治行动计划》要求制定国家煤炭消费总量中长期控制目标，实行目标责任管理。其中，2013~2017 年京津冀、长江三角洲、珠江三角洲等区域力争实现煤炭消费总量负增长；石油消费非近期重点，但随着东部省市限制汽车消费或加强燃油车替代，间接抑制石油消费；2020 年后随着对外依存度不断增大，也将强化控制。

（2）能源结构调整政策。

为了加快清洁能源替代利用规模，需不断降低煤炭消费比重。天然气将成为未来 10~20 年调整能源结构的重要能源品种，必须加大天然气、煤制天然气、煤层气供应，并制定煤制天然气发展规划，加快煤制天然气产业化和规模化步伐，以及优化天然气使用方式，有序发展天然气调峰电站；2030 年后非化石能源将逐步成为主体能源，积极有序发展水电，大力开发利用地热能、风能、太阳能、生物质能，安全高效发展核电，到 2017 年非化石能源消费比重提高到 13%，到 2020 年非化石能源消费比重提高到 15%；另外还需要提高电力终端利用比重，加强电力对化石能源的替代。

2012 年 11 月 8 日党的十八大报告提出"推动能源生产和消费革命"，具体内容包括：大幅提升化石能源安全高效清洁生产水平；大规模推动非化石能源发展；大力推进分布式能源建设；建设现代电力系统，加快推进智能电网普及；推动终端用能技术革命，淘汰一批落后生产工艺和设备；推动能源消费方式革命，全面推进信息节能、公共服务节能、循环经济；推动终端用能品种革命，加快发展电动汽车；等等。

（3）能源价格政策。

为深化资源性产品价格改革，完善能源价格形成机制，党的十八大报告提出深化资源性产品价格和税费改革，建立反映市场供求和资源稀缺程度、体现生态价值和代际补偿的资源有偿使用制度和生态补偿制度，如放松管制、深入推进市场化改革，征收能源税、碳税、环境税、生态税等。

3. 2050 年中国能源需求预测结果及比较

（1）中国能源需求预测结果。

基于国家发展愿景，并分部门自上而下与自下而上相结合，设定包括经济社会发展、环境发展及能源政策等情景，环境质量作为外生变量，其约束通过反馈至能源消费总量和结构来加以体现。综合考虑各种影响因素，预计中国能源消费总量将在 2030~2040 年达到峰值，峰值约在 64 亿吨标准煤（图 6-23）。

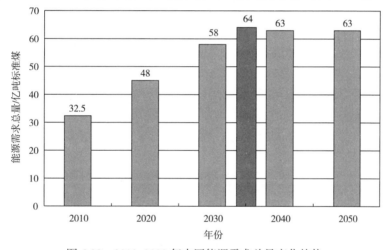

图 6-23　2010~2030 年中国能源需求总量变化趋势

不同能源品种需求及供应前景如下。

煤炭：煤炭是总量控制重点，2020 年力争控制到 39 亿吨，2030 年控制到 41 亿吨，2020~2030 年达到峰值，2050 年控制到 32 亿吨。

石油：考虑到中国常规石油产量规模上限（2 亿吨/年）、深海及非常规石油开发前景（0.4 亿吨/年）以及控制石油对外依存度要求，应该促进节约、替代和有序利用，2020 年力争不超过 6 亿吨；2020~2030 年严控石油对外依存度增长，到 2030 年将石油消费总量控制在 7 亿吨；2030~2040 年达到峰值，峰值不超过 8 亿吨；到 2050 年控制在 7.5 亿吨以内（不包括煤制油）。

天然气：天然气将长时间作为重要优质能源加以利用，2030 年之前一直发挥调整能源结构的重要作用，考虑到常规天然气产量规模上限（2 500 亿米³/年）、非常规石油天然气开发前景（1 000 亿~1 500 亿米³/年）以及控制天然气对外依存度要求，2030 年消费量达 4 800 亿立方米，但 2030 年后应加以合理控制，力争到 2050 年不超过 5 500 亿立方米（不包括煤制气）。

非化石能源：非化石能源代表未来能源发展方向，考虑其资源潜力、技术进步水平及成本变化，预计 2020 年供应能力超过 7 亿吨标准煤，2030 年供应能力可达 12 亿吨标准煤，2050 年有望达到 22 亿吨标准煤。

根据以上判断，可以得出一次能源结构预测分析结论。预计未来煤炭消费比重不断下降，到 2050 年占比有望降至 36%左右（1/3 强）；石油消费占比稳中趋降，基本保持在 17%左右；天然气比重在 2030 年前将不断上升，之后占比趋于稳定，占比最高接近 12%；非化石能源比重持续快速增加，2050 年预计占比将超过 1/3（表 6-4）。

表 6-4　2010~2050 年中国能源需求结构预测结果

能源结构	2010 年	2020 年	2030 年	2040 年	2050 年
能源需求总量/亿吨标准煤	32.5	48.0	58.0	63.0	63.0
煤炭/%	68.0	58.0	50.5	43.5	36.3
石油/%	19.0	17.6	17.2	17.9	17.0
天然气/%	4.4	9.4	10.8	10.8	11.6
非化石能源/%	8.6	15.0	21.4	27.8	35.1

（2）与其他机构预测结果比较（表 6-5）。

表 6-5　2012 年 WEO 与 IEEJ 对中国能源需求的预测

不同机构	2010 年	2015 年	2020 年	2030 年	2035 年	2010~2035 年能源需求增速/%
WEO/亿吨标准煤	34.5	43.1	48.0	53.5	55.3	1.9
IEEJ/亿吨标准煤	31.7	—	44.0	53.5	56.9	2.4

注：WEO，*Word Energy Outlook* 即《世界能源展望》，一般由 IEA 每年年底发布；IEEJ，Institute of Energy Economics Japan，即日本能源经济研究所

（3）与强化碳减排约束情景对比。

强化碳减排约束情景：中国 CO_2 排放总量将在 2030 年前后达到峰值，到 2050 年 CO_2 总量不高于 90 亿吨（能源 CO_2 排放量不超过 85 亿吨）。因此在保持经济社会发展目标下选择如下方案：进一步提高能源效率，其他不变，在经济结构不变的情况下，能源利用效率还将在基准情景基础上提升 12%以上，能源消费总量降至 60 亿吨标准煤；加大能源结构调整力度，其他不变，保持同样的能源服务水平，煤炭和石油需求量将进一步得到抑制，到 2050 年分别在 25 亿吨和 7 亿吨以下水平，天然气需求将超过 6 500 亿立方米（不含煤制气）、非化石能源发展规模应超过 23 亿吨，分别较基准情景增加 1 000 亿立方米和近 2 亿吨标准煤。2050

年低碳情景下中国一次能源需求结构预测如表 6-6 所示。

表 6-6　2050 年低碳情景下中国一次能源需求结构预测

分类	能源需求总量/亿吨标准煤	煤炭/亿吨	石油/亿吨	天然气/亿立方米	非化石能源/亿吨标准煤
数量	60	25	7	6 500	23.5
比重/%	100	29.8	16.7	14.4	39.2

（4）油气在中国能源消费中的地位。

油气消费占中国能源消费总量的比重保持 1/4 左右，在能源利用中占据重要地位。2012 年，中国能源消费总量达 36.2 亿吨标准煤，占全球总量的 19.3%。中国能源消费中，油气消费为 8.6 亿吨标准煤，占 24%，其中石油 4.8 亿吨，占 19%，天然气 1 471 亿立方米，占 5.3%。

2030 年，中国能源消费总量达 58 亿吨标准煤，占全球总量的 23% 左右，中国能源消费中，油气消费为 16 亿吨标准煤，将占 28%，其中石油 7.0 亿吨，占 17%，天然气 4 800 亿立方米，占 11%（图 6-24）。

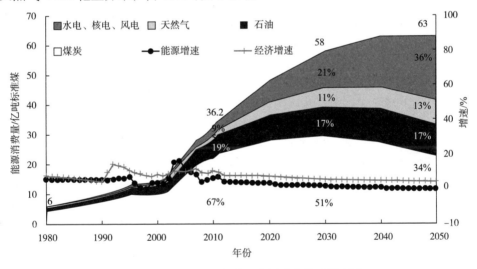

图 6-24　1980~2050 年中国能源消费量及增速图

三、油气供给革命的资源保障与输送支撑

（一）油气资源供给的保障

1. 油气需求分析

1）中国未来成品油、原油需求量快速增长

本书采用"宏观经济—各终端用油行业发展—行业用油需求变化—需求总量

预测"的结构性预测研究方法,对全国成品油分行业及总需求进行预测。预计 2020 年、2030 年、2050 年国内成品油需求量分别为 3.3 亿吨、4.0 亿吨、5.2 亿吨(图6-25)。2012~2020 年年均增长 2%,2020~2030 年年均增长 2%,2030~2050 年年均增长 1%。若 2040 年以后电动车、非常规气技术应用有实质性突破,预计 2040 年以后成品油需求萎缩,2050 年需求量为 4.3 亿吨。

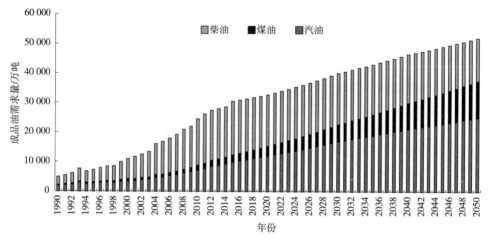

图 6-25　中长期国内成品油需求量预测

　　1978 年以来,中国消费柴汽比呈现先降后升再回落的变化趋势。最低点 1990 年为 1.33,最高点 2005 年为 2.31,2012 年回落至 1.97。预测 2020 年、2030 年、2050 年消费柴汽比分别下降到 1.5、1.0、0.6 左右。

　　消费结构方面,汽油的消费主体分为汽油车、摩托车和其他三类,其中汽油车用油约占 89%。物流业、农业和工业是最主要的柴油消费力量,三者消费的柴油占柴油消费量的比例分别达到 58%、20% 和 16%。物流业占柴油需求比重稳步上升,由 2012 年的 58% 提高到 2050 年的 79%。农业始终为柴油第二大消费部门,占比由 2012 年的 20% 下降到 2050 年的 15%,工业用油占比下降最快,由 2012 年的 14% 下降到 2050 年的 4%(图 6-26)。

　　根据成品油需求预测结果,结合中国炼厂产能建设和布局,按照成品油综合收率为 0.61 测算,初步预测 2020 年、2030 年中国原油需求为 5.9 亿吨、7.0 亿吨,2050 年原油需求为 7.6 亿吨(图 6-27)。

　　2)中国未来天然气需求量高速增长

　　未来一段时间中国天然气市场将处于高速发展阶段,对其远期发展规模的判断需要从多个方面进行考量。本书采用多种方法和模型对未来中国天然气需求进行综合分析和判断。预计 2020 年中国天然气需求量为 3 500 亿立方米,2030 年为 4 800 亿立方米,2040 年和 2050 年分别为 5 500 亿立方米和 6 000 亿立方米（图 6-28 ）。

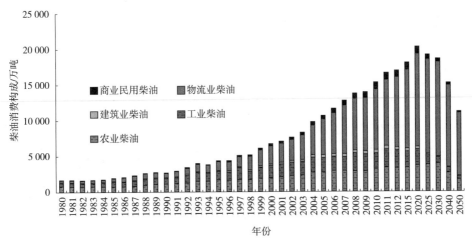

图 6-26　中国中长期柴油消费构成变化预测

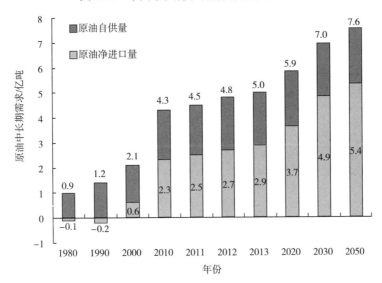

图 6-27　中国原油中长期需求预测

　　通过对未来中国油气需求分析预测，本书认为未来中国油气需求呈现快速发展态势，特别是天然气需求量未来一段时间高速发展。这里油气需求分析的结论与前文 2050 年能源需求预测对中国油气需求的判断是吻合的，具体数据见表 6-7。

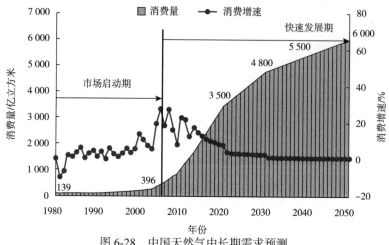

图 6-28　中国天然气中长期需求预测

表 6-7　中国中长期油气需求预测结果

年份	2012	2020	2030	2050
天然气消费需求/亿立方米	1 471	3 500	4 800	6 000
原油消费需求/亿吨	4.8	5.9	7.0	7.6
成品油需求/亿吨	2.8	3.3	4.0	5.2

2. 国内产量保障

1）中国油气供应以常规资源为主，油气产量快速增长

中国原油产量正进入稳定增长高峰期，预计未来高峰产量 1.8 亿~2.5 亿吨，峰值出现在 2020 年前后（图 6-29）。

如图 6-30 所示，未来中国常规天然气产量将保持快速增长，高峰期产量在 2030 年前后，达到 2 600 亿立方米。

2）中国非常规油气处于起步阶段，未来发展前景较好

目前中国的页岩气开发处于起步阶段。截至 2012 年年底，中国共开展 22 口页岩气直井压裂试气，15 口见气。根据国家发改委 2012 年 3 月发布的《页岩气发展规划（2011—2015 年）》，"十二五"期间中国将基本完成全国页岩气资源潜力调查与评价，初步掌握全国页岩气资源量及其分布，2015 年页岩气产量达到 65 亿立方米。综合判断，2020 年页岩气的合理产量为 100 亿立方米，2030 年为 300 亿立方米，2050 年为 600 亿立方米。

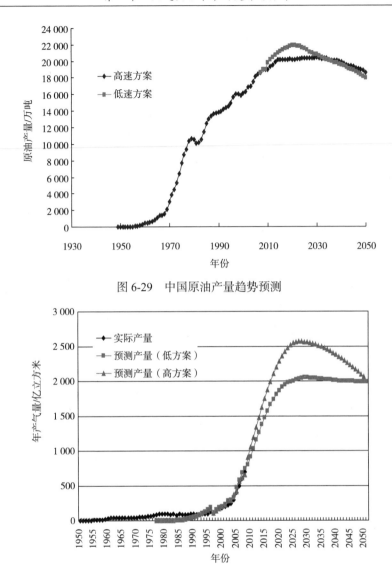

图 6-29　中国原油产量趋势预测

图 6-30　中国天然气产量趋势预测

中国煤层气 2012 年产量（地面抽采）为 26 亿立方米，利用量为 20 亿立方米，过去几年增加 3 亿~5 亿米³/年。根据国家《煤层气（煤矿瓦斯）开发利用"十二五"规划》，2015 年煤层气产量（地面抽采）达到 160 亿立方米。综合判断，2020年煤层气的合理产量为 200 亿立方米，2030 年为 300 亿立方米，2050 年为 400亿立方米。

3）中国可转化油气资源正在开展试点，初步判断其可以作为补充资源，并不是未来发展方向

中国目前已在内蒙古、山西等地建成 4 个煤制油试点项目，规模 158 万吨/年。结合环保、水资源、能效、政策及价格等影响因素，初步判断 2020 年中国煤制油合理产量为 1 600 万吨、2030 年为 2 600 万吨、2050 年为 4 000 万吨。

国家发改委已核准了大唐克什克腾旗、大唐阜新、汇能伊金霍洛旗、新疆庆华四项煤制气项目，同意开展前期工作项目 6 个，合计产能 771 亿米³/年。结合环境约束、水资源及价格等影响因素，初步判断 2020 年煤制气产业的合理规模为 300 亿立方米、2030 年为 500 亿立方米、2050 年为 800 亿立方米（表 6-8）。

表 6-8　中国未来中长期油气产量预测

年份		2020	2030	2050
天然气/亿立方米	常规气	1 900	2 300	2 100
	煤层气	200	300	400
	煤制气	300	500	800
	页岩气	100	300	600
	国产气小计	2 500	3 400	3 900
原油/亿吨	常规油	2.3	2.4	2.1
	国产油小计	2.3	2.4	2.1

3. 油气进口保障

1）中国未来油气进口量逐年增加，对外依存度不断提高

中国未来油气需求快速发展，虽然常规油气资源和煤制油、煤制气、页岩气、煤层气等非常规资源发展迅速，但是自产油气资源仍不能满足日益增长的需求，中国油气消费依赖进口的局面还将长期存在（表 6-9）。

表 6-9　中国油气供需平衡一览表

年份	2020	2030	2050
原油消费需求/亿吨	5.9	7.0	7.6
国产油供应/亿吨	2.3	2.4	2.1
需进口量/亿吨	3.6	4.6	5.5
天然气消费需求/亿立方米	3 500	4 800	6 000
国产气供应/亿立方米	2 500	3 400	3 900
需进口量/亿立方米	1 000	1 400	2 100

1996 年中国成为原油净进口国，原油净进口量由当年的 2 263 万吨增至 2012 年的 2.7 亿吨，增长了 10 倍多，年均增速为 16.8%。目前是世界第二大石油进口国，仅次于美国。未来中国石油资源存在较大缺口，预计 2050 年中国油气依存度

将达到 71%（图 6-31）。

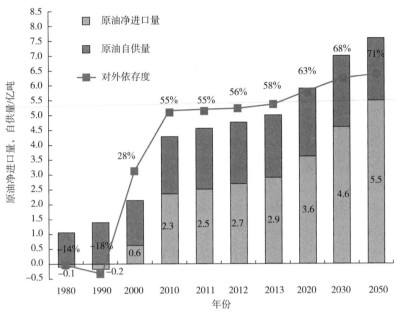

图 6-31 中国石油供应及进口量

中国 LNG 进口始于 2006 年深圳大鹏 LNG 接收站建成投产，2009 年年底中亚天然气管道建成，开始从陆上引进天然气，之后每年均呈快速增长态势。2012年进口量达到 425 亿立方米，是 2011 年进口量的 1.48 倍（图 6-32）。

图 6-32 中国天然气供应及进口量

2）中国油气进口来源分析

（1）中国原油进口主要依赖中东和非洲地区，天然气进口主要依赖亚太和中东地区。

中国原油进口主要来自中东和非洲，2012 年中东地区进口量约为 1.35 亿吨，非洲进口量约为 0.6 亿吨，两地区进口量所占比例约为 70%（图 6-33）。天然气进口地主要是中亚、澳大利亚和中东，三者所占比例高达 92%，中国海上进口原油比例高达 90%，大量原油运输经过马六甲海峡等咽喉要道，油气供应安全问题受到各方高度关注。

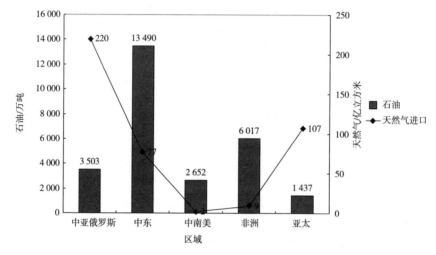

图 6-33　2012 年中国油气进口区域来源

中国原油从中东的沙特阿拉伯、非洲的安哥拉进口量位居前列，对比 2011 年和 2012 年，由于政局动荡、美国制裁等因素，从苏丹和伊朗进口量有较大幅度下降，除哈萨克斯坦略有下降，从其他各国的进口量都有所增加（图 6-34）。

（2）中国未来油气进口主要来自七个方向，油气进口来源和通道正趋于多元化。

从全球油气资源分布和市场供需关系看，中国未来油气进口主要来自七个方向，分别是中亚、俄罗斯、中东、非洲、南美、加拿大和澳大利亚。其中中亚、俄罗斯以陆上通道进口为主，其他均为海运。油气进口来源和通道正趋于多元化。

中亚、俄罗斯、中东和非洲地区是重点发展地区。中亚地区以中亚三国为重点，油气并举，加强勘探，扩大规模，保障西北通道供应。俄罗斯地区重点围绕西西伯利亚、东西伯利亚陆上油田勘探开发与北部海域勘探，夯实中国西北、东北油气管道资源基础。中东地区重点关注伊朗和伊拉克，不断扩大油气勘探开发合作，提高中国对非洲地区投资的国际竞争力，为海上资源通道提供保障。非洲

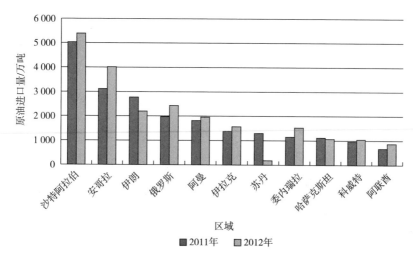

图 6-34　2011 年和 2012 年中国原油进口来源对比

地区应不断扩大油气开发合作规模，积极拓展海上项目，择机发展非常规油气和天然气。

加拿大、澳大利亚和南美地区是发展区域。加拿大重点关注油砂项目，不断扩大合作，通过市场换资源，为海上战略通道提供资源保障。澳大利亚拓展天然气上游勘探开发，择机发展非常规天然气合作，为海上 LNG 资源引进提供资源保障。南美地区重点关注委内瑞拉和巴西，通过参与上游、装备出口、技术服务、贷款融资等方式扩大油气进口规模，使其成为中国能源企业"走出去"的重要战略目标区，原油进口多元化的重要来源地。

（3）中国初步构建四大油气战略进口通道，"横跨东西、纵贯南北、连通海外"的油气管道输送格局初步形成。

截至 2012 年年底，中国建成油气管道总里程 9.4 万千米，其中原油管道 1.9 万千米，成品油管道 2.0 万千米，天然气管道 5.5 万千米。形成了"北油南送、西油东运、西气东输、海气登陆"的油气供应格局，构建了"横跨东西、纵贯南北、连通海外、覆盖全国"的油气管道运输体系，初步实现了油气运输渠道的多元化，成为继公路、铁路、水路之后的第四大运输体系。

以保障国家能源安全供应为目标，以多元、均衡为原则，统筹国内外资源和市场需求，中国已构建西北通道、东北通道、西南通道和海上通道四大多元、安全可靠的油气进口通道。

西北通道以中哈原油管道和中亚天然气为基础，以构建西北"能源丝路"为目标，积极参与中亚地区上游油气资源的开发，同时加大与俄罗斯油气资源合作，最终实现连接俄罗斯、中亚区域管网的运输体系。截至 2012 年年底，通道运输能力为原油 2 000 万吨、天然气 550 亿立方米。

东北通道以中俄原油管道为基础，以俄罗斯远东油气管道建设为契机，以构建连接欧洲、俄罗斯、亚洲管网输送体系为目标，推动中俄油气陆上引进，最终实现与远东管网系统互通。截至 2012 年年底，已建通道能力 1 500 万吨。

西南通道以中缅油气管道建设为基础，以构建西南能源"高速公路"为目标，结合中国石油公司在孟加拉湾浅海资源，满足中国西南地区油气市场的需求。截至 2012 年年底，西南通道运输能力为原油 2 000 万吨，天然气进口能力为 120 亿立方米。

海上通道以保证中国油气进口、维护能源安全为目标，先期有序实施中国沿海码头、战略储备库、LNG 接收站的建设，巩固传统海上通道，增强主要航线的控制力。截至 2012 年年底，已建 20 万吨以上码头 29 座，战略储备库完成一期工程 1 640 万立方米，已具备 42 天净进口量的储备能力，已建通道运输能力为原油 2.4 亿吨、天然气 720 亿立方米。

（二）油气输送基础设施对油气供给的支撑

1. 国内油气储运设施

1）原油、成品油储运设施

（1）发展现状与趋势。

第一，原油与成品油管道快速发展，部分已形成区域性管网。

1958 年新疆克拉玛依至独山子原油管道标志着中国长输管道建设的开端，随着华北、华东和西北地区油田的相继开发和大中型炼厂的建成投产，中国管道运输业务得到迅速的发展。截止到 2012 年 12 月，中国原油管道建成 1.9 万千米，实现了中哈原油、中俄原油、海上进口原油和各油田原油资源地向炼厂的安全输送，在东北、西北、华北、华东、华中地区形成了区域性管网。

东北原油管道系统：东北输油管网全长约 3 000 千米，包括漠大线、庆铁双线、铁大线、新大线、铁秦线、铁抚线和中朝线，它的建设标志着中国输油管道建设进入规模化阶段。其中，漠大线为中俄原油管道的境内段，是目前国内第一条穿越原始森林的原油长输管道，也是中国从陆路进口俄罗斯原油的重要战略通道。

华北原油管网系统：包括秦京线、任京线和津京线，该管道系统是东北原油管道系统的延伸。

华东、华中管网系统：在 20 世纪 70 年代，建设了东临线、鲁宁线和临濮线，以及连接黄岛油库到胜利油田的东黄线，其中鲁宁线全长 655 千米，输油能力达 1 800 万吨/年，是华东管网的主干线。之后建设了东黄复线、胶青线、东辛线、中洛线和临济管道。2003 年、2004 年先后建成了仪金、甬沪宁原油管道，与 2007 年投产的沿江原油管道与甬沪宁、鲁宁管道连接，形成了一个有机的、能够充分接纳国内外资源，连通华东、华北和中南地区的原油管道网络系统，可以做到北油南下、南油北上、东油西进，上中下游资源综合配置管道网络。

西部原油管道系统：西部原油管道系统是由阿独线（新疆阿拉山口—独山子）、轮库鄯原油管道（新疆轮南—库尔勒—鄯善）、鄯兰原油管道（鄯善—兰州）、乌鄯（乌鲁木齐王家沟油库—鄯善）等组成，是目前国内运输距离最长、设计压力最高、设计输量最大、自动化程度最高的输油管道之一。该系统与中哈原油管道构建成中国"西油东送"的西北战略通道，实现西部资源与东部市场的对接。

中国成品油管道起步较晚，但近年来发展较快，成品油管输比例逐年增加。中国第一条长距离成品油管道是 1977 年建成的格拉线（青海格尔木—西藏拉萨），它全长 1 080 千米，年输送能力 25 万吨，是中国海拔最高的输油管道，也是中国首条采用顺序输送工艺的管线。20 世纪 90 年代以来，成品油管道建设有了较大突破，先后建设了抚营线、克乌线、兰成渝、茂昆线和兰郑长等成品油管道，截止到 2012 年 12 月，中国成品油管道建设里程 2.0 万千米，在西北、西南和珠三角地区建成骨干输油管道，形成了西油东运、沿海炼厂向内陆辐射的格局。

西北地区成品油管道系统：西部成品油管道（乌鲁木齐王家沟油库—兰州）、兰成渝（兰州—成都—重庆）、兰郑长（兰州—郑州—长沙）以及北疆成品油管道、乌石化进油支线、分输支线组成西北地区成品油管道系统。干线管道起点为乌鲁木齐王家沟，经兰州，分别到达重庆和湖南长沙，总长 5 419.4 千米，是中国最长成品油输油管道系统。兰成渝管道于 2002 年建成投产，是国家实施西部大开发十大重点工程之一，也是中国第一条长距离、大口径、高压力、大落差、全线自动化管理、多介质顺序密闭输送的商用成品油管线。西北地区成品油管道系统，沟通了西部成品油资源与西南市场、东南部地区成品油消费市场，形成了成品油"北油南调""西油东送"格局。

西南成品油管道系统：西南成品油管道系统是为了落实国家西部大开发战略在"十五"期间建设的一项重大工程。管道东起广东茂名，西至云南昆明。近年来，依托茂昆线，建设了昆明—大理成品油管道、柳州—桂林成品油管道。西南成品油管道对实施"东油西送"有着重要的意义。

珠三角地区成品油管道系统：珠三角地区成品油管道一期于 2006 年 11 月建成投产，以湛江为起点，全长 1 150 千米，是国内已建成长距离成品油管道中输送工艺最复杂的管道。该管道覆盖了广东省成品油消费热点市场，建立了茂名石化、湛江、广州炼油资源和珠三角地区密集城市群间的消费管道网络，加快了油品流通速度，降低了运输成本。2010 年依托珠三角地区成品油管道一期工程开始动工建设珠三角地区成品油管道二期，管道总长 498 千米，设计年输量 375 万吨，进一步扩大管道市场覆盖范围。

此外，中国在中部地区和长三角地区建设有十余条成品油管道，但这些成品油管道尚未形成区域性管道系统。

第二，现代化、规模工业化驱动石油需求刚性增长，未来原油、成品油管道规模进一步扩大，管道输送技术水平不断提高。

未来 20 年中国经济仍将持续稳定发展，党的十八大提出 2020 年两个翻番目标：居民收入翻番，GDP 总量翻番。现代化、规模工业化驱动石油需求刚性增长。随着国产原油产量递减和原油进口规模扩大，中国需新建和调整部分原油管道，以确保炼化企业原油资源的运输和合理调配。中国成品油管道的建设无论是规模、数量还是技术水平等与世界发达国家的成品油管道建设水平相比均存在一定差距。成品油运输管输比例较低，仅为 27%，而美国已达 47%。西北及东北地区区域间管网的互联，以及分输支线的不断增加，将逐步建成区域性成品油配送管网，并形成区域间互联、互通的管网系统，管输规模不断扩大，网络化程度也不断提高。

世界成品油管道正向着大口径、大流量、多批次、网络化方向发展。中国成品油管道无论是输送技术还是运营管理均已与国际通行做法接轨，但与世界知名管道公司相比还存在一定差距。随着原油、成品油管道的增加，原油、成品油管道的技术水平和管理水平将不断提高，如广泛利用管道优化运行管理软件系统，对多油源、多分输点、多品种管道进行统一调配管理，对多种成品油顺序输送、原油和成品油顺序输送、高凝原油和低凝原油顺序输送、高凝原油改性常温输送、在泄漏检测、混油浓度监测、界面跟踪和油品切割等方面提高自动控制及管理，降低运输成本。

（2）面临的挑战。

第一，中国原油进口依存度不断攀升，供应安全备受关注。

1996 年中国成为原油净进口国，原油净进口量由当年的 2 263 万吨增至 2012 年的 2.7 亿吨，目前是世界第二大石油进口国，仅次于美国。中国对进口石油资源的依赖程度已达到 56%。未来中国石油供应将严重依赖进口，资源获取和运输受世界政治经济形势、石油市场竞争影响较大。为弥补国内资源不足，从海上或陆上引进资源是必然选择。为保障国家能源供应安全，构建新的石油战略通道迫在眉睫。

第二，老管道安全隐患、管道技术水平及管理水平等问题。

现有原油管道大多是 20 世纪 70 年代到 90 年代建设的，运行期基本上超过 20 年，其中，东北原油管网已连续运行近 40 年，进入易发生事故的风险期，管道螺旋焊缝缺陷和腐蚀等风险因素较多，安全生产形势比较严峻。中国石油油气运输安全形势不容乐观。一些地区以偷盗油气为目的破坏油气设施、特别是管道运输设施的现象比较严重，威胁到油气长输管道的安全运行；违章占压给管道的运营带来的隐患，输油气管道被长期占压，会导致管道变形甚至泄漏，一旦泄漏，就可能引起燃烧，甚至爆炸；管道设备老化等所造成的安全事故也不能忽视。随着原油、成品油管道的不断增加，我们需要不断吸收国外的先进技术和经验，提高原油、成品油管道的技术水平和管理水平，充分发挥管道的运输功能，降低运输成本。

（3）战略定位与目标。

战略定位：以保障国家能源安全为目标，巩固进口原油海上通道，完善陆上原油战略通道和配套设施建设，构建覆盖全国主要炼化企业和储备基地、资源灵活调配的综合性原油调运系统。依靠科技进步，借鉴国外先进、成熟的经验，提高管道建设及运营管理水平，实现原油高效、安全运输。

以降低成品油运输成本为核心，以调整和优化成品油运输结构为主线，以干线带动支线的发展，逐步完善成品油建设，构筑以管道运输为主，水运、公路、铁路有机结合的成品油综合运输体系。以科技进步为支撑，提升成品油管道运营管理水平，实现成品油产、运、销、储合理化和综合效益最大化，提高运输效率，降低成本，保障市场供应和运输安全。

目标：原油管道经过 10~20 年建设，形成西油东送、北油南运、海上进口油供应沿海炼厂的供应格局，满足原油资源地向炼厂的输送。原油输送总里程达到 3 万千米。2020 年，原油管道建设里程达 2.5 万千米，一次管输能力 4.0 亿吨/年。2030 年原油管道建设里程达 3 万千米，一次管输能力 5.5 亿吨/年。2050 年原油管道建设里程达 3 万千米，一次管输能力 6 亿吨/年。

成品油经过未来 30~40 年的发展，形成"西油东送、北油南下、逐次推进"的管输系统。成品油输送总里程达到 10 万千米。2020 年，成品油管道建设里程达 4 万千米，一次管输能力 1.2 亿吨/年。2030 年成品油管道建设里程达 8 万千米，一次管输能力 1.5 亿吨/年。2050 年成品油管道建设里程达 10 万千米，一次管输能力 2 亿吨/年。

2）天然气储运设施

（1）发展现状与趋势。

第一，中国天然气管道建设经历了初创期和发展期，现处于快速发展期。

中国天然气管道运输业起始于 1963 年四川巴渝输气管道的建设，经历了 50 多年的发展，取得了巨大成就。截至 2012 年年底，全国已建成天然气管道 5.5 万千米，在川渝、华北及长三角地区已形成了比较完善的区域性管网，基本构建了涩宁兰系统、陕京系统、西气东输系统、西气东输三线管道和中缅天然气管道等骨干输气管道主体框架。初步形成"横跨东西、纵贯南北、连通海外"的输送格局。

根据国际油气管网发展规律，中国油气管网建设经历初创期和发展期，现在正处于快速发展期。

初创期（1963~1990 年）：主要围绕川渝气田的开发，1963 年建成中国第 1 条输气管道，即綦江县至重庆市的巴渝输气管道。20 世纪 70 年代建成了威成线、泸威线、卧渝线、佛渝线等管道，1989 年建成了从渠县至成都的半环输气干线（北干线），形成中国首个区域性环形供气管网——川渝环网。该阶段，管径一般小于600 毫米，天然气管道总长约 7 200 千米。

发展期（1991~2004 年）：随着改革开放的不断深入，中国国民经济不断发展，国家实施西部大开发战略，在国家大发展的历史背景下，中国加大勘探开发的力度，一批大气田相继被发现和探明，探明储量大幅度增长。相继围绕着塔里木、长庆油气田开发，建设了陕京系统、涩宁兰、崖港线、西气东输一线等大型跨区域管道工程。1997 年陕京一线建成投产，拉开了中国长距离输气管道建设的序幕。2004 年建成西气东输一线，干线长 3 893 千米，管径 1 016 毫米，压力 10 兆帕，采用 X70 钢级，标志着中国的天然气管道建设向长距离、大口径、高压力和高度自动化管理的方向发展，是中国天然气管道追赶世界先进水平的起点。该阶段，运距和管径逐渐加大，管径达到 1 000 毫米，天然气管道总里程超过 20 000 千米。

快速发展期（2005 年至今）："十二五"以来，中国国民经济快速发展，带动了天然气消费的快速增长。随着国外资源的大量引进和国内天然气的上产，以及长输管道建设技术取得巨大进展，管道建设进入"黄金"时代，步入快速发展期。2009 年中国首条在境外跨多国建设的天然气长输管道——中亚天然气管道建成投产。2012 年中亚管道配套西气东输二线全线建成投产，西气东输二线管线 8 700 千米，设计输气能力 300 亿米 ^{3}/年，设计压力 12 兆帕，采用 X80 高钢级，管径 1 219 毫米，中国实现了从追赶到领跑世界先进水平的历史性大跨越，标志着中国管道总体技术水平已达到国际先进水平，部分技术水平达到国际领先水平。

近 10 年来，中国管道建设水平有较大提高，先后建设了一批较有代表性的长输管道。

涩宁兰系统：该系统由涩宁兰和涩宁兰复线组成。涩宁兰管道是中国在青藏高原上建设的第一条长距离、大口径输气管道。2010 年建成的涩宁兰复线，与原管道并行或伴行敷设，线路截断阀室并行设置，解决涩宁兰管道管输能力有限、调峰能力差等问题。涩宁兰系统通过兰银线与西气东输和长宁线相连接，实现西部三大主力气田（青海气田、长庆气田和塔里木气田）的联网，使三大气田可以相互调剂、补充，增加青海、甘肃、宁夏三省区供气可靠性和安全性。

陕京系统：该系统由陕京一线、二线、三线组成。陕京系统是连接长庆气田和京津地区用气市场的重要通道。1997 年陕京一线建成投产，拉开了中国长距离输气管道建设的序幕。陕京系统在靖边与西气东输系统相连，在永清与永唐秦管道相连，实现了西部资源（中亚天然气、塔里木气田、长庆气田）向京津地区、环渤海地区、东北地区的输送。

西气东输系统：该系统包括西气东输一线、中亚天然气管道和西气东输二线。西气东输系统是连接中亚天然气、塔里木气区和华中、华东、东南沿海用气市场的重要通道。西气东输一线起于新疆轮南，干线全长 3 839 千米，2004 年 12 月 30 日实现全线商业运营。管线开创了国内建设长距离、大口径、高压力输气管道新纪元，标志着中国管道工业的发展速度和技术水平已跨入世界先进行列。中亚天然气管道是中国修建的首条跨国天然气管道，横跨土库曼斯坦、乌兹别克斯坦、哈萨克斯坦、中国四国，是中国西北部重要能源战略通道。工程于 2008 年 6 月 30 日开工，2009 年 12 月 5 日 A 线投入运行，2010 年 10 月，B 线建成，A、B 双线投入运行。西气东输二线为中亚天然气管道配套国内段天然气管道，西起新疆的霍尔果斯，管道总体走向为由西北向东南，干线全长 4 978 千米，支干线 8 条，2012 年年底全长建成投产。西气东输二线直径最大达到 1 219 毫米，压力达到 12 兆帕，钢级达到 X80，设计规模 300 亿米^3/年，标志着中国管道技术水平已达到国际领先水平。

西气东输三线管道工程：该工程将进一步构建完善中国西北能源战略通道与天然气骨干管网，深化中国与中亚国家合作，实现互利共赢、共同发展；为新疆煤制气提供外运通道，促进新疆跨越式发展。2012 年 10 月 16 日，西气东输三线开工建设，霍尔果斯—中卫段、吉安—福州段建成投产，中卫—吉安段计划 2020 年后建成投产。西气东输三线工程，是开创社会和民营资本参与国家重要油气基础设施建设新模式和提高管理水平的重点工程。在工程建设过程中，将首次大规模应用国产化电驱、燃驱压缩机组和大口径干线截断球阀。这对打破长期以来国外公司对中国长输天然气管道关键设备的垄断，支持国内装备制造业发展，推动经济结构调整和产业升级，意义非凡。工程还将首次推广应用新技术，有效保证管道防腐层，填补中国管道建设在这一领域的空白。

中缅天然气管道工程：该工程气源主要来自缅甸若开海域。该管道是西南能源战略通道的重要组成部分。中缅天然气管道起自缅甸皎漂，自云南瑞丽入境，经昆明、贵阳，止于广西贵港，全长 2 518 千米，其中境外长 644 千米，境内长 1 874 千米，设计输量 120 亿米^3/年，设计压力 10 兆帕，管径 1 016 毫米，2013 年 10 月 20 日建成投产。

除上述管道外，还建有川气东送管道、冀宁联络线、永唐秦、大沈线、秦沈线、泰青威线、兰银线、榆济线、安济线、济淄线、淄青线、浙江杭甬输气管线等管道，以及广东大鹏 LNG、福建莆田 LNG、浙江宁波 LNG 配套外输管道。

第二，与管道相比，中国地下储气库的建设相对落后。

在 20 世纪 70 年代以前，中国天然气的主要产地在四川。长期以来，由于四川天然气的主要用户以化工及其他无调峰需求的工业用户为主，没有建设地下储气库。1969 年在东北地区，中国曾利用大庆油田的枯竭油气藏建造了 2 座地下储气库，即萨尔图一号和喇嘛甸北块地下储气库。这 2 座地下储气库利用率较低，注气流程复杂，与国外地下储气库相比，存在较大的差距。2000 年，在大港油田的大张坨凝析气藏建成了与陕京管道配套的地下储气库，有效工作气量为 6 亿立方米，总库容量为 18 亿立方米，主要用于满足北京地区用气调峰需求。2010 年建成华北油区京 58 储气库群 3 座（京 58、京 51、永 22），有效工作气量为 7.54 亿立方米，总库容量为 15.35 亿立方米。功能主要是保障陕京二线输气管道的正常运行和京津地区工业及民用天然气的季节调峰。

随着西气东输一线的建设，中国配套建设了金坛储气库和刘庄储气库。金坛储气库有效工作气量为 17.14 亿立方米，总库容量为 26.38 亿立方米，金坛储气库为中国第一座盐穴储气库，2012 年建成，工作气量为 0.9 亿立方米。刘庄储气库有效工作气量为 2.45 亿立方米，总库容量为 4.7 亿立方米，已建成工作气量。

与管道相比，中国地下储气库的建设相对落后，截止到 2012 年，全国共有 11 座地下储气库，建成有效工作气量 23.6 亿立方米，分别位于大港油田、华北油田、金坛、刘庄。

第三，未来中国储运设施建设逐步向资源多源化、管道网络化、调度灵活化的方向发展，管道输送技术趋向大口径、高压力、高钢级、自动化等高水平方向发展。

中国天然气市场增长空间广阔，预计未来将保持持续高速增长。天然气市场消费量以高于输气管网长度增长的速度增长，输气管道的发展对天然气市场起着巨大的推动作用。国内的常规天然气不能满足市场需求，气源多元化将是中国发展天然气工业的必然方向，在国内市场的气源将形成进口 LNG、进口管道天然气、国产天然气、煤层气等多种气源并存的供气局面。未来中国新增资源远离东部主要消费市场，决定了天然气管道建设具有跨区域、长距离、网络复杂等特征。随着进口天然气项目的陆续实施和供气管网的不断完善，新的区域内管网、区域间互联互通的管网系统以及配套的支线也将加快建设。全国大部分地区将形成成熟的区域性管网，如川渝管网、长三角地区管网、东北管网、华北管网、华南管网、东南管网等。储气库是国际上安全稳定供气的主要手段，同时也是输气管道工程的一个不可分割的重要组成部分。随着天然气管道的建设，市场调峰和应急保障需求也不断增长，要求建设大规模的地下储气库，中国地下储气库等配套设施将形成一定规模。最终天然气管道必将形成"区内成网、区域连通、气源多元、调运灵活、保安有力、供应稳定"的供气网络。

随着天然气输量的不断扩大和输送距离的增加，各国管道建设均趋向大口径、高压力、高钢级、自动化等高水平方向发展。目前，欧美国家管道最大直径为 1 219 毫米，俄罗斯直径 1 000 毫米以上的管道约占 63%，其中最大直径 1 420 毫米的管道占 34.7%。新建管道输气压力从 20 世纪 80 年代的 8~10 兆帕增长到 90 年代的

10~12 兆帕。近年来以 X70、X80 钢级为主，X100 钢级及更高钢级的钢管已处于研发和试用阶段。中国成功在西气东输二线应用 1 219 毫米 X80 钢管，正在对 1 422 毫米 X80 钢管及 X90、X100 线路用管开展科技攻关及应用。

由于管道输送规模的不断扩大，对输送过程控制和管理的复杂度成倍增大，对安全性、可靠性和经济学的要求越来越高。计算机、数据采集与监视控制（supervisory control and data acquisition，SCADA）系统和现代通信技术的应用，使管道系统的自动控制和管理进入了新阶段，自动化和通信技术已成为管道系统必要的组成部分。

（2）面临的挑战。

第一，天然气管网系统尚不完善。

近几年天然气市场需求快速增长，管道建设未能跟上市场变化的节奏，无论是长度还是输气能力都不能适应市场快速发展的需要。国内还有部分地区未被天然气主干管网覆盖，即使在主干管网已经覆盖的东部地区，部分地区管道存在输气瓶颈问题，以往仅注重主干管道的规划和建设，忽视了配套储气设施以及支干线、支线的同步建设，制约了市场的开发和拓展，限制了干线管网经济效益的发挥。配套的城市分输支线建设、区域性天然气管网有待完善，干线管网之间、干线管网与区域管网以及 LNG 之间衔接尚不完善，全国性网络尚未形成，调气不够灵活，管网可靠性较差。

第二，储气调峰设施建设滞后。

目前，中国已建成的地下储气库工作气量仅占消费量的 3% 左右，与世界平均水平相差甚远，远远不能满足调峰需求。用气符合集中的大中型城市缺乏储气和应急设施，仅依靠管网储气和上游气田进行调峰无法满足需要；用气负荷中心的东部和南部地区缺乏地质条件，难以建设大容量地下储气库，客观上影响了储气库设施建设。储气库成本未做到谁受益谁负担，用户亦缺乏加强需求侧管理的压力和动力。

第三，管道安全隐患日益突出。

中国土地资源非常宝贵，不断推进的城市化使管道建设空间越来越小。随着油气管道的不断增加，管道安全隐患日益突出。中国石油油气运输安全形势不容乐观。一些地区以偷盗油气为目的破坏油气设施特别是管道运输设施的现象比较严重，威胁到油气长输管道的安全运行；违章占压给管道的运营带来隐患；部分地区反恐防恐形势严峻。管道运行安全基础仍十分薄弱，在役管道安全隐患仍然存在，特别是老管线建设标准低、运行时间长，部分管道腐蚀老化，安全环保风险大。跨境管道存在安全隐患。目前，中国已建的能源通道中，中亚管道涉及多边，但尚缺乏相应保障机制，所有相关协议均为中方与中亚国家双边签署，管道运营中出现的有关问题主要在企业层面统筹解决，一旦管道因主观或客观原因中断，将面临极大的社会和经济压力，仅靠双边机制，将难以有效规避政治与经济风险。

第四，管道输送关键技术、设备依赖进口。

未来的管道将向大口径、高压力、大输量发展。只有采用新材料、新技术、新工艺，才能推动管道持续快速发展。随着今后中国大型管道建设的推进，关键技术、材料及装备国产化已成为一个不可逆的进程。尽管我们一直在努力推进国产化，但是从投资额度统计，国产化程度却不到 60%（高铁 90%，核电 80%，炼油 90%，百万吨乙烯 80%），管材在应用上已经领先，但在材料研究本身和世界先进水平仍有差距。压缩机、输油泵、大型阀门等管道关键设备还存在较大的提升空间。

第五，立法和监管滞后。

国家对基础设施建设、天然气价格等缺乏有效的监管，同时投资、税收、价格等行业管理职能隶属不同的管理部门，存在职能重叠、分散、交叉、缺位等问题，导致监管乏力，立法迟缓。由于缺乏必要的法律法规，油气管道不能实现第三方公平准入，也缺乏独立的监管机构。现阶段，主要依靠政府管理，难以实现有效监管。发达国家已形成一整套完善的管道建设、运营管理机制以及相关法律法规，为管道投资建设、运行和优化提供了良好的环境，而中国在这方面还很薄弱。

（3）战略定位与目标。

战略定位：以国家能源战略为统领，以促进节能减排和应对气候变化为发展主线，加快天然气基础设施建设，实现天然气高效利用；坚持自主研发与技术引进相结合，推进重大技术和装备国产化进程，带动相关装备制造业等产业的发展，形成具有核心竞争力的产业体系；加强行业管理，着力体制机制改革，构筑高效、安全、平稳的现代化天然气产业体系。

目标：经过未来 30~40 年的发展，全面形成"横跨东西、纵贯南北、连通海外、覆盖全国"的天然气管道运输体系，天然气管网总里程达到 30 万千米。2020年，天然气管道建设里程达 12 万千米，一次管输能力 3 600 亿米^3/年。2030 年，天然气管道建设里程达 20 万千米，一次管输能力 5 300 亿米^3/年。2050 年，天然气管道建设里程达 30 万千米，一次管输能力 6 600 亿米^3/年。力争保持油气管道继公路、铁路、水路之后的第四大运输体系的地位。

2. 战略进口通道对油气供给的支撑

1）油气战略通道发展现状

中国初步形成"横跨东西、纵贯南北、连通海外"的油气管道输送格局，已初步构建油气引进四大通道，一定程度上摆脱了原油进口高度依赖马六甲海峡的困局，初步实现了油气运输渠道的多元化（表6-10）。

表6-10 中国已建油气进口通道能力

通道	原油/万吨	天然气/亿立方米
西北通道	2 000	550
东北通道	1 500	—
西南通道	2 000	120
海上通道	24 000	720
合计	29 500	1 390

（1）西北通道。

中哈原油管道于2005年开工建设，是第一条陆上进口原油管道。中哈原油管道起于阿特劳，终于阿拉山口，全长2 800多千米，一期工程设计年输油能力1 000万吨，二期2 000万吨。中哈原油管道配套建设境内管道，有阿独线、独乌线、西部原油管道、兰成原油管道，共同构成西北战略通道。

2009年中亚天然气管道建成投产，这是中国首条在境外跨多国建设的天然气长输管道。2012年引进中亚天然气资源的境内管道西二线全线建成投产。该管道1干8支，全长4 800千米，管径1 219毫米，全部采用X80钢，如此大规模采用X80钢，在世界范围内尚属首次。

（2）东北通道。

中俄原油管道起自俄罗斯远东管道斯科沃罗季诺分输站，经中国黑龙江省和内蒙古自治区13个市县区，止于大庆末站。2010年漠大线建成，与东北原油管网系统，构成东北战略通道。

（3）西南通道。

中缅天然气管道起自缅甸西海崖兰里岛西部的皎漂首站，经若开邦、马圭省、曼德勒省和掸邦4个邦（省），从中国的云南瑞丽进入国内。然后经云南、贵州抵达广西贵港末站，在贵阳和中贵线相连，在贵港和西二线联网。

中缅原油管道起自缅甸马德岛首站，在缅甸境内与天然气管道并行，然后经中国的瑞丽、昆明，末点为重庆。

（4）海上通道——LNG接收站、原油码头。

1999年年底，国家正式批准广东大鹏LNG试点工程总体一期项目立项，从此揭开了中国引进LNG的序幕。2003年2月，福建LNG总体工程项目获得国务院批准，成为中国第二个正式启动的LNG项目。随后三大石油公司在北起辽宁南至海南11个省市的沿海地区开展LNG项目的前期研究工作，2006年6月28日，广东大鹏 LNG 项目一期工程建成并投入商业运营式投产,标志着中国规模化进口 LNG 时代已经到来。"十一五"初期 LNG 接收站高速推进,相继建成上海 LNG、江苏如东 LNG、辽宁大连 LNG、浙江宁波 LNG、珠海金湾 LNG、河北曹妃甸 LNG 和天津浮式 LNG,接收站能力从 2006 年 370 万吨/年,上升到 2012 年的 2 140 万吨/年(图 6-35)。2011 年 6 月,中国第一个自主设计建设的江苏 LNG 建成投产,打破国外垄断。截止到 2013 年年底中国已投产 LNG 接收站 9 座,核准在建 6 座,总接收能力约为 5 060 万吨/年。

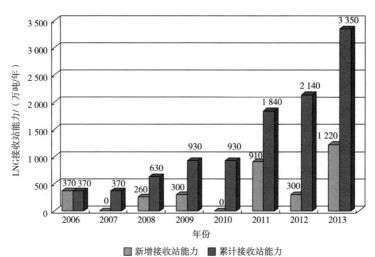

图 6-35 2006~2013 年中国 LNG 接收站能力发展状况

截至 2012 年,中国沿海具有 20 万吨以上的原油码头 29 座,总接收能力超过 4.67 亿吨/年。

2)油气战略进口通道发展定位与目标

(1)油气陆上进口管道发展定位与目标。

作为国内油气资源的补充,立足国内,适度引进,将陆上进口管道建设作为保障国家能源安全的重要途径之一,建设和完善陆上进口通道,形成多元化供应格局。

牢固树立在全球范围多元配置资源的理念,把陆上天然气战略通道建设作为构筑亚太区域管网体系重要组成部分,坚持平等互惠、互利共赢,把握好市场节奏,努力扩大西北、积极强化东北、适度发展西南,构建长期、稳定、安全的天然气陆上进口通道,实现陆上进口渠道多元化,保障国家能源供应安全。

争取 2030 年陆上引进通道规模达到 1 300 亿立方米以上,占天然气总消费量的 27%以上,占进口天然气总量的 93%;2050 年达到 1 650 亿立方米以上,保持占天然气总消费量的 27% 以上，占进口天然气总量的 79%。可弥补国内天然气资源的不足，又不至于过度依赖进口，减小了因政治、经济、外交等原因产生的供应风险。

（2）LNG 接收站及外输管道发展战略与定位。

与陆上进口管道气互为补充和备用，形成多气源供气格局；作为辅助调峰、应急供气手段安全、平稳保障供气。

考虑到国内 LNG 供应能力增长和中国引进管道气的进展，有必要积极适量地引进 LNG，充分发挥 LNG 在稳定天然气供应、解决应急调峰和天然气储备等方面的作用，坚持多建罐、少布点的原则，优先考虑扩大单站 LNG 接收能力和储存能力。在调峰设施不足的地区，建设为干线管道配备应急、调峰的 LNG 接收站。新建 LNG 站应落实适当数量的 LNG 资源，且根据市场落实程度有序开展工作，优先考虑经济发达、能源短缺、天然气市场完善地区。

力争在 2020 年以前，扩建、新建一批沿海 LNG 接收站和输气干线，总接收能力达到 6 500 万吨/年以上，基本形成以 LNG 为主体的沿海天然气大通道，并逐步与全国主干管网相连接；加快 LNG 储备建设，基本满足中心城市应急调峰需求。2020 年以后，远期结合国产气、煤制气以及进口管道气，LNG 接收站规模完全满足未来需求。

四、油气消费革命的定位与发展方向

（一）油气主要消费方向及其发展历程

1. 石油主要消费方向及发展趋势

按照国际标准，汽油可分为车用汽油和航空汽油两种。车用汽油主要用于汽车、摩托车、快艇等，航空汽油用于直升机、农林用飞机。在中国，汽车和摩托车是汽油消费的主体，一般来说将汽油的消费主体分为汽油车、摩托车和其他三类，其中汽油车用油占 89%。

煤油消费结构较为简单，主要以航空煤油（包括民航及军用）为主，占到煤油消费的 97%。另外还有少量灯煤和工业用煤油，在研究煤油消费的变化趋势中一般不进行专门讨论。

按照国家统计局对国民经济产业的划分，将柴油消费分为农林牧渔业（简称农业）、工业、建筑业、交通运输仓储和邮政业（简称物流业）、商业民用五大类，并进行长期的用油数据统计（图 6-36）。

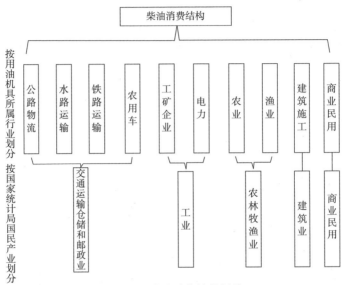

图 6-36　柴油消费结构划分

物流业、农业和工业是最主要的柴油消费力量,截至 2012 年,三者消费柴油占柴油消费量的比例分别达到 58%、20% 和 16%(图 6-37)。

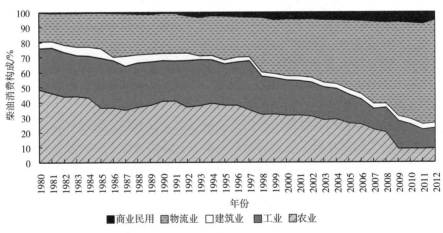

图 6-37　中国柴油消费构成变化情况

1)汽车业

2001~2008 年汽车市场处于孕育期,保有量年均增速为 17.2%,2009 年汽车进入汽车普及期,2009~2011 年保有量年均增长在 20% 以上(图 6-38)。

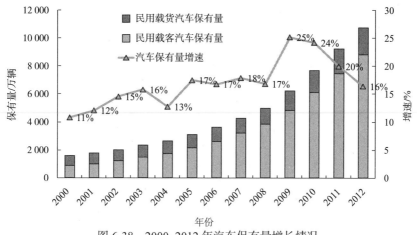

图 6-38 2000~2012 年汽车保有量增长情况

参照发达国家经验，乘用车将迎来第二个高速成长阶段，销量年均增长在13%~15%，持续15年左右；2025年以后进入成熟期，增速在10%以下。商用车市场发展与经济增长密切相关，加上2020年国内高速公路网密度将接近发达国家，预计未来10年商用车销量年均增长5%~8%，2020~2030年回落到5%以内，2030年以后出现负增长。

2）航空业

近年来，随着国民经济的快速发展，国际、国内交流合作增多，中国航空事业发展迅速，煤油消费量随之逐年增加。

从航空周转情况来看，2000~2012年民航总周转量年均增长14.4%，煤油消费量由883万吨上升到1981万吨，年均增幅7%（图6-39）。其中，由于国内刺激内需消费以及旅游业发展势头迅猛，2007~2012年煤油消费量年均增速提高到12.2%，显著高于2000年以来的平均增长水平。具体到2012年，在世界经济不景气的情况下，民航主要运输指标保持平稳较快增长，尤其是客运量增长情况明显好于货运。全行业完成运输总周转量610.32亿吨·千米，比2011年增加32.88亿吨·千米，增长5.7%。其中旅客周转量446.43亿吨·千米，比2011年增加42.90亿吨·千米，增长10.6%；货邮周转量163.89亿吨·千米，比2011年减少10.02亿吨·千米，减少5.8%。2012年煤油消费量达到1981万吨，同比增长8.6%。

3）农业

近年来中国政府持续对农机购置进行补贴，农机总动力年均增长6%，2012年机械化水平达到57%，比2005年提高21个百分点。随着农机总动力的增长，农业柴油消费量快速增长（图6-40）。

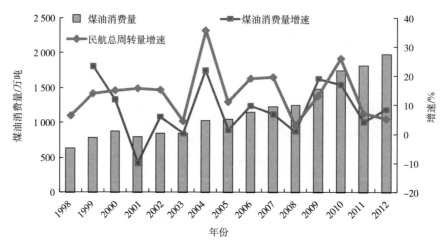

图 6-39　近年煤油消费量和民航总周转量变化

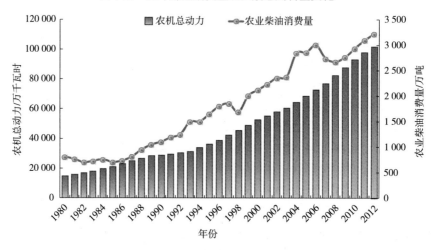

图 6-40　近年农业柴油消费量变化

未来 5~10 年直接从事农业的劳动人口将进一步下降,会加大对农业作业机械的需求。但此外,随着近年来国家连续对农机购置进行补贴,目前部分地区的农机化率已经接近饱和,预计将影响未来农业用油的增长。受地形特点影响,部分地区无法实现机械化,2030 年之后农机化比重基本保持稳定。

4）工业

工业用油具体包括工矿企业用油和发电用油两个方面。从工矿用油来看,主要受到投资和工业生产的驱动。

1980~2012 年,中国工业生产规模扩张 32 倍,年均增长 11.5%,随着中国工业生产的发展工业柴油消费量平稳快速增长。2006 年工业增加值比重达到 42.2%

后停滞不前，标志着工业化进程进入中后期阶段，之后工业柴油消费量有小幅回落（图6-41）。

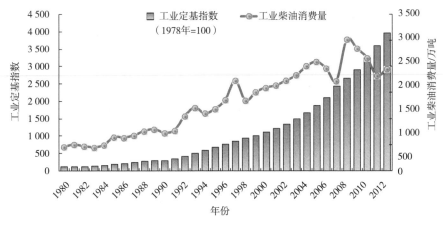

图6-41　中国工业柴油消费量变化

5）商业民用

近年来，中国居民消费水平不断提高，社会消费品零售总额从1980年的2 140亿元上升到2012年的21万亿元，已成为驱动经济增长的重要动力（图6-42）。

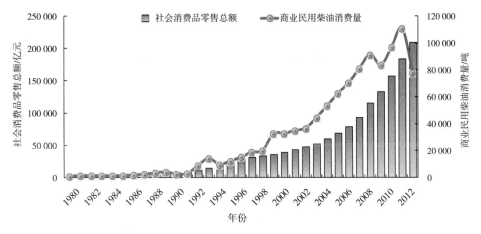

图6-42　中国商业民用柴油消费量变化

未来20年，经济结构调整、国家鼓励内需消费、居民收入倍增均有利于居民消费增长，预计社会消费品零售总额将保持年均15%左右的增长水平。

2. 天然气主要消费方向及发展趋势

中国习惯上将天然气用户划分为城市燃气、天然气发电、工业燃料和天然气化工四大类。其中城市燃气用户包括居民、公共服务、采暖、市内小工业、天然气汽车等；天然气发电用户包括基荷、腰荷、调峰电厂；工业燃料用户包括陶瓷、玻璃、冶金、石化等用天然气作燃料的工业企业（发电除外）；天然气化工用户包括化肥、合成氨、制氢等化工类企业。

2000~2012 年中国天然气消费量呈快速增长态势，年均增长率达 16.1%。与此同时，中国天然气利用结构逐步优化。2000 年工业燃料和化工共计占总消费量的 78.3%，城市燃气占 17.6%，天然气发电占 4.1%。到 2012 年，消费结构转变为城市燃气占 31%，工业燃料占 35%，天然气化工占 16%，天然气发电占 18%。

《国民经济行业分类》（GB/T 4754—2011）将国民经济分为 20 个门类，96 个大类，428 个中类，1 095 个小类。本书根据《国民经济行业分类》（GB/T 4754—2011），对项目数据库中除城市燃气外的 2 600 多个用气项目所属行业进行分类统计。在大类中，天然气利用行业占总行业的 50%；在中类中，天然气利用行业占总行业的 38%；在小类中，天然气利用行业占总行业的 35%（表 6-11）。

表 6-11　天然气在国民经济各行业的应用分布

分布	大类	中类	小类
天然气利用行业数	55	164	327
总行业数	109	431	927
占比/%	50	38	35

1）城市燃气

城市燃气是用气量最大的领域，主要满足居民家庭、宾馆、酒店、学校、医院等公共服务业炊事、热水、采暖、制冷用气，以及市内小工业、CNG 汽车用气。

在天然气利用政策影响下，中国城市燃气发展较快。2012 年全国城市燃气天然气的供应量达 456 亿立方米，城市燃气管道总长度为 25.8 万千米，其中天然气管道长度为 22.7 万千米，占比 88%。未来，随着国家政策对天然气用做城市燃气的支持，天然气将进一步替代人工煤气和液化石油气，成为城市燃气的第一大气源。

目前，中国城市燃气行业市场已形成地方国企、中央国企、港企、民企四分天下的局面。以北京燃气集团、重庆燃气集团、上海燃气集团、郑州燃气集团、天津燃气集团等为代表的地方国有燃气企业发展较早，在本区域内初步形成管网优势，正以兼并整合或参股联合的方式做大做强。中石油、中石化、中海油和华润燃气集团有限责任公司等中央国企作为后进入者，也取得了相当数量的市场份额。以香港上市的中国燃气控股有限公司、中华煤气有限公司、新奥燃气控股有限公司、百江燃气控股有限公司等为代表的一批跨区域经营的城市燃气专营商在竞争中迅速发展壮大。

2）工业燃料

天然气工业燃料消费重点集中在石油和天然气开采、石化工业、建材、冶金和电子生产领域，主要是在熔炼炉、加热炉、热处理炉、焙烧炉、干燥炉中替代油、液化石油气、煤气、煤炭等作为燃料。2000 年以来，中国工业燃料消费天然气稳定增长，由 2000 年的 101 亿立方米增长到 2012 年的 515 亿立方米，年均增长 14.5%，但占全国天然气消费总量的比重有所下降，由 2000 年的 41% 逐步降至 2012 年的 35%。

3）天然气化工

天然气不但是一种重要的能源，而且还是用途很广的化工原料。中国天然气化工产业经过半个世纪的发展，已形成一定的规模，可生产 70 多个品种的化工产品。其中，主要产品是合成氨和甲醇。近年来，中国以天然气为原料的合成氨和甲醇产量不断增长，化工用天然气消费量快速增长。由 2000 年的 91 亿立方米增长到 2012 年的 235 亿立方米，占全国天然气消费总量的比例一直保持在 15% 以上，远高于世界 5% 的平均水平。2007 年《天然气利用政策》出台后，天然气化工利用受到限制。2008 年，化工部门天然气消费量降至 186 亿立方米，占全国天然气消费总量的比重降至 23%，其中，合成氨消费量占化工天然气消费量的 86%。中国的天然气化工主要分布于四川、重庆、新疆、陕西等天然气产地及其周边地区。2012 年的《天然气利用政策》进一步限制天然气化工的利用。

目前，全球合成氨和甲醇市场已趋于饱和，在天然气价格不断上涨的情况下，欧美等发达国家和地区的合成氨及氮肥产量已呈下降态势。近几年，由于国内气价相对较低，中国天然气产地及周边地区发展天然气化工的积极性很高，四川、新疆、长庆等油气田周边不断申请上马天然气化工项目，一度出现了过热的局面。

4）天然气发电

进入 21 世纪以来，随着天然气工业的快速发展，中国天然气发电也有了一定发展，在长三角地区、珠三角地区以及环渤海地区新建多个燃气电厂，为西气东输管道和沿海 LNG 接收站提供市场保障，同时满足了该地区的电力需求。截至 2010 年年底，中国全口径发电设备容量为 9.66 万亿千瓦，天然气发电装机达到 3 670 万千瓦，占全国发电装机的 3.8%。2012 年发电用天然气达到 265 亿立方米，占全国天然气消费总量的 18%，与世界发达国家相比仍存在较大差距。

中国燃气电厂主要分布在东南沿海地区、长三角地区、环渤海地区等经济发达且能源资源相对匮乏的地区。2008 年，东南沿海地区天然气发电装机总量为 1 124 万千瓦，占全国天然气装机总量的 45%；长三角地区为 958 万千瓦，占 38%；

环渤海地区为 233.6 万千瓦，占 9%；中南地区为 96 万千瓦，占 3%，四个地区的装机总量占全国天然气装机总量的 90% 以上。

5）天然气汽车

近年来，中国的天然气汽车产业在国家政策的支持下初具规模。截至 2011 年年底，中国已在近 30 个省（自治区、直辖市）的 80 多个城市推广天然气汽车，CNG 汽车保有量约 148.5 万辆，加气站 2 072 座。但目前受天然气气源紧张及管网的影响，中国 CNG 汽车和加气站主要集中在气源地附近，如四川各地、重庆、乌鲁木齐、西安和兰州等地。

目前中国大规模发展天然气汽车的技术条件已经成熟，大多数 CNG 加气站都选用国产设备，加气站净化装置、储气装置、压缩机和加气机等全部实现国产化，国产设备的总体市场份额在 90% 以上。CNG 汽车技术也基本实现国产化，国内汽油/CNG 双燃料汽车改装已完全实现国产化。总体来看，中国已初步建立了完整的天然气汽车产业发展的技术链和产业链，可以很好地支撑中国天然气汽车的产业发展。

（二）油气消费革命的方向和重点领域

1. 扩大油气利用量，促进利用规模革命

从全球范围看，在可再生能源替代化石能源的第三次能源变革全面实现以前，以油气为主的化石能源在未来 50 年内仍将在世界能源消费中长期占据主体地位。

人类能源利用的演变遵循着"低碳—高碳—中碳—低碳—无碳"的规律，其中石油和天然气是关键的一环，尤其天然气将成为人类能源利用由化石能源向可再生能源过渡的桥梁（图 6-43）。

在中国能源消费结构中，油气占比远低于国际水平，中国能源结构调整要增加低碳能源比例，除了非化石能源以外，增加油气的消费比重非常重要，特别是应增加天然气的比重。在能源消费总量中，2012 年中国油气消费仅占 24%，其中石油消费占 18.8%，天然气消费占 5.2%；而全世界处于以油气消费为主体的时代，油气消费占能源消费总量的 57.0%，其中石油消费占 33.1%，天然气消费占 23.9%。从人均消费量看，2012 年中国石油人均消费量 0.35 吨，全球平均水平是 0.58 吨；中国天然气人均消费量是 109 立方米，而全球平均水平是 473 立方米。

建议通过税收手段逐步解决能源使用的外部性问题，对能源利用中全生命周期污染物的排放征收合理的排污费，提高能源-环境-社会和谐共生的关系水平，促进天然气的科学利用，促使天然气利用规模由现在不到 1 500 亿立方米的水平提高到6 000 亿立方米左右的利用规模，完成天然气利用规模大幅提升的革命性转变。

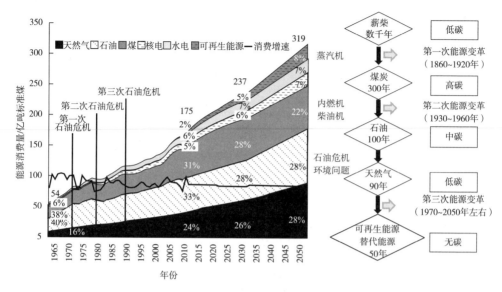

图 6-43　1965~2050 年世界能源消费量及增速图

2. 引导合理消费，促进利用效益革命

在增加油气利用量的同时，应引导油气资源的高效、合理、节约利用。进一步完善中国能源法律法规，依法节油和替代石油。尽快制定"能源法""国家能源发展战略"，修改完善"节约能源法"，择机出台"节约和替代石油管理办法"，依法强化节约和替代石油，抑制石油需求过快增长，引导天然气合理利用。

1）国家通过颁布天然气利用政策规范天然气利用

2007 年，国家发改委首次颁布了中国的《天然气利用政策》，明确天然气发展分为优先类、允许类、限制类、禁止类，旨在缓解天然气供需矛盾，优化天然气利用结构，促进节能减排。

2012 年，国家发改委整体考虑全国天然气利用的方向和领域，以"保民生、保重点、保发展"为原则，颁布新的《天然气利用政策》，以有序发展天然气市场。根据不同用气特点，天然气用户分为城市燃气、工业燃料、天然气发电、天然气化工和其他用户。各类用户优先级别见表 6-12。

表 6-12　2012 年版天然气利用政策中用户发展类别

级别	城市燃气	工业燃料	天然气发电	天然气化工	其他
优先	民用；公服；天然气汽车；集中式采暖；空调	可中断用户	分布式能源；热电联产；煤层气发电	制氢（可中断）	内河航运；城镇应急调峰设施

续表

级别	城市燃气	工业燃料	天然气发电	天然气化工	其他
允许	分户式采暖	代油、代液化气；新建用气项目；代煤项目；中心城区工业炉改气	—	制氢（不可中断）	调峰和储备的小型液化设施
限制	—	—	—	合成氨扩建、煤改气；甲烷为原料的碳一化工；氮肥项目	—
禁止	—	—	煤炭基地建设基荷发电	甲醇项目新建或扩建；代煤制甲醇	—

政策中要求对天然气高效节约使用。在严格遵循天然气利用顺序基础上，鼓励应用先进工艺、技术和设备，加快淘汰天然气利用落后产能，发展高效利用项目。鼓励用天然气生产化肥等企业实施由气改煤技术。鼓励页岩气、煤层气（煤矿瓦斯）就近用于民用、发电和在符合国家商品天然气质量标准条件下就近接入管网或者加工成 LNG、CNG 外输。提高天然气商品率，增加外供商品气量，严禁排空浪费。

2）改革天然气价格形成机制，促进市场良性发展

2011 年年底国家发改委发出通知，决定自 2011 年 12 月 26 日起，在广东、广西开展天然气价格形成机制改革试点。通知指出，中国天然气价格改革的最终目标是放开天然气出厂价格，由市场竞争形成，政府只对具有自然垄断性质的天然气管输费进行管理。在广东、广西先行试点，主要是探索建立反映市场供求和资源稀缺程度的价格动态调整机制，逐步理顺天然气与可替代能源的比价关系，然后向全国推广。

天然气价格形成机制改革试点方案的总体思路：一是将现行以成本加成法为主的定价方法改为按市场净回值法定价，选取计价基准点和可替代能源品种，建立天然气与可替代能源价格挂钩调整的机制。二是以计价基准点为基础，综合考虑天然气主体流向和管输费，确定各省（区、市）天然气门站价格。三是对天然气门站价格实行动态调整，根据可替代能源价格变化情况每年调整一次，并逐步过渡到每半年或者按季度调整。四是放开页岩气、煤层气、煤制气等非常天然气出厂价格，实行市场调节。

2013 年 6 月，国家发改委在总结广东、广西天然气价格形成机制试点改革经验基础上，研究提出了天然气价格调整方案。按照市场化取向，建立起反映市场供求和资源稀缺程度的与可替代能源价格挂钩的动态调整机制，逐步理顺天然气与可替代能源比价关系，为最终实现天然气价格完全市场化奠定基础（表 6-13）。

表 6-13　各省区天然气最高门站价格表 [单位：元/千方（含税）]

省（区、市）	存量气	增量气	省（区、市）	存量气	增量气
北京	2 260	3 140	湖北	2 220	3 100
天津	2 260	3 140	湖南	2 220	3 100
河北	2 240	3 120	广东	2 740	3 320
山西	2 170	3 050	广西	2 570	3 150
内蒙古	1 600	2 480	海南	1 920	2 780
辽宁	2 240	3 120	重庆	1 920	2 780
吉林	2 020	2 900	四川	1 930	2 790
黑龙江	2 020	2 900	贵州	1 970	2 850
上海	2 440	3 320	云南	1 970	2 850
江苏	2 420	3 300	陕西	1 600	2 480
浙江	2 430	3 310	甘肃	1 690	2 570
安徽	2 350	3 230	宁夏	1 770	2 650
江西	2 220	3 100	青海	1 530	2 410
山东	2 240	3 120	新疆	1 410	2 290
河南	2 270	3 150			

3）规范和引导下游产业，促进消费结构革命

天然气作为一种优质高效的清洁能源和化工原料，已广泛地应用于中国国民经济生产和生活中的各个领域。通常将天然气的消费结构按城市燃气、工业燃料、天然气发电和天然气化工四大行业统计。其中，城市燃气主要包括城镇居民炊事、生活热水等用气，公共服务设施（机场、政府机关、学校、医院、宾馆等）用气，天然气汽车（包括城市公交车、出租车、环卫车等）用气，采暖用气（包括集中式采暖和分户式采暖用气），燃气空调等；工业燃料用气包括建材、机电、轻纺、石化、冶金等工业领域的企业以天然气为燃料进行生产活动的用气；天然气发电用气是指用天然气生产电力，包括基荷发电、调峰电厂、热电联产、分布式能源项目（综合能源利用效率在 70%以上）；天然气化工用气是指以天然气为原料生产化工产品，主要包括天然气制氢、合成氨、甲醇、氮肥，以及以甲烷为原料，一次产品包括乙炔、氯甲烷等小宗碳一化工项目。

结合国家社会经济目标和环境发展愿景，中国天然气利用方向应进一步优化，促进利用领域的革命。主要方向如下：

一是配合国家城镇化发展、改善民生、环境保护（PM$_{2.5}$治理）等工作的需求，加大城市燃气领域天然气利用。

二是结合工业企业发展、环境保护（尤其是城镇工业园区）、产品质量升级等需求，加大部分工业燃料领域天然气供应。

三是大力发展天然气分布式能源。根据国家规划,加快推动示范项目建设,"十二五"期间建设 1 000 个天然气分布式能源示范项目和 10 个分布式能源示范区域。应鼓励地方政府出台相关政策支持天然气分布式能源项目,加大市场开发力度。

在考虑国家及地方政府现有政策的基础上,按照国际原油 100 美元/桶下价格参数作为测算基础,采用天然气价值分析模型进行测算,天然气发电(包括基荷、峰荷和分布式能源)、天然气采暖、天然气锅炉燃煤替代等领域天然气价格承受能力较差。

天然气的使用是当前治理雾霾的重要手段之一,需要各级政府出台新的鼓励天然气利用的政策。

一是新建发电项目以分布式能源为主,对分布式能源的并网及上网电价给予政策支持。

二是城市居民采暖和工业小锅炉以气代煤对治理雾霾有直接效果,属于鼓励类,建议各级政府理顺采暖价格,支持新的以气代煤采暖改造,配套出台相关政策。

3. 发挥天然气在复杂能源系统集成中的作用,促进天然气利用外部价值最大化的革命

随着中国能源利用快速增长,能源品种日趋多元,能源系统也变得更加庞大和复杂。多能源品种间主要的交互方式是转化为电能。天然气发电是天然气利用的主要方向之一,它具有如下特点:

一是天然气发电厂综合热效率高,污染小,碳排放低,对节能减排、保护环境、促进可持续发展具有积极作用。燃气发电相对于燃煤发电的资金成本较低并且建设周期较短,目前每千瓦的投资费用在 4 000~5 000 元,甚至更低,而燃煤蒸汽轮机发电厂投资目前高达 8 000~11 000 元/千瓦。由于天然气电厂土建相对较少,可以分阶段建设,首先建设燃气轮机电厂,再建联合循环电厂,一般是燃煤火电机组建设周期的 40%左右。目前,300 兆瓦级的燃气轮机联合循环机组效率已达 55%以上。

二是天然气电厂建设成本低、周期短、运行灵活,适合建在城市负荷中心,对电网起到调峰和安保作用。

天然气发电启停灵活,可就地平衡高峰负荷需求。GE 公司的 PG6581B 型燃气轮机启动只需要十几分钟就可以达到满负荷,包括蒸汽轮机在内的联合循环,蒸汽轮机冷启动也在 1.5 小时以内。而对于 S109FA 级别的联合循环发电机组的冷启动虽然需要 190 分钟左右,但是仍远远快于同级别的燃煤机组的启动速度。

20 世纪 60 年代,美国东部电网曾发生解列的严重事故,造成重大损失,但

在装有燃气轮机发电机组的部分地区，由于燃气轮机迅速启动投运，损失大大减少。"8·14"美加大停电事故发生后 12 小时 49 分，负荷已恢复 66.5%；纽约州在当天午夜时已部分恢复供电；纽约城在停电 24 小时后全面恢复供电，恢复过程中水电与燃气轮机发电机组（尤其是简单循环燃气轮机发电机组）发挥了重要作用。因此，事后美国规定在电网中燃气轮机电站应占有一定比例。从安全和调峰目的出发，20 世纪 70 年代美国、欧洲、日本等国家和地区安装了很多燃气轮机发电机组作为电网带峰荷和备用电源，燃气轮机得到广泛应用。

国内电力方面有关专家也建议大城市应有两个或两个以上具有"黑启动"能力的电厂，或考虑备用一定数量具有快速"黑启动"能力的单循环燃气轮机发电机组，这些机组可用来调峰或作为紧急备用电源使用。

同时，在新能源开发使用方面，风能、太阳能、核能等大规模利用难以解决的一大问题是电能的调峰问题。尽管电网配套有抽水蓄能电站、燃煤调峰机组等调峰设施，也实施了先进的需求侧管理手段，但随着新能源发电规模的日益增加，还需要一定数量的调峰机组。应结合新能源发展、电网调峰需求、需求侧管理、各类电价水平等多方面因素，深入研究天然气发电的合理规模以提高电网消纳新能源发电能力。

五、油气供给与消费革命的综合保障建议

国内外油气行业发展的历史证明，政策激励是油气行业健康发展的重要因素。本书在对油气资源供应、油气储运设施、油气利用设施全产业链分析的基础上，从技术驱动、管理创新、体制创新等多个角度，提出适应未来发展、高效、安全的油气供应体系所需的财税政策、体制机制和科技创新综合保障的发展方向与建议。

（一）财税政策

1. 中国油气行业财税政策现状及存在的主要问题

目前，中国油气行业税费征管体系按其性质和作用大致可以分为流转税类、资源税费类、所得税、特殊目的税和财产行为税类五类。中国油气企业综合税负与国外相比，高于国际大石油公司，但低于国家石油公司，属于中等水平。

中国天然气行业适用的主要税率水平低于世界平均水平。从可比性方面选择美国、英国、加拿大和澳大利亚进行比较发现，与这些国家相比中国对天然气的鼓励政策比较明显。仅从增值税、资源税（含资源补偿费）和企业所得税三个税种的比较就不难看出，中国天然气税收政策比较优惠。

中国油气行业财税政策存在的主要问题包括以下几个方面。

1）油气资源税费体系过于复杂，资源差异考虑不充分，级差收益不明显

中国油气资源税收制度与国际惯例有相符之处，但总体上看，中国油气资源税费体系过于复杂，主要是对内外采用不同的税费制度，即对以中外合作方式开采的油气征收矿区使用费，而对自主开采的油气征收资源税，形成了矿区使用费与资源税征收并存的局面。这不仅混淆了两者的性质，而且造成了税费政策的不公平；再是中国对油气开采征收资源补偿费，按照石油开采企业销售收入的 1%征收。中国现行的资源税和矿产资源补偿费，实际上都是矿区使用费的不同表现形式（前者属于从量征收的矿区使用费，后者属于从价征收的矿区使用费），是矿区使用费的重复计征。这种资源税费并存的现象存在诸多弊端：一是税费重复征收，企业负担加重；二是计税依据不一致，企业核算工作量加大；三是管理体制分割，企业协调难度较大；四是不符合国际惯例，不利于外资的进入；五是税制不统一，不利于企业的公平竞争。

另外，中国目前资源税只是部分地反映了劣等资源与优等资源的级差收益，对资源本身的客观差异考虑不够充分，收益的级差特征不显著。主要表现为：不同油气田的单位税额确定缺乏客观的实证分析，未能考虑油气田在不同时期开采成本的可变性特征；税额级差偏低，不足以体现其级差特征。

2）负担的非税金性质的临时收费种类增多

以中石油为例，2005 年之前，中石油应交税金和应交行政性收费占税费总额的比重平均约为94%和6%，税和费的比例相对稳定，但 2006 年以后，不仅增加了行政性收费的种类，如石油特别收益金、水利建设基金、水资源费、残疾人就业保证金和人防费等，而且行政性收费金额比例也大幅上升。目前，中石油负担的税金种类共 14 种，同时还负担 15 种行政性收费，且行政性收费上升趋势明显，经营决策不确定性因素扩大。

3）对"三低"天然气没有明确的财税政策支持

"三低"天然气是指低渗、低压、低丰度天然气。在全国近些年新增储量中，低渗透油气储量所占比例已经超过 50%，"三低"天然气资源的开发将成为中国今后主要的产量增长点；"三低"气田不仅储量规模大，还靠近下游市场，对保障天然气供应安全具有重要作用。

但是，"三低"气田开采面临着严峻的成本压力：一方面，"三低"气田单井产量低，压力下降快，稳产期短，采收率低，单位产能建设投资高，规模经济有效开发难度大；另一方面，气井尤其是低渗等"三低"气井，其寿命只有 3~4 年，气井还没有开始盈利就已经到寿命周期了。因此油气企业大力开发创新技术和财税政策支持十分重要。从目前财税法规政策来看，中国对"三低"天然气储量的开发基本没有特殊的鼓励政策。

4）缺乏分类鼓励或抑制天然气合理利用的财税政策

2007 年和 2012 年，国家发改委颁布了中国《天然气利用政策》的相关规定，这是以行政命令方式缓解天然气供需矛盾、优化天然气使用结构的措施。从根本上说，这一措施能否得到有效执行还得依赖财税政策。目前看来，鼓励城市燃气利用缺乏较高权威性的成本利润核算方法，禁止新建或扩建天然气制甲醇项目却没有加重相关税负。同时，对能源安全和环境保护十分重要的天然气汽车、分布式热电联产、热电冷联产只有地方性的财税政策支持措施，不足以促进这些产业的快速发展。

5）天然气进口的财税政策支持力度不足

中国天然气出厂价长期低于可比国际水平，进口气与国产气价格差距大。以西气东输二线进口土库曼斯坦管道气为例，初步测算进口完税价格为 2.02 元/米^3，约是西气东输一线国产气出厂价 0.68 元/米^3 的 3 倍，约是中国最高国产气"川气东送"出厂价 1.408 元/米^3 的 1.4 倍。另外，随着福建、上海 LNG 接收站的投产，进口 LNG 平均价格也大幅上升，价格水平已经接近管道气进口价。

从长期看，国内外气价的较大差异将对中国利用国外天然气资源带来诸多羁绊。一是不利于引进资源。如果以国内气价为标准难以寻找国外客户；如果以国际气为标准必然造成部分国内用户拒绝利用引进气，引进企业处于"两难"局面。二是引进资源后市场开发困难，下游用户负担不均。解决这些问题的方法除积极推进天然气价格的国际接轨、混合定价外，比较现实的是国内税费的减免。

6）对财税政策及时监测不到位

中国财税政策在很大程度上没能很好地反映中国的能源政策目标，原因之一就是没有定期审查上游业务的财税条款。在英国、美国等石油天然气行业发达的国家，有很多机构或行业协会研究石油天然气税收，对税收政策进行实时跟踪监测，及时反映这些政策中不符合国家能源政策目标的政策措施，建议国家及时调整，以保持相关财税政策具有国内外竞争力。而中国则很少有机构或企业进行专门监测研究，往往是阶段性、临时性研究，成果的预见性、及时性严重不足。

2. 改革财税政策的建议

推动中国油气供给与消费革命，必须改革现行的部分财税制度，包括合并相关资源类税费，实行从价计征，建立差别税率；启动及扩大对非常规天然气的财税政策支持；减免管道气和 LNG 进口环节增值税；减少或取消过多行政性收费，积极推进油气税费制度向规范、稳定、法制化过渡。

1）合并相关资源类税费，实行从价计征，建立差别税率建议借鉴市场经济国家通行的做法和遵从"简税制"的原则,在对国内外油气税收制度进行比较研究的基础上,改革现行资源税费制度,继续保留探矿权采矿权使用费与价款的收费制度,把现行的矿区使用费、矿产资源补偿费、资源税和石油特别收益金合并,统一征收资源税,实行从价计征。从天然气的清洁性和中国支持天然气的利用来讲,可以适当降低天然气的资源税征收率,且不实行浮动征收率。

同时,科学划分天然气资源等级,扩大不同等级、不同品质资源的级差收益,以加强对优质资源的合理保护、高效开采和对低品质资源的开发,减少单纯追求利润、浪费资源的现象发生。

此外,应该调整资源税费征收方式,合理分配中央与地方收益。资源税费的调整和提高直接关系到油气资源收益在中央和地方的分配比例。既要保证中央的财政收入,又要不影响地方政府的积极性,保证石油矿业秩序的稳定和环境的治理。因此,要深入研究油气资源税调整和提高的合理水平,确定油气资源税费收益中中央与地方的合理分配,特别是在资源税费合并的情况下,应当确定中央与地方对资源税收入的合理分配比例。考虑到中国的实际情况,建议把资源税改为共享税,分别上缴地方和中央,在二者的分配比例中地方高于中央。

2)启动和扩大对非常规天然气的财税政策支持

(1)建议对"三低"天然气的勘探开发比照现行煤层气产业发展的优惠政策。

在所得税方面,对"三低"天然气资源开发,允许在所得税前提取折耗准备金,专项用于资源的勘探和开采,并允许采用加速折旧法计算所得税,以确保投入资金的及时回收,促进资源的有效开发利用;资源税方面,对"三低"天然气暂不征收资源税;增值税方面,对"三低"天然气勘探开发企业销售天然气,采用5%的低增值税税率,或实行先征后退政策,即先按13%征收,后按8%退还,所征收的5%归地方财政。

另外,对"三低"天然气勘探开发企业进口国内不能生产或性能不能满足要求,并直接用于勘探开发作业的设备、仪器、零附件、专用工具,免征进口关税和进口环节增值税;对企业上缴中央财政的国有资本经营收益按一定比例返还,专项用于"三低"天然气的勘探开发,以进一步提高资源利用率,增加后备储量,保障国家能源安全。

(2)进一步加大煤层气开发财税政策支持力度。

第一,利用所得税研发费用加计扣除、技术转让免税等手段推动煤层气勘探和开发的技术创新。第二,利用投资抵免所得税、加速折旧、相关税收减免等手段鼓励煤炭生产企业先采气、后采煤,促进煤层气运输管网建设等。第三,利用所得税费用加计扣除的手段倡导煤层气的优先和有效利用。第四,建立煤层气发展基金，将排放煤层气视为排污，按一定的标准收费，纳入煤层气开发利用项目基金，而开发煤层气的企业，可按开采利用煤层气量标准使用该项基金开展技术研究。

（3）制定优惠税费政策，激励页岩气开发。

借鉴美国页岩气开发的成功经验，参照国内煤层气开发的优惠政策，研究制定页岩气开发税费优惠政策。例如，对于页岩气开采企业增值税实行先征后退政策，企业所得税实行优惠政策；页岩气开发关键设备免征进口环节增值税和关税；对页岩气开采进行补贴；对关键技术研发和推广应用给予优惠政策，如相关费用可抵税等。

3）加强对天然气财税政策进行实时监测与持续的跟踪研究

建议借鉴英美等发达国家的经验，成立石油天然气财税政策专题小组，将国内外天然气财税政策的实时监测和研究作为其日常工作，及时为相关决策提供超前的预测信息，同时及时通过各种媒体公布石油天然气行业对国民经济的贡献，包括保障油气供应安全的贡献、上缴税费的贡献、工业增加值贡献、环境保护方面的贡献等，以抵消油气价格波动引起的负面影响。例如，英国海洋石油天然气工业协会在其每年的《经济报告》中都会涉及石油天然气历年产量、与主要石油天然气生产国产量的比较、历年支出趋势、行业增加值排名、各部门投资比较、历年原油成品油和天然气贸易额及历年税费贡献额等。通过披露财税等方面的贡献，提高公众对油气行业社会贡献的认识，从而创造油气行业经营的有利环境，树立油气行业良好形象。

（二）体制机制

1. 中国油气行业现行管理体制与机制

中国目前油气行业监管由政府部门根据各自分工负责管理，涵盖了上、中、下游，包括资源、市场、技术安全标准等各个方面，通过法律法规、政策，以及行政隶属关系实现对油气行业的管理。

1）上游管理

油气勘探开发的管理主要表现为资源管理，石油天然气属于矿产资源采掘业，在能源法目前空缺的情况下，天然气资源管理遵从矿产资源管理法规。1982年以来，中国陆续颁布实施了一系列与油气资源勘探开发管理等相关的法律，包括《中华人民共和国矿产资源法》（简称《矿产资源法》）《中华人民共和国土地管理法》《中华人民共和国环境保护法》（简称《环境保护法》）《节约能源法》等。为确保上述相关法律的有效实施，中国政府还发布实施了相应配套的法规和规章。目前，国家发改委是国务院油气资源管理的综合部门，负责制定油气资源发展规划，提出油气资源发展战略和重大政策。国土资源部是土地和矿产资源的管理部门，负责油气资源等矿产的矿业权管理，对油气资源勘探开发进行监督管理，并征收补偿费等。国有资产监督管理委员会是中石油等大型中央企业的管理部门，负责对企业经营状况进行考核等。国家财政部负责油气行业有关项目的投资管理。

油气资源管理制度目前主要包括五个方面：一是实行矿产资源规划制度；二是实行探矿权采矿权管理制度；三是实行资源集中管理制度；四是实行资源有偿使用、探矿权采矿权有偿转让制度；五是价格管理，国家发改委对各省的门站价格和管输价格分别做出明确规定。

2）中游管理

中游管理主要集中在储运体系建设及其运行的管理，对油气管道的管理主要体现在管道建设和运营管理两个过程中。按照规定，大型油气管道属于重大项目，需经政府核准。对于外商投资项目，政府还要从市场准入、资本项目管理等方面进行核准。根据投资体制改革的要求，国内石油公司投资建设《政府核准的投资项目目录》内的项目，可以按项目单独申报核准；也可编制中长期发展建设规划，报经国务院或国务院投资主管部门批准后，实施规划中的项目不再另行申报核准，只需办理备案手续。

政府对天然气管道经营监管的主要方面是价格监管和准入监管。监管内容主要涉及服务价格、服务准入和服务质量，包括制定或审批天然气管道的收费率，处理被监管的管道和配送系统的用户在收费率和服务方面的投诉，接收并审批天然气配送系统专营权的申请。对管道收费和使用准入做出监管决策，支持产品分成合同的合作伙伴直接销售天然气，对所有新的天然气工程项目实行更加市场化的价格制度，鼓励新工程采取协议气价，以促进市场的发展。

3）下游管理

（1）投资管理。在计划经济条件下（改革开放以前），城市燃气设施的建设与经营全部由政府负责，属于典型的行政垄断行业。自 2002 年建设部颁发《关于加快市政公用行业市场化进程的意见》以及中共十六届三中全会提出进一步加快公用行业的改革以来，地方政府积极推进城市燃气市场化投资，加快燃气企业公司化改革步伐。目前，燃气企业公司化改革大致可分为三种情况：一是境内燃气企业与境外企业合作，成立合资公司；二是与国内其他国有或民营企业共同合作，成立股份制公司；三是燃气企业自身进行公司化改革。燃气企业的改制，使过去政企不分的城市燃气企业成为真正的市场主体。

（2）市场准入管理。2004 年 4 月，建设部为适应市政公用行业的市场化改革，规范市政公用行业的市场行为，以部令方式发布了《市政公用事业特许经营管理办法》。该办法从保障社会公共利益和公共安全的高度出发，要求各地政府遵循公开、公平、公正和公共利益优先的原则，采取公开招标等竞争方式，择优选择市政公用行业的投资者或经营者。同时，该办法还明确了特许经营权竞标者应当具备的条件和选择投资者或者经营者的公开程序，对授权方和被授权方的责任、权利和义务等做出明确规定。

（3）价格管理。长期以来，中国城市燃气对管道供气的价格普遍采用由地方政府定价的固定的成本加成的定价机制，即城市燃气价格=燃气生产经营成本+合理利润。

2011 年年底，国家发改委下发了《国家发展改革委关于在广东省、广西自治区开展天然气价格形成机制改革试点的通知》（发改价格〔2011〕3033 号），公布了国内天然气价格改革方案，并决定在广东、广西试点，为在全国推进积累经验。2013 年国家发改委发布《国家发展改革委关于调整天然气价格的通知》（发改价格〔2013〕1246 号），对天然气价格管理由出厂环节调整为门站环节，门站价格为政府指导价，实行最高上限价格管理，供需双方可在国家规定的最高上限价格范围内协商确定具体价格，管道运输价格继续实行政府定价。此举旨在按照市场化取向，建立起反映市场供求和资源稀缺程度的与可替代能源价格挂钩的动态调整机制，逐步理顺天然气与可替代能源比价关系，为最终实现天然气价格完全市场化奠定基础。

2. 中国现行天然气行业体制机制存在的问题

中国现行天然气行业监管的体制机制还不健全，适合中国天然气行业监管的法律框架明显不足，监管缺乏权威性，难以保证油气市场的健康发展。具体包括以下几个方面。

1）油气行业的上游相关法律法规体系相对完善，亟须下游立法建设

目前，中国油气行业的上游相关法律主要涉及油气资源管理体制、油气矿业权及转让、对外合作、管道安全、资源补偿、税费、土地、环保、安全等领域，已经相对完善。但油气行业下游领域立法基本为空白，使许多问题只有依赖行政文件来解决。而行政文件往往缺乏透明度和稳定性，甚至有悖于市场经济规律。总体来看，中国油气行业管理缺乏完整的法律框架基础，主要是缺乏统领整个石油天然气行业发展的"天然气法"或"石油天然气法"。

2）缺乏一个职能相对集中的专门监管机构

目前，政府对天然气行业的管理职能分散于十余个部门，政策的协调和实施十分困难，已经对行业的发展形成障碍。由于没有独立的行业监管部门，政府政策的执行效率和行政管理水平受到极大的制约。此外，现行监管方式仍沿用计划经济时期的做法，以行政审批和部门文件为主要手段，既没有一套健全的、与市场经济相适应的法律法规作为依据，也缺乏现代化的监管技术。

3）加强城市燃气监管迫在眉睫

城市燃气是向城市居民生活、商业和工业企业提供燃料用气的系统工程，其特点是安全性要求高、公益性强、建设及运行难度大。因此，在中国天然气消费市场急剧扩大，尤其是城市居民燃气消费量所占比例逐步增加的时刻，加强城市燃气的监管已经成为急需研究解决的课题。

3. 提高体制机制保障的建议

进入 21 世纪以来，油气行业快速发展，在市场经济制度和全球竞争的环境下，我们需要加强油气行业监管研究，建立相关法律制度和政策条例，按照现代监管理论重塑国家油气行业管理体制和机制。打破垄断，鼓励企业公平竞争，促进产业发展，提高资源利用的总体效益。

1）建立适应社会主义市场经济特征，符合现代监管要求的法律体系

中国油气行业监管法律体系建立的基本原则：第一，以现代规制经济学的基本理论为指导，确定法律调整范围和现代管制结构；第二，要处理好管制与鼓励发展的关系，立法要有利于促进天然气的有效开发和利用；第三，处理好天然气行业各类参与者之间的利益关系，包括投资者、经营者和消费者之间，以及勘探开发、运输、配送各环节经营者之间的利益关系。

未来天然气立法的基本内容应该包括：国家对天然气行业发展的总体方针、政府规制的基本原则和政策；法律采取的基本模式；建立监管机构的原则及监管机构的性质、职能、组织结构（特别是要明确中央和地方监管机构的设立方式及其职能划分）等；对天然气行业不同领域的利益平衡做出原则性规定；规定天然气长距离运输管道和配气管网建设的条件；规定天然气下游市场准入条件和企业资质；阐明天然气定价政策及定价机制；规定输、配企业的行为准则、经营规范、服务标准及管道路由权协调的基本原则等。"天然气法"或"石油天然气法"不仅是建立现代监管制度的基础，也是天然气行业吸引外部投资、促进天然气市场发育的制度保障。

就法律层次来说，目前宜从二级法律入手，即先制定国务院管理条例，待条件成熟再上升为一级法律。

2）建立集中、统一、独立的监管委员会，并赋予其完善的职能

监管委员会应该是政府的组成部分，但又相对独立于政府。鉴于上游勘探开发领域和下游输配领域监管业务的性质和监管方法差别较大，宜分开实施监管，或分别设立监管委员会，或在一个监管委员会下分设上游、下游两个次一级的监管部门。

建立监管委员会应在分离政府制定政策职能与监管职能，并在彻底剥离国有油气公司现有的行政和监管职能的原则下，界定监管委员会的职能并授予权力。

其主要职能包括项目审批，市场准入监管，管网第三方准入和普遍服务监管，价格监管，服务质量监管，与邻国监管机构就跨国管道事宜进行沟通及安全、环保等技术监管。

根据中国的实际情况和国际惯例，监管委员会应遵循五个方面的原则，即公开原则、透明原则、一致原则、公正原则、独立原则；特别是监管委员会必须独立进行监管决策，政府和企业都不能对其监管决策施加不适当的影响，但政策制定者可以对监管机构的重大决策保留否决权。监管机构的经费可以部分来自财政拨款，部分来自服务收费，但不管来源如何，都应受到严格的预算管理。

3）对自然和非自然垄断领域采取不同的管制方式

对天然气行业区分为自然垄断领域和非自然垄断领域，在非自然垄断领域逐步放松管制、充分发挥市场的决定性作用；而在市场失灵的自然垄断领域，以现代监管替代市场机制，建立公平竞争的市场环境。

因此，天然气行业勘探开发领域应制定鼓励竞争的政策，包括在矿业权制度中引入市场机制；提供更多对外（包括国内民间资本）合作勘探开发的区块并制定更优惠的产品分成合同条款，以吸引多元化投资和技术；放松价格管制等，逐步构建竞争性市场格局。政府的监管主要体现在矿业权的授予、管理和资源租金的收取，以及环境、安全等技术方面。

而在天然气输配环节，首先，应将天然气供应、运输和配送业务相分离；其次，按照妥善处理投资者、经营者和消费者以及产业链上游、下游各环节之间利益的原则，对其费率形成机制和服务质量进行管制；在管输领域，通过规定管网运输企业的准入条件、经营规范和服务条款等手段，强制管道拥有者执行第三方准入和普遍服务原则；在配气系统，授予配送企业销售专营权，即允许配送企业向所有用户提供配送和销售两种业务捆绑在一起的服务，但在条件成熟时，应做出允许大用户直接从供应商处购买天然气的制度安排。在这种情况下，监管要确保消费者以合理的价格接受优质的服务。

4）监管政策要鼓励对天然气基础设施的投资

建立现代监管体系的国际经验证明，天然气行业发展到需求增长缓慢、城市配气系统发达、长输管网相互连接的成型期适宜引入现代监管体制。而目前中国仅处于基础设施开始大规模建设的前期，需求增长虽然迅速，但主要以城市燃气为主，化工消费还受到限制，天然气发电比例更低。鼓励对基础设施的投资是天然气行业发展的中心议题。

因此我们在监管体制机制建设中，应鼓励加强天然气市场基础设施建设，包括输送管网、储存设施和配送网络建设。鉴于管网投资巨大、风险高、回收期长，一般企业不具备这样的资金实力，更没有技术基础。因此目前中国在长期仍然应通过监管政策鼓励三大油气公司作为天然气基础设施建设的投资主体、管理运营主体。

5）加强城市燃气监管

（1）政府是城市燃气监管的主导。首先，国家城市建设主管部门要根据城市发展的内在规律和今后城市发展的趋势，通过制定城市体系规划和城市发展规划，引导、调动地方政府的积极性。引导城市政府把包括城市燃气在内的城市基础设施建设与优化区域经济布局、改善城市生态环境结合起来，大力推进城镇化进程。其次，各级政府要把管理的重点转向市场监管，要从有利于发挥企业能动性出发，建立和完善城市燃气建设管理的法规。用法律法规为从事城市燃气建设与经营活动的企业创造公平、广阔的运作空间。要进一步规范政府行为，保障政府公正履行职能，使政府能真正做到依法行政，依法治政。政府把城市燃气建设与经营全面推向市场之前的重点工作是，要尽早研究完善有关城市燃气产品和服务等技术规范的市场监管法规，研究在充分运用市场竞争机制解决城市燃气工程建设与经营市场中可能出现的问题。再次，政府要把城市燃气工程建设的前期准备工作、市场监管中的技术检测、评估等具体专业性工作尽可能地全部委托市场中介机构去做，变直接管理为间接管理。最后，要充分应用信息技术等手段，提高政府管理水平和管理效率。在把城市燃气工程建设与经营工作推向市场后，政府还有许多工作要做。例如，根据城市总体规划，进行项目决策，加强市场监管。要做好这些工作，必须依靠大量的信息和技术数据来进行分析和判断。为此，必须通过应用信息技术等手段，来提高管理的水平和效率。

（2）城市燃气监管内容。监管的内容包括以下三个方面：一是市场准入管制。城市燃气建设在工程建设开始前会进行竞标，择优选择投资者和经营者尤为重要。而政府在招标前，必须明确参与竞标者的条件，也就是说规定市场准入的"门槛"，也只有这样，才能形成城市燃气有效竞争的格局。二是产品质量和服务质量的监管。三是城市燃气的安全监管。

（3）城市燃气监管体制。从总体上说，目前中国城市燃气市场的监管体制采取层级监管比较合适。国家城市燃气行政主管部门的职责主要是规范市场行为，组织制定相关法规和技术规范；省级城市燃气主管部门可针对辖区的具体情况提出具体的监管办法，严格执行国家的法规和技术规范，并依法对辖区内各城市的燃气行业进行监督管理；市人民政府是城市燃气服务的组织者，其职责和功能是满足社会的公共需要，维护公共利益和公共安全。城市政府通过监督管理，使企业向城市用户提供燃气产品和燃气服务，以维护社会公平和社会公正，是进行城市燃气监管的主体。

6）安排一个改革的过渡期

建议安排一个改革的过渡期，并根据政策制定与实施分开的原则，建议成立临时监管机构，其职能主要是：负责过渡期的监管工作，包括接收由企业分离出的监管职能、履行过去缺位的监管职能、协调目前分散于各有关部门的监管职能，负责过渡期的监管改革工作。

（三）科技创新

1. 中国油气行业发展面临的技术瓶颈

1）地面地质条件复杂，寻找发现大中型气田难度大

十多年来，中国天然气储量的高速增长主要与一批大中型气田发现有关。2000年以来，国内天然气勘探进入快速增长阶段，年均探明天然气储量保持在 5 000亿立方米以上，这些探明储量以大中型气田（储量大于 300 亿立方米）发现为主，占全部储量的 67%；其中探明储量大于 1 000 亿立方米的气田储量有 2.5 万亿立方米，占全部储量的 56%。

但是，目前中国天然气地面、地质条件更为复杂，加大了进一步发现大气田的难度。

（1）勘探对象越来越复杂。前陆盆地、大面积岩性气藏、火山岩、碳酸盐岩成为勘探的主要领域，近几年国内已发现天然气储量的 90% 以上集中在上述领域。

（2）深层气藏所占比例越来越大。四川龙岗地区、塔里木库车坳陷近几年发现气藏埋深已超过 6 000 千米。近年来，天然气主要勘探地区除柴达木盆地三湖地区、莺歌海浅层外，其他地区的天然气气藏埋深基本超过 3 000 千米。

（3）复杂类型的圈闭已成为主要钻探目标。鄂尔多斯盆地大面积岩性圈闭预测难度大；四川盆地构造-地层、构造-岩性圈闭，受地面构造（高陡）的影响，准确识别的难度大；塔里木盆地库车坳陷及塔西南山前带，冲断构造发育，加之地面地形十分复杂，地下构造的识别和落实也很困难。

（4）地面条件复杂，施工条件恶劣。西部地区地表主要为黄土塬、沙漠、山地、盐碱地，地震施工难度大；东部地区地表大多为沼泽、湿地、城镇、良田，地面条件复杂，加大了地震勘探和井位选择的难度；海域地区主要勘探区带水深普遍在 50~100 米，常遭受台风袭击，自然环境恶劣。

2）产量快速增长与气藏条件的复杂性存在巨大矛盾，深层高压、高含硫、火山岩等气藏技术难题影响天然气稳定供应

以中石油为例，目前复杂气藏的探明地质储量占中石油总探明储量的 57.8%，年产气量占 43.2%。气田开发面临成本高、效益差的问题。而且，未来天然气储量增长的主要领域仍然集中在特低渗（致密）砂岩气藏、超深高压气藏、含硫气藏、火山岩气藏等资源类型。目前面临的主要难题突出表现在三个方面：

（1）大面积低丰度开发区由于单井产量下降，单位产能建设的钻井数量大幅上升，开发成本压力大，需要先进的甜点预测和储层改造工艺技术，提高单井产量和低效储量动用程度。

（2）相对高丰度地区面临埋藏深、地层和构造条件复杂，给钻井成功率带来巨大挑战，需要准确的地质模型和钻完井技术进步来提高钻井成功率。

（3）多种类型气藏开发规律各不相同，需要建立科学的评价体系，以保证有序开发长期稳产。

3）非常规气资源丰富但缺乏勘探开发配套技术，亟须获取关键核心技术取得产量突破

IEA 预测，到 2030 年致密气、页岩气、煤层气等非常规天然气将成为世界天然气重要的战略资源接替领域。中国煤层气、页岩气、天然气水合物等非常规天然气资源估计量是常规资源量的 4.5 倍。煤层气在埋深 300~1 500 米的资源量约为 27.3 万亿立方米；页岩气预测资源量为 100 万亿立方米；天然气水合物资源量估计为 83 万亿立方米；初步预测水溶气的远景资源量为 38 万亿立方米；浅层生物气资源量为 10 万亿立方米。总计非常规资源量在 250 万亿立方米左右。

煤层气、页岩气是目前比较现实的非常规气资源，天然气水合物和水溶气尚处于初步的技术跟踪调研阶段，近中期难以经济有效开发。

煤层气：中国煤层气基础条件与国外类似，但含煤区构造复杂、应力高，煤层埋藏深，特别是原始渗透率低。

页岩气：中国有利页岩气藏埋深大都在 3 000 米左右，美国早期开发页岩气藏大多分布在 1 000~1 500 米，近期开始开发 3 000 米以深气藏。

国外成熟的开发技术在中国不能完全适用，需发展符合中国煤层气、页岩气地质特征的勘探开发技术。特别是发展煤层气中高煤阶的定向羽状水平井技术和页岩气的水平井分段压裂技术。

4）储气运输设施建设跟不上天然气快速发展步伐，长距离安全供应和储气库建库等技术需要提高

（1）大量的管道建设需求需要降低建设和安全运行成本。

截至 2012 年年底，中国天然气管网里程达 5.5 万千米，为了满足未来需求，到 2030 年新建 14.5 万千米，总输气能力 5 300 亿立方米，形成覆盖全国除海南和台湾以外 32 个省级行政区域六纵七横的供气网络。

中国的管道建设技术已经接近国际先进水平，但是为了降低管道的建设和运行成本，还需要进一步提高高等级管材的研究、管道相关的大型设备的国产化率，管道运行的安全检测技术以及新的天然气储运技术。

（2）天然气对外依存度增大迫切需要加快储气库建设。

据预测，到 2020 年后中国天然气对外依存度将达到 26.8% 以上。储气库不仅能实现调峰的功能，而且可以满足战略储备的要求，因此加快储气库的建设迫在眉睫。但是，中国储气库建设起步晚、数量少、技术单一。2012 年中石油储气库冬季采出量达 20.59 亿立方米，到 2015 年年底中石油地下储气库总工作气量（调

峰+战略储备）为 55 亿立方米，规划 2020 年约为 195 亿立方米，目前中国储气库缺口很大，建设任务繁重。

（3）LNG 的大力发展需要将大型设备国产化以及小型 LNG 技术的标准化。

2012 年，中国进口 LNG 206 亿立方米，比 2011 年增长 21.2%，占当年天然气进口总量的 47.5%。预计 2020 年将进口天然气逾 375 亿立方米，2030 年进口量达 663 亿立方米。大力发展 LNG，减少对石油的依赖，是政府的一项重要举措。目前，国外 LNG 技术十分成熟，国内 LNG 建设开始起步，尚不掌握核心技术。

2. 科技创新保障建议

1）采用多种技术获取模式，加快油气技术发展步伐

由上述分析可知，中国油气发展面临时间紧迫性，以及技术上诸多困难和挑战，而一般一项技术从研发到商业化应用的周期是十几年，因此和国外相比，中国油气技术发展时间紧、起点高、难度大。这就要求采取灵活开放的技术获取方式：一是要借鉴国外成熟的技术和经验；二是要充分发挥科研院所的研究优势；三是抓住核心关键技术进行强化攻关。

我们建议，综合考虑中国的技术基础、发展目标、国内外技术拥有者情况等因素，在关键技术的获取方式上主要分为四类：第一类是中国研究基础好，国外有成熟技术但对外采取技术壁垒的技术，建议采用自主研发模式；第二类是中国尚未开展过研究，国外有成熟技术但对外采取技术壁垒或者引进成本太高的技术，建议采用气田对外合作开发和技术自主研发并重的模式；第三类是通过购买或并购国外公司可以获得的技术，建议采用引进并购模式；第四类是基础研究和天然气水合物等储备技术，建议采取和研究院所合作研究的模式。

2）继续深化技术发展战略研究，以科学发展观引导油气行业发展

油气技术发展战略：一是突出适用性原则，即适用的技术才是好技术，而非最先进的技术才是好技术。二是低成本战略。石油与天然气的发展受政策、价格等影响，应用技术创新降低成本是国外油气勘探开发的一贯做法。三是可持续原则。低碳经济的快速发展为油气发展提出新课题，应以超前的战略思维布局天然气技术发展战略。

鉴于此，准确把握世界油气科技的发展趋势，深化研究中国油气技术发展战略，完善石油天然气领域着力发展的核心技术系列，研究适合中国石油和天然气规模发展的科技创新模式和科技管理体制，是保障石油和天然气快速发展必不可少的战略举措。

3）增加科技投入，确保技术研发的稳定连续支持

目前，国家首次设立了技术研发和示范工程的重大专项，为油气行业的发展奠定了良好的基础。但是，从美国的发展经验看，对技术的研发投资应该做好长

期的准备。例如，美国能源部和天然气研究所对美国致密气、煤层气等开发进行了大量和持续的研发资金支持，一个研究项目通常持续长达 10 年左右的时间。因此，应在课题设置、经费投入方面加大对关键技术的支持力度，并积极争取国家研发投资支持和其他企业共同合作研发，共同承担风险和利益，促进科技成果的尽快转化利用。

4）重视天然气业务人才布局，大力培养天然气技术专家和骨干人才

中国天然气业务发展时间短，总体上人力资源现有规模不能满足未来业务发展需要。面临着核心骨干人才短缺，高层次人才数量少，尤其是高级技术人员和高级技能人员、部分专业人才短缺的现状。维护应在满足天然气业务发展战略的前提下，突出科技人才队伍的能力建设和素质建设，完善人才引进机制、人才流动机制和人才培养机制，重点加强高层次、急需和紧缺人才的引进和培养，使油气业务人力资源发展所面临的核心骨干人才短缺的问题得到缓解，全面保障油气供给体系的发展。

第七章 核能革命性发展
与利用的支撑与保障

一、世界核能发展概况及核能革命性发展与利用的前景分析

（一）世界核能发展现状及未来趋势

1. 现状

在日本福岛核事故发生两年多后，全球核电建设已经开始复苏。2012 年全球新开工机组 7 台（图 7-1）。截至 2013 年 7 月底，全球在运核电机组 436 台，总装机 3.72 亿千瓦；在建机组 69 台（中国大陆 28 台），总装机 6 907 万千瓦。

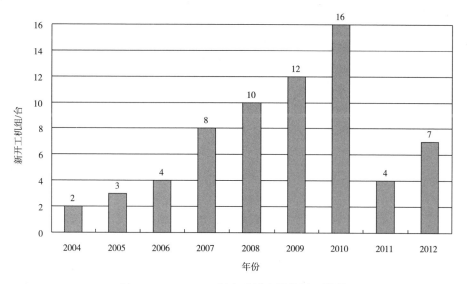

图 7-1　2004~2012 年全球核电机组开工情况

2012 年，世界主要核电国家和地区的核能发电量及占比如图 7-2 所示。其中，

美国的核能发电总量最高，为 7 707 亿千瓦时，法国的核能发电量占比最高，为 74.8%，中国大陆核能发电总量为 927 亿千瓦时，仅占其发电量的 2.0%。

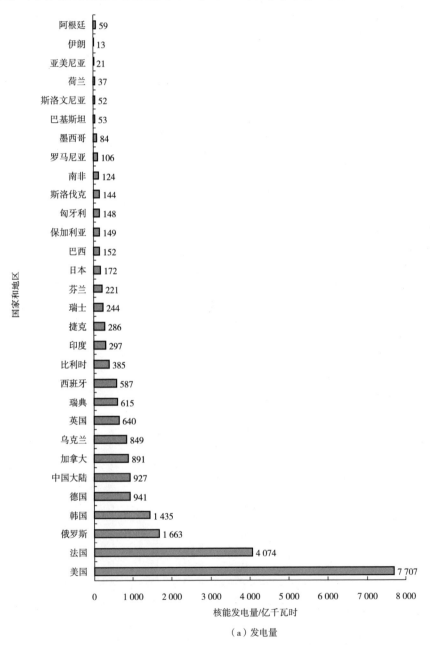

（a）发电量

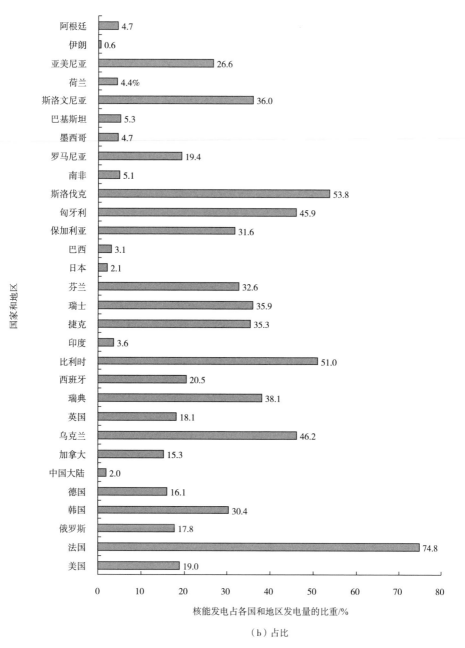

（b）占比

图 7-2　2012 年世界主要核电国家和地区核能发电量及占比

　　全球在役与在建机组的分布情况如图 7-3 和图 7-4 所示。目前，全球在运机组主要分布在北美、欧洲和日本；而在建机组主要分布在亚洲和俄罗斯，其中中国在建机组为 30 台，俄罗斯为 11 台。

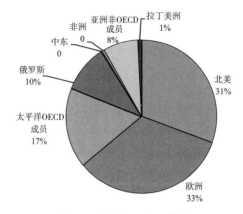

图 7-3　全球在运机组分布

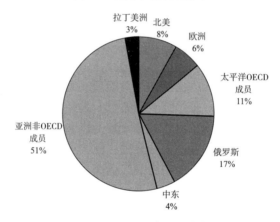

图 7-4　全球在建机组分布

全球在役与在建机组中，各类堆型建设情况如图 7-5 与图 7-6 所示。无论是在役机组还是在建机组，压水堆仍是主力堆型，其他堆型，如加压重水堆、高温气冷堆和快堆所占比例不大。

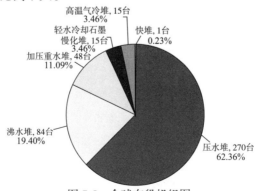

图 7-5　全球在役机组图

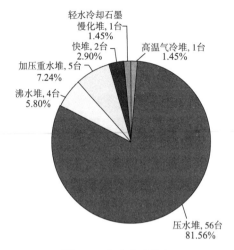

图 7-6　全球在建机组

2. 未来发展趋势

1）全球核电增长规模预测

2012 年国际原子能机构（International Atomic Energy Agency，IAEA）总干事在 IAEA 第 56 届年会报告中指出，虽然发生福岛核事故、持续金融危机和天然气价格低迷，一些地区电力负荷下降，但核能仍然是许多国家，特别是发展中国家的重要选择，核电在未来能源结构中将发挥重要作用。根据 IAEA 2012 年的预测（图 7-7），在低增长情况下，2030 年全球核电装机为 4.56 亿千瓦，2050 年为 4.69 亿千瓦；而在高增长情况下，2030 年全球总装机将达到 7.40 亿千瓦，2050 年为 11.37 亿千瓦。

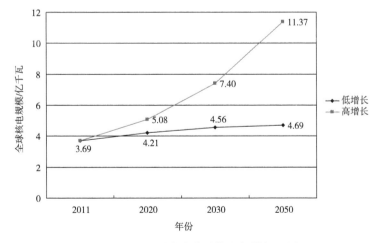

图 7-7　IAEA 对未来全球核电规模的预测

根据 2012 年 OECD 对未来核电发展的预测,到 2030 年全球总装机将达到 10 亿千瓦以上,到 2050 年达到 12 亿千瓦左右,核发电比例将超过 20%以上(图 7-8)。

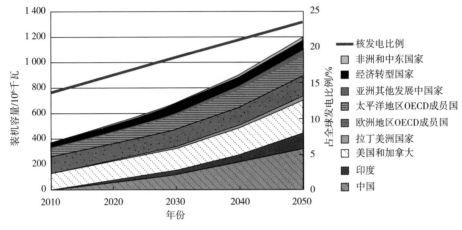

图 7-8 经合组织对未来核电发展预测

2)核电标准不断完善,安全要求进一步提高

福岛核事故以后,国际组织与主要核电国家开始对原有核电标准进行完善,安全要求进一步提高。IAEA 组织对现有的国际安全标准进行审议并修订,并推动在国际范围内的有效实施,2012 年发布了《核电厂设计特定安全要求》(SSR-2/1)。美国发布了《21 世纪提高反应堆安全的建议》,并结合相关建议逐步落实。欧盟 2013 年发布《新核电厂设计安全》,提出未来新核电站设计的安全目标及设计理念。日本 2013 年发布新核安全法规,规定反应堆重启必须满足新法规要求。中国制定了《"十二五"期间新建核电厂安全要求》(征求意见稿)。

3)核电技术发展的趋势分析

目前全世界正在运行的核电站,绝大部分属于第二代核电站。第二代核电站运行业绩良好,有 14 000 多堆年的安全运行经验,负荷因子高,非计划停堆次数下降,已经发展成为一种成熟可靠的技术,具有可接受的安全性和较好的经济性。但从长远看,在安全性、经济性、电站性能等方面可进一步提高,如增设严重事故预防和缓解;采用概率安全分析(probability safety analysis,PSA)技术,评估核电站安全性并指导维修,制定严重事故管理规程及状态导向操作规程;采用 18 个月换料,缩短换料停堆时间,提高可利用率,增容延寿;采用全数字化仪控,改善人机界面等。

为进一步提高安全性,改善经济性,发展第三代先进压水堆已成为中国核电技术发展的主要趋向。第三代先进压水堆对安全性提出了更高的要求:堆芯熔化事件的概率低于 10^{-5}/堆年,大量放射性向环境释放事件的概率低于 10^{-6}/堆年;反应堆热工裕量大于 15%；安全系统增加了严重事故的预防和缓解能力；采用深燃耗的燃料元件，换料周期由 12 个月提高到 18~24 个月；全数字化仪控系统；反应堆应急供电可靠性进一步提升或采用非能动的安全系统；安全壳的强度进一步提升，提高了抗商用大飞机撞击能力；追求更高安全性、经济性的第四代核能系统技术的研究和开发也在向前推进，快堆、高温气冷堆技术已取得突破。

4）先进核能系统比较

中国目前确立了坚持发展百万千瓦级先进压水堆核电技术路线和坚持核燃料闭合循环政策，并支持其他先进堆型的研发和建设。在世界核电技术迅猛发展的今天，为尽快缩短中国核电技术与核电发达国家的差距或迎头赶上世界先进水平，为适应未来国内外核电市场的不同需求，在国家政策的大力支持下，中国积极跟随世界核电技术发展趋势，先后建设了快堆、高温气冷堆实验电站，并开展了超临界水堆、熔盐堆和小型模块化反应堆的技术探索、研发工作。

（1）快堆。快堆是由快中子引起链式裂变反应所释放出来的热能转换为电能的核电站。快堆在运行中既消耗裂变材料，又生产新裂变材料，而且所产可多于所耗，能实现核裂变材料的增殖。发展快堆能增殖核燃料、提高铀资源利用率，以及嬗变长寿命高放废物、减少核废物。

从国际上看，截至 2012 年年底世界上已经建成 22 座快堆，积累了约 350 堆年的实践经验。建成的快堆包括实验堆、原型堆和 120 万千瓦的示范快堆核电站，具有初步的工业推广基础。

中国快堆技术的开发始于 20 世纪 60 年代中期，从 1987 年起，快堆技术发展纳入“863”计划，确定了以热功率 65 兆瓦、试验发电功率 20 兆瓦实验快堆为工程目标。1995 年 12 月，中国实验快堆工程立项，2000 年 5 月中国实验快堆浇灌第一灌混凝土，2010 年 7 月实现首次临界，现已实现并网发电。

可见，中国在快堆研发方面已取得一定的成果，快堆及其先进核能系统有可能成为 2050 年中国实现核电发展目标的战略选择之一。

（2）高温气冷堆。高温气冷堆是基于早期的气冷堆、改进型气冷堆发展起来的，具有固有安全特性。即使遇到福岛这样地震导致海啸的极端自然事件，也不会造成威胁场外公众和环境的严重事故后果。此外，高温气冷堆的燃料元件难以后处理，有利于防止核扩散。国际上普遍认为高温气冷堆是先进核能系统重点发展方向之一。

中国高温气冷堆技术已具备良好的发展基础。自 20 世纪 70 年代就开始研究高温气冷堆相关技术，80 年代初即开始跟踪并开展模块式高温气冷堆的基础研究。国家“863”计划启动伊始，原国家科学技术委员会就确定将高温气冷堆作为中国跟踪世界先进核能技术的重点项目之一。在“863”计划支持下，经过关键技术攻关、系统集成验证、实验堆建设等阶段，10 兆瓦高温气冷堆实验堆（HTR-10）

于 1995 年开工建设，2000 年建成临界，2003 年实现满功率并网发电。之后，在该堆上开展了一系列的技术和安全实验，验证了其固有安全性。HTR-10 是国际上第一座具有固有安全性的球床模块式高温气冷堆。HTR-10 的建设，不仅使中国掌握了球形包覆颗粒燃料元件、全数字化控制和保护系统等核心关键技术，而且使中国系统掌握了模块式高温气冷堆的设计、建造、调试、运行等技术，标志着中国的高温气冷堆技术达到国际先进水平。2006 年 2 月，"大型先进压水堆及高温气冷堆核电站"作为重大专项列入国家中长期科技发展规划。2008 年 2 月，国务院常务会议批准了重大专项总体实施方案。2012 年 12 月，山东石岛湾高温气冷堆核电站示范工程开工建设。

（3）超临界水冷堆。超临界水冷堆被列入第四代核能系统的六个候选堆型之一（另有三种，即快堆、高温气冷堆、熔盐堆），目前还处在方案研究阶段，尚存在很多待解决的技术问题，主要包括堆芯设计、堆内材料、安全性、稳定性和控制技术等方面。

超临界水冷堆是在水的热力学临界点（374℃，22.1 兆帕）以上运行的高温、高压水冷反应堆。超临界水冷堆简化了核电厂配套系统和设施，蒸汽直接进入汽轮机做功，其热效率可比轻水反应堆高出 1/3。由于冷却剂在反应堆中不发生相变，所以也无"压水堆""沸水堆"之分。堆芯核燃料为氧化铀芯块，包壳采用耐高温的高强度镍合金或不锈钢。同时超临界水冷堆也引入了非能动安全性。

超临界水冷堆辅助安全系统可以利用中国引进的 AP1000 第三代核电非能动技术。超临界水冷反应堆采用水作为慢化剂和冷却剂，其化学物理性质清楚，便于应用。超临界水冷堆在 250 个大气压下工作，其出口温度可达 500℃以上。所以可将压水堆核电站的净热效率从约 33% 提高到 44% 以上。超临界水冷堆具有灵活性，一些技术可以充分利用中国超临界火电厂的技术。超临界水冷堆经过减压后直接向主汽轮机供气，取消了压水堆中的主蒸发器、稳压器、主循环泵。

（4）熔盐堆。熔盐堆用铀、钍、钠、锆的氟化盐在高温熔融的液态下既作核燃料，又作载热剂，当熔盐流入堆芯时产生裂变反应释热，流出堆芯载热出堆，经过热交换器传出使用，故不需要专门制作燃料组件。

熔盐堆的概念最早由美国橡树岭国家实验室提出，并于 1954 年建成第 1 座 2.5 兆瓦的用于军用空间核动力实验的熔盐堆；1965~1968 年，该实验室又成功运行一座 8 兆瓦的熔盐增殖实验堆 13 000 小时。这两座原型堆从理论和实践上证明了熔盐堆的可行性。欧盟正在开展的 "熔盐堆计划"（Molten Salt Reactor Technology）试图用熔盐堆对长寿命的核废料及次锕核素（MAs）进行嬗变；俄罗斯用于燃烧钍和锕核素的 MOSART（molten salt advanced reactor transmuter，即先进熔盐嬗变堆）正在研究中；日本的 JAEA 和德国 FZK 研究中心正在将用于快堆安全分析计算的 SIMMER 程序扩展到对熔盐堆的物理热工分析。

由于熔盐堆燃料和冷却剂是合二为一的，而且在高温下熔盐在化学上很稳定，简化了传热系统，并可以达到相当高的热效率；熔盐堆具有很好的中子经济性，通过化工后处理可以去除裂变产物，加入新燃料，能获得很高的转化比，也可以用于锕系元素的焚烧；采用了高温耐熔盐腐蚀的结构材料，出口温度可以提高到850℃，因此可以采用热力化学方法制氢；氟化物熔盐具有非常低的蒸汽压，一回路压力壳和管道的设计压力较低；在堆芯的底部设置有一个事故泄放罐，以一段用水冷却的冷冻熔盐管段与堆芯相连接，一旦发生事故，自动切除冷却水源，冷冻熔盐解冻后，堆芯的熔盐即靠自重排泄到泄放罐中，并采用非能动的衰变热载出。由于熔盐中气态裂变的存量较小，衰变热也较小，因此，熔盐堆具有良好的安全性。熔盐中允许加入不同组成的锕系元素的氟化物，形成均一相的熔盐体系，用于焚烧长寿命的锕系元素。

中国20世纪70年代开展了钍增殖动力堆研究工作，之后相关研究工作停止了很长时间。2011年，由中国科学院承担的"未来先进核裂变能——钍基熔盐堆核能系统"工程探索研究。

要实现熔盐堆先进核能系统的发展目标，还有相当多的关键技术需要突破，举例如下：①用于锕系焚烧的熔盐堆，需要采用含高浓度锕系和镧系物质的熔盐体系，这种熔盐体系的可熔性需要试验；②在运行工况下，以及作为最终处置的最终废物形式熔盐体系的化学行为；③结构材料在高温下与新燃料熔盐和辐射后燃料熔盐的相容性；④贵金属裂变产物在热交换器内部沉积行为；⑤熔盐的处理、分离和后处理技术以及相关的环境保护和辐射防护等。

（5）核聚变。与裂变正好相反，核聚变是轻元素发生原子核互相聚合作用伴随着能量释放的核反应过程。核聚变是几乎无穷无尽、安全和无放射性的能源来源。在过去的二十多年中，一系列实验设备的研发使这项技术取得了相当可观的进步。现有聚变能实验设备的聚变能量仅在几秒钟内就可最高达到16兆瓦的水平。核聚变是氘（氢的非放射性的同位素）和氚（氢的放射性同位素，由中子轰击锂而产生）混合燃烧的过程。核聚变反应不产生温室气体并且没有放射性的裂变反应产物。核聚变反应堆内部材料受核聚变反应产生的中子影响而具有放射性活性。然而，这些正在研究的材料几乎全是活性材料以至于在运行结束后可当成惰性废物处理，或循环利用，或进行为期几十年的浅地层处置。

第一个接近商业化规模的实验反应堆——ITER现正利用科学技术知识和议定的设计以示范从核聚变中获得能量在科技上是可行的。ITER将会产生高达500兆瓦净热功率输出，从几百秒的持续脉冲直到稳定的运行。反应堆大部分关键组件的原型已经加以制造并且个别在接近于实际条件下成功地进行了测试。随着聚变物理学、技术和材料的不断发展，核聚变发电成本将在接下来的几十年内得到进一步的优化。

ITER 项目是一个包括了中国、欧盟、印度、日本、韩国、俄罗斯和美国七方在内的国际合作项目。依照核聚变项目的规划图，ITER 将花费大约 10 年时间建造并且运行 20 年左右。ITER 通过国际聚变材料测试装置（international fusion materials irradiation facility，IFMIF）的建造和运行加以补充并且依据示范发电站进行发电。IFMIF 将与 ITER 同期运行以确保材料特性适用于示范电站。这一规划图的按期执行可在相当程度上加速核聚变能的实现。

5）国际市场竞争加剧

主要核电国家，在保持本国核电发展的同时，加快拓展海外市场，国际核电竞争逐步加剧。

俄罗斯在国际市场上高歌猛进，已经取得了土耳其、中国、白俄罗斯、乌克兰、越南、孟加拉、印度等国共 16 台机组的订单（签署建造合同或贷款协议），还参与埃及、摩洛哥等国核电投标，并与阿根廷、巴西、委内瑞拉等国商谈核电合作。美国积极参与英国、立陶宛、沙特阿拉伯等国招投标，向外推销 AP1000 技术，同时积极开发小堆技术，计划对外出口。韩国已争取到越南第 3 座核电站的优先谈判权，还准备进入芬兰、英国、埃及等国核电市场，计划 2030 年前在海外出口 80 座反应堆。日本 2012 年收购地平线核电公司，准备在英国推销其先进沸水堆；2013 年与土耳其签订核能合作协议，准备输出 Atmea1 压水堆。法国同芬兰、印度、南非、沙特阿拉伯等开展核电谈判，参与新核电项目投标。

（二）核能革命性发展与利用的概念及意义

中国当前面临着能源约束矛盾突出、能源利用效率低下、环境生态压力加大、能源安全形势严峻、应对气候变化责任、经济总量翻番与能源支撑、体制机制改革等多方面问题，革命性的变革才能根本解决中国经济社会发展面临的严重能源和环境约束问题。核能作为未来中国能源消费中的重要组成部分，其革命性的发展与利用意义重大。

1. 概念

能源革命的内涵包括能源生产、能源消费、支撑与保障三个方面。而核能的革命性发展与利用主要是指核能的生产（主要是指核电技术的突破）、核能的利用方式，以及支撑与保障建设。

2. 意义

核能革命性的发展与利用对推动国家能源生产消费革命具有重要意义：优化能源结构，保障能源供应安全；优化能源布局，缓解能源输送压力；改善空气质量，创造绿色宜居环境；促进经济增长，推动产业结构升级。

1）优化能源结构，保障能源供应安全

预测 2050 年中国大陆能源需求总量达 67 亿吨标准煤，是 2010 年水平的 2 倍；电力需求总量达 13 万亿千瓦时，是 2010 年水平的 3 倍；人均 9 000 千瓦时，相当于韩国、中国台湾的当前水平。受煤炭生产能力及环境等因素制约，中国煤电装机规模在 10 亿~12 亿千瓦较为合适，考虑其余电力缺口由清洁能源发电补齐，2050 年核电规模需达到 5 亿千瓦。

当前，随着经济的不断发展，市场对核电应用提出了更多更高的要求，核电应用领域更加广泛，核电反应堆正在向着更加多元化的方向发展。一是在大堆方面为进一步提高核电安全性和经济性，不断提升核电容量，二是在大型核电机组难以应用的场合，着手研发更加小型化的核电堆型。小型堆在一些应用领域具有较大的优势。小型堆可以用于中小型电网供电、工业供汽、城市供热、海水淡化；还可以用于远离大陆的海岛、海上钻井平台、油气田开发等供电、供热、供汽，以及为大型舰船提供动力等，因此具有较广泛的应用前景。当前，美国、俄罗斯、韩国、法国等都纷纷开展了小型堆的研发工作，以争取占领技术和市场的制高点。小型化、多用途正逐渐成为核电利用的新方式。

2）优化能源布局，缓解能源输送压力

中国一次能源储量分布和生产力布局不均衡，能源流向呈现北煤南运、西电东送的格局。据统计，2012 年中国能源流为 15 亿吨标准煤，到 2050 年，如不新增核电站，能源流可达 27 亿吨标准煤，如果核电站装机达到 5 亿千瓦，能源流可降至 17 亿吨标准煤，相当于释放了 5 条大秦铁路的运力（14 亿吨原煤）；2012 年，中国跨省电力流为 1.1 亿千瓦，到 2050 年，在不新增核电的情况下，跨省电力流将达到 10 亿千瓦，如果届时核电装机达到 5 亿千瓦，跨省电力流将减少到 5 亿千瓦，输电量可减少一半，相当于 60 个特高压输电通道的能力。

3）改善空气质量，创造绿色宜居环境

2013 年，中国中东部大部分地区遭遇严重雾霾天气，多地 $PM_{2.5}$ 值濒临"爆表"，引发了能源行业关于经济发展、环境保护和能源结构之间关系的大讨论。中国传统煤烟型污染十分严重，根据世界卫生组织公布的世界 1 082 个城市 2008~2010 年 PM_{10} 年均浓度，中国有 32 个省会城市参与排名，最好的海口排名第 814 位，其余均在 890 位之后，北京列 1 035 位。

中国发电行业各项大气污染物排放量占比十分可观，除 $PM_{2.5}$ 外，SO_2、NO_x 以及涉及温室气体减排承诺的 CO_2 均占了全国工业排放的四成。2005 年，中国化石燃料排放 CO_2 57.89 亿吨，若按 GDP 年增长 7.5%、2020 年中国单位 GDP 化石燃料 CO_2 排放量减少 45%估算，则 2020 年化石燃料产生的 CO_2 不应超过 94.22 亿吨，而 2011 年中国化石燃料排放 CO_2 已达 91.11 亿吨，因而提高核能等非化石能源发电的比重是未来中国能源结构调整的必由之路。根据 2012 年统计

的全国各省会城市 SO_2、NO_x 和 PM_{10} 的年平均浓度，除福州、南宁少数省会城市勉强达到国家空气环境质量一级标准外，其余省会城市，包括北京在内均不达标。

4）促进经济增长，推动产业结构升级

核电产业属于科技密集型高端产业，对安全性、可靠性质量要求很高，可极大地提升中国装备工业水平。核电产业链长，涉及行业广，发展核电对相关产业具有较强的带动作用，是中国未来新的经济增长点，可避免国家经济过度依赖初级产业，导致高端产业发展停滞（荷兰病）。核电产业科技水平和实力，是国家强盛和国家实力的重要标志。发展核电产业、实现核电装备出口有助于推动中国产业结构升级，有助于中国经济转型，避免产业空心化，突破"中等收入陷阱"。一台核电机组，建设期间投资约 200 亿元，其中设备费 100 亿元，可提供就业岗位 5 万个；全寿期对产业链贡献 1 000 亿元。

（三）核能革命性发展与利用的前景分析

当前，核能革命性发展与利用正朝着高安全可靠性、可持续发展、提高资源利用率、废物最小化，以及便于应用领域推广的方向发展。

1. 核能革命性生产的主要方向

目前世界上核电站常用的反应堆有压水堆、沸水堆、重水堆和改进型气冷堆以及快堆等，其中应用最广泛的是压水堆。可以预测，到 2050 年，或更长一段时期，全球核能发电仍然普遍采用热中子堆技术，压水堆仍将是主流堆型。

《国家中长期科学和技术发展规划纲要（2006—2020 年）》《国防科技工业中长期科学和技术发展规划纲要（2006—2020 年）》对中国压水堆和快堆的发展提出了要求，明确了中国核电发展的总体技术发展战略是压水堆—快堆—聚变堆"三步走"。2007 年国务院原则通过的《核电中长期发展规划（2005—2020 年）》明确提出，中国目前按照热中子反应堆—快中子反应堆—受控热核聚变堆"三步走"的步骤开展工作。

中国确定的压水堆为主的技术路线，是基于中国核工业及其配套产业基础、比较成熟的条件保障，以及与世界核电主流堆型技术相吻合的科学选择，也是与国家核电技术研发整体优势、核燃料循环政策、燃料元件制造技术、核电装备和材料制造技术、核安全审评技术等相匹配的。它是代表中国核电工业发展的主流技术。

目前国际上核燃料循环有两种主要形式，分别是开式循环，即一次通过、闭式循环，即乏燃料后处理再利用。中国采取的是核燃料闭合循环政策。核燃料闭合循环主要包括天然铀供应、铀浓缩、元件制造等核燃料环节。

美国 21 世纪初首先提出并创立了第四代先进核能系统国际合作研发论坛（Generation Ⅳ International Forum，GIF），同时，在 IAEA 倡议下启动的创新型核能系统国际计划（The International Project on Innovative Nuclear Reactors and Fuel Cycles，INPRO）致力于研发可持续利用的清洁、安全、经济的先进核能系统。目前研究表明，快堆核能系统是未来先进核能系统及其燃料循环体系的首要选择，此外，还包括高温气冷堆、超临界水冷堆、熔盐堆等的先进核能系统。

2. 核能的多用途、小型化

按照 IAEA 的定义，电功率小于 300 兆瓦的核反应堆称为小型堆。其中小型压水堆技术最为成熟，工程可实现性高，研发和市场开发周期短，是小型堆研发的重点。小型堆根据应用地点不同可分为陆上小型堆和海上核电站。陆上小型堆，是以发电为主或热汽水电联供的分布式能源系统；海上核电站，由海上固定式或浮动式平台承载，是以发电为主要用途并兼顾供热和海水淡化等用途的小型堆。小型堆具有高安全性、模块化、多用途、有经济竞争力（建设总价低）、厂址适应性好、设备运输容易等优势。

目前，小型堆具有以下潜在市场应用领域。陆上小型堆包括：中小型电网供电、工业园区分布式供电；城市集中供暖、供冷；工业供热、供汽；分布式综合能源供给站；海水淡化、内陆苦咸水治理；模块化小堆规模化后，一定条件下可以替代大堆供电。海水小型堆：采油平台供电、海上综合能源补给站、沿海地区和海岛综合能源补给，还可以用于船舶动力。

国际领先的核工业咨询公司 UxC 预测 2015 年后国际小型堆装机容量如图 7-9 所示。

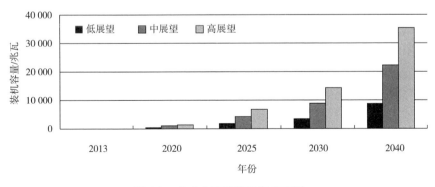

图 7-9　未来小型堆装机容量预测

陆上小型堆市场前景分析如表 7-1 所示。

表 7-1　陆上小型堆未来市场规模预测

潜在市场	多用途	现有市场规模	未来市场规模预测	
			2015 年	2020 年
分布式电力市场	分布式发电	3 436 万千瓦[1]	6 400 万千瓦[2]	15 400 万千瓦[2]
供热市场	工业供汽	1 060 万吨/小时[3]	1 335 万吨/小时[4]	—
	城市供暖	47 亿平方米[5]	—	74 亿平方米[6]
	热电联产	1.27 亿千瓦[7]	2.5 亿千瓦[7]	—
供水市场	海水淡化	75 万吨/天[8]	>220 万吨/天[8]	250 万~300 万吨/天[8]
	内陆苦咸水淡化	296 万吨/天[8]	—	—

1）国家电网 2012 年 7 月的统计数据

2）《可再生能源发展"十二五"规划》《风电发展"十二五"规划》《太阳能发电发展"十二五"规划》《中国分布式发电管理与并网服务机制》

3）《2011 年特种设备统计分析》

4）《工业转型升级规划（2011—2015 年）》

5）国家统计局 2011 年数据

6）《中国建筑节能年度发展研究报告 2008》

7）《国务院关于印发能源发展"十二五"规划的通知》

8）《中国海水淡化产业现状与趋势》《海水利用专项规划》《海水淡化产业发展"十二五"规划》

分布式电力市场、供热市场，以及供水市场预测如图 7-10 所示。

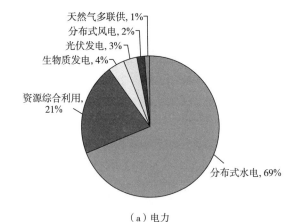

（a）电力

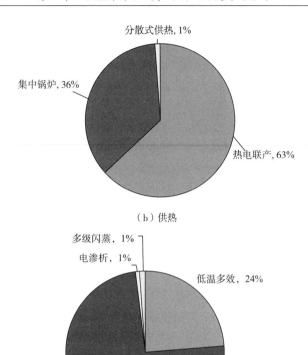

（b）供热

（c）供水

图 7-10 分布式电力、供热、供水市场预测

海上小型堆市场前景分析如表 7-2 所示。

表 7-2 海上小型堆未来市场规模预测

潜在市场	多用途	现有市场规模	未来市场规模预测
海上油气开采	供能	5 185 万吨、200 座[1]	2015 年 6 000 万吨、231 座，2030 年 1.5 亿吨、579 座[1]
海岛供电	发电	3 122 兆瓦[2]	2015 年 3 835 兆瓦[3]

1）《全国油气资源动态评价 2010》和《全国海洋经济发展"十二五"规划》中预测的油当量；231 座、579 座是海上油气平台的数量，是根据现有市场规模（5 185 万吨、200 座）等比例预测的

2）根据《全国海岛保护规划》（2011—2020 年），中国 2007 年全国海岛人口约 547 万（未包括香港、澳门、台湾和海南的人口数量）；按照 2011 年中国人均年用电量 3 500 千瓦时计（中国电力企业联合会），人口×人均年用电量/70 负荷因子

3）2015 年 4 300 千瓦时（"十二五"能源发展目标），人口×人均年用电量

3. 支撑与保障建设的主要目标

未来中国核能发展支撑与保障建设的主要目标包括以下几点：

（1）建成全球最大、技术全面的核电工业体系，并力争成为中国海外拟建的最大工业产业。

（2）进一步丰富和发展核电安全战略的内容和实施形式，确保核电建设安全有序开展；核电机组安全可靠运行，机组运行和安全指标达到世界先进水平；乏燃料得以开发利用、放射性废物得到妥善管理。

（3）实现先进压水堆核电厂的自主设计、自主创新，开发出具有自主知识产权的先进压水堆核电技术品牌；快堆先进核能系统初具工业规模，基本实现以压水堆为主的、快堆为补充的发展格局，为实现压水堆和快堆匹配发展奠定基础；实现核燃料供应能力的全球布局；先进核能系统和小型反应堆在电力工业应用领域实现一定规模的推广利用，在中国能源供应和环境保护等方面发挥应有作用。

（4）具备全面的核电产业发展与创新能力，在科研与设计、人才培养、设备制造、建设、运营、安全监管、行业管理、法规标准体系建设和完善、可持续发展等方面具备世界一流的水平，具有较强的国际市场营销和服务能力，占据世界核电市场相当份额。

二、中国核能革命性发展与利用的支撑体系现状及存在的问题

（一）中国核能发展现状

1. 中国核电革命性生产与消费已形成的能力

1）中国核电建设与运行情况

截至 2013 年 8 月 31 日，中国已有 17 台核电机组相继投入商业运行，装机容量为 1 461.8 万千瓦，具体情况如表 7-3 所示。中国正在建设的核电机组共 28 台，装机容量为 3 040 万千瓦，已成为世界在建核电机组规模最大的国家，具体情况如表 7-4 所示。2012 年核电发电量为 974 亿千瓦时，占全国总发电量的 2.0%（图 7-11）。

表 7-3　中国已商业运行的核电机组情况

核电厂名称		堆型	额定功率/万千瓦	开工日期	首次并网日期	商业运行日期
秦山核电厂		压水堆	31	1985-03-20	1991-12-15	1994-04-01
大亚湾核电厂	1 号机组	压水堆	2×98.4	1987-08-07	1993-08-31	1994-02-01
	2 号机组			1988-04-07	1994-02-07	1994-05-06

续表

核电厂名称		堆型	额定功率/万千瓦	开工日期	首次并网日期	商业运行日期
秦山第二核电厂	1 号机组	压水堆	4×65	1996-06-02	2002-02-06	2002-04-15
	2 号机组			1997-04-01	2004-03-11	2004-05-03
	3 号机组			2006-04-28	2010-08-01	2010-10-05
	4 号机组			2007-01-28	2011-11-25	2012-04-08
岭澳核电厂	1 号机组	压水堆	99	1997-05-15	2002-02-26	2002-05-28
	2 号机组		99	1997-11-28	2002-09-14	2003-01-08
	3 号机组		108	2005-12-25	2010-07-15	2010-09-20
	4 号机组		108	2006-06-15	2011-05-03	2011-08-07
秦山第三核电厂	1 号机组	重水堆	2×70	1998-06-08	2002-11-19	2002-12-31
	2 号机组			1998-09-25	2003-06-17	2003-07-24
田湾核电厂	1 号机组	压水堆	2×106	1999-10-20	2006-05-12	2007-05-17
	2 号机组			2000-09-20	2007-05-14	2007-08-16
福建宁德核电厂	1 号机组	压水堆	100	2008-02-18	2012-12-28	2013-04-15
红沿河核电厂	1 号机组	压水堆	108	2007-08-18	2013-02-17	2013-06-06
合计			1 461.8			

表 7-4　中国在建核电机组的情况

核电站名称		堆型	额定功率/万千瓦	开工日期
红沿河核电站	2 号机组	压水堆	3×108	2008-03-28
	3 号机组			2009-03-07
	4 号机组			2009-08-15
宁德核电站	2 号机组	压水堆	3×108	2008-11-12
	3 号机组			2010-01-08
	4 号机组			2010-09-29
福清核电站	1 号机组	压水堆	4×108	2008-11-21
	2 号机组			2009-06-17
	3 号机组			2010-12-31
	4 号机组			2012-11-17
阳江核电站	1 号机组	压水堆	4×108	2008-12-16
	2 号机组			2009-06-04
	3 号机组			2010-11-15
	4 号机组			2012-11-17
秦山核电站扩建项目（方家山核电工程）	1 号机组	压水堆	2×108	2008-12-26
	2 号机组			2009-07-17
三门核电站	1 号机组	压水堆	2×125	2009-03-29
	2 号机组			2009-12-15

续表

核电站名称		堆型	额定功率/万千瓦	开工日期
海阳核电站	1 号机组	压水堆	2 × 125	2009-09-24
	2 号机组			2010-06-21
台山核电站	1 号机组	压水堆	2 × 170	2009-11-18
	2 号机组			2010-04-15
昌江核电站	1 号机组	压水堆	2 × 65	2010-04-25
	2 号机组			2010-11-21
防城港红沙核电站	1 号机组	压水堆	2 × 108	2010-07-30
	2 号机组			2010-12-28
石岛湾核电站	1 号机组	高温气冷堆	20	2012-12-21
田湾核电站	3 号机组	压水堆	106	2012-12-27
合计			3 040	

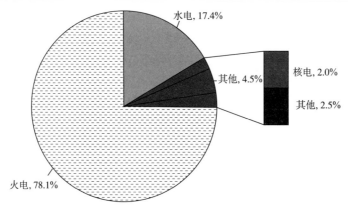

图 7-11　全国发电量统计分析图

2）中国核能技术研发及相关工程建设、技术保障平台建设情况

在国防科技工业局、科学技术部、教育部等政府部门的指导和支持下，中国已经在企业和高校、科研院所中建立了比较完整的核能技术研发及相关工程建设、技术保障平台。

教育部工程研究中心是中国高等学校科技创新体系的重要组成部分，是高等学校加强资源共享、促进学科建设与发展、组织工程技术研究与开发、加快科技成果转化、培养和聚集高层次科技创新人才和管理人才、组织科技合作与交流的重要基地和平台。当前，涉及核能技术研发的工程研究中心有设立在清华大学的辐射技术及辐射成像中心和核电技术中心，以及设立在东华理工大学的核技术应用中心。

国家能源局还命名和支持了一批国家能源研发中心。研发（实验）中心是国家能源科技创新体系的重要组成部分，其设立满足建设创新型国家和社会能源结构不断优化升级的战略需要，以及能源技术装备的市场需求，研发涉及包括核电在内的重点行业和领域，紧紧围绕国家能源科技发展的前沿和方向，发挥产学研用的优势，进一步加强核心技术攻关。当前，涉及核能技术研发的研发中心（重点实验室）名单如表7-5所示。

表 7-5　核能技术研发中心（重点实验室）名单

序号	研发（实验）中心（实验室）名称	依托单位
1	国家能源压水反应堆研发中心	中核集团中国核动力研究设计院
2	国家能源先进核燃料元件研发中心	中核集团中国核动力研究设计院、中科华核电技术研究院
3	国家能源快堆工程研发中心	中国原子能科学研究院
4	国家能源核电站核级设备研发中心	中国广核集团
5	国家能源核电站寿命评价与管理研发中心	中广核集团、中科华核电技术研究院
6	国家能源核电工程建设技术研发中心	中广核集团、中广核集团工程有限公司
7	国家能源核电站仪表研发中心	上海工业自动化仪表研究院
8	国家能源核级锆材研发中心	国家核电技术公司
9	国家能源核电站数字化仪控系统研发中心	北京广利核系统工程有限公司
10	国家能源核电软件重点实验室	国家核电技术公司

3）铀资源及核燃料的保障供应

按4亿千瓦装机规模测算，2015~2050年中国累计需天然铀160多万吨，按0.7的资源开采利用率，需铀资源220多万吨。

据2009年的红皮书，成本低于130美元/千克的常规铀资源量约547万吨，成本低于260美元/千克的常规铀资源量约630万吨。截至2012年年底，世界上在役核电机组每年需要天然铀约7万吨，需资源量10万吨。即使世界上其他国家核电装机保持不变，至2050年也要消耗370万吨铀资源。在2050年中国核电装机达到4亿千瓦、其他国家核电装机保持不变的条件下，2050年全球核电约需天然铀590万吨。按全寿期60年计算，2050年中国核电约需天然铀569万吨。可见，为满足全球核电发展，靠目前已发现的常规铀资源，难以满足需求。

但是，考虑到未来新增铀常规资源潜力、非常规铀资源超过2 000万吨，天然铀的需求通过努力是可以满足的。

中国天然铀及核燃料供应对核电发展的保障分析如下：

（1）天然铀供应。

2020年规划国内生产能力可达5 000吨/年，海外开发可获得3 000吨/年，国际贸易可获得10 000吨/年以上，合计可获得1.8万吨/年以上的天然铀资源，可以满足上述预测方案的需求。

为保障天然铀持续供应，要加大海外开发和国际贸易天然铀获取量。力争2020年以前建成6~8个大型铀矿基地，通过参股、入股，以及合资和独资开发，控制产能6 000吨/年，建立一支精干、高效的海外铀资源勘探队伍，海外勘探直接或间接能力达到10万米/年，落实3~5片铀资源勘探基地，控制资源量30万吨。

要统筹做好天然铀国家能源储备，并鼓励企业做好商业储备。国家天然铀能源储备规模要逐步达到2050年20万吨以上规模，企业储备一次换料所需的燃料元件和天然铀。

铀浓缩：按照规划的核电装机目标测算，2020年当年需分离功12 000多吨。为此，需通过科研投入和技术升级，加大中国离心分离机产能并充分发挥，确保2020年形成每年1.3万吨铀浓缩分离功能力，满足铀浓缩产能发展需求。

以"满足国内、适度超前、立足竞争、自主发展"为基本发展思路，2020年后，实现"旋风3号"离心机工业化应用，能够根据需求逐步扩大产能，满足需要。

（2）元件制造。

按照国家核电自主化工作安排，加大投入，逐步实现先进核电机组核燃料元件自主研发和制造目标。通过新建和扩建生产线，满足运行和在建核电机组核燃料元件需求，到2020年，压水堆核燃料元件制造能力达到每年2 000吨，以满足核电发展的需要。

燃料元件制造 2017年前实现具有完全自主知识产权的国产高性能燃料组件CF3商业化应用，摆脱受制于人的局面，能够根据需求逐步扩大产能，满足需要。

元件制作环节要围绕中国最有可能实现的快堆核能先进系统建设目标和要求，重点开展相关科研开发、工程建设工作。

4）核能发展装备制造

"十一五"期间，核电设备制造和关键技术纳入国家重大装备国产化规划，以东方电气集团（简称东电）、哈尔滨电气设备集团（简称哈电）、上海电气集团（简称上电）和中国一重、二重机械制造集团（分别简称一重、二重）为代表的核电装备制造业加大技术改造升级和投入力度，在核电关键设备的制造方面取得突破，掌握了第二代改进型反应堆压力容器、蒸汽发生器、核岛主泵、主管道、堆内构件、控制棒驱动机构、稳压器、安全壳贯穿件、核安全二级、三级泵、核级过滤器等主要核岛设备和大型铸锻件的制造技术，大部分关键设备均已实现国内制造。在建第二代改进型机组平均国产化率为68%。核电设备成套供应能力得到了较快提升，初步形成了年供8套以上百万千瓦级压水堆核电主要设备能力（表7-6和表7-7）。

表 7-6　主要核电装备制造企业现有能力

企业	基地	目前优势	现有能力	实际供货业绩
东电	广州南沙 四川德阳 四川自贡 湖北武汉	制造了岭澳一期核岛设备；具有成套设备生产能力；核岛设备市场占有率约为45%，常规岛设备市场占有率为33%	5套核电机组	岭澳二期、红沿河、宁德、阳江、防城港、福清、台山
上电	上海闵行 临港	制造了秦山一期、二期核岛设备；核岛设备市场占有率为45%，常规岛设备市场占有率约为33%	2.5套核电机组（2012年4~6套）	红沿河、宁德、阳江、秦山二期、昌江、方家山、三门、海阳
哈电	哈尔滨 秦皇岛	在常规岛设备领域实力较强，常规岛设备市场占有率约为33%	1.5套核电机组（2013年4套）	昌江、宁德、阳江
一重	大连棉花岛	是国际上唯一取得以AP1000为代表的第三代核电机组全套铸锻件制造资质的企业，具备年产10套第三代核电机组铸锻件的装备	5套压力容器	秦山二期、红沿河、宁德、福清、阳江、方家山、三门、海阳
二重	德阳 镇江	具备成套供应二代加AP1000锻件的装备		红沿河、宁德、防城港、福清、三门、海阳

表 7-7　核电主要设备生产能力

产品名称	生产厂家	生产能力	实际供货业绩
压力容器	一重、东电、上电	12套	东电2套、上电2套、一重3套
蒸汽发生器	哈电、东电、上电	27台	东电3套、上电2套
堆内构件	上电、东电、哈电	12套	上电4套
控制棒驱动机构	上电、东电、哈电	12套	上电3套
核岛主泵	东电、哈电、上电、沈鼓	30台	东电2台
汽轮发电机组	哈电、东电、上电	15套	东电7套、哈电1套、上电2套

由于 AP1000 基本上采用成熟设备，已具备第二代改进型核岛设备加工、供货能力的厂家，基本具备 AP1000 第三代核电机组所需设备的加工制造条件。通过消化吸收，中国基本掌握了除主泵外其他 AP1000 关键设备的生产制造技术。通过完善自身的制造装备能力，积累制造工艺经验，加强技术攻关，"十二五"末期基本形成稳定的第三代核电设备成套供应能力，设备自主化目标基本实现。

5）中国核能技术标准、检测、认证和质量管理体系建设情况

在引进消化吸收国外先进技术的基础上，汲取经验反馈，中国基本掌握了大型核电厂选址、设计、建造、运行、维护和相应的安全分析评价技术等，并与 IAEA 合作，参考借鉴包括核电发达国家核安全立法、标准化工作的成果和经验，并结合国情制定了一系列用于保障核电安全的法规（导则）、管理和技术标准，形成了比较完善的核安全法规标准体系。现行的安全法规标准覆盖了中国核电厂选址、设计、设备制造、工程建设、调试、运行（维修、核事故应急）、退役全过程，并

得到较严格的贯彻执行。

中国现行的核安全法规和标准反映的核安全保障指导思想、实践准则和技术水平是先进成熟的、与国际接轨的。

2. 核电发展具备的自身优势

1）核能的高效性

火电站利用化石燃料的燃烧所释放出的化学能来发电，核电厂则利用核燃料的核裂变反应所释放的核能来发电。1千克铀-235裂变所产生的能量，相当于270万千克标准煤。海水中含有45亿吨铀，只要能够开发利用，完全可以替代化石燃料。

而每千克热核聚变燃料放出的热量是同样质量核裂变燃料所释放能量的4倍多。海水中氘的含量比铀还多，可见核聚变能更是一种崭新高效的能源。

2）核能的运输量小

核裂变释放的能量要比化学变化释放的能量大得多，所以核电厂比同样功率的火电厂所消耗的化石燃料要少得多。一座100万千瓦的核电站，每年只需要补充30吨核燃料，而同样规模的火电厂每年则需要烧煤300万吨，前者仅为后者的十万分之一，相对煤电而言其高效性是明显的。30吨核燃料一辆重型车即可拉走，而300万吨原煤，需每天一列40节车厢的火车。

3）核能的经济性

核能是除水电外最经济的清洁能源。核电站由于工程大、设备要求严、安全性要求高，造价确实比较高。核电站的度电成本包括建造投资费、燃料循环费以及运行维护费，其建造费用比火电站高2倍左右，但燃料费及运行费远低于火电站。在成本结构中，核电站的建造费占60%~70%，火电站则只有20%~30%。未来火电成本是上行的，而随着核电建设加快，国内核电的规模经济效应将逐步显现，核电设备的国产化也将大幅降低核电建设成本。未来核电度电成本是呈下行趋势的。国家发改委已经发布实施核电标杆电价，0.43元/千瓦时小于绝大多数核电建设省份的燃煤脱硫电价，已对火电形成明显的竞争优势。

中国引进的第三代核电站，随着其国产化程度的提高和批量建设，其建设成本必将下降。

（二）支撑体系建设面临的主要问题

1. 核能安全保障能力

由于中国核电建设起步较晚、大规模建设经验相对不足、关键技术尚未完全掌握、法规标准体系尚不完善、管理和监管能力薄弱、核电设备制造企业产品质量和质量保证体系的有效性及管理能力有待加强等，核电安全保障整体上面临新的挑战。

中国在运和在建核电机组多种堆型、多国标准和多种技术并存，以及新技术、新材料、新工艺进一步广泛应用，使核电厂设计、建造、运行等管理和监管存在一定的差异，大大增加了安全管理和监管难度；现有的安全管理、监管和工程监理力量不足，不能满足核电工程多项目、多区域同时建设需求。由于管理和监管难度增大，力量相对薄弱，在一些环节，管理和监管不能完全到位，有可能给工程项目建设质量和安全带来风险。

核电工程建造期间质量保证和质量控制与工期进度发生矛盾时，为赶进度容易忽视质量要求，可能造成工程质量存在潜在风险。核级设备制造质量保证体系完整性和有效性存在薄弱环节，产品质量稳定性不高，产品鉴定、检验、验证关键技术和手段与国际先进水平相比还有一定差距。核电厂运行人-机接口和安全运行技术还需要不断优化，维修可靠性技术有待进一步提高，运行安全管理体系、制度需要进一步完善；早期投运的核电机组，有些系统和设备老化问题逐渐显现，技术改造活动严格遵守核安全法规和标准还有欠缺，运行经验反馈和相关运行规程需要适时改进。在核电相关企业中，核安全文化的普及与提高参差不齐，尤其是一些新进入核电领域的设备研发和生产企业、工程承分包企业，核电安全文化建设比较薄弱，核安全没有充分得到应有的重视。

2. 核设施厂址开发利用与保护

从核电厂址角度看，中国内陆厂址水资源环境差别很大。中国长江流域及其以南地区，包括东南部直流入海的较大河流、西南地区出境河流，以及北方地区的松花江等，水资源相对丰富，可利用水资源开发利用率较低，对核电厂址具备较好的支撑；西北地区水资源严重缺乏，不应在该区域布局核电项目；北方地区的黄河、海河流域，整体水资源开发利用现状已超过水资源承载力，不宜在这些区域布局核电厂址；中国南北过渡区的淮河流域，水资源开发利用现状已接近区域水资源条件极限，空间非常有限。为保障区域内社会经济的可持续发展，应当严格控制发展核电项目。

目前，中国已经完成初步可行性研究阶段的核电厂址（包括在建、在运机组）总规划容量约3亿千瓦，主要分布在长江沿岸及以南的东部地区（广东、福建、浙江、安徽、湖北、湖南、江西、海南），约占总数的2/3；其余在四川、重庆、河南、广西、山东、江苏、辽宁、吉林，约占1/3。这些区域经济较为发达、能源自给率低，电力价格较高，拥有较多的核电厂址为中国大力发展核电、优化能源布局提供了厂址保障。

3. 内陆核电发展关键问题

内陆核电站建设面临的主要问题是观念问题。公众十分关心核电建设的信息透明，由于公众缺乏对核能的了解，对核电的接受度较弱，公众宣传力度有待加强。

此外，为做好内陆核电站建设，在人才、选址、资金等方面需开展更多的准备。中国目前没有内陆核电建设经验，需要更多内陆核电建设人才的加入；核电建设项目投资巨大，内陆核电建设资金需早作安排；内陆核电选址要重视在人口分布、外部事件、水文、气象等方面与沿海厂址的差异。

4. 核电发展公众接受情况

随着核电产业规模化发展，核电厂厂址从沿海扩展到内陆，在运和在建核电厂以及核燃料生产和放射性废物处理处置数量逐年增加，安全和环境保护日益受到社会和公众关注，确保核电安全，是对公众和国际社会的承诺。因此，需要不断提升安全水平，从而提高社会和公众对核电的接受度，增强发展核电的信心。

当前，作为提高公众接受度的重要手段——核电建设社会稳定风险评估机制，在建设过程中，法规制度还不配套，在开展项目建设社会稳定风险评估工作方面，具有可操作性的细则还有待补充，如针对核电工程项目建设特点的社会稳定风险管理制度、风险库建设指南、风险定性定量评估方法、风险分析和评估报告格式及内容要求、风险评估组织机构及其资质要求等有待补充完善。在核电稳中求进的发展进程中，计划拟建的工程项目，在工程前期准备工作、开工建设和在运营阶段开展社会稳定风险分析评估工作，需要有法规制度作为依据，来规范和统一协调相关工作。

多年来，各有关部门和核电企业为普及核与辐射科普知识做了大量的工作。但总的来看，科普宣传的力度与核电和核技术发展的形势还不相适应。公众对核电的认识还没有达到一定的高度，常常把核电与原子弹相提并论，在一些公众中还有"谈核色变"的现象。核能以及核辐射的宣传在规模、宣传渠道、长期性上还存在不足。另外，由于不少媒体和所谓"环保人士"缺乏对核电的认识，过分强调核电带来的灾害，对公众产生了错误的引导。

三、以平台经济理念和 PPP 模式推进中国核能体制革命

（一）重大意义

四大平台群属，即基础支撑群、市场群、技术群和文化群。

十五大专业化服务平台（不限于 15 个）如下。

基础支撑群包括信息网络平台、政企联动信息沟通与服务平台、投融资服务平台。

市场群包括建设运行服务平台（包括 WANO 北京中心等）、核电装备自主化及相关 PPP（public-private partnership，即政府和社会资本合作）项目服务平台、退役和放射性废物管理服务平台、核应急准备和响应服务平台、核电"走出去"综合服务平台、核能"互联网+"经济及仓储物流平台、核能会展博览平台。

技术群：科研创新服务平台、企业孵化和国际化发展平台、知识产权服务平台、教育人力资源服务平台。

文化群：文化交流平台。

（二）关于平台建设的具体建议

1. 国家核能综合服务平台总部

建设地点：国家核能综合服务平台总部建设地点待定。

具体专业平台建设可建在国家核能综合服务平台总部内，也可根据需要在不同地点建立综合服务平台分部。

共同发起国家核能综合服务平台的政府有关部门、相关企业、相关协会和促进会、大学等，通过以国家或地方能源领域 PPP 试点项目建设的形式，协商一致选定平台建设地点及 A 公司（中心）牵头具体承接其场所建设和规范操作运营。

2. 专业化平台

1）基础支撑群

（1）信息网络平台：建议由 B 公司（中心）牵头具体承接。主要运用物联网、云计算等先进技术，以信息咨询和大数据为依托，搭建面向核能行业的人才、技术、科研、商务综合信息服务平台，发布符合行业发展特色的经济指标体系，核能 PPP 系列项目的内容介绍等，助推核能的生产和利用方式革命及行业结构转化与信息化升级等。

（2）政企联动信息沟通与服务平台：建议由 C 公司（中心）牵头具体承接。C 公司（中心）原则是由政府有关部门一个或若干的直属支持机构组成新的共同体。主要利用其政策优势，结合国家核能发展战略规划、核安全政策法规、厂址开发评估、装备自主化发展、核能科技开发等产业特点，提供中介咨询服务，并为社会资本及相关企业和大学院所等单位，提供海关、商检、工商、税务、人事和社保、质检等一站式服务以及会计事物、律师事物、管理咨询，并为总部园内企业提供餐饮、住房、物业和保安等配套服务。

（3）投融资服务平台：建议由 D 公司（中心）牵头具体承接。其主要职责是汇聚银行、基金、保险、担保、再担保、融资租赁、期货公司等各类机构，为核能行业客户搭建起一个综合的金融资本服务体系，能够为核能PPP项目的第三方开展托管和监督等活动提供业务咨询和便利。

2）市场群

（1）建设运行服务平台（包括WANO北京中心等）：建议由E公司（中心）牵头联系国内外相关核电企业和国际相关组织，享受国家能源领域PPP试点项目优惠政策，建立核能建设运行综合服务机构（联合体）和相关PPP项目库，并在政府指导下，与核电建设运行服务相关业务单位就平台的作用、业务范围、工作方式、工作计划等充分协商，协同推进，面对国内外市场开展相关业务。

我们认为，不仅核电项目（如阳江核电"中国太平-中广核核电项目债权计划"项目、核电参与新一轮电改PPP项目）可以实施PPP模式，核电管理活动也可考虑在政府有关部门授权下，结合核电企业管理改革，以市场运作方式集中办理各集团核电项目核准相关手续，试行 PPP 模式提供一站式服务。同时可考虑结合WANO北京中心建设，将全国核电运行同行评估等业务，逐步集中在该平台上等。可通过平台的运作和相关企业集团内部职能的调整改革，如核电企业集团考虑成立混合所有制企业参与核能建设运行服务平台和PPP项目的建设运营，逐步将核电建设运行服务相关问题放到该平台上解决。

（2）核电装备自主化及相关 PPP 项目服务平台：建议由 F 公司（中心）牵头联系国内外相关核电企业和国际相关组织，建立核电装备自主化及相关产品交易平台和相关PPP项目库，并与核电装备自主化及相关产品交易业务单位产业联盟、协会等就平台的作用、业务范围、工作方式、工作计划等充分协商，协同推进，面对国内外市场开展相关业务，并通过平台的运作和相关企业集团内部职能的调整改革，逐步将中国核电装备自主化及产品交易相关问题放到该平台上解决。

（3）退役和放射性废物管理服务平台：建议由 G 公司（中心）牵头联系国内外相关核电企业和国际相关组织，建立退役和放射性废物管理综合服务机构及相关PPP项目库，并在相关政府部门指导下，与退役和放射性废物管理业务单位就平台的作用、业务范围、工作方式、工作计划等充分协商，协同推进，面对国内外市场开展相关业务，并通过平台的运作和相关企业集团内部职能的调整改革，逐步将中国核设施退役和放射性废物管理服务相关业务放到该平台上进行。

（4）核应急准备和响应服务平台：建议由国家核应急准备中心 H 公司（中心）牵头联系国内外相关核电企业和国际相关组织，建立核应急准备和响应综合服务机构及相关PPP项目库，并与核应急准备和响应服务相关业务单位就平台的作用、业务范围、工作方式、工作计划等充分协商，协同推进，面对国内外市场开展相关业务，并通过平台的运作和相关政府部门支持机构及企业集团内部职能的调整改革，逐步将中国核应急准备和响应服务相关问题放到该平台上解决。

（5）核电"走出去"综合服务平台：建议由 I 公司（中心）牵头联系国内外相关核电企业和国际相关组织，建立核电"走出去"综合服务平台和相关 PPP 项目库，并在相关政府部门指导下，与核电"走出去"相关业务单位、产业联盟、协会等就平台的作用、业务范围、工作方式、工作计划等充分协商，协同推进，面对国内外市场开展相关业务，并通过平台的运作和相关政府部门支持机构、产业联盟及企业集团内部职能的调整改革，逐步将中国核电"走出去"综合服务相关问题放到该平台上解决。

（6）核能"互联网+"经济及仓储物流平台：建议由 J 公司（中心）牵头联系国内外相关核电企业和国际相关组织，建立核能"互联网+"经济及仓储物流平台和相关 PPP 项目库，并与核能"互联网+"经济及仓储物流相关业务单位就平台的作用、业务范围、工作方式、工作计划等充分协商，协同推进，面对国内外市场开展相关业务。

（7）核能会展博览平台：建议由 K 公司（中心）牵头联系国内外相关核电企业和国际相关组织，建立核能会展博览平台和相关 PPP 项目库，并与会展博览相关业务单位就平台的作用、业务范围、工作方式、工作计划等充分协商，致力于成为核能行业的"达沃斯"，协同推进，面对国内外市场开展相关业务。

3）技术群

（1）科研创新服务平台：建议由 L 公司（中心）牵头联系国内外相关核电企业和国际相关组织，建立核能科研创新服务平台和相关 PPP 项目库，并在相关政府部门指导下，与科研创新服务业务单位就平台的作用、业务范围、工作方式、工作计划等充分协商，协同推进，面对国内外市场开展相关业务。

可考虑建立核能黑盒共享模式和众研网，建立起具有第三方公信力的平台，为解决核能"政、产、学、研、资"相融合问题提供相应整体解决方案。同时可考虑建立具有专业性、开放性和公信力的核能行业技术交易服务平台，创立中国核能产学研合作创新示范基地（中国产学研合作促进会）等，为相关企业提供技术成果交易、技术能力交易、产品与技术检验检测、科研成果评价和项目申报等方面的服务。

（2）企业孵化和国际化发展平台：建议由 M 公司（中心）牵头联系国内外相关核电企业和国际相关组织，建立核能国家级孵化器（科学技术部）和国际化发展平台及相关 PPP 项目库，并在相关政府部门指导下，与企业孵化和国际化服务业务单位就平台的作用、业务范围、工作方式、工作计划等充分协商，协同推进，面对国内外市场开展相关业务。

通过聚合和配置核能研发、市场、人才、信息、资本等要素资源，为企业提供从种子期到成长期再到成熟期的全生命周期孵化服务，形成"研究+孵化器+产业+风险投资"的孵化模式，为核能企业特别是拟新进入核能领域的企业成长壮大成为国际化企业提供支持。

（3）知识产权服务平台：建议由 N 公司（中心）牵头联系国内外相关核电企业和国际相关组织，建立知识产权服务平台，并在相关政府部门指导下，与知识产权服务相关业务单位就平台的作用、业务范围、工作方式、工作计划等充分协商，协同推进，面对国内外市场开展相关业务。

通过建立国家核能专利和知识产权信息中心、国家核能专利产业化试点基地（国家知识产权局）、国家核能知识产权资产评估与质押融资试点基地（国家知识产权局）、国家核能知识产权集群管理单位（国家知识产权局）、国家级核能版权交易中心、核能行业调解仲裁中心，为行业提供一站式版权、专利等知识产权和调解仲裁服务。在国家核安全局、产品质量检测等政府部门联合指导下，结合核电企业集团管理体制改革，共同打造"核能体系认证"，为客户提供工厂体系、产品质量等专业认证服务，助推品牌规范。

（4）教育人力资源服务平台：建议由 O 公司（中心）牵头联系国内外相关核电企业和国际相关组织，建立教育人力资源服务平台，并在相关政府部门指导下，与教育人力资源服务业务单位就平台的作用、业务范围、工作方式、工作计划等充分协商，协同推进，面对国内外市场开展相关业务。

建立和完善国家级核能职业技能鉴定站，并与国内外知名大学、科研院所等开展广泛合作，为行业提供教育培训等中高端人才服务，并打造核能创新创业大赛等品牌赛事。

4）文化群

文化交流平台：建议由 P 公司（中心）牵头联系国内外相关核电企业和国际相关组织，建立教育人力资源服务平台，并与文化交流相关政府部门、业务单位就平台的作用、业务范围、工作方式、工作计划等充分协商，协同推进，面对国内外市场开展相关业务。

主要借助杂志、报纸、网站、展会、论坛等多种媒介传播渠道，提供品牌形象塑造、企业文化建设、公关活动策划等专业性服务，加强全社会核安全文化素养培育，并进行国家间风土人情交流以及核能相关政策法规等阐释，致力于塑造核能行业良好的国际形象，协助培育企业品牌价值和美誉度，从而促进人文交往、国际合作的开展。

（三）关于推进方式的建议

合力推进：以国家能源领域 PPP 试点项目为抓手，积极促成"以平台经济理念和 PPP 模式促进核能行业管理体制改革"国家重大试点工程项目的立项，采取政府推动、企业参与、协会助力、学研支持和中介服务的方式，合力推进。

其中，政府推动十分重要。政府推动主要是指政府全程参与国家核能综合服务平台的建设，加强监管，并将核能 PPP 系列项目纳入中央政府、核能行业、地方政府发展规划和国家"一带一路"发展战略，在同等条件下通过注资、补助、担保贴息、贷款贴息、产业引导型基金支持等多种形式，优先支持核能引入社会资本项目。同时可吸纳多国政府机构入驻并建立合作关系（集中办公），政府给予优惠政策扶持，并做好政策法规保障工作。

其他参与方，特别是平台建设的承接企业（公司、中心等），主要承担平台建设，以及 PPP 模式和项目的策划、设计、建造、财务及运营维护等的商业风险。

稳妥推进：核能综合服务平台的各大专业服务平台建设，要在国家能源、电力、国有企业体制改革整体战略指导下，与政府建立科学发展协调机制和转变职能，以及与中央企业管理提升和改革活动等相结合，紧紧抓住新一轮电力体制改革的机遇，采取统一规划、分步实施、急需先建、先易后难原则，稳妥推进。

协同推进：各大专业服务平台通过核能综合服务平台的发起方，充分考虑核电相关企业集团及其他各发起方的关切和利益，根据协商一致原则，发挥各自优势，在统一规章制度和运作程序下，每个专业服务平台协商指定一个或几个单位具体承接，并在政府指导下，与国内相关业务单位充分协商，在核能 PPP 项目策划、实施和管理方面，坚持"1 加 1 大于 2"的原则，积极增强平台的造血功能，协同推进。

以平台经济理念和 PPP 模式推进中国核能体制革命，是一项系统工程，目前仅处在概念设计阶段。

四、重点工作安排

（一）全力提升核能安全保障能力

（1）在核电建设的各个链接方面，始终坚持"安全第一、质量第一"的根本方针，遵循"预防为主、纵深防御、科技先导、全面加强、严格管理、持续改进"的原则。确保运行的核电机组安全性能指标保持在良好状态，避免发生 2 级事件，确保不发生 3 级及以上事故；新建核电机组具备较完善的严重事故预防和缓解措施，每堆年发生严重堆芯损坏事件的概率低于十万分之一，每堆年发生大量放射性物质释放事件的概率低于百万分之一，力争实现从设计上实际消除大量放射性物质释放的可能性，使中国核电安全保持在国际先进水平。

（2）"核安全规划"和"核电安全规划"是保证中国核电安全水平向新的高度提升的全方位战略举措的集合，实施两个规划中的重点工作任务，是保障中国核电长治久安的重大系统工程，行业管理及核安全监管层面应科学组织各有关方面有效实施，加强过程管理，做到任务落实、责任明确、进度受控、严格考核、成果兑现。确保规划中既定的重点工作任务在"十二五"至"十三五"期间按时保质完成。

（3）进一步开发推广应用核电厂运行安全先进的风险指引技术、概率安全评价技术、仿真培训技术、燃料管理技术、人因工程技术、设备在役检查和故障诊断技术，对在运的核电机组，尤其是对那些接近运行寿期机组的系统和设备，加强老化管理。通过应用先进的检测手段和科学的安全评估技术，以及开展工程技术改造，坚决杜绝"将就"或"凑合"的现象。保证改造后的系统和设备满足相应的核安全法规、标准规定的性能和功能要求。

（4）对按照第三代安全和技术标准要求设计的投运机组，通过整机运行验证、优化设计和安全运行技术，使新建的核电机组进一步提升反应堆固有安全性，大大提高对严重核事故的预防和缓解能力，并将经验证的先进、成熟的安全技术和经验，包括经消化吸收的国外先进成熟的安全技术和经验在相应的核安全法规和标准中固化，做到后续的核电机组均按全球最高安全要求设计建造，保持中国核电安全技术和核电安全水平处于世界先进水平。

（5）保障核电安全的先进技术日益成熟并得到充分应用后，核安全的最大威胁可能来自管理不善和人因错误。对此，中国核电安全保障长期着手的重点，应当在完善法规制度和严格核电厂安全管理与监管，以及持续改进核安全文化建设方面加强再加强，提升再提升。

（二）核技术研发及示范工程

1. 先进第三代堆型示范

1）CAP1400

CAP1400 型压水堆核电机组是在消化、吸收、全面掌握中国引进的第三代先进核电 AP1000 非能动技术的基础上，通过再创新开发出具有中国自主知识产权、功率更大的非能动大型先进压水堆核电机组。目前，示范电站初步可行性研究文件已通过评审，可行性研究报告已编制完成。

2）ACP1000

ACP1000 总体技术定位为第三代，技术方案兼顾机组的安全性、成熟性、经济性，采用能动与非能动相结合的先进设计理念，充分利用中国压水堆核电站设计、建造、调试和运行的成熟经验，以及相关的科研成果，在设计上以中核集团研发的自主化第二代改进型百万千瓦级压水堆核电机组（CP1000）成熟技术方案为基础，包括采纳 CP1000 实施的"177 堆芯""单堆布置""双层安全壳""60 年设计寿期"等 22 项重大技术改进，在提高机组安全性和经济性的同时，形成核心技术和自主知识产权，摆脱国外竞争对手的技术限制（图 7-12）。

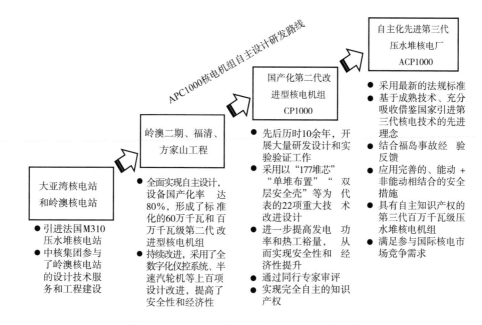

图 7-12　ACP1000 核电机组自主设计研发路线

立足已掌握的核电技术，借鉴国外先进第三代核电技术设计理念，开展科研和试验验证，开发出安全性能优良并具有自主知识产权的 ACP1000 技术并实现示范项目开工建设，形成可持续发展能力。

主要在非能动和能动专设安全系统、严重事故预防与缓解措施、PSA 分析技术及应用、双层安全壳设计技术、非能动安全壳热量导出系统、主要设备设计分析及试验、全数字化仪表与控制技术、三废处理技术及废物最小化、辐射防护优化和环境保护等方面开展研究。

2012 年，完成 ACP1000 方案设计；2013 年，完成 ACP1000 总体设计、科研研发与执照申请相关工作，具备工程条件，2020 年建成具有完全自主知识产权的 ACP1000 示范电站。

3）ACPR1000

2009 年以来，根据国家核电中长期发展规划部署，为实现中国核电技术跨越式发展、迎头赶上国际先进水平，实现"走出去"战略目标，中广核集团充分发挥技术、人才、管理等优势，在努力确保在运核电机组安全稳定运行、稳步推进在建核电机组工程建设的同时，发挥中央企业在科技创新中的骨干作用，加大科技创新力度，充分借鉴 CPR1000、EPR 和 AP1000 成熟技术，立足国内已有良好基础的科研、设计、建造与运行经验，以及在批量化建设 CPR1000 核电机组中建立的工业体系，开始了具有自主知识产权的百万千瓦级第三代核电技术 ACPR1000 的研发工作。

ACPR1000采用了十项重大技术创新,包括使用14英尺(1英尺≈0.304 8米)燃料组件的先进堆芯、实行单堆布置、采用全数字化仪控系统、具有满足实体隔离要求的三系列安全系统配置、拥有大自由容积的双层安全壳和内置换料水箱、配置多样化驱动的停堆系统、提高安全停堆地震等级(0.3g)、增设超设计基准事故的应急供电和供水系统、采用离堆废物处理系统等。这一系列的重大技术创新,使ACPR1000总体安全性与现有二代加核电相比有显著提高,各项设计指标均满足中国最新核安全法规(HAF102),以及美国用户要求文件(URD)和欧洲用户要求文件(EUR)的要求,达到了国际第三代核电技术先进水平。未来ACPR1000的研制进度计划如图7-13所示。

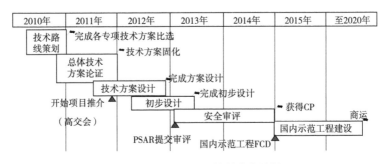

图7-13　ACPR1000研制进度计划

2. 高温气冷堆示范工程及推广

按照《核电中长期发展规划(2011—2020年)》安排要求,抓紧开展以下主要工作:高性能燃料元件设计制造,关键设备研制和验证,完成施工设计,工程设计试验验证,开展工程建造,加快首批操纵员培训及相关许可证申请。2017年前后完成示范工程建设,经过示范堆运行验证,争取在2025年前开展高温气冷堆商用堆首堆建设,以美国高温气冷堆市场发展前景为参考(图7-14),2030年后高温气冷堆要在非电力工业应用领域实现一定规模的推广利用和实现高温气冷堆技术的出口,在中国能源供应中发挥应有作用(图7-15)。

从未来中国电力及能源市场发展及铀资源利用角度看,高温气冷堆与大型压水堆装机容量相比可能太小,预计可忽略不计。

3. 快堆及核燃料循环体系建设

快堆要实现裂变材料的增殖,需要建立快堆先进核能系统,需要压水堆与快堆匹配发展。在快堆先进核能系统中,压水堆燃料制备、压水堆电站、压水堆乏燃料后处理、快堆燃料制备、快堆电站和快堆乏燃料后处理等是闭式燃料循环体

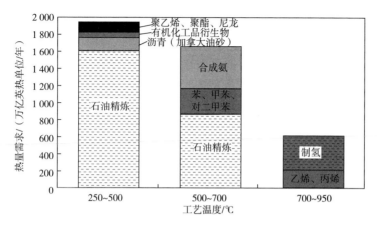

图 7-14　美国近期高温气冷堆市场潜力

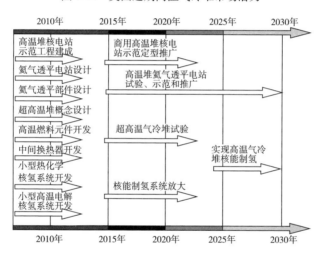

图 7-15　高温堆及核能综合利用发展思路

系的主要组成部分，各部分必须相互配套，协调发展。为此，中国未来快堆的发展必须要与快堆核能系统进行统筹规划，明确发展目标，制定实施途径。

中国未来先进核能系统及相关配套设施和能力建设布局，要按照《核电中长期发展规划（2011—2020 年）》安排，开展好"先进反应堆核电技术研发和示范工程建设"，并重点在相关核设施厂址开发利用、技术开发与工程设计、设施建设和运行规范标准体系、设备自主化能力等方面统筹考虑、合理布局。

《国家快堆中长期发展规划》（中核集团，2011 年）提出，中国快堆发展的"三步走"战略（图 7-16）要求统筹考虑快堆与相关核燃料配套技术引进，推动相关核燃料循环配套技术发展，为建立中国快堆先进核能系统做准备，力争 2025年前建成示范快堆电站、商业规模快堆 MOX（metal oxide，即金属氧化物）燃料制造厂、商业规模压水堆乏燃料后处理厂等,初步形成工业规模闭式燃料系统("后处理–燃料制造–快堆电站"模块),实现示范应用,开展快堆及其燃料循环技术的工业规模验证;2035 年左右实现快堆电厂作为第四代主要堆型应用的先进核能系统目标;2050 年中国先进核能系统发展初具工业规模,基本实现压水堆与快堆的匹配发展,重点发挥快堆在增殖核燃料、提高铀资源利用率,以及嬗变长寿命高放废物、减少核废物等方面的重要作用。

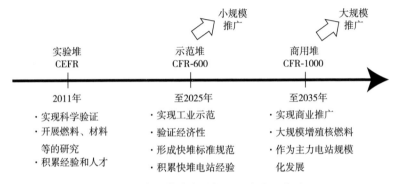

图 7-16　中国快堆发展的"三步走"战略

　　根据国际核聚变能源开发趋势以及中国的现实基础,中国核聚变能源开发的战略步骤为"聚变能技术—聚变能工程—聚变能商用"三个阶段(图 7-17),总目标是:近期(2006~2015 年)以掌握关键技术、缩小差距,提高科研水平,强化核聚变堆设计、建造工程基础能力建设,全面参与 ITER 计划,培养高水平专业人才为目标;中期(2016~2030 年)以设计、建造和完善聚变工程研究试验平台,具备设计和建造聚变示范堆能力为目标;远期(2030 年以后)以设计建造中国第一个聚变示范堆、实现核聚变能源商用为目标。

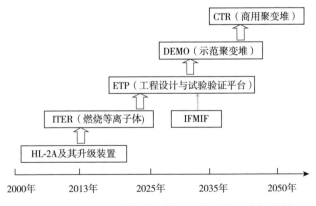

图 7-17　中国磁约束核聚变能源开发研发思路与目标

商业化规模的核聚变发电仍是一个长期的挑战并且需要研发过程的持续努力，这一过程包括通过科学技术工程的进步实现材料和系统最优化。原位氚的产生和聚变核电站建造材料仍然需要进一步试验。这些努力需要不断扩大的国内项目支持研究。由于核聚变的潜在优势，不少国家拨出很大一部分能源研发预算份额用来研究其可行性和潜力。核聚变发电至少要到 2050 年以后才可能实现示范工程。

4. 其他先进堆型研发

1）超临界水堆

中国在"973"计划项目等的支持下，国内多个单位已开展对超临界水堆的前期研究和基础研究，包括方案研究、基础物性研究、基础材料研究、单项实验台架建设、基础研究工具建立等，并与国际同行有广泛的交流。目前，在一些重要的技术领域和工程应用方面，取得了重要的突破和研发成果。所开展的这些工作和取得的重要成果，是中国核电技术发展和自主创新出现的良好开端，同时也为未来发展奠定基础，对中国水堆技术路线的进一步发展是有战略意义的，可根据各项技术研发的进展情况，及时启动相关技术的试验和示范工程建设。

2）熔盐堆

钍基熔盐堆核能系统开发计划如图 7-18 所示。

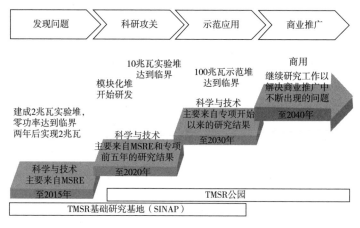

图 7-18　钍基熔盐堆核能系统开发计划

2011~2015 年起步阶段：建立完善的研究平台体系、学习并掌握已有技术、开展关键科学技术问题的研究；工程目标是建成 2 兆瓦钍基熔盐实验堆并在零功率水平达到临界。

2016~2020 年发展阶段：建成钍基熔盐堆中试系统，全面解决相关的科学问题和技术问题，达到该领域的国际领先水平；工程目标是建成 10 兆瓦钍基熔盐堆并达到临界。

2020~2030 年突破阶段：建成工业示范性钍基熔盐堆核能系统，并解决相关的科学问题、发展和掌握所有相关的核心技术，实现小型模块化熔盐堆的产业化；工程目标是建成示范性 100 兆瓦钍基熔盐堆核能系统并达到临界。

5. 后处理大厂

第一阶段（2014~2025 年）：建成热堆乏燃料第一座商用后处理厂和快堆铀钚混合氧化物（MOX）燃料制造厂；完成热堆乏燃料先进后处理主工艺和高放废液分离工艺中间试验；完成快堆 MOX 乏燃料水法后处理台架实验；完成金属合金燃料制造工艺中间试验；建设干法后处理和熔盐实验平台；完成高放废液固化（冷坩埚）工艺中间试验。

第二阶段（2025~2040 年）：建设热堆乏燃料第二座商用后处理厂（采用先进后处理技术，包括兼容处理快堆 MOX 乏燃料高放废液分离）和快堆金属合金燃料制造厂；建设高放废液固化工厂；完成干法后处理和熔盐循环示范试验。

第三阶段（2040~2050 年）：完成金属合金乏燃料后处理干法中间试验，并建设后处理厂；完成熔盐高放废物固化工艺中间试验并建设固化工厂。

（三）内陆核电建设

中国要在 2050 年建成约 4 亿千瓦核电装机容量，主要制约因素之一将是核电及相关配套产业核设施厂址资源。因此，要加强核电及相关配套产业设施厂址资源的开发利用与保护。其中，内陆厂址的开发利用是满足核电发展对厂址需求的关键。

参照国际经验，截至 2012 年年底在全球 442 台机组中，内陆核电机组总共有 220 台，占比为 49.8%。其中，美国共 104 台机组，内陆核电 64 台，占美国所有核电机组的 61.5%，法国的内陆核电占比比美国更高，为 69%，而乌克兰全国共有 19 座核电站，全部建在内陆。因此，内陆核电项目建设方面有可充分借鉴的经验。

根据未来核电发展规模和经济建设及能源发展需求，在满足国家核安全法规和标准对核电厂厂址选择要求的前提下，"十三五"期间，应适当安排一定数量的内陆厂址核电项目建设的建议。

（四）核能利用方式

1. ACP100

完成多用途模块化小型堆总体及方案设计技术研究、反应堆模块关键技术和设备实验研究、工程设计，完成初步安全分析报告并通过审查，开发出满足第三代核电技术指标要求、具有自主知识产权的 ACP100 成套技术，形成完善、全面的具有国际领先水平的小堆技术标准体系，实现示范工程开工建设，适时开展 ACP100+的核电技术研发工作。

2012 年 12 月底完成工程总体设计；2013 年完成 PSAR（preliminary safety analysis report，即初步安全分析报告）、工程初步设计；2013 年开始 ACP100+科研工作；2015 年前示范工程开工建设；2020 年前实现小堆商业化运行。

2020 年前，通过引进和自主研发相结合，研发出安全性与第三代核能系统相当、经济性较好的浮动式核电站，示范工程开始建造。

2. ACPR100

ACPR100 研发、设计和工程进度计划如图 7-19 所示。

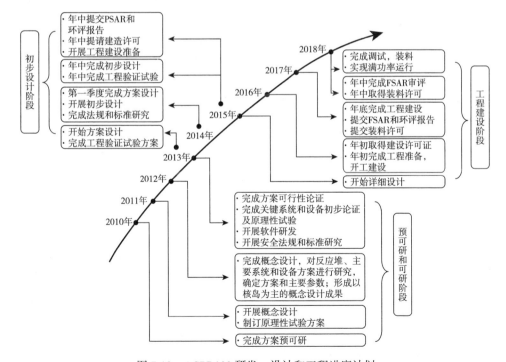

图 7-19　ACPR100 研发、设计和工程进度计划

（五）核燃料资源保障

2050年要建立比较完善的天然铀国内生产、海外开发、国际铀贸易三种方式的铀资源开发、供应和储备保障体系。实现核燃料闭合循环的技术路线，实现核电与核燃料循环产业的协调发展。

（1）继续坚持实行核燃料供应立足于国内的方针，加大常规资源勘探，海外开发、采购应规避风险，抓住时机，加大资本运作力度，掌握更多资源。近期，要加强统筹协调，建立国内企业境外铀资源勘探开发备案制度，并实行以备案制为基础的审批制度，重点支持国有大型企业从事境外天然铀资源的勘探、开采、采购和产品包销。

（2）从长远看，中国要解决核燃料供应问题，需要全球布局核燃料供应能力。将海外铀开发、贸易、出口建设核电站统筹考虑。

目前可考虑将中核、中广核在广东拟建的核燃料产业园区列入国家大型工业园区建设项目，稳步推进项目建设，积累建设运行经验、培养人才，同时加大海外有优越条件的大型铀矿基地的探寻，为建立海外铀开发基地创造条件。

（3）非常规铀资源开发。及时启动国内非常规铀资源调查，了解国内非常规资源的规模、分布、矿种；对资源量较大、国际上有较成熟开采技术的矿种，评价国内技术水平和成本；对国际上资源量较大的矿种，利用国内条件，开展开采技术预研。海外非常规资源的开发视国内技术水平等适时推进，考虑与其他矿产海外开发企业的合作，跟踪国际上海水提铀技术的进展。

（4）乏燃料后处理及快堆技术难度高，周期长，不确定性较大，建议加大研发力度、长期投入、稳步推进。考虑到快堆需要后处理提供燃料，优先发展后处理产业，对引进的快堆示范电站要统一组织，加大消化吸收力度，结合后处理大厂建设进度，适时开展快堆建设。

（5）国家鼓励核燃料经营主体可与国外就核燃料、服务进行合资、合作，引进技术；国家鼓励、支持核燃料产品和服务出口。

（六）厂址保护和开发利用

对于2050年建成约4亿千瓦核电装机容量的目标，主要制约因素之一是核电厂址资源。所以中国一方面应该开发对核电厂址要求相对较宽松的核电新技术，另一方面要特别强调核电厂址资源的保护与开发。

2020年后，中国核电发展将更加要求统筹考虑核电及相关配套设施厂址的开发与保护。核电厂、后处理厂、MOX元件制造、乏燃料贮存和放射性废物管理设施，以及先进核能系统的厂址等，要尽早统筹布局。建议尽快制定相关综合性开发利用规划，并在《核电管理条例（送审稿）》下，建立和完善相关制度，明确核电厂址的开发主体资质、开发审批程序、厂址保护与合理利用制度等。

核电和相关配套产业发展规划，以及相关社会经济发展配套规划是核电厂址开发保护的重要措施。通过国家、省市及各级政府主管部门颁布实施的核电及相关配套产业发展规划是保护核电厂址资源的有效途径。

为确保全面、有力地保护核电厂址资源，仅仅颁布实施单一的核电发展规划是远远不够的，在制定这些不同层次核电规划的同时应完善必要的配套规划，包括以下几点。

社会经济发展规划：涉及与地方社会经济发展规划相容问题。

电力发展规划：涉及电力需求空间、电网安全运行和电厂出线走廊。

核电相关配套产业发展规划：涉及燃料加工、运输、乏燃料中间贮存、后处理厂建设，以及放射性废物综合管理。

国土资源规划：涉及海洋、水库、河流、湖泊和陆地的征用问题。

城建规划：涉及城市乡镇人口中心、工业园、难以撤离的大型公共设施等发展边界。

交通规划：涉及江河航道、公路等核电大件运输交通干线。

农牧渔林产业规划：涉及生态林保护区及农牧渔林相关产业基地。

环保规划：涉及排水区域水功能区划调整等安全问题。

水资源利用规划：涉及电厂淡水水源和地方工业、农业生活用水水源协调分配问题。

五、推进核能革命性发展与利用的政策法规和保障措施

（一）加强核安全法律法规建设

在引进消化吸收国外先进技术的基础上，汲取经验反馈，中国基本掌握了大型核电厂选址、设计、建造、运行、维护和相应的安全分析评价技术等，并与IAEA合作，参考借鉴包括核电发达国家核安全立法、标准化工作的成果和经验，并结合国情制定了一系列用于保障核电安全的法规（导则）、管理和技术标准，形成了比较完善的核安全法规标准体系。现行的安全法规标准覆盖了中国核电厂选址、设计、设备制造、工程建设、调试、运行（维修、核事故应急）、退役全过程，并得到较严格的贯彻执行。中国现行的核安全法规、标准反映的核安全保障指导思想、实践准则和技术水平是先进成熟的、与国际接轨的。

当前，中国应抓紧研究制定原子能法和核安全法，加快制修订核安全行政法规、部门规章和标准，力争到"十三五"末，建成比较完整的核与辐射安全法规标准体系。完善核安全监管部门对相关工业标准的认可制度，强化相关工

业标准与核安全法规导则的衔接。加强核安全管理和政策研究，适时发布核安全政策。

（二）全面加强核能发展管理

进一步增强核安全监管部门的独立性、权威性、有效性。明确和强化核行业主管部门、核电行业主管部门的核安全管理责任，加大核行业主管部门对包括科研院校在内的全行业管理力度。完善应急机制，把应急管理与日常监管紧密结合，充分发挥各涉核部门的职能作用和核企业集团公司的专业技术优势，细化涉核企事业单位的主体责任。加强政策引导，形成由国家投入为牵引、企业投入为主体的核安全技术创新机制。加大研究费用的投入力度，纳入国家科技发展管理体系。行业主管部门将核安全要求作为制定相关产业和行业发展决策的重要依据，确保发展与安全的协调统一。完善核安全监管部门与行业主管部门在制定行业发展战略、规划，以及项目前期审批和安全监管中的协调机制。建立行业主管部门、核安全监管部门与气象、海洋、地震等部门的自然灾害预警和应急联动机制。优化核安全国际合作体系，实现国际国内工作的协调统一，进一步加强和深化核安全领域与国际组织的交流及合作。

（三）创新科研体制机制

完善与中国核电发展相适应的行业管理和安全监管体系，提升行业管理与安全监管能力和水平。完善符合市场规律的核电投融资机制。不断完善核电企业管理制度，规范企业法人治理结构，逐步推动国内技术力量和设备制造企业优化重组。按照社会主义市场经济发展的总体要求，建立符合市场规律的电价形成机制，使上网电价与燃煤火电相比具有竞争力。完善核电厂运行与技术服务体系，提高安全、稳定运行水平。建立核燃料生产和后处理的专业化公司，形成与世界接轨的核燃料价格体系，提供可靠的燃料保障和后处理等相关服务。

（四）加强人才队伍培养

制定满足核能与核技术利用需要的人力资源保障规划，加大人才培养力度。搭建由政府、高校、社会培训机构及用人单位共同参与的人才教育和培训体系，加强培训基础条件建设，实现人才培养集约化、规模化。在核安全相关专业领域开展工程教育专业认证工作，加强高校核安全相关专业建设，进一步密切高校与行业、企业的联系，加快急需专业人才培养。完善注册核安全工程师制度，加强核安全关键岗位人员继续教育和培训工作。完善核安全监督和审评人员资格管理制度及培训体系。完善人才激励和考核评价体系，提高核安全从业人员的薪酬待遇，吸引优秀人才进入核安全监管部门和核行业安全关键岗位，促进人才均衡流动，保证核安全监督、评价和科研的智力资源。

（五）积极提高核能公众接受度

在项目周期的不同阶段逐步引入公共参与机制，特别是在重要决策制定过程中，可以通过民意调查、座谈会、听证会等方式让公众参与核电建设过程。在公众参与过程中，政府或企业应认真解答公众特别是利益相关者的疑问、忧虑。要注意区分不同文化背景、知识水平的人群，采用合适的公众参与方式。公众参与，重在平等和尊重，要使公众真正表达自己对项目正面的和负面的期望、态度，为决策的制定提供可靠的依据。

加强信息化网络建设，采用通俗易懂的语言，定期发布核电项目建设、核电厂运行中的核安全信息，变"被动"为"主动"。政府和企业应共同承担核电信息公开透明的职责，特别是政府主管部门和核安全监管部门，要充分利用自身发布信息权威性的优势，真正让公众了解核电厂建设质量和运行状态，破除核电的"迷信"。要关注公众反应，认真听取公众的意见，及时解答问题或质疑。加强与媒体联系，及时消除公众中间存在的疑问，对流传的容易引起恐慌的不真实传言及时辟谣。开展多种渠道的信息公开方式，如发行"核电月刊"之类的报刊，要详细刊载任何与核电安全有关的信息，让核电"谣言"不攻自破。

加大核电、核辐射宣传力度，落实科普宣传常态化；切实提高公众对核能的认识，尽可能消除公众对核电的疑虑和恐惧，加大对重点区域、重点人群的科普宣传力度。新时期、新形势下，要创新科普宣传模式，全方位、立体式开展核电科普宣传，充分利用街头展版宣讲方式、报纸电视科普专栏方式、科普网站或政府官方网站等传统方式，重视微博、博客等新型媒体的开发。应加强核电公众宣传研究，掌握其传播规律、发展动态、实现途径，适应新时期核电公众宣传的要求。普及核能知识，提高公众核科学素养，这不单单是核电企业、监管部门、行业协会的职责，各级政府都应成为核电公众宣传的主力军和推动者。

（六）努力开辟新的投资渠道、优惠政策

目前中国在核能开发方面国家投入渠道众多，数量也不小。但是存在政府投入的管理分散、重复，行政管理与企业经营和科研开发的管理责任不分，政府、企业投入没有形成合力等现象。核电发展，特别是核电投入方面统筹协调不够，产出效果不明显。为实现国家2050年核电战略目标，更好地建设实施中国先进核能系统、一体化海外核电工业体系基地建设工程，要尽快加强中国核电发展政府投入的统筹协调，以及相关工作的战略规划和组织管理。

（1）在国家能源委员会下设核电发展管理分委会，成员由国家能源委员会相关领导、国家发改委（国家能源局）、工业和信息化部（国家国防科技工业局）、环境保护部（国家核安全局）、科学技术部、外交部、商务部等部门领导组成。

（2）核电发展管理分委会下设办公室，设在国家能源局（核电司），重点在协调中国大型先进压水堆和先进核能系统建设的基础上，统筹协调核电产业的综合性开发利用规划、政府投资、核电厂址开发与保护、核电及相关产业装备自主化、重大项目建设与管理等。

充分发挥政府导向作用，建立有效的经费保障机制，加大对核安全与放射性污染防治的财政投入，推动规划项目落实。落实好相关税收优惠政策，建立多元化投入机制，积极拓展融资渠道。完善核安全管理的资金管控模式。

第八章　智慧能源网及其支撑与保障

一、智慧能源网的内涵和协调发展作用

（一）智慧能源网的概念和意义

1. 智慧能源网的概念

智慧能源网是能源在信息时代的一种新型载体。当前全面建成小康社会的宏伟目标客观要求我们从能源开发利用到生产消费的全链条过程有重大突破和创新，为了保障社会经济发展和支持生产生活日益增长的能源需求，逐步建立一个以供能多源稳定、用能清洁高效、输能快捷方便、蓄能安全充足、排放减量达标为特征，以信息通信技术和智能数据中心为依托的，多元互动、资源整合、优化配置的能源网络。智慧能源网的内涵不仅是能源利用技术的创新，而且是能源生产与消费制度的革命。

随着信息时代的发展，网络通信技术势必要以一个崭新的形式与各种传统产业结合，逐渐形成一种新的发展模式。而信息技术与传统能源系统有机结合的结果是运用互联网技术重新构建传统能源系统，将诸如煤炭/石油/天然气等化石能源，太阳能/风能/地热能等可再生能源，以及其他一次或者二次能源相互联系起来，形成交互式的输运网络，通过网络优化协调供能端和用能端的供求矛盾，派生出一种新型的能源网络——智慧能源网。

2. 智慧能源网的特点和本质

智慧能源网的特点是一种多行业间的能源资源化输配、调度架构：不但包含燃气、电力、热力、供水等传统能源技术，也包括太阳能、风能、生物质能、海洋能、氢能等多种新兴能源技术，还包括废弃物资源化处理、污染排放控制等技术。在构建智慧能源网的过程中，可采用一些先进技术：通信传感技术、规模化高效储能技术、节能环保新材料技术、能源系统大数据采集、管理、控制和优化技术等；对传统电力、水务、热力、燃气等单向运转而且浪费巨大的能源网络的流程架构体系进行革新改造和创新；对废弃物处理和污染物排放进行合理有效的监管和回收利用；对尚不成熟的新能源利用技术进行高效开发和大力推广。利用以上先进技术可建立新型能源生产、消费的交互架构，使不同能源与资源通过网架形成高效输配和调度。

智慧能源网的本质是一种适应未来社会高度文明需求的智慧互联。它不仅强调智能控制与能效管理在物理技术上的深度融合，而且延伸到能源生产和消费理念，以及能量输配运行管理等制度层面的非物质范畴。清洁、高效、安全、可持续、互联互通等是智慧能源网的一些重要特性，但智慧能源系统还具备精确感知和辨析、及时准确响应与处理，以及原始发明和创造等能力。智慧能源网并不仅仅依赖于某项能源技术的创新，或者是与信息互联技术的融合，而是一种适应生态文明建设需求，以先进技术为依托，以革新制度为保障的创新性能源系统发展模式，它以环境承载力和资源利用率为导向，是全新的能源生产和消费模式。

3. 智慧能源网的意义和作用

由图 8-1 可见，在 1965~2015 年，中国从 20 世纪 90 年代开始发力，经济一直维持较高速度的增长；与此同时，能源需求也在不断增长，直到 2005 年达到顶峰。从 2005 年之后，我们可以发现：尽管中国经济总量持续扩大，社会发展和生活水平不断提高，但总体上中国的能源需求增长相对缓慢，2010~2015 年则呈现明显的下降趋势。这说明中国已经意识到能源问题的严峻性，并已经着手部署有所应对。

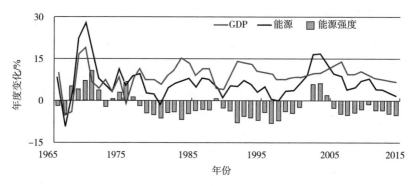

图 8-1　1965~2015 年中国国内生产总值和能源增长趋势

资料来源：2016 年《BP 世界能源统计年鉴》（中文版）

根据图 8-2，2005~2015 年中国一次能源结构不断调整优化，煤炭消费在一次能源中的占比已经大幅度降低。但总体上高度依赖化石能源的能源结构并没有发生根本性的改变，由此引发的环境排放问题依然非常严重。根据 2016 年 7 月 7 日发布的《BP 世界能源统计年鉴》（中文版），2015 年中国的一次能源消费结构中原煤占比为 63.7%，比 2014 年的 65.9%有所下降，天然气占比为 5.9%，低于世界平均值 23.8%，原油占比 18.6%，低于世界平均水平 32.9%。总体化石能源占整个能源消费的 88.2%，尽管水电、光伏发电、风力发电等可再生能源装机容量和发电量均居世界第一，但可再生能源在一次能源消费中仅占 2.1%。

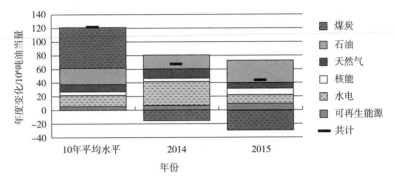

图 8-2　中国一次能源增长情况对比

资料来源：2016 年《BP 世界能源统计年鉴》(中文版)

可持续发展问题不仅是一个全球性挑战，在今天的中国尤为突出。在当今世界积极倡导低碳经济的形势下，中国一次能源消费结构和模式已经不能适应当前绿色低碳发展要求，亟须调整。为顺应新工业革命时代的改变，满足具有高度生态文明社会发展的需求，智慧能源网应该成为未来能源发展的方向。

通过建设智慧能源网，将新兴的互联网技术和新能源技术融合，改变传统的能源供给和消费模式，可以提高可再生能源并网使用的效率，形成多能互补、多元高效的能源输配网络；不但可以从根本上优化中国能源结构，而且还能有效节约不可再生的化石能源资源，建立可靠的能源安全体系，有效缓解能源需求紧张和环境排放压力，达到可持续循环发展的最终目的。

智慧能源网的作用将主要表现在以下两个方面：

（1）以"节能减排"为核心，以可再生能源规模化使用为特征的能源系统整体效率的提升。根据中国一次能源消费结构可以发现，能源资源的粗放使用和能源系统效率低下是中国能源消费不合理的主要问题。应建立有效的多能互补网络，加强可再生能源分布式系统与传统能源集中式系统之间的协同作用，通过源、网、荷、储多元调配，形成能量流与信息流双向运行的交互式架构；建立供给侧和需求侧的智能化协调机制，深度挖掘生产、输运、消费各个环节的节能提升潜力，实施综合能效管理。

（2）智慧能源网的建立将催生新的能源利用技术和相关产业，促进传统能源行业的改造和升级，形成开放的新兴能源市场。信息技术与能源技术的深度融合将促进一大批新型的低碳高效能源新技术的创造和发明，具有设备智能、信息互动、系统扁平特点的新型能源网络平台必将引发能源生产的革命；而能源需求侧的变化也将引导能源供给侧的生产改革。多元化的能源供应和多样化的能源消费模式，将进一步促进实时互动、信息对等、灵活可靠、开放共享的能源市场的形成。

（二）智慧能源网的发展方向

2016 年 2 月，在"十三五"规划开局之际，国家发改委、国家能源局和工业和信息化部联合发文提出《关于推进"互联网+"智慧能源发展的指导意见》，文件中强调，"以'互联网+'为手段，以智能化为基础，紧紧围绕构建绿色低碳、安全高效的现代能源体系，促进能源和信息深度融合，推动能源互联网新技术、新模式和新业态发展，推动能源领域供给侧结构性改革，支撑和推进能源革命"。该文件中提出的总体要求和重点任务对促进和提高中国智慧能源网建设水平，具有重要的指导意义，是中国能源改革进入关键发展时期，加快能源行业产业转型升级、开拓能源发展新局面的纲领性的文件。

智慧能源网的建设不仅会促进中国能源及其相关产业的转型和升级，而且将极大地推进中国的生态文明建设。一些技术先进，但尚未完全实现商业化开发和规模化应用的新兴能源技术，如太阳能、生物质能、海洋能、风能、氢能等，都将与高效清洁化利用的传统能源有序整合在一起，构成智慧能源网。

伴随着能源网络的智慧化进程，各种传统能源和新兴能源的系统耦合度将不断增加；可再生能源技术、清洁能源利用技术、储能技术、电动汽车技术等将发展完善，尽管系统复杂程度高，但结构紧凑、控制灵活，能够实现多目标优化。

智慧能源网还将派生新型的能源消费市场，以需求侧效率为导向的各种能源资源，将以完善的商品服务形式出现，在体现能源品位价值和环保价值的前提下，实现能源市场的供需平衡。

随着智慧能源网的建设，在能源的生产、转化和输配领域，技术竞争和市场竞争将催生一批创新型企业，并且吸引多元化的资本参与到新型的能源生产和消费领域，进一步促进能源产业和相关行业的发展。

智慧能源网的最优化和精细化发展，不仅带来匹配技术的创新性需求，而且会促进形成竞争型生产和消费的多元化交易市场格局，更会推进政府的监管制度的革新，从原来能源产业行业的管理者，转变为服务于能源系统创新的设计者和新兴能源市场的监督者，打破闭塞的"信息孤岛"，建立智慧能源网所需的跨行业、跨系统，统筹、包容、共享的高效监管体系。

（三）发展智慧能源网面临的两大挑战

1. 环境容量限制与稳定增长的能源需求之间的矛盾亟待化解

智慧能源网作为面向未来发展的一种创新型能源系统，不但要提供"供给安全"的保证，而且要提供"环境安全"的双重保障。未来社会，除了需要满足能源供应和需求之间的平衡外，更重要的是维护人类文明发展与环境生态文明之间的平衡。以现在的雾霾问题为例，中国东部地区的耗煤空间密度，即单位土地面积上的燃煤消耗是全球平均值的 12 倍；东部地区的碳排放空间密度是全球平均值的 6 倍；以雾霾最为严重的京津冀地区为例，该地区耗煤空间密度又是东部地区平均值的 2.5 倍[50]。如果综合考虑人口密度和能耗状况，中国东部地区的环境负荷已经比全球平均值高出 5 倍以上。如此巨大的环境容量压力，如果不能开创一条"智慧能源"的创新发展之路，是无法保证国民经济继续稳定可持续发展的。

2. 发展智慧能源网所面临的技术与市场两大维度的挑战

在技术层面，新的能源利用关键技术亟待突破，跨领域跨行业的能源系统与网络系统的物理融合和信息融合技术有待探索。这里既包括不同品味能源的高效转化技术，也包括不同时间和空间的能量高效传输技术，特别是规模化储能技术的突破。而上述技术突破实际上需要从能源生产、输配、消费等诸多环节探索创新模式，实现彻底改革。在智慧能源网发展的初级阶段，将主要以多能互补系统的示范与推广、电动汽车的普及，以及电力、燃气、供热等多种智能网络建设为主导的新型能源生产模式的建立；而中期发展将围绕需求侧和供给侧的协同调配，随着分布式能源系统的逐渐普及和储能技术的突破，新的输配和消费模式开始形成；最后智慧能源网发展到高级阶段，可再生能源和新能源技术将大规模替代化石能源，储能技术实现规模化普及，多源互补为特征的分布式能源系统将与传统的集中式能源系统完全融合。

从市场层面来看，智慧能源网将凭借自身多元化的资源优势与未来复杂的市场信息网络加速整合，通过先进的信息采集和管理平台，实时地把握市场需求的动态关系，实现能源资源的合理调度和有效匹配。随着新兴能源技术和信息技术的深度融合，能源企业也将与互联网企业加速整合，形成新型的能源产品和能源衍生品生产、运营、交易平台。能源企业会与大数据通信公司相互渗透，传统的能源公司将不仅以生产不同种类能源产品为主，同时也会根据用户需求提供高质量的能源服务，带动整个能源行业企业向着能源综合服务商转型；另外，随着能源品种和能源服务的多样化，以碳排放交易为主的绿色金融衍生品市场也将逐渐形成，并在智慧能源网的构建中扮演重要角色。

二、智慧能源网的保障和支撑作用

中共十八届五中全会审议通过的《中共中央关于制定国民经济和社会发展第十三个五年规划的建议》,提出了全面建成小康社会的新目标,首次提出了"创新、协调、绿色、开放、共享"五大发展理念。中国的现代化能源体系,也应该秉承这五大理念。智慧能源网作为能源生产与消费革命的一种创新形式,是国家战略性规划在能源领域的具体体现:智慧能源网将发展绿色低碳高效能源利用新技术,为中国能源供给安全提供保障和支撑;智慧能源网将促进开放共享的高度工业化与先进信息化的融合,为中国的能源经济安全提供保障和支撑;智慧能源网将开创统筹协调的新型社会可持续发展模式,为中国能源环境安全提供有力支撑和保障。

(一)煤炭的清洁高效利用技术是能源技术革命的关键

中国能源生产和消费总量均居世界第一,但能源需求对外依存度较大,石油对外依存度已超过60%,天然气对外依存度超过30%;国家统计局发布的数据显示:2015年中国的GDP占全球的15.5%,但能源消费量却占23%。尽管2015年中国能源消费增速仅为1.5%,不到过去10年平均水平的1/3,但总体能源供需仍然呈现着对外依存度高、总量失衡的不利局面。

在2015年国家统计局的《国民经济和社会发展统计公报》中显示,水电、风电、核电、天然气等清洁能源消费总量已经占能源消费总量的17.9%,但非化石能源占一次能源消费的比重仍然在11%左右,2013年中国单位GDP能耗是世界平均水平的1.8倍,是美国的2.3倍,日本的3.8倍[51]。如果中国的能源利用效率能达到世界平均水平,那么我们就可以减少将近一半的能源消耗,并且大幅度缓解污染物和CO_2排放问题。因此在建设和发展智慧能源网过程中,关键的能源技术创新主要在于开发能源综合利用的高效技术和节能减排的先进技术。

在很长的一段时间内,鉴于中国煤炭的生产和消费在整体一次能源结构中还将维持比较重要的地位,因此,能源生产技术的革命,重点应该围绕化石能源,特别是煤炭的清洁高效可持续开发利用技术的创新和发展。

由浙江大学牵头,以清华大学、华东理工大学、中国华能集团、中国国电集团、神华集团和中国东方电气集团,构成"三校四企"协同创新团队研发的煤炭分级转化清洁发电技术,转变将煤炭视为普通化石燃料的思路,提出"煤炭既是能源又是资源"的创新理念,从资源化利用的角度,提出燃煤发电过程中首先将煤中挥发分提质生产油、气,剩余的主要含碳产物半焦用来燃烧发电,燃后的灰渣再经过提炼回收其中的金属矿材,余下废料制成水泥建材等,实现煤炭的分级转化资源化利用[52]。这种创新技术适合国情，对中国清洁高效煤炭发电、替代高度对外依赖的油气资源、显著缓解环境污染物排放，以及实现循环经济具有重要的战略意义。

在现代能源体系中，非化石能源的发展也是举足轻重的。而要使非化石能源在智慧能源网中起到支撑和保障作用，则必须实现规模化发展和降低成本。同时，非化石能源利用技术如何在能源系统中与传统的化石能源利用相匹配，实现系统的整体优化效果，是构建智慧能源网的重点之一。建立多元化的能源供应体系，是推动能源供给侧革命的重要手段。多能互补分布式能源系统技术应该与传统的集中式供能系统技术有机结合，成为推进未来能源系统发展的必由之路。

（二）大力发展多能互补分布式能源系统是未来智慧能源网发展的必然趋势

中国现存的能源系统，往往在用能和供能端出现如下问题：一是用能高峰的过度集中，导致中央能源网络供能在某个特定时段供能压力过大；二是资源与负荷存在区域不平衡问题，导致供能输送沿程损失较大。相对于传统的中央能源系统，分布式能源是一种建在用户端的能源供应方式，是以资源、环境效益最大化确定方式和容量的系统，将用户多种能源需求以及资源配置状况进行系统整合优化，采用需求应对式设计和模块化配置的新型能源系统。

为了提高中国能源供需匹配协调能力，推动清洁能源和可再生能源的就近生产和消纳，减少输运损耗，切实提高能源系统综合效率。国家发改委、国家能源局于 2016 年 7 月 4 日出台了《国家发展改革委　国家能源局关于推进多能互补集成优化示范工程建设的实施意见》。该文件中明确提出，面向终端用户的电、热、冷、气等多种用能需求，因地制宜、统筹开发、互补利用传统能源和新能源，优化布局建设一体化集成供能基础设施，通过天然气热电冷三联供、分布式可再生能源和能源智能微网等方式，实现多能协同供应和能源综合梯级利用；充分利用大型综合能源基地风能、太阳能、水能、煤炭、天然气等资源组合优势，推进多能互补系统清洁高效运行。

国家发改委、国家能源局本着统筹优化、提高效率、机制创新、科技支撑、试点先行、逐步推广的建设原则，在 2016 年率先启动了首批国家多能互补示范项目，如表 8-1 所示。并且进一步提出"十三五"的发展目标：到 2020 年，各省（区、市）新建产业园区采用终端一体化集成供能系统的比例达到 50% 左右，既有产业园区实施能源综合梯级利用改造的比例达到 30% 左右。

表 8-1　2016 年首批多能互补集成优化示范工程入选项目名单

类别	序号	工程名称	申报单位	项目建设地
终端一体化供能系统	1	靖边光气氢牧多能互补集成优化示范工程	陕西光伏产业有限公司	陕西省榆林市靖边县延长中煤榆林能源化工园区
	2	武汉未来科技城多能互补集成优化示范工程	智慧能源投资控股集团有限公司、武汉未来科技城投资建设有限公司、武汉新能源研究院有限公司等	湖北省武汉市东湖高新区未来科技城
	3	大同市经济开发区多能互补集成优化示范工程	北京智慧能源工程技术有限公司、华能新能源股份有限公司山西分公司、华润电力控股有限公司	山西省大同市经济技术开发区
	4	协鑫苏州工业园区多能互补集成优化示范工程	协鑫智慧能源（苏州）有限公司	江苏省苏州市艾米丽园区
	5	张家口沽源"奥运风光城"多能互补集成优化示范工程	秦皇岛森源投资集团有限公司、金风科技股份有限公司、智慧能源投资控股集团有限公司等	河北省张家口市沽源县
	6	廊坊泛能微网生态城多能互补集成优化示范工程	廊坊市新奥能源有限公司	河北省廊坊市经济开发区
	7	中电合肥空港经济示范区多能互补集成优化示范工程	中电合肥能源有限公司	安徽省合肥市空港经济示范区
	8	延安市新城北区多能互补集成优化示范工程	大唐陕西发电有限公司、国家电力投资集团公司	陕西省延安市新区
	9	高邮市城南经济新区惠民型多能互补集成优化示范工程	扬州市邮都园农业开发有限公司	江苏省高邮市城南经济新区
	10	北京丽泽金融商务区多能互补集成优化示范工程	北京京能恒星能源科技有限公司	北京市丽泽金融商务区
	11	安塞区多能互补集成优化示范工程	陕西延长石油矿业有限责任公司、深圳能源售电有限公司	陕西省延安市安塞区
	12	国家电投蒙东能源扎哈淖尔多能互补集成优化示范工程	国家电投蒙东能源公司	内蒙古自治区通辽市扎鲁特旗扎哈淖尔工业园区
	13	青岛中德生态园多能互补集成优化示范工程	青岛新奥智能能源有限公司	山东省青岛市经济开发区
	14	深圳国际低碳多能互补集成优化示范工程	北京能源集团有限责任公司、深圳市燃气集团股份有限公司、南方电网综合能源有限责任公司	广东省深圳市国际低碳城
	15	新疆生产建设兵团第十二师一〇四团多能互补集成优化示范工程	新疆兵电能源研究院股份有限公司	新疆生产建设兵团第十二师
	16	中信国安第一城多能互补集成优化示范工程	国家电力投资集团公司华北分公司	河北省廊坊市香河县
	17	神华富平多能互补集成优化示范工程	神华富平综合能源有限公司	陕西省渭南市富平县

续表

类别	序号	工程名称	申报单位	项目建设地
风光水火储多能互补系统	1	张北风光热储输多能互补集成优化示范工程	绿巨人能源有限公司、华源电力有限公司、张北县瑞凯新能源有限公司	河北省张家口市张北县
	2	韩城龙门开发区多能互补集成优化示范工程	陕西陕煤韩城矿业有限公司	陕西省韩城市龙门经济开发区
	3	青海省海西州多能互补集成优化示范工程	鲁能集团有限公司	青海省海西蒙古族藏族自治州格尔木市
	4	神华神东电力风光热储多能互补集成优化示范工程	神华国神集团	内蒙古自治区包头市土默特右旗
	5	青海海州水光风多能互补集成优化示范工程	青海黄河上游水电开发有限责任公司	青海省海南藏族自治州
	6	木里县鸭嘴河流域水牧多能互补集成优化示范工程	华润新能源光伏发电（木里）有限公司	四川省彝族自治州木里藏族自治县卡拉乡

资料来源：中国政府网，http://www.gov.cn/xinwen/2016-12/26/content_5153198.htm

　　分布式能源系统存在的好处在于：首先，其可以作为一个辅助的供能系统，在用能高峰期，直接满足用户对多种梯级能源的需求，为中央能源供应系统提供支持和补充，从而为供能提供可靠性保障；其次，分布式能源在能源的输送和利用上分片布置，减少长距离输送能源的损失，有效地对能源利用提供了安全性和灵活性保障。而随着中国人民生活水平的不断提高，终端消费用户对供热和制冷的需求增长十分迅猛。而供热和制冷过程中必须要考量环境排放的容量，必须要考量节能减排的措施，这样就使多能互补成为一种必然的解决方案。

　　从欧美发达国家和地区的经验来看，欧洲的可再生能源行动计划值得我们借鉴。据统计，到 2020 年，欧盟 27 国最终能源消费的 47%用于供热和制冷，其中42%用于民用住宅。由于欧盟大多数成员处于寒带和温带气候区，对生活热水和采暖需求较大，这部分能耗在住宅总能耗中的占比约为 2/3。因此，欧盟对此针对性地规定，到 2020 年，21%的供热和制冷需求将由可再生能源的加热和冷却技术供应，生物质能与太阳能、热泵和地热等其他能源互补应用将成为欧盟国家主要的供热和制冷供能模式。特别是在北欧等发达国家和地区，生物质能、天然气与太阳能互补供能已经是采暖系统比较普遍采用的技术方式。

　　而中国区域跨度大，不同地区的采暖和制冷需求差异较大。因此多能互补的技术方案更需要因地制宜、合理匹配和利用不同的资源条件，达到满足生活质量提升需求的同时，实现节能减排的效果。因此，中国多能互补系统的建设应该首先在能源资源合理匹配上着手，在系统设计上，优先考虑采用可再生能源或者是清洁能源，而主要能源的设计要考虑系统成本和当地资源条件，不可盲目滥用太阳能、风能、生物质能、地热能等有限的可再生能源资源。其次要从整体系统综合效率和使用效率方面，对传统能源和新能源进行合理匹配，要按照温度对口、梯级利用的根本原则去设计多能集成技术解决方案。最后要统筹兼顾节能减排需求，要从环境制约和经济成本角度综合考虑多能互补集成系统的优化方案的可行性，不可盲目将单一形式的可再生能源贡献率作为节能减排的综合效果指标。

三、关于实现智慧能源网的保障和支撑作用的综合建议

（1）智慧能源网的构建要树立分步实施的策略，要从突破关键技术入手，通过规模化应用新的能源高效清洁利用技术，改变传统的能源系统运行模式；通过传统能源和新能源优化集成的多能互补系统改变以往的低效强排放的供能和用能形式；通过跨区域互联，平衡供需，建立协调匹配的智慧能源系统网络，来最终实现能源结构的变革。

（2）确实落实智慧能源网所带来的新型产业的落地规划，创造就业机会，服务于民，真正为落实人口城镇化做努力。城镇化是现代化的必由之路，是转变发展方式、调整经济结构、扩大国内需求的战略重点，是解决农业农村农民问题、促进城乡区域协调发展、提高人民生活水平的重要途径。改革开放以来，中国城镇化率年均提高 1.02 个百分点。如图 8-3 所示，自 2000 年以来，城镇化率年均提高 1.36 个百分点，2015 年城镇化率达到 56.1%。

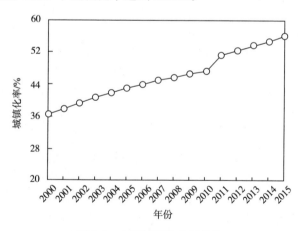

图 8-3 中国城镇化发展趋势

城镇化的本质可概括为四个字，即农民进城。"人口城镇化"才是城镇化的本质含义。而如今，进城务工人员周而复始地在城市和农村流动，成为"两栖人"和"城市边缘人"，他们"进得来"城市，但是"留不下，过不好"。智慧能源网的建设，可以为"人口城镇化"提供两方面保障：①产业保障，即大力推进智慧能源网建设，使新型能源产业落地，使务工人员得到稳定的就业机会，从而落实

户籍政策，实现"留得下"；②基础设施保障，即智慧能源网就地取能，智慧匹配当地用能需求，形成适合当地特色的高效低碳廉价的供能系统，逐渐实现"过得好"的要求。

（3）推行信息化能源管理平台和智慧水务网的建设，将之确实纳入城镇化基础设施的建设范畴，从而规范用户用水和用能行为，并提供稳定安全可靠的水/能供给。

（4）对用能区域进行合理规划，将之划分为对应的小区域，用分布式能源系统协调中央能源系统，对小区域进行可靠的能源供给。

（5）大力发展新型的热电联供和冷热联供系统，依靠热电联产和工业余热为城市工业和民用供热提供基本热源，发挥天然气的调峰作用和新型储能技术与热电联产系统互补，满足能源系统的调峰需求。

（6）大力推行中水回用技术和雨水收集回用技术，增强区域内水资源的循环利用，并且推行新型水处理技术，保证居民用水的安全性，与此同时，合理规划管网设计，增强水务网的应急性和可靠性。

（7）大力倡导绿色出行，加强对绿色交通的投入力度，合理布局补气站和充电站，推广新型混合燃气汽车和电力汽车。

（8）加强对废弃物的监管力度，做到废弃物的分类处理，"变废为宝"，以废弃物的二次利用，满足部分燃气和电力的需求。

第九章　重点耗能产业结构调整及工艺革新的支撑与保障

一、重点耗能产业结构调整及工艺革新的背景

（一）中国重点耗能产业现状与趋势

随着中国经济的发展，能源需求持续增加。国家统计局数据显示，2013年中国能源消费总量为 41.7 亿吨标准煤；煤炭消费量约为 36.1 亿吨，约占全球煤炭消费总量的 50%；原油消费量为 4.86 亿吨；天然气消费量为 1 705.37亿立方米。中国能源消耗仍是以煤炭为主，2013 年各重点耗能产业一次能源消费量如图 9-1 所示，中国能源利用行业较为集中，其中电力、煤炭开采和洗选、黑色金属、非金属矿物、化工、石化、有色金属及建筑业等行业一次能源消费量占全国总消费量的 55.9%，其中黑色金属行业能源消费占全国总能源消费量的 16.5%。

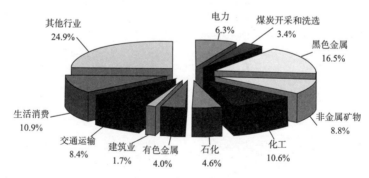

图 9-1　2013 年各行业能源消费比例

1. 电力行业

中国发电装机容量一直呈现增长趋势。2013 年全国发电装机总容量达 13.6亿千瓦，同比增长 8.7%。年发电量达 5.64 万亿千瓦时，同比增长 4%。其中火电

机组装机 9.15 亿千瓦，同比增长 5.9%；30 万千瓦以上火电机组占火电装机容量的比重超过 70%。

"十一五""十二五"以来，火电行业在大气污染物控制取得了巨大成就，烟尘、SO_2、粉尘控制达到世界先进水平，超额完成国家节能减排任务的基础上，面对世界上最严格排放标准《火电厂大气污染物排放标准》（GB 13223—2011），无论是现役机组还是新建机组，烟尘、SO_2 和 NO_x 排放限值全面超过了美国、欧盟和日本等发达国家及地区的排放标准。颗粒物控制方面，99%以上的火电机组安装了除尘装置，形成了以高效电除尘为主，袋式除尘器和电袋复合除尘器为辅的格局；SO_2 控制方面，形成了以石灰石-石膏湿法烟气脱硫技术为主的技术路线；NO_x 控制方面形成了低氮燃烧和烟气脱硝相结合的技术路线。

2. 钢铁行业

钢铁工业，是资源、能源密集型产业，能源消耗约占中国总能耗的 15%。其特点是产业规模大、生产工艺流程长，从矿石开采到产品的最终加工，需要经过很多生产工序，其中的一些主体工序资源、能源消耗量都很大，污染物排放量也比较大。同时，由于传统冶金生产工艺技术发展的局限性以及中国多年来基本上延续粗放生产的经济增长方式，整体工艺技术装备水平落后，钢铁工业一直成为国内几大重点污染行业之一。

据《中国环境统计年鉴》，2013 年黑色金属冶炼及压延加工业 SO_2 排放量为 235.1 万吨（占工业排放总量的 13.9%），NO_x 排放量为 99.7 万吨（占工业排放总量的 6.8%），烟粉尘排放量为 193.5 万吨（占工业排放总量的 18.9%），吨钢排放量分别为 2.37 千克、1.20 千克、2.34 千克，远落后于发达国家。

图 9-2 是钢铁行业主要生产工序流程及相关大气污染物的产污节点图。由于钢铁企业大规模地使用大量的能源，多种污染物产生量巨大，其中与大气污染有关的主要是烟尘、粉尘、硫化物、NO_x、二噁英等。

3. 建材行业

2012 年中国建材行业生产水泥 22.1 亿吨、平板玻璃 7.14 亿重量箱、瓷砖 96 亿平方米。中国水泥工业的颗粒物、SO_2、NO_x 排放量占全国排放总量的比例分别高达 15%~20%、3%~4%、8%~10%，属于污染控制重点行业。近年来，水泥熟料煅烧工艺技术取得了长足的进步。目前广泛采用的新型干法生产技术，是将煅烧过程中碳酸盐矿物分解移至回转窑外的分解炉中进行，进而显著改善了回转窑中的煅烧状况，大大提高了窑炉的热效率和产能。2012 年中国新干法水泥生产线共

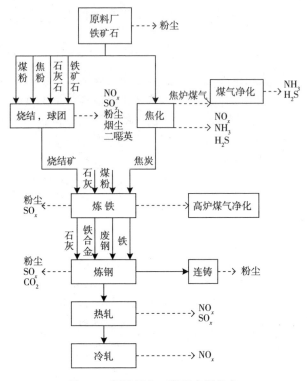

图 9-2　钢铁行业工序及产污节点

计 1 637 条，其中 2 000~4 000 吨/天规模的新干法比重最大。在现有的技术水平条件下，生产 1 吨水泥熟料的单位热耗约为 110 千克标准煤。而煤粉的燃烧及熟料煅烧工艺过程会产生一定量的污染物排放。截至 2012 年，共有 148 台水泥新干法生产线上脱硝设备，其产能为 2.58 亿吨，占总产能的 7.17%。有研究还表明由于替代原燃料应用及协同处置废物，水泥窑炉还可能会产生重金属污染物。窑炉的高温煅烧过程也可能会产生持久性有机污染物（persistent organic pollutants，POPs）。此外，水泥熟料煅烧矿物原料分解和燃料燃烧过程中还会产生大量的 CO_2。

4. 有色金属

中国是世界上最大的有色金属生产国，2012 年，中国 10 种有色金属产量为 3 691 万吨，占全球产量的 1/3，同比增长 9.3%，各种有色金属的产量比例如图 9-3 所示。有色金属生产过程中消耗大量的能源，并产生废气、废水和固体废弃物。

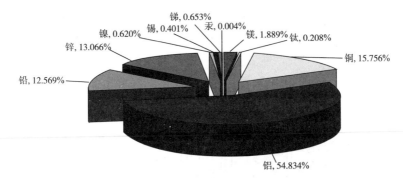

图 9-3　2012 年 10 种有色金属产量比较

随着节能减排技术的广泛推广，有色金属行业节能取得显著成效。2012 年中国铝锭综合电耗下降到 13 844 千瓦时/吨，同比下降 58 千瓦时/吨，全年节电约 12 亿千瓦时。铜冶炼、电解锌综合能耗分别下降到 325 千克标准煤/吨和 912 千克标准煤/吨，同比分别下降 11.9% 和 4.9%，重金属污染物、化学需氧量、SO_2 等排放量都有不同程度下降，尾矿、冶炼渣等大宗固体废物综合利用水平不断提高。

5. 石化化工行业

截至 2013 年 7 月，全国石化化工行业企业共 51 296 家，其中生产部门约 8 700 余家。

近年来中国石化化工行业发展迅速，产品产量迅速增加（图 9-4）；石化化工行业分省产量如图 9-5 所示，其中山西、河北、山东、江苏等省份的产品产量名列前茅，焦炭仍是最主要的产品。

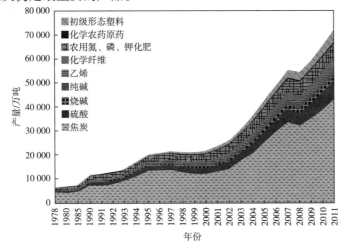

图 9-4　1978~2011 年石化化工行业主要产品产量情况

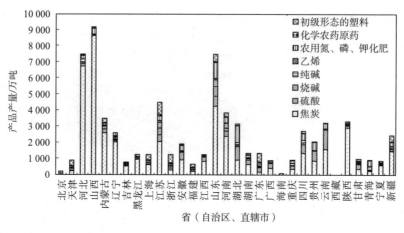

图 9-5　2011 年石化化工行业主要产品分省分布（未包括港澳台地区的数据）

（二）中国重点耗能产业结构调整及工艺革新的必要性

1. 重点耗能产业规模巨大，是主要的能源、资源消耗和污染物排放贡献者

中国是世界上最大的煤炭消费国，2014 年全国煤炭消费量为 35.1 亿吨；是世界第二大石油消费国，2014 年原油消费量约为 5.16 亿吨，进口约为 3.05 亿吨，对外依存度为 59.1%（国际公认的警戒线为 50%）；是世界第三大天然气消费国，2014 年表观消费量为 1 816 亿立方米，进口为 595 亿立方米，对外依存度为 32.4%。从能源行业消费看，根据 IEA、OECD 国家能源平衡 2012 年报告、非 OECD 国家能源平衡 2012 年报告的数据（图 9-6），中国工业能源消费占总能源消费的 47.1%，明显超过美国等其他国家，远远高于世界平均水平 27.9%。

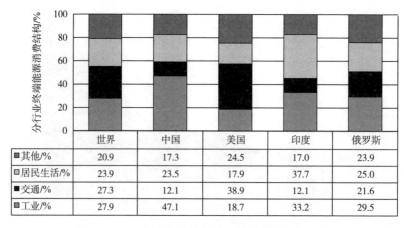

	世界	中国	美国	印度	俄罗斯
■其他/%	20.9	17.3	24.5	17.0	23.9
□居民生活/%	23.9	23.5	17.9	37.7	25.0
■交通/%	27.3	12.1	38.9	12.1	21.6
□工业/%	27.9	47.1	18.7	33.2	29.5

图 9-6　2010 年分行业终端能源消费结构国际比较

2. 产业结构不合理：煤炭利用分散、行业产能过剩等

中国煤炭分用途消费结构中，发电用煤比重近年来持续上升，已超过 50%。煤炭用于终端消费的比重则有所下降，而用于炼焦、制气的比重维持在 15% 左右，用于供热的比重约为 5%。根据《中国能源统计年鉴 2012》的统计数据（图 9-7），以实物量衡量，2011 年用于发电的煤炭量为 171 851 万吨，占煤炭消费总量的比重超过 50%，较 2010 年提高 0.7 个百分点，而煤炭用于终端消费的比重则从 2010 年的 27% 下降到 26.5% 左右，终端煤炭消费量为 90 864 万吨。

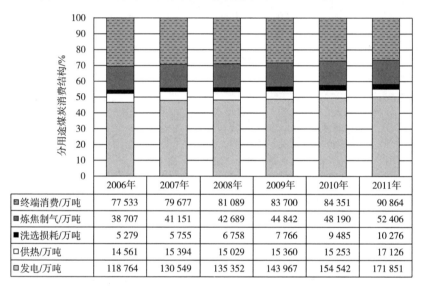

图 9-7　2006~2011 年中国分用途煤炭消费结构

根据 IEA 统计数据，2010 年 OECD 国家发电用煤占煤炭消费总量的比重为 80%，仅有 12% 用于终端消费；在美国，92% 的煤炭用于发电，仅有 5% 用于终端消费。而 IEA 统计数据显示，2009 年中国发电用煤比重为 49%，低于 63% 的世界平均水平（图 9-8）；未来中国的煤炭资源利用方式还将继续转变，发电用煤比重会逐步提高，而用于终端消费比重则会趋于下降。

3. 行业区域布局不合理、不平衡

中国分地区一次能源消费量分布不平衡，京津冀鲁地区、长三角地区、珠三角地区等重点区域占国土面积的 8%，消耗了全国 42% 的煤炭、生产了全国 55% 的钢铁、40% 的水泥，加工了 52% 的原油，布局了 40% 的火电机组；其单位面积污染物排放强度约是全国平均水平的 5 倍（图 9-9）。

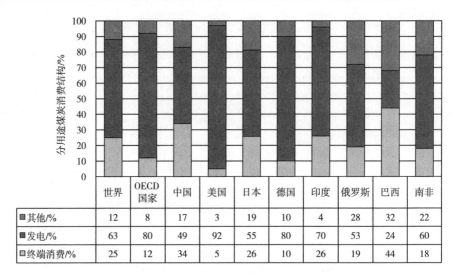

图 9-8 分用途煤炭消费结构的国际比较

OECD 国家为 2010 年数据，其他为 2009 年数据；"发电"包括热电联产；
"其他"包括供热、制气、煤炭转换、液化、能源部门自用和损失等

	世界	OECD 国家	中国	美国	日本	德国	印度	俄罗斯	巴西	南非
■其他/%	12	8	17	3	19	10	4	28	32	22
■发电/%	63	80	49	92	55	80	70	53	24	60
□终端消费/%	25	12	34	5	26	10	26	19	44	18

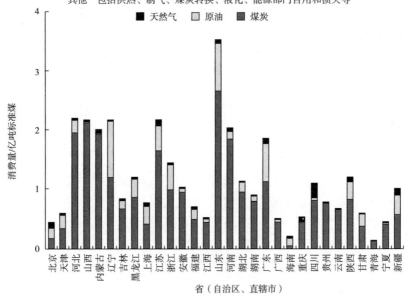

图 9-9 分省一次能源消费量对比（未包括西藏和港澳台地区的数据）

二、重点耗能产业结构调整及工艺革新的方向和途径

随着经济发展，中国能源消费持续增加，并且预测会继续增加。能源消费的增加主要是因为高能耗产业的快速增长。当前工业的产业结构不合理，存在煤炭

利用集中度低、区域间不平衡、行业间不平衡、企业技术创新能力低等问题。高能耗产业的发展决定着中国能源利用的发展方向，因此产业结构调整和工艺革新势在必行。

重点耗能产业结构调整及工艺革新的方向：以煤炭为主的能源消费结构在未来相当长的一段时期内将难以得到根本性改变。能源持续增长、能源安全及环保三方面的压力，使燃煤电厂必须进行产业结构调整或者工艺革新。美国等西方国家在发展过程中遇到类似局面时，通过调整产业结构，提高燃煤电厂的煤炭使用比例，从而实现了火电厂污染物排放达标。但是中国特有的能源消费结构不可能允许中国大幅调整产业结构，降低火电的煤炭使用比例。因此对燃煤电厂的污染物进行深度脱除，发展高效低污染能源利用技术，提高煤炭在清洁燃烧行业的利用集中度，实现火电厂煤炭使用的工艺革新，使大型燃煤机组烟气达到超低排放成为必由之路。

1. 提高煤炭利用集中度

中国煤炭利用集中度较低，分行业来看，2011 年工业用煤占煤炭消费总量的比重超过 95%，而建筑业、第一产业、第三产业与居民生活用比重则不足 5%，其中生活消费用煤比重低于 3%。电力、冶金、建材与石化化工是四大耗煤行业，四个行业煤炭消费量占煤炭消费总量的比重为 82%，比 2010 年增加了 2 个百分点。其中电力耗煤占煤炭总消费的比重为一半左右，冶金行业煤耗占煤炭消费总量的 8.7%，建材耗煤占煤炭消费总量的 7.3%，石化化工煤耗占煤炭消费总量的 14.6%。煤炭消费较分散，特别是在污染治理措施不够全面的冶金、建材及石化化工行业消费比重较大，电力行业控制措施相对完善且高效，因此应该提高煤炭在清洁消费行业的集中度。

部分耗能行业的吨煤污染物排放测算结果如图 9-10 所示，其中先进发电机组的吨煤污染物排放最低，吨煤 SO_2 排放为 1.1 千克，吨煤 NO_x 排放为 0.8 千克，吨煤烟尘排放为 0.2 千克；热电联产相比先进发电机组略高，吨煤 SO_2 排放为 1.5 千克，吨煤 NO_x 排放为 2.7 千克，吨煤烟尘排放为 0.4 千克；工业锅炉吨煤污染物排放更高，吨煤 SO_2 排放为 13.0 千克，吨煤 NO_x 排放为 4.4 千克，吨煤烟尘排放为 5.7 千克；另外，水泥新型干法窑吨煤污染物排放也偏高，其中吨煤 SO_2 排放 4.1 千克，吨煤 NO_x 排放 11.6 千克，吨煤烟尘排放 7.8 千克。

根据计算结果，电力行业吨煤污染物排放最小，这和此行业先进的污染物控制措施全面完善以及其高热效率有关。同样，热电联产也有着较完善的控制措施和较高的热效率，热电联产的控制措施和燃煤电厂基本一样，控制措施完善。另外热电联产使用的锅炉都是大型锅炉，而且以亚临界锅炉、高压锅炉、循环流化床锅炉居多，运行时锅炉效率可以稳定在 88%~91%。

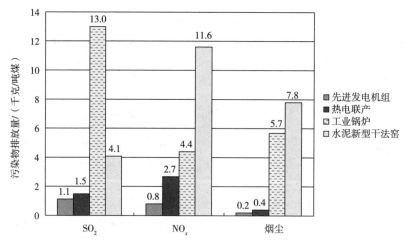

图 9-10　部分行业吨煤污染物排放情况

工业锅炉集中在供热、冶金、造纸、建材、石化化工等行业，主要分布在工业和人口集中的城镇及周边等人口密集地区，以满足居民采暖和工业用热水及蒸汽的需求为主，由于工业锅炉的平均容量小，排放高度低，燃煤品质差、差异大、治理效率低，污染物排放强度高，其污染物排放水平偏高。

水泥新型干法窑控制措施相对落后，脱硝主要是 SNCR，除尘主要是布袋除尘。水泥近年来产能严重过剩，行业效益低，导致其控制措施不能及时更新完善。

2. 煤炭分级提质利用

长期以来煤炭往往只做单一用途，目前 80%左右以利用效率较低的直接燃烧方式利用。

以煤热解为基础的分级转化梯级利用技术从煤炭既是能源同时又是电力、石化化工、冶金等行业的资源这一角度出发，将煤的热解、气化、燃烧、合成等各个过程有机结合，在同一系统中生产多种具有高附加值的化工产品、液体燃料以及用于工艺过程的热和电力等产品。煤炭中不同组分在化学反应性上差别巨大，挥发分是煤组成中最活跃的组分，通常在较低温度下就会析出，同时挥发分也是煤中比较容易利用的组分，而固定碳较为稳定，反应所需活化能较高，在低温下不易反应。针对煤炭的这种特性，热解气化燃烧分级转化技术通过热解提取挥发分，挥发分中的煤气可用于制取天然气、合成液体燃料或制取氢气，焦油可提取有用的化学品或提质制取燃料油；富碳半焦则可用于燃烧或气化，也可用于制活性炭等其他用途。通过生产过程在系统中的有机耦合集成，简化工艺流程，达到减少基本投资和运行费用的目的，根据市场需求和煤炭特性，通过耦合热解、气化、燃烧分级转化的技术，适用于具有复杂煤质的褐煤或烟煤，可实现多种产品联产，降低各产品成本，实现煤的分级转化综合利用，提高了煤转化效率和利用效率，降低污染排放，实现煤炭利用系统整体效益最优化。

3. 发展高效低污染能源利用技术

烟气污染物高效脱除与协同控制是当前国际能源环境领域的战略性前沿课题之一，也是研究热点和难点问题之一。针对电力、钢铁、建材等行业污染物排放浓度高的问题，发展先进污染物控制技术，并通过系统的集成及优化开发，实现污染物排放优于国家标准的要求。例如，电力行业通过污染物控制技术研发，形成了能达到天然气燃气轮机排放标准要求的燃煤电厂烟气污染物高效控制的超低排放环保岛，实现颗粒物<5 毫克/标准米 ^{3}，SO_2<35 毫克/标准米 ^{3}，NO_x<50 毫克/标准米 ^{3} 的排放要求。具体工艺流程如图 9-11 所示。燃煤电厂烟气超低排放技术在投资成本与发电成本上也具有较大优势。与达到现有排放标准燃煤电厂相比，采用该技术达到燃气标准，投资成本增加约 8%，运行成本提高约 5%。与天然气燃气轮机相比，发电成本降低约 50%，在达到同等环境效益的情况下采用该技术的燃煤电厂具有明显的成本优势和资源优势（表 9-1）。

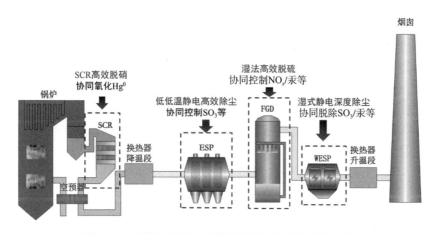

图 9-11　燃煤电厂烟气超低排放关键技术及系统工艺

表 9-1　常规煤粉锅炉机组、超低排放煤粉锅炉机组与天然气燃气轮机组对比表

运行参数及成本	常规煤粉锅炉机组（达到燃煤新标准限值）	超低排放煤粉锅炉机组（达到燃气轮机标准限值）	天然气燃气轮机（GE-9F）
装机容量/兆瓦	1 000	1 000	390
投资成本/（元/千瓦）	3 600	3 880	3 420
发电成本/（元/千瓦时）	约 0.385	约 0.405	约 0.800
污染物排放浓度/（毫克/标准米 ^{3}）	SO_2<100 NO_x<100 颗粒物<30	SO_2<35 NO_x<50 颗粒物<5	SO_2<35 NO_x<50 颗粒物<5

4. 提高电能在能源终端消费的比例

重点耗能行业产业结构调整的核心是能源利用结构的调整，在提高煤炭利用集中度的基础上，发展燃煤清洁发电及新能源发电，不断提高电能使用在能源结构中的比例，提升中国电气化水平，并通过电能替代煤炭、石油等化石能源的终端消费降低污染物的排放。电能在终端能源消费替代方面主要包括：居民采暖领域，主要针对燃气（热力）管网覆盖范围以外的城区、郊区、农村等还大量使用散烧煤进行采暖的区域，使用蓄热式电锅炉、蓄热式电暖器等多种电采暖设施替代分散燃煤；生产制造领域，在工农业生产中推广电锅炉、电窑炉、电灌溉等；交通运输领域，主要针对各类车辆、靠港船舶、机场桥载设备等，使用电能替代燃油；电力供应与消费领域，主要是满足电力系统运行本身的需要，如通过储能设备提高系统调峰调频能力，促进电力负荷移峰填谷。

三、重点耗能产业结构调整及工艺革新的战略定位和目标

（一）战略定位

改革开放以来，中国经济快速增长，各项建设取得显著成就，但也付出了沉重的资源和环境代价。当前中国能源消费持续增长，大气环境形势十分严峻，光化学烟雾、大气灰霾、酸沉降及 O_3 等污染频繁发生，主要城市群正经历从传统的煤烟型污染向区域复合型污染阶段的转变。复合污染成因复杂，单一污染物的控制手段已不能适应复杂大气污染的控制要求，决策管理不能适应新形势下大气环境保护的需要。这些现状促使中国大气污染控制工作从单污染源治理转向多污染源协同减排，从局地管理向区域联防联控转变。通过重点耗能产业结构调整及工艺革新，实现节能降耗与污染物大幅减排，提升改善大气环境质量的科技支撑能力已成为当前的迫切任务。

据《中国能源中长期（2030、2050）发展战略研究综合卷》报告的分析，2010~2030 年中国煤炭需求年增长约 1.8%，但增幅将逐渐放缓，其中，2007~2020 年年均增长 2.6%左右，2021~2030 年年均增长 1.0%左右，2031 年后煤炭需求保持基本稳定，2050 年将达到 38.2 亿吨。电力用煤仍是拉动煤炭消费增长的主要因素，2030 年电力用煤将达到 25.5 亿吨。

中国环境宏观战略研究的大气环境保护战略研究对 2020 年、2030 年和 2050 年的空气质量提出了阶段性目标，要求到 2020 年，全国 SO_2 排放总量削减到 1 700 万吨以下；NO_x 排放总量降到 1 800 万吨水平；烟尘排放量控制在 900 万吨左右；到 2030 年，SO_2 排放总量削减到 1 500 万吨以下；NO_x 排放总量力争降到 1 400 万吨以下；烟尘排放量控制在 800 万吨左右；2050 年，SO_2 排放总量降低到 1 000

万吨以下，NO_x 排放总量降低到 1 000 万吨以下；烟尘排放量控制在 600 万吨左右。同时做好重金属和挥发性有机物污染的控制工作。到 2050 年，大幅度降低环境空气中各种污染物的浓度，使城市和重点地区的大气环境质量得到明显改善，全面达到国家空气质量标准，基本实现世界卫生组织环境空气质量浓度指导值，满足保护公众健康和生态安全的要求。

（二）发展目标及布局：2020 年、2030 年、2050 年

中国将加快经济发展方式转变，在经济稳定增长的同时，加快实现产业结构调整（表 9-2）。2030 年中国第二产业比例下降到 42% 以下，第三产业上升到 53% 左右，到 2050 年，第二产业比例进一步下降到 33% 左右，第三产业提升到 64% 左右（表 9-3）。在工业结构中，高能耗原料行业产量增长速度明显下降，2020 年前增长速度显著下降，2020~2030 年进入饱和期。未来高能耗产业增加值的增长速度低于其他产业，高能耗产业的增加值将主要来自质量提高、品种增加，而不是产品数量比例上升，服务业将逐渐取代工业成为最大的经济部门。高附加值的生产服务业将有长足的发展。

表 9-2　产业结构调整表（单位：%）

项目	2010~2020 年	2020~2030 年	2030~2040 年	2040~2050 年	2005~2050 年
GDP	8.38	7.11	4.98	3.60	6.40
第一产业	4.23	2.37	1.66	1.16	2.65
第二产业	8.27	6.39	3.80	2.46	5.76
第三产业	9.50	8.39	6.19	4.48	7.42

表 9-3　产业结构调整表

项目		2020 年	2030 年	2040 年	2050 年
GDP/万亿元（2005 年价）		65.0	129.1	210.0	299.1
第一产业增加值/万亿元		4.4	5.6	6.6	7.4
第二产业增加值/万亿元		31.6	58.8	85.3	108.8
第三产业增加值/万亿元		28.9	64.8	118.0	183.0
三次产业结构/%	第一产业比例	7.1	5.2	4.2	3.5
	第二产业比例	45.9	41.9	36.7	32.6
	第三产业比例	47.0	52.9	59.1	63.9

工业仍然有较大的发展空间，但增长主要依靠高附加值的制造业，如电器机械及器材、电子及通信设备制造业、交通运输设备制造业、普通机械、专用设备制造业、医药制造业、食品饮料加工等制造业。这些行业以高附加值产品为主，对原材料的需求增加不明显。21 世纪以来的工业能源消费增长也主要是高能耗产

业高速增长所致。高能耗产业的发展前景，对中国今后的工业用能前景具有决定性的作用。

中国煤炭消费、钢铁、水泥、玻璃、陶瓷产量已达到世界第一，且普遍存在产能过剩的问题，继续依靠高能耗行业的不断扩张来保持 GDP 的高速增长已缺乏市场基础，缺乏潜力。对终端用途的分析充分说明，中国今后高能耗行业已经没有市场扩展的空间，即使在外部政策（如刺激性高投资）的短时间刺激下有所上扬，也会进一步导致产能大幅度过剩，导致高能耗产品制造业过快萎缩，造成巨大的社会财富浪费，对经济持续增长产生巨大冲击。

从市场终端需求发展来看，同时考虑目前的扩张型增长的惯性，中国已达到钢铁行业的峰值；铜、铝、铅、锌等主要有色金属的产量也将在 2020 年前进入峰值期；纯碱、烧碱、乙烯等化工原材料的增速也将明显下降，产业峰值将出现在2030 年前（表 9-4）。目前高能耗产业达到峰值并进入饱和期，而且大量高能耗产品的需求量进入零增长或下降期，而不能继续维持高峰值需求。

表 9-4　各工业产品发展趋势

项目	单位	2020 年	2030 年	2040 年	2050 年
钢铁	亿吨	6.1	5.7	4.4	3.6
玻璃	亿重量箱	6.5	6.9	6.7	5.8
铜	万吨	700	700	650	460
铝	万吨	1 600	1 600	1 500	1 200
铅锌	万吨	720	700	650	550
纯碱	万吨	2 300	2 450	2 350	2 200
烧碱	万吨	2 400	2 500	250	2 400
纸和纸板	万吨	11 000	11 500	12 000	12 000
化肥	万吨	6 100	6 100	6 100	6 100
乙烯	万吨	3 400	3 600	3 600	3 300
合成氨	万吨	5 000	5 000	5 000	4 500
电石	万吨	1 000	800	700	400

中国工业发展将从重化阶段转向依靠科技创新，提高技术和知识产权含量，面向国内需求推动工业增长，将极大地推动工业结构和产业结构的调整。在科技创新的拉动下，航空航天、工业智能化、大型能源设施、先进制造、新一代移动通信、高速列车、重大技术装备制造等领域相关的高新技术、高加工度、高附加值行业将得到极大的发展，特别是节能和新能源产业的发展，将对新型节能汽车、节能型家用电器、节能建筑的大规模生产和建设提出巨大的市场需求，由此工业化信息化融合技术、节能控制系统、新型建筑材料、可再生能源技术等高新产业

快速发展，进一步拉动先进控制系统、高效传热技术、复合材料技术、生物技术等前沿基础科学研究，从而带动生产性服务业的发展，进一步降低经济增长对钢铁、石化化工、有色金属、建材等高能耗原材料的依赖度，实现产业结构和工业结构的优化（表9-5）。高能耗行业的饱和及结构优化的直接结果是工业能耗的增速和增量将出现双下降。

表9-5　各工业产品单位商品能耗发展趋势

项目	单位	2020 年	2030 年	2050 年
钢铁	千克标准煤/吨	650	564	525
水泥	千克标准煤/吨	101	86	81
玻璃	千克标准煤/重量箱	18	14.5	14
合成氨	千克标准煤/吨	1 328	1 189	1 170
乙烯	千克标准煤/吨	796	713	705
纯碱	千克标准煤/吨	310	290	280
烧碱	千克标准煤/吨	990	890	860
电石	千克标准煤/吨	1 304	1 215	1 130
铜	千克标准煤/吨	1 063	931	920
铝	千瓦时/吨	12 870	12 170	12 000
火电	克标准煤/千瓦时	305	290	271

预测结果表明，在转变发展模式，建设资源节约型、环境友好型社会的前提下，经济高质量较快发展，人民生活水平大幅度提高，产业结构出现明显变化，特别是工业内部高能耗行业的能耗不再上升，一些主要部门消费的比例下降到2020 年的60%、2030 年的54%和2050 年的50%。今后中国从工业增长为主转变到服务业增长为主，经济结构的变化将十分剧烈。由于中国目前工业能耗比例较高，因此预计2030 年、2050 年的工业用能比例仍要占50%左右。与发达国家的40%左右相比，还有一定的下降空间。

在工业行业，建设需求的饱和，以及钢铁和建材能源消费总量明显下降，使非高能耗工业能源消费比例逐步提高到67%左右，工业生产的能源强度也明显下降。这是中国能源消费结构变化对能源消费强度下降的最主要贡献，加上工业和各个领域的技术进步，中国的能源强度将可实现长期大幅度下降。对主要高能耗产业的产量和用能的分析，不是具体的行业发展规划，但是描述了大致的发展方向和趋势，可以作为我们制定发展规划和能源战略的重要参考依据。

另外，转变发展方式，需要在技术研发、科技创新、先进节能技术的示范与推广等方面有更大的投入，也需要在政策上有所突破，培养更适应较低能源需求的政策环境，如征收能源税、碳税等，这会对改变传统的刺激性投资方向起到一定的作用。

四、重点耗能产业结构调整及工艺革新的综合建议

21世纪以来中国工业能源消费的增长主要是高能耗产业的高速增长所致。高能耗产业的发展前景对中国今后的工业用能前景具有决定性的作用。

中国重点能耗产业主要存在以下问题：产业结构调整进展缓慢，高耗能行业体量大，工业能源消耗高；行业间和企业间发展不平衡，先进生产能力和落后生产能力并存，总体技术装备水平不高，单位产品能耗水平参差不齐；企业技术创新能力不强，支撑节能发展需求不足；煤炭利用分散，标准不一，管理难度大，污染物排放量大；能源利用路线单一，缺乏行业间的交流和联产合作；过多依靠劳动力和资源、能源的投入，产业链短，产品附加值低等。

为加快转变经济发展方式，推动产业结构调整和优化升级，完善和发展现代产业体系，我们提出以下政策建议。

（一）科技创新与体制创新

1. 支持高附加值、高技术含量产品研发力度

加快传统产业技术创新，发展低能耗高附加值产业。加大先进技术、工艺和装备的研发，加快运用高新技术和先进适用技术改造提升传统产业，促进信息化和工业化深度融合，支持节能产品装备和节能服务产业做大做强。支持优势骨干企业实施横向产业联合和纵向产业重组，通过资源整合、研发设计、精深加工、物流营销和工程服务等，进一步壮大企业规模，延伸完善产业链，提高产业集中度，增强综合竞争力。

钢铁、建材、有色金属、石化化工等行业依托科技水平的进步，实现从生产型制造向服务型制造转变。支持发展工程咨询、设计、装备集成、安装调试、运营服务一体化的工程承包服务。以发展精深加工、提升品种质量为重点，以提高性能、降低成本为方向，满足战略性新兴产业以及国家重大工程的需求，形成一批布局合理、特色鲜明、产业聚集的精深加工产业生产基地。支持优势骨干企业实施横向产业联合和纵向产业重组，通过资源整合、研发设计、精深加工、物流营销和工程服务等，进一步壮大企业规模，延伸完善产业链，提高产业集中度，增强综合竞争力。

2. 支持耗能行业清洁能源替代的相关研究

研究推广燃煤电厂超低排放技术及燃煤电厂节能增效技术，开发煤炭分级清洁利用技术，鼓励以热电联产替代部分工业锅炉。对燃煤工业锅炉实现天然气改

造和部分工业锅炉热电联产替代的可行性和经济性需要进一步研究，逐步实现相关技术的研发推广、示范推广、重点推广、全面推广，完善清洁能源替代利用的技术体系。加快天然气的开采与利用，为工业锅炉天然气替代提供燃料来源与保障，对于燃气价格高于燃煤导致的燃气改造经济动力缺乏的问题，应予以经费资助和政策支持。

3. 优化区域布局

改善部分地区钢铁工业布局不符合全国主体功能区规划和制造业转移要求的现象，使钢铁行业适应城市的总体发展要求。

优化煤电布局，推进输煤输电并举；在供热负荷落实地区，优先发展热电联产。

水泥行业统筹资源、能源、环境、交通和市场等要素，着力降低物流成本，提高资源综合利用水平，优化生产力布局。在石灰石资源丰富地区集中布局熟料生产基地。支持大型熟料生产企业，在有混合材来源的消费集中地区合理布局水泥粉磨站、水泥基材料及制品生产线。统筹资源、能源、环境容量和物流成本等因素，立足区域市场需求，合理布局大宗产品产能。

有色金属行业以满足内需为主，严格控制资源、能源、环境容量不具备条件地区的有色金属冶炼产能。积极引导能源短缺地区电解铝及镁冶炼产能向能源资源丰富的西部地区有序转移。逐步推进部分城市有色企业转型或环保搬迁。

落实国家区域发展总体战略和主体功能区战略，根据资源能源条件、市场需求、环境容量、产业基础和物流配套能力，统筹沿海沿边与内陆、上下游产业及区域经济发展，优化产业布局，满足各地区经济社会发展需求。综合考察跨省区企业的产业链排放，并且建立区域间排放转移的补偿机制。在较不发达的中西部地区，应提高环境标准并严格执行。

（二）基础建设与重大工程

随着节能减排意识的深入人心，节能工程以科学技术为依托，以政策法规作协调，将当前先进的能源高效清洁利用技术、余热利用技术、多联产技术、节能改造工程等提高到重大工程的层面，在高能耗行业通过全面推广、重点推广、示范推广、研发推广等不同阶段的实施步骤，将这些工程纳入完整的工业节能体系之中，对工业节能起到了有一定高度的指导作用。

加强工业节能与减排技术研发和产业化示范。推动建立以企业为主体、产学研相结合的节能与减排技术创新体系；推动组建以市场为导向、多种形式相结合的节能减排技术与装备产业联盟；支持国家级工业节能与减排技术中心建设，围绕工业领域核心、关键和共性节能与减排技术，组织开展技术攻关；鼓励企业使用首台（套）国产节能与减排重大技术装备，加快产业化基地建设。

推动燃煤电厂烟气污染物超低排放技术的推广应用，推动钢铁、建材、有色等行业的污染物超低排放技术的示范，研发燃煤分级分质利用技术并实现示范。组织实施工业锅炉窑炉节能改造、内燃机系统节能、电机系统节能改造、余热余压回收利用、热电联产、工业副产煤气回收利用、企业能源管控中心建设、两化融合促进节能减排、节能产业培育等重点工程，提升企业能源利用效率，促进节能技术和节能管理水平再上新台阶。区分锅炉运行效率和使用燃料等情况，重点推进中小型工业燃煤锅炉节能技术改造。采用洁净煤、优质生物型煤替代原煤，提高锅炉燃煤质量，在天然气资源丰富地区进行煤改气，在煤、气资源贫乏的地区推进可再生能源与化石能源多能互补替代小型燃煤锅炉。

（三）政策法规与标准体系

1. 控制高能耗产业规模，限制高能耗产品出口

21世纪以来的工业能源消费的增长也主要是高能耗产业的高速增长所致。高能耗产业的发展前景，对中国今后的工业用能前景具有决定性的作用。近年来中国的钢材出口情况整体保持增长，有色金属进出口贸易发展迅猛。铝是中国主要的有色金属出口产品，占有色金属出口总额的比重基本都维持在30%左右。此外，钨、钼、锑、镁、稀土等也是主要的出口产品。

强化节能评估审查制度，提高行业准入门槛，严控高耗能、高污染行业企业过快增长，努力提高新增项目的能效水平。严格新建项目节能准入。及时制（修）订强制性单位产品（工序）能耗限额标准，实施工业固定资产投资项目节能评估和审查，建立健全新上项目管理部门联动机制和项目审批问责制，从源头把好节能准入关，严格控制高耗能、低水平项目重复建设和产能过剩行业盲目发展。对于未完成年度节能目标的地方，其新上高耗能项目采取区域限批措施。继续运用提高资源税、调整出口退税、将部分产品列入加工贸易禁止类目录等措施，控制高耗能、高污染产品出口。

2. 淘汰落后产能，加快兼并重组

加大淘汰落后产能力度，地方各级政府要对限期淘汰的落后装备严格监管，禁止落后产能异地转移。要将上大与压小相结合，淘汰落后与新上项目相结合。严格执行产业结构调整指导目录和行业准入条件，落实淘汰落后产能年度计划和国家财政支持政策，加大技术改造力度，完善落后产能压缩和疏导机制，确保淘汰落后和产能优化工程目标实现。按政府引导、企业为主体、市场化运作的原则，结合优化布局，大力支持优势大型骨干企业开展跨地区、跨所有制兼

并重组，提高产业集中度。积极推进上下游企业联合重组，提高产业竞争力。充分发挥大型企业集团的带动作用，形成若干家具有核心竞争力和国际影响力的企业集团。

3. 实施严格污染物排放标准

对钢铁、水泥、化工、石化、有色金属和冶炼等重点行业进行清洁生产审核，针对节能减排的关键领域和薄弱环节，采用先进适用的技术、工艺和设备，实施清洁生产技术改造。燃煤电厂推动超低排放技术应用，工业燃煤锅炉、钢铁行业的烧结机和团球生产设备、石油化工行业的催化裂化装置、有色金属行业等执行新的污染物排放标准。

以保护生态环境和人体健康为目标，加快环境保护标准制修订步伐，进一步完善国家环境保护标准体系。鼓励地方参与国家环境保护标准制修订，制定地方环境保护标准发展规划，制定实施较国家标准更为全面和严格的地方标准。坚持因地制宜，鼓励有条件的地区制定更严格的排放标准，推动实施以满足空气质量达标为目标的分区域、分时段的污染物排放标准。进一步深化细化重大排放标准制修订工作内容。

第十章　新能源与可再生能源的支撑与保障

一、太阳能的支撑与保障

（一）背景

在各种可再生能源中，太阳能是地球上分布最广、资源总量最大的可再生能源。到达地球表面的太阳辐射（含海洋面积）约 8.5×10^{13} 千瓦，即 91 万亿吨标准煤/年，约为世界能耗的 5 000 倍。其中，可利用的陆地太阳能约为世界能源消费量的 700 倍。据估算，每小时照射到地球上的太阳能足以供给人类一年的能量消费量，只要使用世界沙漠面积的 1%来安装太阳能发电站，就能满足全世界的供电需求。中国陆地太阳能资源量约为 1.7 万亿吨标准煤/年，约为中国 2015 年能源消费总量 43 亿吨标准煤的 395 倍。

太阳能发电技术可分为光伏发电和光热发电。光伏发电是利用半导体界面的光生伏特效应而将光能直接转变为电能的一种技术。光热发电又叫聚焦太阳能发电，需要将太阳光聚集起来后转换为热能，通过热功转换技术进行发电。目前，太阳能光伏电池的装机容量已达 2.8 亿千瓦，预计到 2030 年，太阳能发电将占世界总电力供应的 10%以上。中国目前的太阳能光伏装机容量约为 64 万千瓦，2020 年计划达到 1.05 亿千瓦。

2011 年 3 月 27 日国家发改委发布的《产业结构调整指导目录(2011 年本)》，将太阳能热发电列为新能源鼓励类产业第一位。目前，全球运行的太阳能热发电机组容量约为 500 万千瓦，在建的约为 3 吉瓦。对于中国太阳能热发电，有经济可行性的可发电 42 万亿千瓦时/年(装机 160 亿千瓦)[法向直射辐射(direct normal insolation, DNI) $\geqslant 1\,800$ 千瓦时/(米^2·年)，如内蒙古、青海、甘肃等]，发电量是中国当前消费量的 7.5 倍。具有很好经济效益的太阳能 [DNI $\geqslant 2\,500$ 千瓦时/(米^2·年)，如西藏等] 发电量约 3.7 万亿千瓦时/年 (装机 14 亿千瓦)，大约相当于中国当前电力消费量的 66% (中国年发电量 5.6 万亿千瓦时)。

（二）方向和途径

目前，太阳能光伏产业面临技术的研发与创新瓶颈，薄膜电池、聚光光伏、多结电池等是今后研发工作的重点。光伏产业与其他产业整体集成化发展体系，如光伏路灯、光伏水泵、分布式供电等都是未来技术创新的方向。光伏生产设备，特别是检测标准与体系，对整个行业的健康发展有很大帮助。

太阳能热发电技术中，储能技术是关键。美国能源部计划将太阳能热发电成本从 13~16 美分/千瓦时（无储热）降低到 9~12 美分/千瓦时（储热 6 小时），2020 年降低到 6 美分/千瓦时（储热 18 小时）。中国《太阳能发电发展"十二五"规划》要求在 2020 年将太阳能热发电成本降低到 0.8 元/千瓦时。储热是降低太阳能发电成本的关键共性技术之一。此外，太阳能光煤互补电站可以合理集成太阳能，有效减少燃煤电站的污染物及温室气体排放，可用以增加燃煤电站的峰值功率，为中国太阳能资源丰富地区中小机组的升级改造提供了出路，提高了太阳能的热电转换效率。

太阳能热发电的主要原材料是玻璃、钢铁、导热介质和储热材料。中国具备很强的生产能力，但需要技术升级和改进，如减少玻璃中的铁含量，增加玻璃的透光率，选择储热成本低的储热材料。因此，可以形成完整的太阳能热发电产业链，降低电站投资造价、产生市场需求和市场规模效益。

对中国来说，目前的挑战是缺乏系统的技术研发，尚无商业化的热发电项目的经验。因此，国家需要考虑给予中国企业做集成电站的机会，中国企业只要完成三到四个商业项目，整个产业就会比较完整。

（三）战略定位和目标

"十五"后期国家开始高度重视清洁能源发展，并开始加强能源立法。1995 的《中华人民共和国电力法》（简称《电力法》）、2007 年的《节约能源法》、1997 年的《中华人民共和国建筑法》、2000 年的《中华人民共和国大气污染防治法》、2002 年的《中华人民共和国清洁生产促进法》和其他相关的法律法规都涉及可再生能源的发展问题。2005 年，《可再生能源法》正式出台，2009 年 9 月，《可再生能源法》就其修订草案向社会征集意见。《可再生能源法》要求电力行业建立以具有吸引力的固定价格购买所有可再生能源所发电力的保障性全额收购制度。同时还将建立可再生能源发展基金以支持可再生能源开发利用和并网的科学技术研究。

2007 年 9 月，国家发改委公布的《可再生能源中长期发展规划》提出了中国可再生能源在一次能源消耗中的份额及大型电力企业中可再生能源发电比例的近远期目标。2008 年 3 月，国家发改委发布的《可再生能源发展"十一五"规划》

中对于太阳能发电提出了具体发展目标。

2009 年以来，国家连续出台了"太阳能屋顶计划"和"金太阳示范工程"，国家财政拿出约 400 亿元，对示范工程项目进行 50%的补贴，对偏远无电地区的独立光伏发电系统的补贴力度更是高达 70%，对光伏产业的扶持和财政补贴的力度之大在能源领域前所未有，促进了我国光伏产业的迅猛发展。

《太阳能发电科技发展"十二五"专项规划》提出的光热发电的具体发展目标，从政策角度要求各级政府加大对太阳能光热利用的政策鼓励及财政、科技投入，专门成立了光热办公室，引导光热产业的发展，还特别强调充分发挥金太阳示范工程的带动作用，促进太阳能开发利用技术的进步，建立和完善服务支撑体系。因而可以预见国家在未来对光热发电的政策支持力度不会小于光伏产业。国家对光热发电的鼓励和支持，同样会促进光热发电产业的大力发展。

近年来，随着能源消耗的日益增长、化石能源的日益枯竭及其带来的环境污染，一些发达国家非常重视太阳能及其他一些可再生能源的开发利用，并通过一些行之有效的激励政策，推动太阳能及其他一些可再生能源的发展。

（四）建议

针对中国光伏产业的现状，提出以下几点政策法规建议。

（1）增加行业监管。部分生产企业、投资公司等对太阳能市场进行盲目的宣传和夸张的渲染，给太阳能行业带来巨大泡沫。增加行业的监管，不仅可以正确地引导资金的投入，也能克服产能的过剩。

（2）建立光伏行业准入标准。加强太阳能行业门槛标准，包括产品质量、产品标准化、售后服务、行业信誉等，政府监督、引导市场竞争，防止陷入"价格战"的泥潭，提高生产产品品质，提高生产厂商利润。

（3）加强太阳能产品归口管理。太阳能产品涉及部门多，需要理顺部门关系，明确责任主体，让国家的相关政策落实到位。

（4）构建太阳能与常规能源及其他可再生能源的互补技术创新、政策法规与标准体系。规范补贴政策，推动科技创新，掌握技术发展方向。

较之光伏发电产业，中国光热发电尚处于起步阶段，在当前的宏观条件下，缺乏政策的强力支持以及大规模产业化的运行条件。

太阳能热发电的发电成本决定了太阳能热发电在可再生能源发电中的竞争地位。西班牙 2010 年太阳能热发电站的平准化发电成本（levelised cost of electricity，LCOE）平均值为 22 欧分/千瓦时，预计 10~20 年，平均成本降低 50%，总体上与燃煤发电成本水平相当。

推动太阳能热发电产业发展的政策主要包括：

（1）目标引导。国家制订一定阶段的具体发展目标和计划，在发展目标框架之下制定一系列的优惠政策，并通过市场经济的手段鼓励各界投资和利用太阳能。

（2）投资补助。由政府来提供一定比例的投资补助，如提供低息贷款来降低企业的初期投资成本。

（3）税负抵减。政府给予企业一定比例的税负抵免来鼓励太阳能热发电项目投资。

（4）可再生能源配比。由政府规定电力企业在一定期限内所必须达到的可再生能源发电比例，用来促使电力企业使用太阳能或其他可再生能源来替代传统能源。

（5）上网电价。政府依据可再生能源成本等因素，制定再生能源的上网固定价格及收购年限，保证企业适当及稳定的利润。

（6）固定补贴价格。固定补贴价格是固定上网电价的一种变化机制，如环境津贴等。

（7）竞标系统。由政府公告再生能源容量目标，开放投资者竞标，由每单位电价低者得标。

（8）可交易绿色凭证系统。政府规定电力企业中再生能源发电比例，再生能源发电企业可以用绿色凭证进行交易并获得利润。

（9）建立大型的太阳能综合利用产业园（研发、制造、电站、检测、监督、输配电、服务），建立健全太阳能和可再生能源的质量监测与监督体系，形成连续稳定的鼓励政策。

（五）案例分析

2002年，西班牙出台的对太阳能热发电的电价进行补贴的法令直接造成了较早的一批太阳能热发电站的修建。2004年、2007年西班牙连续对法令进行修改，补贴力度提高到27欧分，补贴电站的规模上限也有所提高。西班牙实施上网电价政策之后，其他国家也设定了对太阳能热发电的激励政策。美国执行了围绕可再生能源比例标准（renewable portfolio standard，RPS）政策的一系列激励政策，包括能源部贷款担保计划和太阳能投资赋税优惠政策（investment tax credit，ITC）等。美国能源部对正在建设的5个太阳能热发电项目提供了共计50.87亿美元的贷款担保，这有效解决了太阳能热发电项目初期投资大、融资困难的问题。而ITC政策的有效期至2016年年底，对商业和家用太阳能电站或系统提供高达30%的税收优惠。该政策极大地稳定了投资者长期持续投资太阳能发电市场、美国国内制造业和供应链产能升级的信心。目前美国在建的大项目（>100兆瓦）在塔式发电技术和槽式技术之间有所平衡。"Ivanpah"和"Tonopah"项目是基于塔式概念，分别采用过热蒸汽和熔融盐作为主要工质，而"Solana"和"Genesis"项目则采用槽式技术。同时，其他许多"太阳带"国家也都在实行激励政策。南非政府启动了可再生能源独立发电者（renewable energy independend power producers, REIPP）窗口（REIPP Window）项目，窗口 1 有两个项目，分别是 100 兆瓦空冷槽式带 3 小时储热电站（KaXu Solar 1）和 50 兆瓦空冷塔式蒸汽电站（ Khi Solar 1）；窗口 2 为 50 兆瓦带 9.5 小时储热电站；窗口 3 项目的容量为 400 兆瓦。在 100 兆瓦 Shames 1 电站投入运行后，阿联酋迪拜启动了约 32.7 亿美元的太阳能产业园项目，预计 2030 年总装机容量约 1 000 兆瓦，目前有一座 10 兆瓦的光伏项目已经招标。

　　由于太阳能热发电的优势及因技术进步带来的成本下降，商业化应用前景看好，一些具备光热发电条件的国家也逐渐将太阳能热发电作为新能源开发的重点，推出了发展目标及鼓励政策。例如，欧洲推出的 Desertec 计划，投资 4 000 亿欧元，在撒哈拉沙漠建设 2 亿千瓦的光热电站，计划于 2020 年发电，2050 年光热发电量占到欧洲 15%的电力供应；印度 2010 年推出国家太阳能行动计划，目标是到 2022 年发展太阳能电力 20 吉瓦，50%为光热发电，2010~2011 年度光热发电的税率优惠政策为 15.4 卢比（ 0.34 美元/千瓦时）；安哥拉和南非已经制定了光热发电的强制上网电价，目前摩洛哥已经建成 16 万千瓦太阳能热发电站，正在建设 35 万千瓦太阳能热发电，预计 2018 年建成投运。

二、风能的支撑与保障

（一）背景

　　风能作为一种清洁的可再生能源，它的发展越来越受到世界各国的重视。近些年，风电在全球的发展都比较迅速，截止到 2012 年年底，风电全球累计装机容量达到 282.5 吉瓦，增长幅度为 20%，风电在众多新能源发电形式中已经脱颖而出。中国也是一个风力资源十分丰富的国家，巨大的风能储量使在中国风能的开发利用具有很好的前景。最近几年，中国风电产业呈现非常迅猛的发展态势，从 2009 年开始，中国风电新增装机容量连续 4 年突破 1 000 万千瓦，2012 年年底，中国风电累计装机容量达到 7 532.42 万千瓦[53]，占中国总装机容量比例约 6.7%。2012 年，中国风电年发电量达 1 004 亿千瓦时，风电发电量已超过核电 982 亿千瓦时的发电量，因而风电无论在装机容量上还是年发电量上都成为继煤电和水电之后的第三大主力电源[54]。在风能的装机容量上，目前中国也处于世界第一的位置，中国的风电发展正处于一个非常繁荣的时期。

　　然而单纯的风力发电具有随机性、间歇性和反调峰的特点，它很难保证对电网提供稳定的供电。风电供电的不稳定性已成为它大力发展过程中的瓶颈，风电在电网中所占比例越大，电网的稳定性就越弱，因而从电网的稳定性考虑风电对电网的贡献存在一个极限值，而这也成为风电大规模发展的一个障碍，中国风力发电发展到现在这一程度，越来越迫切需要解决眼下这一问题。

风能与其他能源互补发电技术的提出为上述问题的解决提供了一个思路。风能与其他能源互补发电技术是通过将风能和其他的可再生能源或常规能源组成互补发电系统，当风能发电负荷波动时，可以利用其他能源的发电系统来调节风电的负荷波动，从而使整个发电系统能够实现稳定的电能输出。国内外学者提出了多种能源互补系统，如风光互补发电系统[55,56]、风水互补发电系统[57,58]、风气互补发电系统[59,60]、风能-柴油机互补发电系统[61]、风能-潮汐能互补发电系统[62]、风能-氢能互补发电系统[63,64]、风能-生物质能互补发电系统[65]等。

1. 国内外风能与其他能源互补发电系统发展现状

目前，世界上许多国家都已开始发展风能与其他能源互补发电技术，其中欧洲、美国在这方面发展起步比较早。中国在风能与其他能源互补发电上取得了一定的成绩，特别是在内蒙古、新疆这些风能资源丰富的地区。此外，对于不同形式的互补发电系统，其发展状况也有不同，下面将介绍不同互补发电形式的国内外发展现状。

1）风光互补发电系统

风光互补发电是指将风力发电与太阳能发电结合的一种发电形式。太阳能和风能都是分布最广泛、取之不尽的可再生能源，太阳能和风能结合的发电形式具有一些显著的优势，而且，风能与太阳能在时间分布上可以形成互补，从而克服它们单独使用时出力不稳的缺陷。在风能与其他形式能源互补发电的研究与开发中，风能与太阳能的互补发电形式研究最多并且已经处于开发利用阶段。

目前，在风光互补发电系统应用方面，国内外都已出现一系列示范工程，如中国内蒙古达茂旗百灵庙风光互补发电系统、中国二连浩特风光互补发电系统、美国卡特琳娜太阳能和太平洋风能 130 兆瓦+140 兆瓦互补发电项目、美国大脊能源中心风能太阳能 210 兆瓦+23 兆瓦互补发电系统。目前，国内外对风光互补发电技术的研究一方面集中在系统计算机仿真与优化设计上，另一方面主要集中在利用飞速发展的电力电子技术和微计算机控制技术提高系统的供电高效性和运行稳定性[66]。

2）风水互补发电系统

风水互补发电系统指的是风力发电与水力发电的有机结合。由于风的随机性与不可预测性，风电场对电网的出力一直随机波动。水电站可快速调节发电机的出力，非常适合调节风电场发电出力的波动，并且风能资源和水力资源在季节上刚好形成互补，因而风水互补发电系统具有一定的开发前景。

目前，在风水互补发电技术方面，投入运行的大型风水互补发电项目并不多。在中国由于同时具备丰富的风能资源和水利资源的地方相对较少，所以当下，中国风水互补发电技术的发展要依托于大电网体系的建设，实现跨区域的风水互补发电。目前，对于风水互补发电技术的研究，主要集中在规划互补发电配比、发电系统的优化设计上[67,68]。

3）风气互补发电系统

风气互补发电即是风力发电燃气轮机发电互补的一种发电形式。风气互补系统的目的就是通过具有快速启停和快速负荷调节特性的燃气轮机电站来补偿风电场出力的波动，使整个系统的出力在一段时间内有稳定的输出，克服仅仅由风电场的出力波动对电网造成的不利影响，彻底解决大规模开发风电对电网稳定性所造成的技术问题，同时通过调节燃气轮机的输出，使整个发电系统具有良好的可调度性。

近期海上风电场在欧洲国家的兴起使采用燃气轮机作为大型风电场的互补成为现实。英国已经建成 108 兆瓦+93 兆瓦的风气互补发电项目，该项目是海上风气互补发电产业的一个典范。目前，国内外在风气互补方面的研究主要包括风气互补系统结构与经济性分析、风速预报与风电场整体风速功率模型、风气互补系统的优化调度、风气互补发电系统建模与仿真[69]。

4）其他互补发电系统

其他的互补发电系统还包括风能-柴油机互补发电系统、风能-潮汐能互补发电系统、风能-氢能互补发电系统、风能-生物质能互补发电系统。受这些互补形式资源本身性质及目前相关技术的限制，这些互补发电形式发展相对缓慢，难以实现产业化运行。目前，这些技术大都只能用于分布式电网发电，如用于在偏远地区或孤立岛屿建立相关互补发电系统解决当地的供电需求。

2. 发展风能与其他能源互补发电技术的必要性

由于风能资源受气候条件影响，风力发电具有随机性、波动性及不可控性。随着风电接入容量的增大，系统的备用容量也必须增加，以防止风力减弱对电网的影响，所以为了使电网稳定，风力发电在电网所能够占到的比例有一个上限。中国乃至世界风力发电产业发展到目前这个程度，必须寻求一条解决风能开发瓶颈的道路，而风能与其他能源互补发电技术为风能开发潜力的释放提供了一个方向。当下，风能是否能够继续保持迅猛发展的势头很大程度上取决于互补发电技术的研发进度，这也正是发展风能与其他能源互补发电技术的必要性所在。

3. 发展风能与其他能源互补发电技术面临的挑战和主要任务

风能与其他能源互补发电技术毕竟发展时间尚短，目前还存在相关技术不完善等一系列问题。当下，发展风能与其他能源互补发电技术面临的挑战主要包括以下几点。

（1）风能资源、太阳能资源、水力资源的勘测工作。要建立好互补发电体系，规划互补发电体系的容量配比，必须建立在对这些可再生资源储量的准确勘测上，这依赖于大量的统计数据和精确地长期气候条件预测模型。

（2）互补装机容量的配比优化问题。互补发电系统建成后能否经济地运行，最大可能地发挥新能源发电的潜力，很大程度上取决于互补发电的装机容量是否合理。所以建立精确的互补装机容量配比模型是互补发电系统发展的一个挑战。

（3）负荷调度问题。互补发电系统对电网稳定的负荷输出取决于发电系统灵活的负荷调度系统。所以开发出能准确、及时地完成发电系统能量调度的控制系统是亟待解决的问题。

（4）发电成本还较高。风能与其他能源互补发电系统相对于单一的发电系统还比较复杂，这在一定程度上增加了发电成本。目前，有学者研究风光互补发电技术相对于单纯的风能发电并没有优势[70]，所以解决发电高成本问题是目前风能与其他能源互补发电技术的一个挑战。

面对风能与其他能源互补发电技术的挑战，我们当下的任务是突破互补发电技术发展的瓶颈，进行相关的技术攻关，降低互补发电系统的建设、运行成本，实现发电系统稳定的负荷输出。

（二）风能与其他能源互补发电技术发展方向和途径

风能与其他能源互补发电技术正处于起步阶段，不同的风能互补技术正在不断发展中。其中，风光互补发电技术、风水互补发电技术、风气互补发电技术目前表现出很好的发展前景，是当下可实现相对大容量装机的互补发电形式，也应该是互补发电形式中发展的重点方向，其他的互补发电方式可根据具体情况作为分布式电网发电模式开发应用。下面将分别介绍风光互补发电技术、风水互补发电技术、风气互补发电技术的发展今后应走的技术途径。

1. 风光互补发电技术途径

风光互补发电技术是相对来说起步稍早、研究者较多的一种风能互补发电技术，不过毕竟风光互补发电还是一个比较年轻的产业，所以还是有相关技术等待完善。

1）系统的优化设计和合理配置模型

风光互补发电这种新能源发电形式的初投资成本会占到总成本的很大比重，所以在电厂规划阶段如能进行合理的优化设计和配置必然能节省很大成本。如今，国内外已经在这方面开始进行研究，如何根据负载和风光资源条件利用适当的模型合理规划发电系统装机容量以及风光发电系统的能量配比，是降低发电成本、提高系统可靠性的重要途径，也是今后研究重点应解决的问题。

2）开发高性能的风光发电系统蓄电池

为了实现风光互补发电系统的稳定供电，风光互补发电系统必须设置蓄电池进行储能。由于蓄电池只能承受一定的充电电压和浮充电压，过充和过放都会对蓄电池造成严重危害，影响蓄电池的使用寿命，这样不但降低了系统的可靠性，也提高了整个风光互补发电系统的运行成本，所以如何延长蓄电池的使用寿命是风光互补系统中比较关键的问题。

3）逆变器的研发

目前，中国风光互补发电系统主要采用直流母线，但在日常生活和生产中大多数负载为交流负载，所以在给交流负载供电时，就要利用逆变器将太阳电池组件产生的直流电或蓄电池释放的直流电转化为负载所需要的交流电。逆变器是风光互补发电系统的关键部件，系统对逆变器的要求很高，功能强大的逆变器应具有数据采集、系统保护、效率追踪、通信等功能，如果是在并网系统中，还要求逆变器具有同电网连接的功能。目前，国内对逆变器的研究尚处于探索阶段。

2. 风水互补发电技术途径

风水互补发电技术的工程应用在中国相对比较迟缓，主要是因为目前中国近距离的风水互补系统技术上基本不存在问题，然而中国有条件建设风水互补发电系统的地理位置很有限，而且有条件的地方水电的基础设施尚未建立起来。而远距离的风水互补因受电网和控制条件限制还没有发展起来。所以风水互补发电在中国还有很长的路要走，很多相关的技术还有待完善。

1）电网和远距离输电系统建设

受风能、水能资源分布状况影响，中国要建立大型风水互补发电系统只能跨地区建设。跨地区风水互补系统必须依托于大电网的建设，所以电网的发展是实现跨地区风水互补的前提。然而大电网的建设也会带来新的问题，即远距离特高压输电的安全问题。远距离特高压输电对大型电网的防灾能力有很高的要求[71]，所以远距离特高压安全输电的技术供电成了发展跨地区风水互补亟待解决的问题。

2）远距离互补发电的调度技术

跨地区风水互补发电系统还要面临的一个问题就是运行过程中负荷的调度问题。目前，大范围、跨地区的风水互补发电存在一定的风险，一旦出现问题将导致大面积停电，国内尚无实际应用的案例。要发展跨地区的风水互补发电必须发展成熟的跨地区负荷调度的控制技术，需要出台联网调度运行相关的技术标准和技术规范条件。

　　3）互补蓄能水电站基础设施建设

　　目前，专门用于调节风力发电出力波动的互补水电设施还没有建立起来。作为发展风水互补发电的基础设施，相关部门应该出台相关政策鼓励这些蓄能电站的建设。对于黄河上游风能和水能都相对丰富的青海、甘肃等地，应该建设一定规模蓄能水电站，配套相应的风电场建设，参与风力发电出力不稳的调节。

　　3. 风气互补发电技术途径

　　风气互补发电技术中用燃气轮机发电调节风力发电来保证系统电能输出的平稳性应该不成问题。然而，对于天然气资源短缺的中国，如何通过技术升级，提高互补燃气轮机发电效率是眼下应该努力的方向。

　　1）优化风气互补发电系统容量配比

　　燃气轮机发电技术相对比较成熟，其装机容量设置也相对比较灵活，没有太多技术方面的限制，因此才有了优化燃气轮机发电容量配比的问题。容量配比优化的宗旨就是，在当地气象条件确定的情况下，根据风力机的装机容量，合理配置燃气轮机发电机组以实现经济上的最优。优化需要确定互补发电设备的总装机容量、装机数量，使发电系统的初投资和今后的运行成本都比较小。之所以存在燃气轮机发电机组数量的优化是因为考虑到尽量使燃气轮机工作在接近额定负荷的区域以保证效率，风气互补发电系统的燃气轮机发电机组通常不止一个，所以在确定燃气轮机发电机组问题上就需要考虑经济上的最优化选择。所以建立相关的优化模型，实现燃气轮机容量配比的优化，是风气互补发展过程需解决的一个技术问题。

　　2）非线性随机优化调度

　　在互补发电系统中，互补发电设备的出力被用来补偿风电场出力的波动。在互补发电设备容量优化配比中，由于配置的互补发电设备的数量肯定大于 1，也就出现了在风气互补发电系统内部，互补发电设备中各机组间的负荷优化调度问题。优化调度问题就是确定各互补发电设备在一个时间段内机组各自的运行状态和所带的负荷量，使互补发电设备在满足总负荷要求的条件下做到最经济运行。由于系统的非线性和风电场出力的随机波动性，风气互补发电系统的负荷优化设计是一个典型的非线性随机优化问题。所以，建立相关的非线性优化模型，实现负荷调度的最优化，对于风气互补发电技术的发展意义重大。

　　3）开发海洋风气互补发电系统

　　中国海上风力发电相对起步较晚，所以海上风气互补发电技术在中国的发展自然还有很长的路要走。然而中国海上风电前景光明，"十二五"期间潮间带和近海风电将进入快速发展、规模化开发阶段。而且海上发展风气发电互补技术可以就地利用海上风能资源和天然气资源，将能量转换过程在海上进行，即无须占用陆地资源，而转换的电能相对于天然气来说更便于输送，所以海上发展风气互补发电技术具有很明显的优势。中国应该进行这方面的技术攻关，尽早实现海上风气互补发电产业化。

（三）风能与其他能源互补发电技术发展的战略定位和发展目标

风能与其他能源互补发电技术在当下受相关技术发展条件和能源分布状况的限制，在这个阶段的发电还是以分布式发电为主，并网发电较少。利用小型互补发电系统对一些远离电网的地区及海岛供电是目前大多数互补发电系统的开发模式。不过，在接下来的互补发电系统的战略定位中，分布式供电还将存在，但供电的范围将会扩大，使其能够对大的村落甚至小型城市供电。另外，对于有条件的互补发电系统，实现其大容量装机，进行并网发电是其未来的发展方向。随着风能与其他能源互补发电技术的逐渐成熟，建立大型互补发电场，提高互补发电在电网中的比例，必然成为它的战略发展方向。

风能与其他能源互补发电技术的发展目标，简单来说，就是要提高互补发电经济性，实现发展的规模化、产业化、市场化。

首先，要提高发电的经济性，降低发电成本。经济性是制约互补发电技术发展的重要因素，实现技术升级，减少互补发电的投资和运行成本是接下来努力的方向。

其次，要扩大互补发电规模，提升互补发电装机容量。任何形式的发电系统要做到经济性就必须实现装机容量的规模化，互补发电技术也是如此。目前，互补发电装机容量还偏小，难以并网发电，而且发电效率不高。所以，提高互补发电装机容量是目前发展的一个方向。

再次，实现互补发电产业化。互补发电由于对气候条件特别敏感，因而能够实现一定规模互补发电的地理位置就非常有限。所以通过优化互补发电系统，提高互补发电效率，扩大互补装机对风能、太阳能的适用范围也是接下来互补发电努力的一个方向。

最后，实现互补发电的市场化。并网发电是互补发电形式发展的一个重要方向，只有实现了并网发电，互补发电形式的潜力才能最大限度地开发出来。所以，对于有条件的互补发电场，实现并网发电，是它发展的归宿。

（四）发展建议

风能与其他能源互补发电技术正处于起步阶段，它的发展必然还要面临各种挑战。要想实现风能与其他能源互补发电技术的可持续发展，我们需要进行科技创新与体制创新，开展基础建设与重大工程建设，完善政策法规与标准体系。

1. 科技创新与体制创新

（1）夯实技术基础，进行核心科技立项。互补发电技术的发展目前还面临许多待解决的技术问题。加快技术攻关，对于一些核心技术，如气象资源预报模型、互补能源装机容量优化配比、互补发电智能负荷调度系统、跨区域互补发电技术等应进行科研立项，解决互补发电系统的技术难题。

（2）体制机制创新，为互补发电营造良好环境。互补发电技术需要不同能源部门与行业的通力合作，需要协调电力与水利部门、发电厂与电网之间的关系，各个部门合力为互补发电技术的发展营造一个良好的环境。

2. 开展基础设施与重大工程建设

（1）完善基础设施，为发展互补发电提供保障。风能与其他互补发电技术的发展依赖于各种互补能源发电形式的发展，完善互补水电、太阳能发电、燃气轮机发电等相关设施建设，加强电网建设，是互补发电形式发展的保障。

（2）着力重大工程建设，打造试点工程。对于风能与其他能源互补发电行业这一新兴的行业，我们需要积极打造一些具备一定规模的试点、示范工程。一方面，有利于促进理论的研究，为相关技术的改进提供实践指导；另一方面，也有利于在国内推广相关技术。

3. 完善政策法规与相关标准体系

（1）完善政策法规，为互补发电保驾护航。由于目前互补发电形式在发电成本上还没有竞争优势，需要政府适当的政策保护，如加大对相关技术研发的经济投入，对互补发电提供建设以及发电方面的补贴，使互补发电形式能够生存并获得发展。

（2）建立互补发电标准体系，完善评估审查机制。互补发电形式作为新兴产业，要想得到规范发展，需要出台相应的标准体系，使其在建设规划、审核、发电过程做到有章可循，实现互补发电技术良性发展。

三、生物质能的支撑与保障

（一）背景

生物质被认为是今后最有效的可再生能源。据预测，2000~2100 年，全世界消耗能源总量将从 3.7×10^{17} 焦耳增加到 7.1×10^{17} 焦耳，而且均呈现出化石燃料消耗减小，可再生能源增加迅速的趋势。在 2060 年，可再生能源将超过化石能源，到 2100 年，可再生能源将占总能源的 50%以上。生物质能作为一种很有前途的清洁能源，全球每年可开发量相当于 65 亿吨标准煤，中国每年的总量相当于 7 亿吨标准煤[72]。全球每年经光合作用产生的生物质资源约 1 700 亿吨，其所提供的能量约相当于全世界能量年消耗总量的 10 倍，而作为能源的利用量还不到总量的 1%。

1. 国内外生物质能现状与趋势

自 20 世纪 70 年代末期起，生物质能便以其可再生、清洁性、取材广泛、可储存等优点得到了世界的关注。为了应对石油危机，世界各国已把高效利用生物质能列为能源利用中的重要课题。

发达国家的生物质发电技术较成熟，直燃发电技术在丹麦 BWE 公司的支撑下，丹麦、瑞典、芬兰、西班牙等国建造了大批生物质直燃发电厂；而气化发电技术则主要为生物质气化联合循环发电技术，并以装机容量 10 兆瓦以上的大型生物质气化发电装置为主，美国在气化发电方面一直处于世界领先地位[73]。从发展趋势来看，主要是开发大型生物气化发电技术，发展可以进入商业应用的 IGCC（integrated gasification combined cycle，即整体煤气化联合循环发电）系统。垃圾经过焚烧或填埋来发电是生物质发电的又一新兴领域。美国、德国和日本等发达国家垃圾发电厂最多。中国已开发和推广应用 20 多套兆瓦级生物质气化发电系统，"863" 计划将建设 4 兆瓦级生物质气化发电示范工程，预计系统发电效率将达到 30%。2006 年国家和地方发改委共投资 100.3 亿元并核准了 39 个生物质直燃发电项目，装机容量合计达 128.4×10^4 万千瓦。

截至 2015 年，全球生物液体燃料消费量约 1 亿吨，其中燃料乙醇全球产量约 8 000 万吨，生物柴油产量约 2 000 万吨。巴西甘蔗燃料乙醇和美国玉米燃料乙醇已规模化应用。[74]基于粮食的燃料乙醇技术已进入商业化示范阶段，但非粮食原料的转化技术还处于工业化试验阶段。中国在 20 世纪末开始发展生物燃料乙醇。"十五" 期间，在河南、安徽、吉林和黑龙江分别建设了以陈化粮为原料的燃料乙醇生产厂，产能为 1.02 兆吨/年。除此之外，还在黑龙江、内蒙古、山东、新疆和天津等地开展了甜高粱的种植及燃料乙醇生产，黑龙江试验项目已达到年产乙醇 5 000 吨。2001 年启动了 "车用乙醇" 计划，在全国推广掺加 10%乙醇的汽油，现已在 9 个省开展车用乙醇汽油的销售[75]。

美国从 20 世纪 90 年代初就开始将生物柴油投入商业性应用，到最近几年已经真正形成规模。生物柴油使用最多的是欧洲，已占到成品油市场的 5%。目前，德国、法国、意大利等国已相继建成生物油生产装置数十座，规模最大的达 57 万吨/年。另外，日本、巴西、泰国、韩国等国家也积极推广和使用生物柴油[76]。中国在 20 世纪 80 年代开始进行用植物油生产生物柴油的研究，但长期徘徊在初期阶段，尚未产业化。

在发达国家，沼气生产技术发展很快，在成套热电沼气工程技术、气-油联合发电机、大型实用型沼气发酵罐体、储料罐体、预处理和输配气及输配电系统等方面均取得较大进展。英国有 45 座大型沼气工程；瑞典于 2000 年前后建造了 5 座大型沼气发酵装置；丹麦在 2000 年前已建造了 19 座集中沼气场和 18 座农场沼气装置；美国纽约斯塔藤垃圾处理站投资 2 000 万美元，采用湿法处理垃圾，日产 260 000 立方米沼气用于发电。中国农业部组织开展的以沼气技术为核心的生态富民工程和与能源环境相结合的大型沼气项目规模和数量还很小，在干发酵、沼气发电等方面正在进行探索性研究[77]。

2. 中国生物质能利用的必要性

中国拥有丰富的生物质能资源，中国生物质废弃物总量相当于煤炭年开采量的 50%，总计约为 6.56 亿吨标准煤。每年产生的生物质总量有 50 多亿吨，约为中国目前一次能源总消耗量的 3 倍。1996 年中国的各种主要农作物秸秆（稻秆、麦秆、玉米秆等）总量为 7.05 亿吨，农业加工残余物（稻壳、蔗渣等）约为 0.84 亿吨，薪材及林业加工剩余物合理资源量为 1.58 亿吨，人畜粪便生物质资源总量为 4.43 亿吨，城市生活垃圾污水中的有机物约为 0.56 亿吨，中国生物质能资源潜力折合约 7 亿吨标准煤，截至 2015 年，生物质能利用量约 3 500 万吨标准煤[78]。因此，中国的生物质资源还有很大的开发潜力。

3. 中国生物质能面临的挑战与主要任务

大力发展生物质能对于建立可持续发展的能源系统，促进中国社会经济的发展和生态环境的改善具有重大意义。国家《可再生能源中长期发展规划》提出，到 2020 年，生物质能年利用量占一次能源消费量的 4%，而且根据中国经济社会发展需要和生物质能利用技术状况，重点发展生物质发电、沼气、生物质固体成型燃料和生物液体燃料。但是中国生物质能开发利用还处于起步阶段，与国外生物质能发展较好的国家相比，仍存在很多问题。首先，随着生物质能产业的扩大，中国对农作物的需求量也将大幅增长，因而耕地资源的有限性必将引发与粮争地的问题。其次，能源植物分布分散，不利于集中收储，难以满足企业生产要求。再次，中国生物质能生产成本过高，市场准入门槛低，而且投融资模式单一，政府资金投入力度弱。最后，中国生物质能技术创新能力较弱，技术较为落后，相应的扶持措施也不健全。

（二）案例分析

1. 生物质直燃/混燃典型工程技术经济分析

1）2×12 兆瓦生物质直燃发电厂经济可行性分析

本章以辽宁省黑山县国能黑山生物质投资的玉米秸秆发电厂为案例，进行典型纯烧生物质电厂的技术经济分析[79]。中国国能生物发电有限公司在黑山县县城附近投资建设一座玉米秸秆发电厂，电厂一期建设规模为 2×12 兆瓦汽轮发电机组, 配 2 台 48 吨/小时燃秸秆锅炉, 并向黑山县城采暖供热, 供热面积为 40 万平方米。主要设备和设备价格见表 10-1 和表 10-2, 环保设施投资估算见表 10-3, 主要技术经济指标见表 10-4。

表 10-1 主要设备明细表

序号	设备名称	容量	数量
1	锅炉	48 吨/小时	2 台
2	蒸汽轮机发电机组	12 兆瓦	2 台
3	输料系统		1 套
4	除灰、渣系统		1 套
5	化学水处理系统		1 套
6	循环水系统		1 套
7	热力系统		1 套
8	电气系统		1 套

表 10-2 主要设备价格表

设备型号规格	设备单价
锅炉岛	3 820 万元/套
汽轮机	590 万元/台
发电机	183 万元/台

表 10-3 环保设施投资估算表

序号	项目名称	造价/万元
1	本期工程总投资	28 568
2	烟囱	158
3	除尘器设备、支吊、基础	33
4	除灰、渣系统	28
5	废污、水处理系统	115
6	消音器及隔音设备	85
7	烟气连续监测系统	84
8	排水计量装置	60
9	环境绿化费用	8
10	环评、劳评及水土保持评价费用	12
11	环保设施竣工验收费	35
12	环保设施总投资	618
13	环保设施投资占工程总投资百分比/%	2.16

表 10-4 主要技术经济指标

序号	项目		单位	数据
1	发电工程静态总投资		万元	26 059
	单位造价		元/千瓦	10 858
2	动态总投资		万元	26 844
	单位造价		元/千瓦	11 185
3	年发电量		吉瓦时	144
4	年利用小时		小时	6 000
5	年供热量		万吉焦耳	22.11
6	占地面积	厂区	万平方米	4.145
7		单位容量占地	米^2/千瓦	1.727
8		施工区租地	公顷	3
9		耗水指标冬季	米^3/吉瓦秒	1.748
10		耗水指标夏季	米^3/吉瓦秒	1.748
11	厂区土石方量	填方	万立方米	1.209 8
		挖方	万立方米	0
12	发电标准煤耗		克/千瓦时	342.12
13	供热标准煤耗		千克/吉焦耳	41.08
14	发电厂用电率		%	12
15	供热厂用电率		千瓦时/吉焦耳	6.5
16	热化系数		%	0.78
17	采暖期热电比		%	124.49
18	全厂热效率		%	50.4
19	贷款偿还年限		A	12
20	投资回收年限		%	10.07
21	投资利税率		%	6.54
22	投资利润率		%	3.84
23	资本金净利润率		%	14.48
24	全部投资内部收益率		%	8.92
25	财务净现值		万元	1 562.35
26	上网电价（含税）		元/兆瓦时	582
27	上网热价（含税）		元/吉焦耳	24.5

　　劳动组织及定员的确定参考《火力发电厂劳动定员标准》（试行）1998 年 4 月版标准制定，该标准仅规定了 50 兆瓦机组容量以上的燃煤、燃油、燃气火力发电厂的定员标准，对 2×12 兆瓦燃用秸秆的生物发电厂未有规定。工程根据业主的意见，参照此标准并结合国外的经验，进行测算。经测算，工程生产人员为 71 人，管理人员 5 人，服务性管理人员 4 人，合计 80 人。全厂生产人员指标为 2.95 人/兆瓦，全厂人员指标为 3.33 人/兆瓦。

　　测算出当上网电价含税为 0.582 元/千瓦时，不含税为 0.498 元/千瓦时，全部投资内部收益率和资本金内部收益率满足电力行业现行的基准内部收益率（8%）的要求，且财务净现值均大于零。投资利润率、投资利税率、资本金净利润率也均符合电力行业现行标准。财务评价结果表明，该项目投产后的营利能力是可行的。该项目财务评价的各项指标均满足电力行业基本要求，工程上网电价较现行秸秆发电电网价格 0.75 元/千瓦时、每年发电量 144 吉瓦时的情况将增加 2 千万的电价收入，在今后的市场竞争中具有较强的竞争能力和抗风险能力，说明该项目的建设在经济上是可行的。

　　工程建成后，可替代供热区域内现有运行的一些燃烧效率低、除尘效率低、污染严重的小锅炉，有效改善环境空气质量。与常规燃煤机组供热发电相比，该项目烟尘实际排放量为 1.7 千克/小时，实际排放浓度为 14.86 毫克/米^3，远远小于允许排放浓度 50 毫克/米^3，按照全年满负荷运行 6 000 小时计算，全年烟尘减排 24.12 吨；由于秸秆中硫含量极少，因此 SO_2 实际排放量为 27.23 千克/小时，远远小于国家规定允许的最高排放量 1 292.21 千克/小时，按照全年满负荷运行 6 000 小时计算，与常规火电机组相比全年 SO_2 减排 7 000 多吨。

　　2）改造生物质电厂案例分析

　　生物质与煤混燃发电技术指的就是在传统燃煤机组上进行改造，煤与秸秆在锅炉中混合燃烧，同样产生的高温蒸汽推动汽轮机，带动发电机组发出电能。混燃发电技术对汽轮发电机组无影响，只是在锅炉的燃烧工艺中，进行生物质燃料的预处理，对给料系统进行改进，对锅炉炉膛燃烧室方面进行改进。因为混燃发电技术能够利用现有燃煤小机组电站的基础设施，因此在欧美等发达国家得到了广泛的应用，电厂装机容量通常为 5~700 兆瓦。

　　中国首台"煤粉–秸秆混烧"发电机组于 2005 年 12 月在山东枣庄的华电国际电力股份有限公司十里泉发电厂建成投产。

　　混燃模式：在锅炉燃烧中增加两个秸秆燃烧器。

　　发电规模：锅炉的蒸汽流量为 400 吨/小时，蒸汽压力为 13.75 光帕，蒸汽温度为 545℃，配备 140 兆瓦的凝汽式汽轮机组。

　　项目特点：对 140 兆瓦的发电机组锅炉进行秸秆燃烧技术改造，改造后两台新增加的燃烧器所输入的热负荷能达到锅炉额定负荷时的 20%。这是中国首台煤改秸秆发电的试验改造机组，对中国推广生物质混燃发电技术具有广泛的示范作用。发电机组引进丹麦 BWE 公司的秸秆发电技术，项目改造静态投资 8 357 万元。

据了解，按照该机组年运行 7 236 小时计算，每年将燃用 10.5 万多吨秸秆，相当于减少 7.56 万吨标准煤的消耗，并可使当地农民每年增收 3 000 多万元。同时利用秸秆发电技术改造后的该机组每年可减少 SO_2 排放 1 500 吨。十里泉秸秆发电项目每年带来的环境效益约 3 000 万元[80]。

经测算，在直接经济效益相同的情况下，十里泉秸秆改造工程每年给枣庄带来的直接经济效益为 2 749 万元，间接经济效益为 2 962 万元，波及效益为 5 140 万元。和火电相比，其带来总的替代效益为–957 万元，其中间接效益为–505 万元。秸秆发电项目虽然财务评价不如火力发电，秸秆发电代替燃煤发电带来的地方 GDP 减少了 957 万元，但却带来了近千人的就业效应并且起到增加农民收入的作用，每年将为地方减少近 3 000 万元的环境成本。

上述两种发电形式说明了纯烧生物质和混烧生物质都改善了大气环境，有效利用了可再生新能源，减少了温室气体排放。改造电厂进行混烧可以节省大量设备改造费用，回收年限短，为电厂节约了成本，如果电价上得到与纯烧生物质电厂同样的支持力度，大燃煤机组上混烧显然会比典型规模生物质纯烧发电经济性好。然而混烧生物质电厂实际上并不享受国家的补贴政策，混烧的经济性体现不明，主要原因是从单位热量价格上看，生物质比煤炭贵。但是生物质热电厂同时供热发电时，由于能够实现能源的梯级利用，这种模式的技术经济性最为显著。生物质直燃发电技术是有效利用生物质的一种经济和可持续发展方式，进行生物质直燃发电的研究对解决中国能源短缺、改善污染问题有重要作用，采用混燃技术来改造 50 兆瓦及以下的常规小火电机组，可以节约大量的基础投资。

2. 生物质热裂解制取气/液高品位燃料全生命周期分析

本章以生物质热裂解制取气/液高品位燃料为案例进行全生命周期分析，并与现有生物质直燃发电、生物质气化联合循环、生物质与煤混烧、生物乙醇以及生物质基甲醇等工艺进行碳排放对比分析。各工艺系统的生命周期框架都可由如图 10-1 所示的框图来表示。

表 10-5~表 10-8 分别是生物质气化/发电、生物质合成气合成甲醇、生物质热裂解制油、生物乙醇合成系统的生命周期环境排放清单。

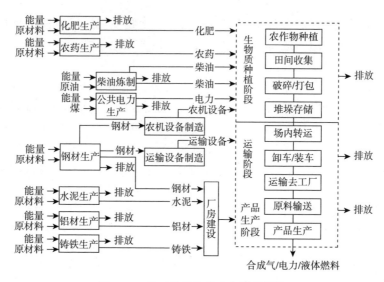

图 10-1　各工艺系统的生命周期框架

表 10-5　生物质气化/发电系统污染物清单（功能单位：千克/兆瓦时）

输出	玉米秆气化	25 兆瓦棉秆直燃发电	6 兆瓦水稻秆气化联合循环	20%玉米秆–煤混燃140 兆瓦发电
CO_2	88.3	190.19	90.57	49.8
CH_4	1.78	0.52	14.42	0.36
N_2O	0.014 5	1.06	0.41	0.29
NO_x	2.14	2.57	2.23	1.57
CO	0.538	26.61	18.45	14.53
NMVOC[1]	2.22	0.98	0.86	0.67
SO_2	1.01	0.95	2.18	1.75

1）NMVOC，non-methane volatile organic compounds，即非甲烷挥发性有机物

表 10-6　生物质合成气合成甲醇系统的污染物清单（功能单位：千克/吨甲醇）

输出	稻秸	稻壳	玉米秸	麦秸
PM_{10}	0.93	0.98	0.16	0.42
CO	1.12	1.09	0.90	1.03
SO_2	0.52	0.36	0.39	0.52
NO_x	0.93	0.90	0.56	0.82
CH_4	0.23	0.15	0.12	0.12
CO_2	2 514	2 367	2 869	2 509
排污水	1 000	1 000	1 000	1 000
固体废弃物	558	590.95	95.61	253.28

表 10-7　生物质热裂解制油系统的污染物清单（功能单位：千克/吨生物油）

输出	稻秸	稻壳	玉米秸	麦秸
副产焦炭	960	1 067	550	709
CO	1.12	1.21	1.11	1.36
CO_2	1 893	1 745	1 912	1 560
SO_2	3.08	2.22	1.73	1.82
NO_x	1.45	0.71	1.50	0.51
PM_{10}	0.97	0.70	0.16	0.57
排污水	1 000	1 000	1 000	1 000
固体废弃物	192.87	139.26	31.30	113.98

表 10-8　生物乙醇合成系统的污染物清单（功能单位：千克/吨乙醇）

输出	木薯	高粱	玉米秸
VOC	23.75	33.13	22.85
CO	136.96	188.94	129.63
NO_x	897.77	365.14	209.27
PM_{10}	20.57	6.61	3.48
SO_x	635.53	158.33	71.34
CH_4	7.94	6.68	4.62
N_2O	640.71	314.15	182.19
CO_2	224 654	73 564	43 350

从上述生命周期分析结果不难看出，无论是直接从生物质中制取合成气，还是采取不同形式的生物质发电技术，在整个生命周期分析过程中单位合成气或者单位发电量的碳排量要远远小于任何形式的生物质液体燃料制备系统。而在不同的发电过程中，采用混烧模式获得单位电量时的碳排放最少。25 兆瓦棉花秆直燃发电生命周期 CO_2 排放量较大的原因：一是该直燃发电项目采用的原料为棉花秆；二是该项目的生命周期在计算过程中计入了用网电量，而气化发电项目、混燃发电项目均没有计入用网电量。

三种生物质基液体燃料制备系统中，生物质热裂解制油系统生产单位生物油时的碳排放最少，生物质合成气合成甲醇系统次之，生物乙醇合成系统最多。在相同的热化学转化过程中，不同生物质原料获得单位液体燃料时相对大气的净碳收支量也各不相同。究其原因，主要是受秸秆平均生产力、作物年均净碳固定量、堆积密度和本身性质（热值、含碳量）等综合因素影响。

通过全生命周期评价研究，可初步得出：相对于生物质液体燃料，生物质能发电具有较强的综合优势，因此，近期中国生物质能的发展应首先致力于扩大生物质能发电的规模。而生物质液体燃料各项性能指标还没有达到最优化，尤其是对废液和废渣没有进行回收利用，副产品带来的经济、能源和环境效益还无法体现。因此，在未来的生物质液体燃料生产过程中，只有积极开发副产品，加强对废液和废渣的回收利用，才能实现经济、能量和环境的"三赢"。

（三）战略定位和目标

目前世界上已经形成三大能源供应体系，即电力体系、石油供应系统、天然气供应网络。已经形成的三大能源体系短期内难以改变，但世界各主要经济体纷纷制定了生物质能战略。欧盟到 2020 年和 2050 年，可再生能源占其能源消费的比例将分别达到 20%和 50%；美国到 2030 年，生物液体燃料替代 30%的石油产品。中国未来对生物质能的战略定位：2020 年前后，生物质能替代 11 840 万吨标准煤，战略定位是补充能源；2030 年前后，生物质能替代 27 000 万吨左右标准煤，战略定位是替代能源；2050 年前后，生物质能替代 36 000 万吨左右标准煤，战略定位是主流能源。

生物质能源于国于农意义重大而深远，产业优势比较突出。近期中国生物质能的发展目标主要是近期先扩大生物质能发电的规模，未来则加快第二代和第三代生物质液体燃料的发展。未来的世界能源必将朝着生物质能源的方向发展，并且可以产出目前唯一可代替石化产品的生物基产品。虽然生物质产业还处于发展初期，但它富有前瞻性和可扩张性，生态效益、社会效益和经济效益是巨大的。

（四）对中国生物质能发展的建议

中国生物质能资源丰富，分布广泛，开发利用潜力巨大，是减排温室气体效益最好的一种可再生资源。中国应把生物质能开发利用放在可再生能源发展战略的优先位置，大力推进生物质能的商品化和现代化。

首先，各级政府要把生物质能源利用工作列入议事日程，有关各部门要通力合作，分工协作逐级实施。积极开展宣传教育，要运用各种手段和宣传工具宣传加强生物质能源利用的重要性和必要性，使之家喻户晓、人人皆知，争取广大干部群众的参与和支持。

其次，要加大利用废弃物类原料，合理引进国外优良能源品种，开发生物质能源农场；选择生物质丰富且集中的地域设立原料回收点进行有偿收购并铺设收储运网络，最终在当地建立起稳定的原料供给市场以解决原料的供给难题。除此之外，各地的有关部门应加强对生物质能行业的统一管理，根据原料、市场等因素进行合理规划，宏观调控当地该行业的发展规模及企业布局，避免由市场过饱和及企业过拥挤而引发原料、技术等方面的无序竞争，引导其健康发展。

再次，应加强技术创新，促进适合国情的技术、设备的研发，提高自有关键技术和设备的水平，为其产业化提供保证；并加强国际合作，与具有先进技术及经验的国家共同进行生物质能研发，在借鉴中学习。开发以纤维素为原料的第二代生物质能是发展趋势，尤其要加强基于废弃物类原料的技术研发，通过促进其工艺成熟来加大废弃物在原料总供给中的比重，引导原料供给环节向有利于可持续发展的方面转变；研发将回收利用、焚烧、填埋、堆肥等多种处理技术有机结合的联合处理工艺，提高废弃物的利用率，使其无害化、减量化、资源化的程度更高。同时，加大科研经费的投入力度，提高科研人员进行技术研发的积极性以促进技术创新；政府、社会团体和企业等可建立针对生物质能的专项基金，开辟多种投融资模式和渠道，为自主研发生物质能提供更加可靠的资金支撑。

最后，建议国家对生物质能产业加大扶植政策力度，除了吸取其他国家的价格激励、财政补贴、税收优惠等其他补贴等经验外，还应集中开发研究适合中国国情的具体措施，具体如下。

（1）制定并完善切实可行的税收优惠政策，并制定相应的配套条款加以说明，增强其可操作性，使企业真正受惠进而提高其投资和生产的积极性。

（2）转变仅针对生产环节进行补贴的现状，更多地补贴技术研发环节，以技术为突破口使该行业健康发展，中国目前对生物质发电补贴额度较低，应加大对其电价补贴力度，使生物质电厂扭转亏损局面，维持正常运转。

（3）应尽快制定并出台关于生物质能的专门立法，增强其权威性，改变其仅在再生能源法规中笼统提及的局面，同时制定和完善相关法律法规的配套说明、实施方式及惩罚措施等实质性细则内容，使之更易于执行。立法应明确规定生物质电能必须强制进入电网系统销售，制定相关标准、规范及实施细则，并按供应数量由国家给予补贴；规定现行电网所销售电能中生物质电的比例下限；制定电网不履行其义务时的惩罚措施。

四、生物质制气和微藻能源

（一）生物质制气和微藻能源的技术发展现状

利用生物质废弃物发酵生产制备生物天然气，用于汽车发动机的清洁代油燃料，是国际能源环境领域的新兴前沿技术，符合中国鼓励的新能源和节能环保等战略性新兴产业政策。以典型生物质（包括牲畜粪便、农林生物质、城乡废弃物等）作为发酵原料，经高效水解糖化后用于暗发酵制取氢气，将产氢残余物继续发酵联产甲烷，显著提高能量转化效率。原始发酵气体中含有约40%的CO_2及微量硫化氢和水蒸气等杂质，经过脱碳提纯和净化压缩后制成车用生物天然气，可用于汽车发动机清洁燃料。

利用微藻固定燃煤电厂烟气 CO_2，收获微藻生物质多联产生物燃料等。首先，收集典型固碳微藻建立藻种库，筛检选育出固碳效率高、烟气耐受性强和油脂含量高的优良固碳藻种突变体。其次，设计开发立体养藻固碳反应器，提高光传递效率和气液传质效率。将燃煤烟气 CO_2 通入养藻反应器，通过优化调控促进微藻高密度快速生长和高效固定 CO_2。最后，研究微藻细胞湿法破壁释放油脂技术，开发湿藻生物质一步法制取生物柴油技术以及藻生物的分级利用制取不同品位燃料油技术。

生物质制气方面的示范工程项目为利用多种生物质废弃物高效发酵转化制取氢气新能源，建立 5 000 立方米发酵罐规模的生物制氢产业化示范工程。通过发酵联产氢气和甲烷及脱碳提纯压缩制成生物氢烷气，推进生物燃气在汽车发动机领域的产业化工程应用。

微藻能源方面的示范工程项目为针对燃煤电厂建立 10 万平方米的烟气养殖微藻基地，实现养藻系统每年捕集利用 CO_2 能力达到 2 000 吨生产生物质的产业化工程示范，每年生产微藻生物质能力达到 500 吨。收获微藻生物质，并开发微藻生物质多联产制取生物柴油和航油的技术。

（二）生物质制气和微藻能源案例分析

1）瑞典首都斯德哥尔摩车用生物天然气应用

瑞典应用实践表明，车用沼气与车用天然气（CNG/LNG）具有完全的互换性。瑞典是最早将沼气应用于车用燃料的国家之一，成功地将沼气用于汽车、火车燃料，技术成熟，形成了良好的运行模式：瑞典现有 227 家沼气工厂，年产相当于 11.1 万吨原油的能量，占全国能耗的 1.44%；34 家沼气厂生产车用沼气，目前全国有 100 个加气站，还有 1 列火车以沼气为燃料；瑞典斯德哥尔摩公共交通公司（SL）是负责瑞典首都斯德哥尔摩市所有公共交通系统运营及管理的机构，SL 的公共交通服务主要部分均使用可再生能源。目前，40% 的 SL 交通工具使用清洁可再生燃料；2012 年起，50% 的 SL 交通工具使用可再生燃料；2026 年起，100% 的 SL 交通工具将摆脱化石燃料。

2）中国广西南宁车用生物天然气示范工程

中国广西武鸣县安宁淀粉公司已经建成运行了五座大型厌氧发酵罐生产沼气（甲烷含量约为 60%，CO_2 含量约为 40%），共计 3.8 万立方米的容积。其以年产 3 万吨木薯酒精厂和年产 3 万吨木薯淀粉厂排放的废液废渣为原料，同时收集周边三家木薯淀粉厂的废液废渣，每日发酵生产沼气能力达到 10 万米^3/天。将这些沼气提纯后可生产浓度高达 97% 的生物甲烷 6 万米^3/天，能够作为生物天然气供给南宁市 2 000 辆出租车使用（目前已经在南宁市实现了 200 辆出租车燃用生物天然气的商业化运行），建成了全国首个车用生物天然气的示范工程。

3）美国 GreenFuel 公司利用电厂烟气 CO_2 养殖微藻

2007 年，美国 GreenFuel 公司建立利用电厂烟气中的 CO_2 规模化养殖微藻的示范工程。750 兆瓦燃煤电厂烟气中 CO_2 养殖收获的微藻生物质能相当于 885 兆瓦电厂功率。若将微藻生物质转化制取生物柴油，则每年可获得 10 多万吨的生物柴油。

4）美国 Inventure 化学公司与以色列 Seambiotic 公司合作养殖微藻制生物燃料

美国 Inventure 化学公司与以色列 Seambiotic 公司合作，将电厂烟气中的 CO_2 送入 Seambiotic 公司开发的露天跑道池中养殖微藻，结合 Inventure 化学公司开发的海藻–生物燃料转化技术，实现 CO_2 到生物燃料的有效转化。

5）中国烟台海融电力技术公司利用电厂烟气 CO_2 养殖微藻

中国烟台海融电力技术公司于 2013 年建成燃煤电厂烟气养殖微藻的 10 万平方米产业化示范工程。引进燃煤电厂的烟气通过到跑道池中，实现微藻捕集利用烟气 CO_2 和微藻生物质生物转化利用。共建立开放跑道养殖池 100 个，其中室外 84 个，温室大棚（2 100 平方米）内 16 个。每年捕集利用 CO_2 的能力达到 2 000 吨，生产微藻生物质的能力达到 500 吨。

6）中国新奥集团养殖微藻开发生物柴油

中国新奥集团积极探索利用微藻固定 CO_2 制取生物柴油的可持续发展途径，致力于将微藻生物质转化为石油的真正竞争者。2010 年，其在中国内蒙古达拉特旗建立微藻养殖基地，建成工艺放大的公顷级中试研发基地，致力于实现微藻制取生物柴油的产业化示范工程。

（三）生物质制气和微藻能源的愿景及目标分析

生物质制气净化作为汽车燃用生物天然气替代汽油、柴油具有显著的经济、环境和社会效益，每辆汽车每年节省燃料费 30%~50%，可减排 CO 和 HC 污染物量 70%~90%，减排 SO_2 量 90%，减排 NO_x 量 39%，减排 $PM_{2.5}$ 量 30%~40%，减排 CO_2 量 24%。生物天然气在缓解交通运输优质气体燃料的供应紧缺问题、降低汽车用户日益高昂的汽柴油消耗费用的同时，显著减少了城市拥堵不堪的各类汽车排放的高密度污染物，有效改善了城市日益恶化的大气环境状况。

高效捕集利用电厂烟气 CO_2 转化制取生物质和化工品等，具有重要的环境、社会、经济效益。本章针对 CO_2 的生物转化应用进行技术开发和工程示范，课题预期成果将具有广阔的工程应用推广前景。如果用中国海洋面积（约 300 万平方千米）的 5.04%或者陆地面积（约 960 万平方千米）的 1.57%（即占中国沙漠、半沙漠及盐碱地总面积的 15.84%）来养殖微藻，就能固定 2010 年中国燃煤排放的 61 亿吨 CO_2，并且将微藻生物质转化制取 6.3 亿吨/年的生物柴油（足以满足 2010 年中国全部的石油消耗量 4.5 亿吨）。因此，对于分布在沿海及沙漠地区的燃煤电厂,特别适合于利用电厂烟气养殖微藻,实现大规模减排 CO_2 和开发生物质能的目的,大力发展节能减排和新能源等战略性新兴产业。

(四)政策环境需求与建议

发展生物质制气和微藻能源的技术,具有环境清洁、易与化石燃料利用接轨等独特优势,具有很好的发展前景,为了促进生物质能源的产业化,提出以下建议。

(1)加强政府和企业对生物质制气和微藻能源技术开发的大力投入,加强对接近或正在相关产业化技术的政策扶持和资本投入。

(2)重视生物质制气和微藻能源开发过程中的污染减排;相关职能部门(如国家发改委、信息产业部、科技部和农业部等)组织相关专门机构和相关专家进行系统调研,以明确中国污染减排中可以资源化利用的废水废气和生物质产量,尤其是利用废弃生物质和微藻生物质形成新能源的潜力和经济效益。

(3)开发沙漠、盐碱地等不适宜农作物的地域养殖微藻或其他生物质,中国沙漠和沙漠化土地的分布范围相当广阔,总面积约为 52 万平方千米,中国的盐碱地面积有 1.5 亿亩(1 亩≈666.67 平方米),主要分布在西北干旱地区,东部黄淮海平原及三江平原,而这些地区往往是太阳能充足的地区,但又不能作为农耕地,但是恰恰是这些未能够被很好利用的场所,可以被用来进行微藻或其他生物质的养殖,减排 CO_2。而且生产出的生物质也有很好的经济效益,从而使环境和经济效益达到双收。

(4)开创政策、资本、市场和技术密切配合新机制。目前,传统模式一般为技术开发为先、企业参与其次,政策跟进为后,已很难适应现代生物质能利用发展思路。中国应努力开创政策、资本、市场和技术密切配合新机制,尝试政府先导决策,企业和研究机构紧密结合,市场和激励政策可持续化等方面一些新思路或新措施。

五、先进储能技术发展及标准体系构建

(一)储能技术在能源革命中的地位和作用

《第三次工业革命》一书中提到,未来能源社会的五大支柱将包括运输工具转向插电式、能源共享网络、存储间歇能源、向可再生能源转型、建筑转化为微型发电厂,高效储能技术在这五大支柱中都直接或间接地发挥着重要作用。首先,在风能和太阳能等可再生能源发电系统中,由于能量源密度和稳定性的固有缺陷,存在发电输出功率波动及影响电网电能质量等问题。储能技术可为可再生能源发电系统提供必要的能量缓冲,适应并平抑太阳能和风能的发电电流和电能波动,

进而提高可再生能源发电系统的电能质量和应用价值。其次，在智能分布式电网系统构建中，分布式或中央储能装置可以作为缓冲设备快速响应电压暂降和短时中断等电能暂态波动，提高分布式电网系统抗扰动能力及稳定性。另外，动力型储能设备是实现电力交通发展的关键，将有效缓解与日俱增的能源消耗压力，对中国经济社会的可持续发展具有十分重要的战略意义。

由于储能技术的重要地位，国际储能事业发展迅速，储能示范项目的累计装机容量自2008年起呈现急速增长的趋势，成为世界各国重点关注的新兴产业。根据《储能产业研究白皮书2013》统计，全球2012年目前共有超过400个储能示范项目，除抽水蓄能、压缩空气储能及储热项目外，累计装机量达到635兆瓦，相比2011年增长16%[81]。更为重要的是，目前储能产业方兴未艾，在可再生能源、分布式发电及微网建设、电力交通等领域具有极为广阔的应用前景。

（二）中国储能产业发展面临的挑战

中国政府充分重视储能领域的发展，国务院和国家能源局相继出台了《能源发展"十二五"规划》《"十二五"国家战略性新兴产业发展规划》《可再生能源发展"十二五"规划》等一系列相关政策。在2013年1月1日国务院印发的《能源发展"十二五"规划》中，提到要合理布局储能设施，加快发展风能等其他可再生能源；要着力研发高性能动力电池和储能设施，建立新能源汽车功能装备制造、认证、检测以及配套标准体系。这事实上也是储能技术在中国能源生产与消费革命中发挥关键作用的主要方向。到2012年年底，中国储能累计装机量为57.4兆瓦（抽水蓄能、压缩空气储能及储热项目除外，数据来自《储能产业研究白皮书2013》），占全球份额的9%，项目主要涉及可再生能源并网、分布式发电、电力输配电和轨道交通等领域。中国储能产业在蓬勃发展的同时，也面临着严峻挑战。

首先，随着中国可再生能源利用规模的迅速发展，迫切需要提供合适的储能装备及相关技术保障。随着能源和环境问题日益严重，中国非常重视可再生能源的发展。根据《可再生能源发展"十二五"规划》，"十二五"时期中国可再生能源发展的总体目标是到2015年，可再生能源年利用量达到4.78亿吨标准煤，其中商品化年利用量达到4亿吨标准煤，在能源消费中的比重达到9.5%以上。其中2015年各类可再生能源的发展指标是，水电装机容量2.9亿千瓦，累计并网运行风电1亿千瓦，太阳能发电2100万千瓦，太阳能热利用累计集热面积4亿平方米，生物质能利用量5000万吨标准煤。然而，目前的储能装备和技术尚不能满足可再生能源利用规模的迅速发展要求。以风能为例，根据国家电网数据，截至2012年6月，中国并网风电已达5282万千瓦（平均利用小时数为1992小时），已取代美国成为世界第一风电大国，国家电网调度范围并网风电六年年均增速高达87%。然而，国家能源局日前下发的《国家能源局关于做好2013年风电并网和消纳相关工作的通知》中指出，2012 年部分地区弃风限电现象严重，全国弃风电量约 200 亿千瓦时。大容量储能技术是解决大规模间歇性风电消纳和电网稳定的关键。目前成熟的大型储能装置仅有大规模抽水蓄能项目一种，以储能容量计，抽水蓄能占所有储能容量的 98%以上。抽水蓄能电站的前期投资比一般的水电站大，但现有电价机制规定抽水蓄能电站电价成本纳入当地电网运行费用统一核定，在一定程度上影响了抽水蓄能的发展。同时，抽水蓄能技术对地质、地域和水文条件要求较高，占地面积较大，项目建设工期长，并伴有移民及生态破坏等问题，影响了其进一步大规模应用。

其次，对当前和未来储能技术发展缺乏系统科学的梳理，对所涉及的多学科交叉与合作支持力度不够。虽然储能技术在技术性、经济性、寿命、环境兼容性等方面具有一定程度的普遍要求，但是不同应用对象对储能关键性能的具体要求存在显著差异，如可再生能源储能、分布式能源并网储能、电力交通动力储能，与家庭储能等在储能容量和功率性能等方面的要求明显不同。目前，储能技术种类繁多，但由于各国对相关领域的重视，不断有新的储能技术面世。其中，成熟的或面临工业化应用的主流储能技术主要包括抽水蓄能、压缩空气储能、飞轮储能、二次电池储能、超级电容器储能和超导储能等。抽水蓄能和压缩空气储能等可实现百兆瓦以上级别功率的储能技术较适合大型电网应用，而占地和成本相对较低的二次电池和超级电容器等储能技术则更适合电力交通和家庭储能等领域的应用。但是，目前对储能技术的应用方向及相应技术的关键问题缺乏合理的梳理和规划。另外，储能技术发展的关键问题往往涉及多学科交叉。例如，二次电池储能和超级电容器储能过程涉及化学反应动力学、工程热物理传质、先进能源材料、电化学等多个领域，单纯地着眼于先进储能材料开发或关注其中存在的反应动力学问题，均不足以实现储能关键性能的显著进步。但是，目前多学科多研究单位的交流合作仍存在明显不足，需要进行合理组织并进一步强化。

最后，亟须有针对性地建立和完善储能技术和设备评价标准及合理补贴机制，以推动储能产业发展。储能产业的发展所牵涉的学科和领域较广，作为新兴产业的商业推广应用，需要有一定的技术和设备评价标准。目前，针对各相对独立领域的评价体系建设程度不一。例如，目前对于动力电池领域已有《电池性能测试标准系列》《电池材料及部件标准系列》《车用动力电池标准系列》《电池及电池组标准系列》等，但是关于储能系统并网方面的相关技术标准，如《储能系统接入电网技术规定》和《储能系统接入电网运行控制规范》目前已通过审查但尚未发布。相关标准体系的建立需兼顾顶层标准化和标准之间的相互关联，同时需要针对新兴储能技术进行动态发展。另外，需要结合国家重大需求并深入了解市场，制定合理的补贴政策扶持相关产业发展，对不适合需求的部分补贴政策进行整合、调整和优化。

（三）对中国储能产业发展的建议

（1）明确储能产业发展整体框架和发展思路。在可再生能源发电系统中，针对可再生能源在中国电网发电能源结构调整中的快速发展，明确储能技术在间歇式、分布式可再生能源并网调节控制和安全稳定等环节亟待解决的关键问题，特别需要加强对大容量储能技术的研发支持，从宏观上制订储能规划方案。针对电力交通领域存在的多种电化学储能技术进行整合和协同，根据二次电池和超级电容器储能的特点以及电力交通储能的需求，明确新材料、新工艺、新技术的开发应用方向，掌握自主知识产权。

（2）大力发展先进高效储能技术，积极支持进行示范应用推广。对现有储能技术进行分类，根据不同应用对功率密度、能量密度、响应时间、储能充放电效率、设备寿命、成本、环境影响、安全等储能关键参数的要求，确定储能技术的能量、功率、电压范畴以及工作模式。对技术瓶颈进行归纳总结，针对各类储能需求提出重大基础、技术研究项目和产业化推进项目，积极发展先进能源材料、传热传质、电化学、模拟仿真等储能相关领域。通过多学科多领域的交叉互补，积极推动先进高效储能技术的发展和性能突破，加快建成若干示范项目以供评估和应用推广。

（3）构建和完善储能设备评价标准，并建立和完善合理的优惠政策和补贴机制，服务于储能规模化商业应用。对现有储能设备进行细分归类，总结并完善现有独立评价标准，避免储能端与用户端之间的脱节现象，有针对性地建立评价标准体系。根据需求建立和完善政策鼓励机制，结合大规模示范和商业应用情况针对储能设备生产、装备、运行等环节建立相应评价标准，提供标准化设计和评估方案，探索降低储能技术成本的途径。同时，迫切需要和国际发展形势接轨，加大相应领域国际标准化建设的主导和参与程度。

（四）案例分析：面向电力交通的储能动力系统建设

随着世界对能源环境问题的日益重视，新一代电力汽车的发展成为国际各国的优先发展领域。中国《电动汽车科技发展"十二五"专项规划》指出，发展电动汽车是提高汽车产业竞争力、保障能源安全和发展低碳经济的重要途径。"十二五"期间，国家科技计划将加大力度，持续支持电动汽车科技创新，把科技创新引领与战略性新兴产业培育相结合。电动汽车的发展满足中国产业升级、技术转型和科技跨越等多方面的重大需求。宏观上，中国已形成"三横三纵三大平台"（三横：电池、电机、电控；三纵：混合动力汽车、纯电动汽车、燃料电池汽车；三大平台：标准检测、能源供给、集成示范）战略重点与任务布局。但是，目前中国在储能设备开发、储能设备管理及基础配套设施等多个领域的发展均未成熟。

在储能设备和技术方面，现有电化学储能技术主要包括二次电池（如铅酸蓄电池、碱性蓄电池、锂离子电池、液流电池、钠硫电池等）和超级电容器两大类。相比于超级电容器储能技术，电池类储能设备一般来说具有能量密度高的显著优势，但是在功率密度、倍率性能、环境友好性和安全性等方面存在一定的差距，这是由两者在储能过程中的基本原理决定的。目前尚未有一种储能技术可以广泛适用于各种类型电力交通储能应用，相应的解决方案和发展途径应该包括以下四个方面。

第一，需要对电力交通类型进行细分，针对不同类型电力交通设施，明确相应的储能设备类型和发展方向。例如，对于具有固定路线、本体质量容积较大的交通设施，如公交车、校车和观光游览车等，超级电容器在能量密度方面的劣势可以在一定程度上被弱化，而其在功率密度和倍率性能等方面的优势可以得到充分发挥。

第二，需要对多种储能技术进行整合，实现优势互补。例如，采用超级电容器和二次电池的混合装置是一种兼顾能量密度和功率密度的合适解决方案，结合方式可以是装置耦合或混合电极等多种模式。

第三，需要通过多学科交叉互补实现储能技术关键参数的突破。电化学储能过程涉及先进能源材料、电化学、工程热物理传热传质、化学反应动力学等多个学科领域，依靠某一学科的发展不足以推动整体技术实现突破性进展。

第四，需要大力加强配套技术发展，包括集成模块协调、电源系统管理、充电站服务网络、电源自动化生产线装备、废弃电源系统回收处理等相关技术集成和保障体系。

在相关标准体系建设方面，目前中国已有关于电源装置单体（如《电动道路车辆用铅酸蓄电池》《电动汽车用金属氢化物镍蓄电池》《电动汽车用锂离子蓄电池》等）、电源模块及集成系统（《锂离子蓄电池总成通用要求》《锰酸锂蓄电池模块通用要求》《磷酸亚铁锂蓄电池模块通用要求》等）以及电源测试及规范系统（如《电动汽车用锂离子电池测试规程》《电动车辆用锂离子电池第1部分性能试验》《电动车辆用锂离子电池第2部分可靠性和滥用性试验》《电动汽车用动力蓄电池管理系统技术条件》《全钒液流电池用电解液测试方法》等）的相关规定，但是仍存在一些问题。首先，关于电源成组及相关管理系统的规范尚不健全，电源成组过程中对单体的稳定性和一致性要求较高，其性能指标将直接关系到后续应用及示范。其次，各独立体系所建规范缺乏合作，亟须根据应用和推广需求，通过顶层设计对已有规范进行梳理、补充和完善。最后，对于急速发展的新兴储能技术需同步考虑相关规范的建设，在此方面可加强国际标准化体系建设的主导和参与工作。

在政策扶持和补贴方面，国家财政部、科学技术部、工业和信息化部、国家发改委四部委联合下发了《关于继续开展新能源汽车推广应用工作的通知》，规定纳入财政补贴范围的车型是符合条件的纯电动汽车、插电式混合动力汽车和燃料电池汽车，但不包括技术上相对成熟的油电混合动力车。目前存在的主要问题是，所重点补贴的纯电动车和插电式混合动力车目前各地的配套设施尚未完善，在没有相应充足便利的充电体系形成之前，单纯通过补贴不能起到很好的推广效果[82]。因此，政策扶持和补贴一方面要根据市场需求进行调整，另一方面要通过基础设施的同步建设实现补贴效益的最大化。

六、氢能的支撑与保障

（一）氢能技术的发展现状

1. 背景

能源是人类文明和社会经济发展的重要基础，是国家可持续发展的根本保障，是每个国家都必须高度重视的战略资源。目前，全球正在经历能源、资源日益短缺，环境严重污染，气候异常的关键阶段，煤炭、石油、天然气等一次不可再生能源随着人类经济社会的发展消耗急剧增加。寻求来源丰富、清洁、可再生能源的研究和开发是解决现有窘境的唯一出路。氢能作为一种高效、清洁的能源载体，在未来可以和可再生能源结合构成完整的能源系统。作为一种二次能源，氢能具有的优势和对能源可持续发展支持的潜力是多方面的。与电和热等载能体相比，氢最大的特点是可以大规模地以化学能形式储存。氢能不仅对未来长远的能源系统（以聚变核能和可再生能源为主）具有巨大意义，而且对人类仍将长期依赖的化石能源系统也具有重要的现实意义。

1) 国外氢能利用进展

近年来，国际组织及美国、欧洲和日本等发达国家政府从本国及本地区能源供应角度出发纷纷制定有关氢能发展的规划。

IEA 的氢能项目战略目标为，通过国际合作和信息分享，推动、协调并保持氢能领域的创新性研究、开发和示范活动。其主要关注技术、能源安全、环境、经济性、市场、部署及拓展 7 个方面的内容。自 1977 年以来，已经实施和正在部署的实施项目达到 30 余个，20 多个国家承担了氢能利用和制备方面的项目。

美国从能源供应安全角度出发，为逐渐减少对国外进口石油的依赖，较早开展氢能和燃料电池的研发。从立法、政策和国家重大研究项目 3 个层面来确保美国氢能和燃料电池技术的国际领先地位。先后通过了《氢能研究、发展和示范法案》（Hydrogen Research, Development and Demonstration Act）、《氢能前景法案》（Hydrogen Future Act）及《2001 氢能法案》（Hydrogen Energy Act of 2001）等，颁布了《国家能源政策》(The National Energy)、《美国向氢经济过渡的国家观点》(A National Vision of America's Transition to A Hydrogen Economy—to 2030 and Beyond)、《国家氢能路线图》(National Hydrogen Energy Roadmap)及《氢能形势计划》(Hydrogen Posture Plan)等政策,实施了自由汽车合作研究和燃料行动计划(freedom CAR and fuel initiative),未来发电(FutureGen)计划,全面涉及氢能生产、储存、运输和燃料电池应用的氢能计划(hydrogen, fuel cell & infrastructure technologies program)等重大项目。

欧盟已确定新能源使用目标,到 2010 年,欧洲电力需求的 22%,所有能源需求的 12% 必须来自新能源,到 2020 年所有可替代能源的 5% 来自氢。实施了欧洲–魁北克水电氢能示范计划(Euro-quebec hydro-hydrogen pilot project,以及 EQHHPP)计划、欧洲整体氢能计划(European integrated hydrogen project, EIHP),并成立了欧洲氢能主题网络(establishment of a European hydrogen energy thematic network, HyNet)。

日本政府先后成立了新能源和工业技术发展组织(New Energy and Industrial Technology Development Orgnization, NEDO),先后启动了世界能源网(world energy network, WE-NET)项目和氢能与燃料电池示范(Japan hydrogen & fuel cell demonstration project, JHFC)等项目。

加拿大在氢的生产、储存和运输以及燃料电池方面已有非常重要的进展。德国的氢和燃料电池汽车、加氢站技术最为先进,氢能计划亦实施较早。英国在氢能方面的起步虽然比较晚,但也实行了伦敦氢能伙伴计划(London hydrogen partnership)。韩国主导氢能与燃料电池研发的科技部(Ministry of Science and Technology, MOST)以及商业、产业和能源部(Ministry of Commerce Industry and Energy, MOCIE)共同组建了"国家氢能与燃料电池研发组织",并成立了"氢能研发中心"。

除各国政府积极制定氢能和燃料电池发展规划外,各大汽车制造商和石油公司也通力合作,投入巨资进行一系列的研究和测试,努力将氢能和燃料电池技术推入市场。

2)国内氢能进展

作为世界上最大的发展中国家,中国政府重视发展氢能及其应用技术。目前,在氢能及燃料电池领域,已经初步形成了从基础研究、应用研究到示范演示的全方位格局。

在基础研究方面,科学技术部"973"计划、"863"计划及国家自然科学基金委员会等投入了大量资金开展氢能相关技术的研究,中央政府的投资带动了地方政府和民营企业家对氢能研究的投入,这些投入累计达到数十亿元,在氢能领域取得了较大成绩。一是形成了一支专业研究队伍,目前包括中国科学院、高等院校在内的十几个科研机构在氢能领域开展研究工作；二是在氢能领域形成了一大批具有自主知识产权的新技术、新材料和新工艺；三是多家单位联合开发成功燃料电池公交车和燃料电池轿车，并进入演示阶段。以上海神力、中国科学院大连化学物理研究所以及武汉理工大学为代表的研究团体初步建立了车用燃料电池自主知识产权体系，积累了燃料电池的车用经验。2008年北京奥运会期间，中国自主开发的多辆氢燃料电池城市客车和燃料电池轿车首次投入运行，上海世博会进行示范运营的燃料电池汽车达到196辆。

2. 中国氢能利用的必要性

2012年中国原油产量达到2.05亿吨，进口石油2.66亿吨，超过50%的石油用量需要从国外进口。随着国际市场原油价格不断上涨，中国将是国际高油价最大的承受者，能源安全问题不容忽视。而且，使用化石燃料带来环境恶化、大气污染，雾霾天气接连出现，气候改变，自然灾害频繁发生。因此，人们迫切需要一种可以代替化石燃料的能源。氢能以它独特的优势，在众多清洁能源中脱颖而出，储量大、后续性强、热效率高。

3. 中国氢能面临的挑战与主要任务

中国氢能的主要任务在于氢能基础研究以及氢能应用各环节关键技术突破，希望通过研究氢能及燃料电池技术的各种基础性的问题，如研究氢能本身的技术问题、制氢和储氢技术、高效的氢能转换技术等，找到高效制氢、储氢、提高燃料电池寿命以及降低成本的根本办法。要顺利推进氢能和燃料电池的产业化，从氢能的生产、储存、运输到相关基础设施与产业体系以及标准的建立，都要经过长期、艰苦的科技攻关。

（二）方向和途径

1. 制氢

大规模低成本制氢是发展氢能经济的基础。制氢方法有很多，按原料主要可分为化石能源制氢、生物质制氢和水制氢。其中，生物质制氢和水制氢是利用可再生能源制氢的方法。

1）化石能源制氢

化石能源制氢就是利用煤炭、石油和天然气作为原料来制氢，分为烃类制氢和煤制氢两大类。烃类制的原料有汽油、天然气、焦炉煤气、液化石油气和重油等，制氢技术主要包括蒸汽重整、部分氧化、自热重整、分解、裂解等。煤制氢可分为直接制氢和间接制氢两种。煤的直接制氢包括煤的焦化和煤的气化。煤的间接制氢过程是：煤先转化为甲醇这类中间产物，再由中间产物重整制氢。化石能源制氢具有可大规模化、经济性好等优势，目前是世界上的主流制氢路线，作为一种过渡性的制氢技术，占总制氢量的96%。

2）生物质制氢

根据生物质的利用方式不同，生物质制氢分为生物转化法和热化学法两种。生物转化法制氢利用微生物在常温常压下进行代谢过程产生氢气。根据产氢微生物的不同分为发酵法和光合法，两种方法都需要用到产氢细菌，通过产氢细菌利用自然界中的有机物发酵产生氢气。生物质热化学制氢与煤的气化热解制氢的技术思路相同，包括高温裂解、气化、超临界水气化等。生物质热化学法制氢过程可以和煤气化过程相耦合，同时解决煤炭资源利用和生物质资源利用的问题。

3）水分解制氢

水电解制氢、光分解水制氢和热化学循环水分解制氢是研究最多的水分解制氢技术。水电解制氢是一种技术成熟的传统制氢方法，利用电能驱动，把水分解成氢气和氧气，操作方便、工艺简单、无污染、制得的氢气纯度高。光分解水制氢技术需要在光和半导体光催化剂的共同作用下把水分解为氢气和氧气。光催化剂的制备是光解水制氢技术的关键。热化学循环水分解制氢可以通过一系列吸热和放热化学反应，将水分解成氢气和氧气，降低了水热分解所需温度。循环系统中除了原料水和一定的热量以外不再需要其他外物质。热化学循环水分解制氢，能耗低，可大规模化生产，还可匹配太阳能或核能装置的热能，提高能量利用率。

2. 储氢

要想实现氢能的广泛应用，尤其是实现燃料电池车的商业化，必须提高储氢系统的能量密度并降低其成本。总体来说，氢气的储存分为物理法和化学法两大类。物理法储氢主要有高压氢气储存、液氢储存、活性炭吸附、纳米碳管吸附、玻璃微球储存等。化学储存方法主要有金属氢化物储存、有机液态氢化物储存等。

3. 加氢站

加氢站系统主要包括调压（计量）装置、气体干燥系统、氢气压缩系统、压缩氢气储气系统、售气系统和控制系统。氢气通过管道进入调压计量装置输出稳定压力的氢气后，再进入干燥系统对氢气进行干燥；经过干燥的氢气进入压缩系统，压缩系统根据当前工况决定对储气系统充气还是直接通过售气机给汽车加气。在这整个流程中，控制系统控制着整个加氢站的运行。

4. 氢能源应用

氢能除在化工、炼油和食品工艺等领域的常规用途外，作为一种洁净能源，将会获得更为广泛的应用。按氢能释放形式，可将氢的应用分为直接燃烧和燃料电池两类。此外，金属氢还将具有潜在的特殊军事用途。目前，氢能的开发正在引发一场深刻的能源革命，并将可能成为 21 世纪的主要能源，表 10-9 为氢能未来利用的主要趋势。

表 10-9　氢能利用趋势

利用方式	转化技术	应用
燃烧	气体涡轮机	分布式电站 组合式取暖和电力 中央电站
	往复式发动机	车辆 分布式电站 组合式取暖和电力
燃料电池	质子交换膜	车辆 分布式电站 组合式取暖和电力 便携式电源
	碱性电解质	车辆 分布式电站
	磷酸	分布式电站 组合式取暖和电力
	熔融碳酸盐	分布式电站 组合式取暖和电力
	固体氧化物	卡车 分布式电站 组合式取暖和电力

　　燃料电池通过氢气与氧气或空气的化学反应得到直流电，其发展按电解质的不同可分为：碱性（alkaline fuel cell，AFC）、磷酸型（phosphoric acid fuel cell，PAFC）、熔融碳酸盐（molten carbonate fuel cell，MCFC）、固体氧化物（solid oxide fuel cell，SOFC）、固体聚合物（solid polymer fuel cell，SPFC）、质子交换膜（proton exchange membrance fuel cell，PEMFC）等。用燃料电池发电，能量密度大、发电效率高。氢燃烧利用的主要形式为氢内燃机。

（三）战略定位和目标

1. 氢能利用的战略定位

　　氢能在中国能源发展过程中的战略角色：近期，氢可作为可再生能源的储能介质、峰谷电力的平抑手段及特殊应用场合的动力燃料等，燃料电池有望作为便携式电源得到推广；远期，氢能将成为重要的零排放交通燃料和战略能源储备载体，多种燃料电池将分别在交通动力和固定式发电部门得到推广。

氢能体系的内涵可理解为建立在氢能制备、储存、运输、转换及终端利用基础上的能源体系。在未来社会中，可用氢气代替化石燃料，化石能源留作化工原料；减少远距离高压输电，通过管道网，送氢气至千家万户；逐步减少跨省市地区的大电网，节省大量金属材料；各种类型空气–氢燃料电池成为普遍采用的发电工具；减少内燃机动力，大幅度降低能源污染隐患和内燃机车噪声源；城市污水成为氢能源供应和回收的完善循环系统。在这样的体系中，氢作为能源载体，成为能源流通的货币或商品，氢能既是与电力并重而又互补的优质二次能源，又可以直接应用于各种动力或转化装置的终端燃料能源，渗透并服务于社会经济的各个方面。

2. 氢能利用的发展目标及布局

制氢方向的重点研究领域：小型高效低成本的化石燃料制氢系统；可再生能源制氢技术的基础研究；带炭封存的大规模煤制氢技术初步应用；小型制氢系统示范运行；成本可控的可再生能源制氢技术示范；化石燃料制氢技术与可再生能源制氢技术的合理衔接。

制氢方向的核心科技问题：以化石燃料为基础的氢能集成系统研究方面，应侧重于设计新型纳米催化材料，研发多反应耦合与过程强化技术，集成系统能量梯级利用及能量效率提升技术，发展新型膜分离技术。生物质制氢研究方面，侧重于藻种优化及微藻代谢途径调控技术，开发酶催化剂及其催化机理，设计新型高效反应器，加强系统的建模和模拟。核能热化学水制氢技术方面，建立热解水循环示范系统，研发高效廉价催化剂，开展化学循环介质分离膜的研究。太阳能光解水制氢技术发现，开发稳定高效的催化材料或半导体材料新体系，揭示光催化过程电荷分离、电荷传输机理以及光催化分解水的机理，建立新的光利用和光子转化理论。

积极开展高效、安全的储氢技术研究，增强自主创新能力，在高能量密度储氢的基础理论、前沿技术和系统集成与应用等方面进行布局研究，形成明确、清晰的主攻方向和发展思路，实现源头创新，在储氢技术的基础研究和前沿技术领域取得一批有自主知识产权的创新成果，为建立清洁高效、稳定可靠的能源保障体系提供技术支撑。探索储氢材料新体系；建立独立公正的测试平台，建立测试标准，推荐测试方法；扩大金属氢化物的应用市场和规模，注意不同储氢方法的结合；重视储氢与氢能系统其他环节的技术集成，以全面评价和提升包括储氢在内的氢能技术发展水平。储氢材料要达到实用的目标，其质量储氢量要达到5兆焦耳/千克以上，体积储氢量要达到6兆焦耳/升以上，真正商业化的要求更高，其单位质量（千克）储氢量和单位体积储氢量（升）都要达到10兆焦耳以上。

加强加氢站基础建设，增加政府投入；研发氢加注机等核心装备；确立氢源的质量指标体系；健全加氢站安全风险评估及技术保障；修订和统一损害标准和风险可接受标准。

在氢能利用与转化领域，应提升质子交换膜燃料电池系统的可靠性与性价比：长寿命质子交换膜的技术突破；使用减少贵金属用量的两元催化剂或使用非贵金属替代铂催化剂；寻找新的廉价气体扩散层；发展新颖的膜电极三合一组件；优化系统集成和控制逻辑程序；发展燃料处理和燃料电池系统集成技术。氢内燃机未来的研究目标：提高预混火焰的稳定，增强扩散火焰的污染物控制，发展富氧多组分燃料的燃烧技术。

此外，结合氢安全和规范标准的国际发展趋势和中国技术发展现状，以提高技术标准适应性和竞争力为核心，注重自主创新成果向技术标准转变，建设氢安全研究基地，重点研究制氢、储氢和输氢、氢能利用中的安全问题，构建氢能规范标准体系，为氢能安全发展奠定基础。制订相应的标准与法规，修订阻碍燃料电池汽车开发和加氢站建设等的一些规章制度。

3. 氢能利用路线图：产业及技术

中国氢能路线图的要点：近中期阶段（至2020年），主要研究氢气的生产、储存和利用过程中的关键性问题，进行基础试验；中期阶段（2021~2030年），推出氢的生产、储存和利用示范工艺；中远期阶段（2030年以后），实现氢的生产、储存和利用商品化。

为此，详细的氢能战略规划如下：

（1）以中央政府作为投资方大力发展科研，对现有各国氢能开发科技进行消化，集中资金、人力大力研发本土氢能科技，在获得第一轮可行性数据和理论之后，组织各方面的专家全面论证，进行氢能发展理论和战略辩论，并制定氢能发展规划细节。

（2）建立大规模应用、廉价造氢技术示范工程，规划氢的储存及运输工程，推广氢燃料电池技术和建设加氢站等氢能供给基础设施，可移动和固定式氢燃料电池基本实现商业化生产。利用中国劳动力价格低廉和生产加工能力强的优势努力降低氢能生产应用各环节成本，并通过立法和行政手段建立氢能市场商业竞争体系。

（3）在进行地区试点后，全面推广氢能应用。氢能的生产、储存、运输和应用产品全面实现商业化，并在全国范围建立起与之相应的基础设施网，以氢能为基础的能源体系基本建立。在成功应用氢能后成为氢能技术出口大国，带动全球氢能的应用，帮助他国特别是第三世界国家推广氢能应用，成为全球能源改革和环境保护的领导者。

（四）综合建议

当前氢能研究重点转向应用基础研究以及氢能应用各环节关键技术突破，找到高效制氢、储氢、提高燃料电池寿命以及降低成本的根本办法。加强并完善系统集成，特别是与燃料电池系统集成技术，促进氢能制备、储氢、加氢站及氢能利用的集成系统开展各种商业化展示，力争在国内实现制氢技术和储氢技术相结合，在移动氢源、加氢站、燃料电池分散电站等方面的示范应用。

（1）加大氢能的经费投入力度，特别是可再生能源领域。氢能的大规模开发利用有可能改变传统能源结构，克服能源紧张、改善生态环境。一方面扩大支持范围，对有前瞻性创新性的探索性想法给予尽可能多的支持，广泛培养有可能实现可再生能源利用变革性进展的突破点；另一方面需要集中力量，支持一批重点重大项目，大力度支持有一定研究基础、具有产业化极大潜力、切实能够满足人民和社会需求的项目，促进中国氢能产业的快速提升和技术进步。

（2）制定有利于氢经济发展的优惠产业政策。任何新兴的产业都需要在产业发展的初期进行扶持，氢经济产业更不例外，可考虑从融资、税收、优先采购等方面给予优惠促进其发展。

（3）尽快制定氢经济的行业和市场标准。由于中国替代能源的市场非常庞大，肯定会出现一个前所未有的氢经济消费市场，我们必须提早制定我们自己的产业和市场标准，使我们在面对国外的氢经济产业和市场竞争时占据有利地位。

（4）加大培养多学科交叉综合性人才的力度。氢能的研究开发涉及化工、机械、制造等多个学科领域，应通过专门的项目积极培养可再生能源领域的青年科技工作者，并通过国家相关科技项目的支持，使项目承担单位加大氢能研究方向硕士、博士的培养力度，以达到迅速培养一批氢能高层次人才的目的。

（5）建议国家成立发展氢能系统技术的组织领导委员会，统一领导氢能的发展。统筹氢能各发展项目的竞争性招标和落实检查等。

（6）建立国家级氢能研究平台，充分整合一部分中国现有的研发资源，统一部署，集中力量，有效促进中国氢能研究的快速发展。

七、本章小结

中国连续多年 GDP 高速发展，能源消费屡创新高。能源问题已经成为中国经济发展、社会稳定面临的最严峻挑战之一。大力开发高效、清洁、低碳的新能源是一项具有长远重要意义的战略性举措。本书针对新能源中最具影响力和代表性的太阳能、风能、生物质能、微藻能、氢能及先进的储能技术，对这些新能源技术的发展现状进行了精要的描述，并结合案例分析，对各项新能源技术的未来发展方向提出了建议。

针对中国光伏产业的现状，建议增加行业监管，建立光伏行业准入标准，加强太阳能行业门槛标准，包括产品质量、产品标准化、售后服务、行业信誉等，政府监督、引导市场竞争，防止陷入"价格战"的泥潭，提高生产产品品质，提高生产厂商利润。加强太阳能产品归口管理，构建太阳能与常规能源及其他可再生能源的互补技术创新、政策法规与标准体系。规范补贴政策，推动科技创新，掌握技术发展方向。而推动太阳能热发电产业发展，国家应先制订一定阶段的具体发展目标和计划，在发展目标框架之下，制定一系列的优惠政策，并通过市场经济的手段鼓励各界投资和利用太阳能。优惠政策包括投资补助、税负抵减、制定可再生能源配比、固定补贴价格等。较之光伏发电产业，中国光热发电尚处于起步阶段，在当前宏观条件下，更需要政策的强力支持以及大规模产业化的运行条件。

风能与其他能源互补发电技术由于刚处于起步阶段，它的发展必然还要面临各种挑战。要想实现风能与其他能源互补发电技术的可持续发展，首先，我们必须夯实技术基础，进行核心科技立项。互补发电技术的发展，目前还面临许多待解决的技术问题。加快技术攻关，对于一些核心技术，如气象资源预报模型、互补能源装机容量优化配比、互补发电智能负荷调度系统、跨区域互补发电技术等进行科研立项，解决互补发电系统的技术难题。开展体制机制创新，为互补发电营造良好环境。互补发电技术需要不同能源部门与行业的通力合作，需要协调电力与水利部门、发电厂与电网之间的关系，各个部门合力为互补发电技术的发展营造一个良好的环境。其次，风能与其他互补发电技术的发展依赖于各种互补能源发电形式的发展，完善互补水电、太阳能发电、燃气轮机发电等相关设施建设，加强电网建设，是互补发电形式发展的保障。因此，需要开展基础建设，为发展互补发电提供保障。最后，需要完善政策法规与标准体系，完善评估审查机制，为互补发电保驾护航。

对于生物质能，首先，各级政府要把生物质能源利用工作列入议事日程，有关各部门要通力合作，分工协作逐级实施。积极开展宣传教育，要运用各种手段和宣传工具宣传加强生物质能源利用的重要性和必要性，使之家喻户晓、人人皆知，争取广大干部群众的参与和支持。其次，要加大利用废弃物类原料，合理引进国外优良能源品种，开发生物质能源农场；选择生物质丰富且集中的地域设立原料回收点进行有偿收购并铺设收储运网络，最终在当地建立起稳定的原料供给市场以解决原料的供给难题。最后，应加强技术创新，促进适合国情的技术、设备的研发，提高自有关键技术和设备的水平，为其产业化提供保证；并加强国际合作，与具有先进技术及经验的国家共同进行生物质能研发，在借鉴中学习。开发以纤维素为原料的第二代生物质能是发展趋势，尤其要加强基于废弃物类原料的技术研发，通过促进其工艺成熟来加大废弃物在原料总供给中的比重，引导原料供给环节向有利于可持续发展的方面转变；研发将回收利用、焚烧、填埋、堆肥等多种处理技术有机结合的联合处理工艺，提高废弃物的利用率，使其无害化、减量化、资源化的程度更高。同时，加大科研经费的投入力度，提高科研人员进行技术研发的积极性以促进技术创新；政府、社会团体和企业等可建立针对生物质能的专项基金，开辟多种投融资模式和渠道，为自主研发生物质能提供更加可靠的资金支撑；并建议国家对生物质能产业加大扶植政策力度，除了吸取其他国家的价格激励、财政补贴、税收优惠等其他补贴等经验外，还应集中开发研究适合中国国情的具体措施。

储能方面，首先要明确储能产业发展整体框架和发展思路。在可再生能源发电系统中，针对可再生能源在中国电网发电能源结构调整中的快速发展，明确储能技术在间歇式、分布式可再生能源并网调节控制和安全稳定等环节亟待解决的关键问题，特别需要加强对大容量储能技术的研发支持，从宏观上制订储能规划方案。其次通过多学科多领域的交叉互补，积极推动先进高效储能技术的发展和性能突破，加快建成若干示范项目以供评估和应用推广。最后要构建和完善储能设备评价标准，并建立和完善合理的优惠政策和补贴机制，服务于储能规模化商业应用。对现有储能设备进行细分归类，总结并完善现有独立评价标准，避免储能端与用户端之间的脱节现象，有针对性建立评价标准体系。根据需求建立和完善政策鼓励机制，结合大规模示范和商业应用情况针对储能设备生产、装备、运行等环节建立相应评价标准，提供标准化设计和评估方案，探索降低储能技术成本的途径。同时，迫切需要和国际发展形势接轨，加大相应领域国际标准化建设的主导和参与程度。

氢能的大规模开发利用有可能改变传统能源结构，克服能源紧张、改善生态环境。对于氢能的开发，需要加大氢能的经费投入力度，特别是可再生能源领域。一方面扩大支持范围，对有前瞻性创新性的探索性想法给予尽可能多的支持，广泛培养有可能实现可再生能源利用变革性进展的突破点；另一方面需要集中力量，支持一批重点重大项目，大力度支持有一定研究基础、具有产业化极大潜力、切实能够满足人民和社会需求的项目，促进中国氢能产业的快速提升和技术进步。此外，应尽快制定有利于氢经济发展的优惠产业政策及氢经济的行业和市场标准。中国替代能源的市场非常庞大，必将出现一个前所未有的氢经济消费市场，我们必须提早制定我们自己的产业和市场标准，使我们在面对国外的氢经济产业和市场竞争时占据有利地位。建议国家成立发展氢能系统技术的组织领导委员会，统一领导氢能的发展，以及建立国家级氢能研究平台，充分整合一部分中国现有的研发资源，统一部署，集中力量，有效促进中国氢能研究的快速发展。尤其是加大培养多学科交叉综合性人才的力度。氢能的研究开发涉及化工、机械、制造等多个学科领域，应通过专门的项目积极培养可再生能源领域的青年科技工作者，并通过国家相关科技项目的支持，使项目承担单位加大氢能研究方向硕士、博士的培养力度，以达到迅速培养一批氢能高层次人才的目的。

第十一章　能源生产消费革命的法律政策支撑与保障

一、中国能源法律政策体系发展概况

为适应经济社会可持续发展的要求，解决中国当前能源发展瓶颈，必须进行能源生产与消费革命。而为即将来临的能源生产与消费革命提供支撑与保障则必须建立一套具有针对性的、切合中国现实的能源法制体系。狭义的能源法体系是指在能源的某个特定领域，具有共同法律功能属性的、相互联系、协调配合的法规群。广义的能源法体系不仅强调法律体系的直接关联性，还包括与其紧密相关的法规集群，形成彼此联系、制约、补充和实现多元的关系调整，达到预期的国家经济社会、能源发展和环境保护的战略目标。由于能源市场的观念在延伸，其链条的两端，包括上游能源资源的勘探开发管理和下游能源废弃物的回收利用；横向的能源生产到利用、全流程中的生态环境的保护和损害问题，以及低碳经济发展、气候变化的应对都对能源的生产利用的方式提出新的能源立法诉求。这种能源立法的新态势，必然使能源法律体系有了很大的外延性。孤立且囿于能源行业的自身立法显然不合时代立法的大趋势。

最初能源法主要是调整经济和社会关系，在法律原则中反映了很多能源经济学原理，甚至是行业性的技术经济规则；时至今日，可持续发展理论的贡献以及应对气候变化的诸多举措，衍生了新的市场因素和市场形态，促进了能源市场的主体多元化和利益主体的多元化，不仅仅限于产权、资本、生产和经营，监管与被监管，环境的损害与防治，而且涉及更多的社会群体关系。碳市场及其交易又推进了能源立法走向与环境经济、碳市场和碳金融等新学科的对接。

在矿产资源中，能源资源因其利用广泛而对国民经济社会发展起到了不可或缺的基础作用。能源法必然成为资源法系的重要分支。所以，从体系的角度考虑现代能源法的发展趋势，能源法规需要进一步扩大它的调整范围，加强与相关领域的融合与协调，甚至相互配合更加密切，破除孤立的系统分界，防止干扰与冲突。它将更加兼容、开放，形成一系列涵盖资源、能源经济、生态环境保护、低碳发展和循环经济等多学科的法律制度，成为经济社会可持续发展、生态文明建设的重要支撑。

当前，中国的能源体制改革已经进入深水区，但是改革的顶层设计不到位，能源立法受到了现存能源管理体制及其运行机制的掣肘。政府和市场的功能与作用没有厘清，政企相连的纽带没有完全被割断，市场中若干主体独大，公平、有效、有序的竞争性能源市场在一些领域并没有真正建立，政府仍习惯于行政审批和行政管理模式，削弱了市场在资源配置中的作用，利益集团和行政权力的长期博弈，导致重要的能源立法，如能源法、石油天然气法和核能法的制定颁布拖延至久。

能源法体系的建设与完备，应该为形成"资源-能源-生态环保"大的法律规范系统中，作为一个核心和重要的子系统展开布局。为此，需要破除体制障碍和行政的权力分割，协同立法。在现代市场体系的完善与建设中，紧紧围绕资源产权、资本、碳交易市场的深度融合，对现代能源市场的制度和运行规范进行设计。

打破垄断，坚持市场主体的全面、全方位开放，实现真正意义上的主体多元化。能源立法必将为市场的规范发展和有效运作提供保障。法规的完善，也将对政府功能与作用予以规范，从而发挥政府的导向作用和有效监管，克服市场的失灵。监管也要全方位的全面覆盖，监管制度构建要使经济监管、环境监管和社会监管达到统一、协调，不致各行其是，损坏总体效益。

随着各项改革措施的出台和落实，能源法立法将步入破冰之旅，制约立法的体制障碍将被逐步排除，对中国能源法体系的完备及其大体系的构建直接起到推动作用。充分适应现代能源市场的法律制度将在实现经济社会和环境可持续、和谐发展的目标中，科学、系统和完善地被制定出来。

二、煤炭法律政策支撑与保障

（一）中国煤炭法律政策存在的问题

1. 中国煤炭法律体系结构性缺陷

一是中国煤炭法律体系框架不够健全和完善。许多完整的煤炭法律体系中应有的立法，包括法律、法规和规章，都没有制定或出台，导致煤炭开发、生产、经营、利用等许多环节存在很多立法缺位或立法空白。

二是稳定性不强，变化调整速度快。中国煤炭法律体系是体制转型时期的煤炭法律体系，具有计划经济向市场经济过渡的典型特征，立、改、废等立法活动频繁，导致整个法律体系构成也不断随之变化和调整，使中国整个煤炭法律体系显示出发展变化快、稳定性不强的特征。

　　三是立法规范的总体效力层级偏低。中国煤炭法律体系主要组成部分为法规和规章，效力层级偏低，特别是规章数量偏多。就中央立法来讲，主要是由行政法规和部门规章组成；就全国整个煤炭法律体系来看，地方性法规（如《河南省煤炭条例》等）、地方政府规章（如《山西省煤炭资源整合和有偿使用办法》）所占的比重更大。从整体来看，主体构成规范的效力层级偏低。

　　四是科学性有待提高。作为现有煤炭法律体系组成单元的煤炭立法，特别是规章一级的立法，应急性和临时性强，缺乏对整个煤炭法律体系的总体设计、规划和安排，导致整个煤炭法律体系内部系统性、条理性差，对外与其他相关部门立法的衔接性差，与相关部门立法不配套、不衔接，甚至存在抵触和冲突。例如，《中华人民共和国煤炭法》（简称《煤炭法》）、《乡镇煤矿管理条例》的部分规定落后于现实的发展需要，与环境保护、社会保障、安全生产等部门立法不配套、不衔接等问题。

　　2. 中国煤炭法律体系内容性缺陷

　　一是对煤炭资源勘查规划和煤炭生产开发规划规定太原则，可操作性不强。现行《煤炭法》仅用一个条文规定勘查规划、用两个条文规定开发规划，相关规定太过简单和原则，可操作性不强，缺乏对违反规划法律责任和制裁措施的规定，导致现有勘查和生产开发规划形同虚设，使近年来中国煤炭资源的生产开发一直处于无序状态，乱勘乱建，争夺并浪费和破坏资源的现象十分严重。

　　二是没有确立煤炭资源有偿使用的原则，税费制度极不合理。煤炭属于不可再生的高耗竭性矿产资源，几乎所有的国家都明确规定煤炭资源的有偿使用原则，但中国现行《煤炭法》却并未规定该原则。在煤炭资源管理领域也并没有真正确立起煤炭资源有偿取得制度，由于探矿权和采矿权是低偿甚至无偿取得的，探矿权人、采矿权人不珍惜已经取得的权利和利益，在勘探时漫不经心，甚至圈而不探或者以采代探，而采矿权人则经常"采富弃贫""采肥丢瘦"造成资源的巨大浪费。中国现实中征收的资源税、矿产资源补偿费、探矿权使用费和采矿权使用费极不合理，缺乏激励机制，矿产资源税和矿产资源补偿费这两种形式费用的征收都是以销售数量或销售收入作为计税和收费依据，不能真实反映煤炭作为矿产资源本身的价值，不利于提高资源回收率，也不利于促进资源的有效利用，很容易导致资源开采的浪费。

　　三是没有根据煤炭行业特点对矿业权设置和转让做出明确规定。《矿产资源法》对矿业权出让和转让做出具体规定，但该法的规定只考虑到矿产资源的共性，没有也不可能考虑煤炭资源的特性，为此，有必要在《煤炭法》中对煤炭资源矿业权设置和转让做出特别规定。但现行《煤炭法》既缺乏对煤炭资源价值评估的相关规定，也未对矿业权的设置和转让做出规定，导致煤炭资源矿业权设置和转让极不合理，不利于实现中国煤炭资源生产开发的规模化、集约化，甚至导致许多大型矿床被化整为零，分割勘查开采，一些企业甚至炒卖探矿权和采矿权，严重影响了国家煤炭勘查开发规划的实施，造成严重的资源浪费和破坏。

四是对煤炭勘查缺乏明确规定和具体要求。尽管《矿产资源法》对矿产资源勘查做了相应规定，但现行有关立法对煤炭资源勘查的规定不够具体明确，缺乏明确规定和具体要求，造成现在国家对煤炭资源不能及时、有效地实施权威性的管理；找煤（预查）、普查和必要的详查缺乏必要的资金投入渠道；煤炭资源勘查中广泛存在着破坏矿区规划或者根本没有矿区规划的情形；煤炭资源得不到合理利用、资源破坏严重；勘探地质报告程度低，不能满足矿井设计的要求；现行的地质报告评审制度存在严重的缺陷，与矿区规划、矿井建设的要求脱节。正是煤炭资源勘查领域上述一系列问题的存在，导致中国从资源角度无法保证煤炭工业的可持续发展等诸多问题的产生。

五是没有规定对煤田开发技术和设备落后煤矿的技术整改奖惩措施。中国煤田开发技术和设备在整体上仍比较落后，全国煤矿采煤机械化程度仅为40%左右，主要技术装备与发达国家相比，性能指标落后10年左右。但《煤炭法》并没有规定对煤田开发技术和设备落后煤矿的技术整改奖惩措施，造成不少煤矿企业在技术设备和采矿工艺革新上满足现状、裹足不前，使生产设备和开采工艺原因造成的浪费和破坏现象在不少地方仍较为严重。

六是对煤矿安全、矿区保护和煤炭开发利用中的生态环境保护问题规定不健全。中国煤矿事故频发，虽然原因很多，但和《煤炭法》《中华人民共和国矿山安全法》等煤炭立法相关内容规定不完善有不可分割的关系。现行《煤炭法》及相关规定存在的突出问题是有关内容已经跟不上形势发展变化的需要。矿区保护方面的主要问题是规定得不够具体，可操作性差，法律责任规定不完善。在煤炭生产开发和利用的生态环境保护方面，中国立法的规定存在较大缺漏，必须健全和完善相关制度。

七是对关闭和报废矿井的条件和程序没有做出明确规定。现行《煤炭法》对煤矿关闭和矿井报废的条件和程序缺乏具体规定。现实中一些国有大中型煤矿在尚有不少资源可采的情况下，就提前申请关闭煤矿、报废矿井或使煤矿进入破产程序，以剥离不良资产，然后靠继续开采资源为企业牟利；还有一些本不应该关闭或报废的矿井在提前关闭或报废后被企业以低价或极低价拍卖或出让给私人，造成国有资产的严重流失。

八是对各种浪费和破坏煤炭资源行为以及资源管理违法行为法律责任规定不明确。《煤炭法》中对各种浪费和破坏煤炭资源的行为以及资源管理过程中的违法行为所应承担的法律责任规定不明确，一些规定和现实脱节，导致无法对违法行为进行有效制裁和打击，纵容了资源开发、使用以及监督管理过程中的违法行为。

　　九是煤炭行业管理体制弱化、煤炭工业管理体制没有完全理顺。由于行业管理弱化，存在多个专业管理部门的多头分散执法，各执法专业部门在证照管理和监督执法等方面统筹协调不够，不同部门间因管理职权在法律上界定不清所产生的职权交叉或管理真空现象存在较多，管理责任不够明确、互相争抢权力或者扯皮推诿的现象时有发生。从全国范围内看，煤炭管理部门管理体制尚没有完全理顺，而且煤炭管理机构级别低、人员少、力量弱，无法进行必要的管理分工，导致行业管理严重弱化，整个行业因管理、协调和监督没有完全到位，使生产经营并没有完全走上井然有序的轨道。

（二）中国煤炭法律政策的完善

　　一是注重运用法制手段对煤炭领域的问题进行调节和规制。煤炭资源开发不是简单地将自然资源开采出来即可，而是根据国家的产业政策，通过立法途径予以规制，对于技术水平低劣、产品质量差、破坏资源、污染严重、不具备安全生产条件、产品没有市场的煤炭企业，坚决淘汰。在实施过程中，要把以行政手段为主逐步转变为主要依靠市场机制和法制手段上来。

　　二是注重健全和完善整个煤炭法体系，真正实现煤炭法治。中国应当借鉴美国等国家的成功经验，建立健全和完善覆盖整个煤炭工业领域的煤炭法律体系，将煤炭领域方方面面的问题全都纳入法律调整的轨道。在此基础上，必须根据形势发展的需要，不断调整和完善现有的煤炭法体系，增强其针对性、可操作性，将以人为本、全面、协调和可持续发展观真正落实到煤炭资源的开发、利用、节约、保护、交易（包括进出口）等各项活动中，使管理部门、煤炭企业或其他组织以及广大人民群众等方方面面都能有所遵循，实现"依法治煤"，使中国煤炭法治建设跃上新台阶。

　　三是健全完善煤矿安全管理制度。煤矿安全工作应认真把握"国家监察、地方监管、企业负责以及行业管理"四者之间的相互关系，明确地方人民政府和各有关部门与煤矿企业在煤矿安全生产方面的责任，努力理顺煤矿安全生产监督管理体制，建立健全各项煤矿安全管理制度，增加有关煤矿安全监察机构的职能和责任、煤矿企业职业病危害防治、煤矿安全事故隐患防治、煤炭职业资格证书和职业准入制度、安全生产投入资金保障制度、煤矿瓦斯灾害治理、煤矿矿用产品安全标志管理和行业认证、煤矿安全生产质量标准化建设、事故应急救援和救护制度等内容。

　　四是为实现煤炭资源开发利用和生态环境保护的和谐发展，必须加大生态环境立法保护工作力度。煤炭资源的开发利用，一方面推动了经济发展，另一方面也引起了一系列生态环境问题。必须通过立法规定，在促进煤炭资源合理生产开发利用的同时，加大环境保护工作力度，使煤炭资源开发利用不以破坏生态环境为代价。在立法当中可能涉及的问题包括新上矿山项目的环境影响评价、开采矿山的环境保护、报废矿山的环境重建、环境补偿机制等内容。

五是明确关闭煤矿和报废矿井的法定条件，严格审查批准程序。明确关闭煤矿和报废矿井的法定条件，严格关闭煤矿和报废矿井的审批程序，目的在于加强对煤矿关闭和矿井报废的监督管理，防止少数国有企业在尚有资源可采情况下，提前申请关闭、报废或使煤矿进入破产程序而非法牟利，防止国有资产流失。

六是健全和完善法律责任。在健全煤炭立法时，必须进一步明确规定各种浪费和破坏煤炭资源行为所应承担的法律责任，包括国家机关工作人员在煤炭资源管理过程中违反法律规定所应承担的法律责任，修改与现实脱节条款，加大对违法行为的制裁和打击力度。严厉制裁和打击各种资源浪费和破坏行为，促进煤炭资源的合理开发和利用。

七是强化行业监督管理，理顺煤炭行业管理体制。煤炭管理部门对煤炭行业的管理权应通过立法进一步细化，以进一步理顺管理体制，尤其要理顺行业管理与安全生产管理之间的关系，解决煤矿生产与安全管理脱节的问题，合并或取消条件重复的证件，给企业松绑，保障煤矿安全生产。为此，有必要按照管理高效、分工协作的原则，由煤炭行业管理部门对煤炭行业实行全过程管理，将与煤炭生产相关的资源、环保、销售、国有资产及国有重点煤矿负责人任命等管理部门行使煤炭方面的管理职能，主要通过煤炭行业管理部门来实现，由行业管理部门负责相应的管理工作；相关部门制定政策、制度，并对煤炭行业管理部门在相关方面管理工作进行监督，以从立法上理顺煤炭工业的管理体制，保证煤炭工业协调、健康、可持续发展。

此外，必须进一步明确中央和地方有关部门在煤炭管理方面的职权和责任，并使权力和责任相统一，防止中央和地方之间、不同管理部门之间争抢权力或推诿扯皮，有效解决现行煤炭行业管理过程中执法主体混乱、职权范围不明确、权力和责任不统一、执法混乱、执法不严的问题，以充分发挥中央和地方各级管理部门积极性和能动性，使中央和地方各级管理部门能真正站在保护国家和社会公共利益的立场上，排除地方保护主义干扰，正确行使管理权，促进和推动煤点源的合理开发利用和有效保护。

八是依法保护煤炭资源，用法律手段和经济手段制止煤炭不合理开采。要进一步严格修改、完善并贯彻执行《矿产资源法》和《煤炭法》，对需要开采的煤炭资源制定合理的开采标准，由企业通过招标的方式有偿获得开采权，并可以设定一定的开采年限。同时，要进一步完善法律法规，用法律手段来约束不合理开采的小煤矿。国家要对《矿产资源法》和《煤炭法》有关条款进行修改调整，同时还要严格贯彻环保法、质量法，为关闭整顿小煤矿提供法律依据。各级政府要严格执法，依法行政，消除地方保护主义的影响。要研究制定煤炭战略储备规划，对煤炭这种不可再生的能源，在中国当前煤炭供大于求的情况下，东部地区要积极调整能源结构，增加新能源，特别是清洁煤的推广应用；西部欠发达地区应有限制地开采煤炭，在新疆、内蒙古、广西、贵州等省区可实施煤炭战略储备。

九是加大煤炭产业技术革新力度。煤炭产业发展要把自身发展和淘汰落后技术和设备结合起来，要根据不同煤炭企业各自的实际，大刀阔斧地实现技术革新和设备更新，吸取美国和中国东部经济发展的经验，不走先发展再淘汰的老路，新上项目一定要求高起点、高水准。中央财力及地方政府的投资应向煤炭产业高新技术发展领域和煤炭科技教育领域集中。

十是吸引更多的民间资金投入煤炭行业。在对煤炭行业的总投资费用中，逐步减少中央政府的投资比例，加大私人和地方政府的投资比例，并实现现代企业制度，搞公司化经营，将所有权和经营权分开。政府的投资只是引导性的。中国煤炭行业的开发，只依赖中央政府的财政投入是不现实的，各级地方政府应起主要的作用，走多元化的融资道路，加快煤炭行业的发展。中国也可以在西部实行多种经济所有制对偏僻和贫瘠的土地、难以用国力来开发的资源，包括煤炭资源，采取租赁承包、出售土地使用权、矿产资源开发权的方法，利用土地及资源来吸引国内外有能力、有资本者对煤炭行业进行开发，加快煤炭行业的技术革新和发展。

十一是注重对煤炭产业在传统市场的基础上，积极开拓新的市场领域。中国的煤炭产业目前存在供大于求的现象，一方面有重复建设的问题，另一方面也有对新的市场领域开拓不力的问题。中国目前的煤炭市场开发基本上仍以传统市场为主，因此，国家和政府应当通过立法引导煤炭企业，积极研究开发新的市场、新的用途。从资金上、税收上给予支持，从而扩大传统煤炭产业的市场领域，从根本上解决煤炭产业总量过剩的矛盾。

三、石油天然气法律政策支撑与保障

（一）中国油气法律政策存在的问题

一是立法不健全，没有形成完整的法律体系。经过多年的努力，中国已制定了一些调整油气法律关系的条例和规章，但没有形成体系，主要表现是没有独立的石油法典，现有立法效力层次较低，与石油工业在整个国民经济中所占的重要地位不相适应；有关油气法律的基本原则、制度等，分散规定在宪法、矿产资源法及其他条例规章或政策性文件中，没有形成独立的系统和完整的法律体系，使作为特定矿种、战略物资的油气资源的特殊性在法律上得到充分体现。

二是《矿产资源法》仅仅规定了中国矿产资源有偿使用制度，没有从法律层

面上对国家、地方、企业的权益，石油天然气行业市场行为等进行规范。

三是有关油气储运、销售、加工炼制、石油储备、油气田保护和监管等立法，主要是大量的政策性文件，相关法律、行政法规等基本上还是空白。

四是现行有关石油立法已经难以容纳石油工业改革的成就，甚至成为行业发展的障碍。由于有关石油天然气的法规，大部分是 20 世纪 80 年代中后期或 90 年代初制定的，近十多年来，中国石油石化工业体制在不断深化的改革中发生了很大变化，以致一些法规所确认的制度、原则难以适应形势的新变化，在实践中不得不通过修订法律解释或有关部门的协调加以解决。

五是立法自身的缺陷，如主管部门不明确、概念不准确、适用范围不确定等，妨碍了立法本意的贯彻和落实，如《中华人民共和国石油天然气管道保护法》所规定的具体保护措施在实践中往往难以实施，以至于严重侵害管道企业合法权益、危害管道运营安全和社会公共利益的事件时有发生。

六是与能源类其他行业如煤炭、电力、可再生能源比，油气立法进程慢，法律层次低，法律体系不协调。由于石油天然气上位法的缺失，法制化程度不高，行政监管比较散乱。

（二）中国油气法律政策的完善

1. 总体建议

鉴于目前中国市场机制尚不成熟，正处于不断完善的过程之中，天然气市场主体正处于发育初期，矿业权的取得和开采特点与石油相同，因此对天然气没有太多需要规制的内容，只需一些引导性政策，故建议石油天然气统一立法。

依照轻重缓急，出台和完善相关的配套法规，主要包括：石油天然气法；石油天然气勘探开发条例；油气田矿区设施保护条例；修订石油天然气地质资料管理条例；修订石油地震勘探损害补偿办法；制订石油天然气对外投资条例。

2. 明确《石油天然气法》立法目的

第一，通过立法确保拥有或获得石油资源，满足国内石油需求，从而保障国内经济稳定运行。通过法律确立国家对石油资源的主权，确立政府对石油资源的行政管理权；确定行业管理体制和财税体制，建立稳定的投资环境，鼓励国内勘探开发活动，扩大对外开放，支持、鼓励国内公司"走出去"利用国际石油资源，增加国内石油供给能力，维护国家利益，增加国家的石油收益。

第二，通过立法调整石油行业利益主体之间的关系，确保整个行业的有效运行。在上游领域，石油立法所调整的关系包括资源所有者与从业公司在矿业权授予与获得上的关系，政府与从业公司之间管理与被管理的关系，国家与从业公司在石油收益上的分配关系，石油作业与土地使用的关系，石油作业与健康、安全和环保之间的关系，从业公司之间的竞争关系等。在下游领域，石油立法调整的关系包括从业公司之间的竞争关系、从业公司与消费者的关系等。通过法律对这一系列关系的约束，规范行业各领域的经营秩序，从而保证行业的有效运行。

第三，通过立法保护环境，维护公共安全。石油天然气在勘探、开发、运输、储存、炼制和销售的各个领域以及石油作业过程中均会产生各种相应的污染物，对环境产生危害，对公共安全产生危险，因此，通过立法，强化对环保和公共安全的保护，促进石油天然气行业和国民经济的可持续发展。

第四，通过立法维护国家利益，实现国家石油供应的安全。石油关系着国家安全。在立法中要确立石油战略储备制度，设立专门处理石油储备事务的机构，建设战略石油储备基地，以保障原油的不断供给，维护国家安全。

3. 强化《石油天然气法》规制的范围

油气法必须涵盖从勘探到消费的全过程。从各国油气法的框架和内容来看，现代油气法一般包括五部分：油气勘探和生产法；石油加工炼制、供应进出口法；油气政策法；油气管道法；石油公司法。总之，从形成到变迁的过程中，油气法已从单纯的矿业法，发展成以矿业法为主、多种单行法结合的石油法律体系。

中国《石油天然气法》的规制范围应包括以下四个方面。

第一，要覆盖石油天然气行业上游、中游和下游，包括石油天然气勘探、开采、管输、储备、炼制、销售等全部环节。

第二，要规制国内市场的发展，同时也要鼓励石油公司"走出去"，争取国际的油气资源。

第三，要明确国家与石油公司的关系、石油公司与地方的关系、石油公司与土地使用者的关系、石油公司与合作者的关系、石油公司之间的关系等。

第四，规范石油天然气法与其他相邻法律法规的关系，与城市规划法、安全生产法、海洋法、环保法等要协调一致。

4.《石油天然气法》框架体系建议

应涉及上游勘探开发，中游炼制、输配，以及下游消费利用，上游应重点突出资源勘探开发的效率（鼓励投资、经济性）、安全（资源保障程度）、环保，中游应突出运行的安全可靠和对第三方开放，下游应突出资源配置的效率（市场准入、消费结构、利用效率）。

具体法律框架可将下列内容纳入其中。第一，石油天然气管理和产业政策。其包括：石油天然气行业主管部门及其职责；石油天然气规划；石油天然气财税政策。第二，资源与资源管理。其包括：定义石油天然气资源所有权；基础地质调查与资料管理；探矿权采矿权管理（获得、流转、收回）；储量交易。第三，石油天然气贸易与服务。下游业务：从业资格一般都是采取许可证管理方式。产品质量：大多数国家在油气法中只作原则性规定，具体的质量标准由政府颁布的法规条例加以规定。经营行为：对成品油、天然气特许经营进行了规定。进出口管制：主要是石油进口国的出口管制。第四，市场主体与准入。其包括：勘探开发准入资质；管道建设经营准入条件；配送、贸易服务准入资质。第五，石油天然气安全。其包括：国家战略储备；企业安全供应责任；矿区与石油天然气设施安全。第六，石油天然气行业监管与价格。其包括：石油天然气资源监管；石油天然气管道监管；石油天然气进出口贸易监管；石油天然气价格与收费（管输费、配送服务费等）。第七，石油天然气对外合作。第八，石油天然气对外投资。第九，石油天然气标准。第十，石油天然气节约。第十一，环境保护与海上油气田生产设施弃置。第十二，监督检查。第十三，法律责任。

四、电力法律政策支撑与保障

（一）中国电力法律政策存在的问题

1. 现行电力法律体系没有体现可持续发展的理念

随着中国经济的持续快速发展，环保和资源的压力日益增大，加快开发新能源和可再生能源、走可持续发展之路已成为必然选择，而现行电力立法未能很好地体现可持续发展理念，如在现有电力法律体系中，促进水电开发等方面的相关立法缺位；作为电力基本法的《电力法》缺乏有关可持续发展的原则性规定及体现可持续发展的制度安排。

2. 现行电力法律体系不够完备，与目前市场经济体制缺乏适应性

伴随着社会主义市场经济体制的初步确立、电力体制改革的不断深化，中国近年来颁布了一系列行政法规和部门规章，如《电力监管条例》《电力市场运营基本规则》等。目前，中国电力法律体系已初步形成并日渐完善，但其尚不能满足市场经济发展对电力立法的要求。要提高现有电力立法体系与市场经济体制的适应性，还必须按照《电力法》的授权，在电力基本法之下，由国务院制定有关管理电价、促进水电开发、实行农村电气化等的行政法规规章；同时，对电力体制改革中出现的、一定程度上影响《电力法》执行的各种新情况、新问题、新概念，通过《电力法》的修改加以补充规定。

3.《电力法》的某些规定与其他相关部门法的规定衔接不够

《电力法》的某些规定与行政法、环境保护法、矿产资源法、森林法、水法等其他部门法的规定衔接不够，不利于提高电力法的实施效果，如《电力法》规定，对危害供电、用电安全和扰乱供电、用电秩序的，供电企业有权制止。把这一款作为一项义务表述更为恰当，就像鼓励和倡导社会每一个公民应同一切违法犯罪行为做斗争一样，供电企业从事供电业务，在自身保证供电安全的同时，对危害供用电安全、扰乱供用电秩序的行为，应当予以制止。同样，其他单位或者个人也应当制止、检举，法律应当鼓励和保护这种行为。但在具体执行中，供电企业往往把这一款规定理解为一项法律授权，即供电企业有权进行行政执法。这样理解和操作，与《电力法》的立法本意和《中华人民共和国行政处罚法》（简称《行政处罚法》）的规定是不一致的，产生了许多执法不规范的问题。因为依据《行政处罚法》，供电企业既不是行政机关，又无法律、法规授权或行政机关的委托，不能行使行政执法权。

4. 电力法律之下缺少与之配套的具体化的实施细则和办法，可操作性不强

《电力法》及其下位法一些具体规定的缺乏，导致《电力法》有关规定的实施难以真正落到实处。例如，《电力法》有关电力运行事故损害赔偿的规定对"电力运行事故"没有明确的定义，致使人身触电伤亡事故的处理极不规范；在反窃电方面，《电力法》对盗窃电量的认定缺乏具体规定，导致对窃电违法犯罪行为的打击单薄无力，窃电行为日益猖獗；《电力供应与使用条例》界定的窃电行为只提到在供电企业的供电设施上窃电，盗窃其他用户电能的情形未提及。此外，有的规定颁布级别太低，也会影响执行效力。

（二）中国电力法律政策的完善

1. 加快《电力法》的修订进程

现行的《电力法》仍然存在以下几个方面的问题：电力行政管理职责和监督职责仍不明晰，对行政执法主体没有明确界定；市场化改革的目标不够清晰，对大用户直接购电的规定不够，回避了用电人对供电人的选择权；对电力可靠性管理的地位和作用缺乏相应的规定，未明确电力企业加强电力可靠性管理的责任；对需求侧管理的规定与其重要性地位和作用不相称；对公用事业提供公共产品的属性的体现不突出，对电力消费者保护的具体条款欠缺；可操作性仍显不足。同时，目前很多电力市场改革的一些新举措在《电力法》上没有法律依据，迫切需要修订赋予其合法性，如厂网分开、证监分离、大用户直供、节能发电调度、不同的电价形成机制等。

在《电力法》的进一步修改中，应注意把握好以下几点。

（1）修改中应考虑立法环境的变化。对于能源领域其他立法，如《可再生能源法》等，电力法应与之很好地衔接，避免对同一事项做出重复规定，但不排除必要的补充规定。《能源法》的制定已进入立法议程，电力法应充分考虑与国家能源法的衔接，将一些涉及整个能源的共同、共通和战略性的大问题，如改善发电能源结构问题、21世纪前20年重点加强水电与核电等列入能源法规定的内容。电力改革并不改变供电业的公用事业性质，所以应适当增加规范电力服务、保护用电人权益、保障"三农"用电等方面的规定。

（2）增加对有序开放电力市场内容的表达。可以规定用电负荷和电量达到某一标准的资格用户自《电力法》实施后五年内自由选择供电人目标的时间表，以及输电与配售电环节的时间表。

（3）增加能源结构优化目标的内容。可以规定大力开发包括水电在内的可再生能源和清洁能源发电，积极稳妥地发展核电，以及逐步优化发电能源结构目标。

（4）增加电力可靠性的规定。电力特别是电网安全事关国民经济和人民生活以及社会稳定，而电力可靠性标准或准则以及相应的管理尚缺乏必要的规定，可增加电力可靠性的规定。

2. 针对立法空白增加立法项目

（1）电价条例。根据2003年7月国务院《电价改革方案》的原则和要求，中国开始积极推进上网电价、输电电价和销售电价的改革。而2005年3月28日国家发改委出台的《上网电价管理暂行办法》、《输配电价管理暂行办法》和《销售电价管理暂行办法》，则标志着中国开始实行新的电价定价机制，其核心是发电企业将实行竞价上网。实行竞价上网后，发电企业的上网电价将实行两部制电价，其中容量电价由政府制定，电量电价由市场竞争形成；具有自然垄断特性的输配电价格由政府按照"成本加收益"的原则制定；销售电价在竞价初期由政府管理，配电与售电分开后将由市场竞争形成。

基于电价在电力体制改革中的核心地位和电价机制对电力市场形成的重要作用，尤其是在中国现有电价立法背景下，可通过《电价条例》建立正常的电价形成机制和电价管理体制，推动电力市场的形成，实现充分的市场竞争。

（2）输配电分离及电力市场开放条例。电力体制改革后，厂网已经分开，输配电也必然要分开。输电是电能在市场中的运输环节，是电能到达电力消费者的必经途径，但这种运输必须通过有形的网络（电网）来进行，要受到电网结构和输送能力的限制。当前中国输配电环节大部分都是合一的，国家应该先出台输配电分开的改革步骤及配套的价格分离政策，特别是要选择经济发达地区或在进行区域电力市场试点的东北、华东等地区进行输配电分开改革的试点。待时机成熟时，制定《输配电分离及电力市场开放条例》，真正实现输配分开，进而推动配售分开的改革。也只有实现了输配售分开，才能真正建立完全的电力市场，实现充分的市场竞争。

五、原子能法律政策支撑与保障

（一）现有原子能立法存在的不足

1. 调整原子能领域的基本法缺位

目前，中国直接调整或涉及原子能领域的法律有几项，如《中华人民共和国放射性污染防治法》、《矿产资源法》、《中华人民共和国产品质量法》、《中华人民共和国国防法》和《环境保护法》等，但这些法律都是从某一环节或某一方面对原子能领域做出规定。原子能领域大部分业务活动都是通过效力等级较低的行政法规或部门规章进行规定的。一般来说，某一专门领域，都有或者应当有相应的调整该领域的基本法。原子能事业的特性以及中国发展原子能事业的状况急需制定一部调整原子能领域的基本法，该基本法应当从确定原子能发展的方针、指导思想、基本原则等宏观层面做出规定，同时确定原子能各类业务活动的基本原则，以担负起作为统领原子能领域法律法规根本大法的作用。

2. 立法漏洞

在原子能领域行政法规中，较多地规定了行政许可的管理方式，但在设定行政许可时，基本没有主管机关审批期限的规定。例如，《民用核设施安全监督管理条例》设置了核设施建造许可证、核设施运行许可证、核设施操纵员执照等许可制度，但是都没有对国家核安全局关于审批及答复期限的具体规定。

3. 立法文件的级别效力较低

国际上其他主要核能发达国家有关原子能的法律法规层级很高，在法律层面上的立法较多。其中，美国法律层面的涉核立法最多，有《原子能法》、《核废物政策法》、《废物隔离试验厂土地征收法》、《铀水冶尾矿辐射控制法》、《为健康和安全辐射控制法》及调整第三方核责任的《普莱斯-安德森法》等；日本有《原子能基本法》、《核资源、核燃料与反应堆管理法》、《放射性同位素等辐射危害防护法》及《核损害赔偿法》；英国有《原子能法》、《放射性材料法》、《电离辐射法》及《核设施法》。总体来说，中国专门调整原子能领域的立法文件级别效力较低。在法律层面，只有一部针对污染防治的《中华人民共和国放射性污染防治法》。行政法规层面的立法主要为管制或监管目的。目前中国在部门规章层面的涉核立法相对过多，高层级的立法偏少这一现状不利于中国原子能事业的健康发展。

（二）支撑与保障中国原子能发展的综合建议

中国现有的原子能法律法规涉及的层级有法律、行政法规、部门规章等级别。由于这些法律法规不是一个先有顶层设计然后架构出来的框架体系，而是政府部门在各自工作需要的情况下制定出来的，不能说它没有考虑到与其他相关法律法规的协调，但不和谐的地方并非偶尔出现。如前所述，现有法规存在空白、漏洞，立法文件的级别效力低，法规滞后于管理体制的变化和法律法规管辖的领域范围界定不清等不足。而且，更重要的是缺乏核心法律。所以中国现有的原子能法律法规还不能说已经形成一个完整的体系。

1. 原子能事业的发展需要建立完整的原子能法律体系

原子能工业是战略性的高科技产业，是国家科技、经济、国防综合实力的重要体现。改革开放以来，中国的核能利用主要为国防建设服务，行业主体在国防军工体系内，而且在计划经济体制下，政企不分，需要调整的关系比较简单，可以借助于行政手段实施管理。改革开放以后，实行军民结合的方针，重点转向为国民经济建设服务，中国的核能利用进入了新的发展阶段。

2. 原子能事业的特殊性需要依法有效监管

由于核技术与核材料的应用具有军用和民用两重性，有着巨大的社会效益和经济效益，涉及国家乃至国际社会的安全和经济发展。因此，原子能的研究、开发和利用应首先建立在保证国家和社会安全的基础之上，建立在促进经济与社会不断发展和人民生活水平不断提高的基础之上。建立原子能法律体系是为了保证有关原子能的研究、开发和利用有利于国家和公众的安全，促进经济与社会的可持续发展，是为了保证原子能研究、开发和利用的正当性。也就是说，在保证国家和公众安全的前提下促进原子能的研究、开发和利用。同时，有关核安全和环境保护等问题则应视为在保证正当性的前提下必须统筹考虑的问题。

3. 实施依法治国，原子能法律体系需要进一步强化相关制度

职责法定是依法行政的基本内容，无疑对新增或修订原子能领域有关法律提出了更高的要求。原子能领域立法既要在实体内容上适应新形势的要求，也要按照行政许可法的规定，设计好原子能有关领域的管理程序，提高各项法律制度的可操作性。

4. 需针对立法空白新增重要的立法项目

乏燃料管理方面：乏燃料处理处置是核燃料循环的重要环节，具有高度的政治敏感性。随着核电的发展，中国核电厂乏燃料数量不断增加，在建设乏燃料后处理中试厂的基础上建设商用后处理厂已提到议事日程，因此有必要对其管理进行立法。应当着手开展这方面的国外立法的调研，并组织起草乏燃料管理规定。

放射性矿产资源勘查与采冶方面：在《矿产资源法》中有专门条款对作为特定矿种的放射性矿产的勘查和开采做出例外规定。放射性矿产资源是国家的重要战略资源，具有特殊性，因此国家对铀矿及其初级制品实行严格的控制。对比国外的立法现状来看，有的国家专门针对放射性矿产的勘查和采冶进行立法。建议根据中国的资源形势和管理要求，对放射性矿产资源的勘查和开采单独立法，以使其管理更加科学合理。

六、可再生能源法律政策支撑与保障

（一）中国可再生能源法律保障的主要问题

1. 促进可再生能源发展的法规不健全，法律强制不足

中国目前在可再生能源立法方面，为兼顾各地不同利益需求以及国内立法环境，许多法律条款仅限于基本原则，尚不具备实施条件。因此，未来可再生能源相关法律的有效实施还需要国务院及相关部门进一步出台配套法规、规章、技术规范，地方政府出台符合地方具体情况的地方性法规、规章等。随着可再生能源行业的快速发展，产业规模的不断扩大以及新技术的不断涌现，中国现有的法律法规体系中的一些规定和办法已不能适应现阶段行业发展的需求。法律体系不健全、法律强制不到位导致行业呈现出三方面的弊端：一是重视项目开发，轻视协调发展；二是注重激励措施，轻视规范作用；三是重视项目管理，轻视资源管理。首先，国家缺乏对输配及用电环节补偿与激励的完整配套产业法规，缺乏鼓励电网企业收购可再生能源上网电力的激励政策、缺乏鼓励用户购买绿色电力的激励政策，欠缺在发电并网环节有效的激励性政策，因此难以对整个可再生能源产业的发展起到很好的促进作用；其次，目前对发电企业生产积极性的激励性政策较多，但是对电能质量的规范标准缺乏，导致中国可再生能源电能质量较差，甚至部分电能无法达到并网要求；最后，现行的法律法规侧重对项目的管理，对资源的管理相对较弱，如可再生能源资源可开发的具体资源数据存在严重的缺失现象。

2. 电力项目投资开发主体有局限，阻碍民营资本合法进入

《电力法》第 3 条规定国家鼓励、引导国内外的经济组织和个人依法投资开发电源，兴办电力生产企业，该条确立了可再生能源电力投资的两个基本原则，一是投资主体为经济组织和个人，二是仅限于电源，且需成立企业。《可再生能源法》第 17 条和第 18 条规定国家鼓励单位和个人安装和使用太阳能光伏发电系统，在农村地区推广户用太阳能、小型风能、小型水能等技术，重申了经济组织和个人或家庭可投资可再生能源发电设施的规定，但似乎仅限于单位、个人或家庭自用，明显不同于《电力法》的规定。

《电力法》并未确立电力业务资质管理制度，《电力监管条例》第 13 条首次设立了电力业务许可证制度，《电力业务许可证管理规定》（电监会第 9 号令）详细规定了发电、输电、供电许可证的持证人、许可条件和许可实施程序等内容，均要求申请人具有法人资格、相应的财务能力、具备一定资质的人员等以及其他条件，未取得相应资质而从事电力业务的，属于非法经营，应承担行政责任，甚至刑事责任。显然，个人或家庭自建的分布式光伏发电项目不太可能采用成立企业的形式，且不具备取得发电类电力业务许可证的条件。我国目前通过国家发改委、国家能源局颁布规范性文件的方式豁免分布式光伏项目发电类电力业务许可证的做法，不符合《中华人民共和国行政许可法》的有关规定，应当通过修订《电力法》《电力监管条例》赋予分布式光伏电项目豁免许可实践的合法性。

可再生能源资源分布的特点和技术属性决定了分布式电源和独立微网是其不可缺少的形式，《电力法》和《可再生能源法》的上述限制性规定势必会构成可再生能源电力事业发展的障碍，且与中国关于鼓励和引导民间资本进入市政公用事业的改革方向相悖。

3. 缺乏并网标准，全额保障性收购制度难以落实

目前中国可再生能源发电并网的比例仍然比较低，其中一大问题就是电网企业在收购过程中设置了一些障碍，阻止发电企业电量接入电网。究其原因，是电网企业认为可再生能源电量电能质量差、发电效率低等。而且部分火力发电厂也对可再生能源电力有抵触情绪，因为提升了可再生能源发电并网的比例，必然会降低火电厂的发电量，造成经济效益下降、成本亏损等，导致现在很多火电厂本来就不太景气的经济效益更加步履履辛。笔者认为，应当通过立法程序来解决这一问题，化解电网企业对于可再生能源电力抵触的情绪，可再生能源发电对于中国的未来发展形势具有举足轻重的作用，是改善中国能源结构的重要手段，是改善生态环境的必要措施，应当让电网企业清醒地认识到这一问题的严重性，并调动各方的积极性来完成这艰巨的任务，使中国的发展实现可持续性、经济性、环

保性。

《可再生能源法》第 14 条第 3 款规定:"电网企业应当与按照可再生能源开发利用规划建设,依法取得行政许可或者报送备案的可再生能源发电企业签订并网协议,全额收购其电网覆盖范围内符合并网技术标准的可再生能源并网发电项目的上网电量。发电企业有义务配合电网企业保障电网安全。"此款法条规定可再生能源并网发电项目必须符合并网技术标准。由于可再生能源发电具有随机性、间歇性等特点,对并网发电项目提出技术标准是保障电网安全的需要。因此,可再生能源电力的并网技术标准应当是强制性的国家标准,才能确保上网的可再生能源电力不会对电网构成威胁,以保障电网的安全。但是中国却没有这方面的国家强制性技术标准。全额收购主要是在电网覆盖范围内,发电企业与电网企业履行并网协议来解决。法律中规定全额收购的是"符合并网技术标准"的电力,"但是界定符合并网技术标准的项目是一个具体操作层面的问题",目前还没有这方面权威性的标准出台,电网企业仍能以电网安全为由拒绝收购来自可再生能源发电企业的电力。由于并网技术标准的缺乏,电网企业可能理直气壮地以安全为由拒绝收购可再生能源电力,而可再生能源发电企业则无抗辩的理由,这就导致全额保障性收购制度难以落实。

4. 电价附加调配方式不合理,费用补偿制度实施不到位

可再生能源上网电价要高出常规能源平均上网电价,由全体电力消费者分担可再生能源发电的额外费用是国际上的通行做法。《可再生能源法》第 20 条规定:"电网企业依照本法第十九条规定确定的上网电价收购可再生能源电量所发生的费用,高于按照常规能源发电平均上网电价计算所发生费用之间的差额,由在全国范围对销售电量征收可再生能源电价附加补偿。"可再生能源资源地理分布不均,加之受技术和成本的制约,可再生能源的竞争力较低。费用补偿制度的核心就是要求各个地区的电力消费者相对公平地承担发展可再生能源的额外费用。

目前,费用补偿制度在实施中存在许多问题:可再生能源电价附加资金调配周期长,补贴资金不能及时到位,电力企业资金压力较大;可再生能源电价附加计为电网企业收入,需要缴纳增值税和所得税等税款,最终到位的款项相应减少了;附加资金规模会随着时间的推移不断扩大,会增加电力消费者的负担;电价附加的水平、补偿标准缺乏系统规定,使制度的施行大打折扣。另外,可再生能源电价附加收入纳入可再生能源发展基金后,涉及资金的分配使用,具体多少资金用于补偿可再生能源发展的额外费用以及怎么用的问题,都还没有详细的规定。

（二）完善可再生能源法律政策的建议

1. 完善可再生能源法律体系框架

由于可再生能源发电成本较常规发电高，如果不强制性规定发电企业承担一定数量的可再生能源发电电量义务，发电企业不会自觉产生发展可再生能源发电的积极性，因此，所谓强制性的可再生能源发电配额制度是欧美国家的普遍做法，中国目前只是在能源和可再生能源发展规划中提出了可再生能源发电量在全部发电量中所占比例的指标，该指标并不直接约束特定的发电企业，如果不根据前述指标为每个发电企业设定强制性的可再生能源发电配额，指标的实现将缺乏制度保障。

鉴于中国各地方发电计划由各地方政府能源主管部门核定，在中国配额制政策设计中，地方政府必须承担起可再生能源配额制消纳义务主体的责任，而发电企业和电网企业应作为配额制的实施义务主体。配额总量目标根据国家合理控制能源消费总量和调整能源消费结构的宏观目标确定。对于配额指标的地区分配，综合考虑消纳责任、消纳能力、发展潜力、电网布局等因素，以省为单位进行可再生能源电力配额指标分配，不同资源条件的省份承担的配额指标不同；同类型的省份承担同等的配额指标。

建议在《电力法》《可再生能源法》的基础上，尽快出台配额管理办法，在国家按区域分类配额的基础上明确规定地方的配额要求。充分调研国内外经验，分省或自治区特点确定具体配额比例。并且应解决容量跨省买卖的机制设计问题，明确以区域为单位而不是以项目投资单位为统计口径。防止中央企业在一省上高污染项目，而通过其他省份的可再生能源容量来平衡总配比。除完善关键配套制度外，还应借鉴发达国家行业法律与其他土地、水、环境保护、资源开发、大气污染防治等相关法律的协调，引进绿色电力证书等市场配置机制，填补配套制度缺陷，健全可再生能源法规的系统性。

2. 健全电力项目准入许可制度为民间投资明确法律地位

按照现行《电力法》相关规定，一个供电区内只设立一个供电营业机构，即当地电力公司。而分布式可再生能源直接就近接入电网因是售电行为，不符合目前的法律规定。考虑到国家鼓励民间、个人投资分布式发电的新政策引导方向，《可再生能源法》不应当将单位和个人自建的可再生能源发电限于自用，且要求其采取所谓发电企业的组织形式，并解除对单位、个人或家庭投资电网企业的禁止性规定。建议修订《可再生能源法》，增设"可再生能源发电项目许可"一章，或者制定《可再生能源发电项目招标投标办法》部门规章，详细规定采用招投标方式的可再生能源发电项目的类型、范围、条件以及投标人的条件、要求、招标方式、程序等问题。

除此之外，明确规定自建可再生能源发电设施发电以及并网的，应当豁免其取得发电业务许可证的义务。考虑到可再生能源发电设施的自建人可能会将其富余电量采取直供的形式对外销售，应豁免其取得供电业务许可证和《供电营业许可证》的义务，同时规定《电力法》关于"一个供电营业区内只设立一个供电营业机构"的规定不适用于可再生能源供电。当然，如果自建人是单位，仍有必要要求其取得发电、供电许可证，但可通过修订电监会第9号令的方式适当降低此类自建人取得许可证的条件和要求。允许民资企业、清洁能源生产企业以合法身份参与终端配电网建设和经营售电业务，开放电力终端市场，为终端用户提供就地发电、售电一体化服务，促进可再生能源的推广利用和可持续发展。

3. 协调分布式电源并网制度衔接使余电全额收购落到实处

在出台标杆上网电价后，光伏发电产业也会出现类似于风电产业前些年的大规模增长的情况，使整个可再生能源发电并网需求猛增。因此，要对电网建设加大投入，解决好可再生能源电力的并网问题和技术标准，不仅要在技术层面加大投入，还要建立并网的激励性机制。另外，应当针对可再生能源电力就地消纳出台相关激励政策。例如，可以给予民用绿电补贴政策，或利用当地可再生能源电力资源进行农村电气化建设，这样可缓解近期内并网压力，形成多赢局面。

目前，国家电网已公布了《关于做好分布式电源并网服务工作的意见》承诺，将促进光伏、风电、天然气等分布式电源并入国家电网，并提供优惠并网条件、加强配套电网建设，优化并网流程、简化并网手续、提高服务效率等。因此，建议进一步修订《可再生能源法》，明确无论个人或家庭还是单位（非发电企业）自建可再生能源设施发电，要求并网的，在通过有关部门组织的并网安全性评价或通过其他方式证明符合或满足电网安全的前提下，强制电网经营企业与其并网。

4. 优化价格补贴和资金激励措施鼓励企业向可再生能源项目投资

电价补贴是推进可再生能源发展的重要路径。可再生能源发电目前处于商业化前期阶段，且成本变化较快，无论从技术角度还是从经济角度来看，都不能按照纯商业化的市场竞争来定价或直接参与电力市场竞争；同时，可再生能源具有较强的正外部效益，需要得到价格政策等经济政策的有力扶持。因此，可再生能源电价政策的主要意义在于可以明确投资回报，并反映可再生能源的外部效益和技术进步潜力，是行业和企业健康发展的重要保障。

首先，未来应该在继续推行扶持性财税政策的同时，完善政策细节，保障政策执行效果，以较小的经济代价带动市场的规模化发展。"十二五"期间，国家发展可再生能源电力的方式逐渐从大规模集中建设变为集中式和分布式并重，国家对分布式可再生能源越来越重视，对其也应给予足够有力的政策扶持。

其次，要拓宽扶持资金来源需要。可再生能源发展初期建设成本较高，建立资金保障体系是促进其发展的重要条件。"十二五"期间，补贴资金缺口将进一步增大，仅靠上调可再生能源附加只能解决一时需求，进一步拓宽扶持资金的来源才是长久之计。同时，应逐步引导地方财政和金融机构共同扶持，并通过资金使用机制创新，扩大扶持资金的杠杆作用。

最后，考虑到中国地域广阔，地区间发展可再生能源的自然禀赋不同，建议可再生能源电价采取分区域标杆电价模式，出台适合光照资源较差地区的上网标杆电价，以鼓励应用级和公用事业级光伏电站的开发。并且明确在国家分区域标杆电价基础上，根据省内不同资源禀赋特征，实行浮动电价机制，对于分布式可再生能源发电项目则以度电电价补贴方式替代初始投资补贴模式，鼓励发电企业积极向可再生能源发电项目投资。同时应创新可再生能源附加费分配制度，目前可再生能源附加费全部统交中央，建议可再生能源附加允许一定比例留地方支配，使地方政府有动力和财力鼓励和吸引可再生能源投资。

5. 完善可再生能源法的核心制度建设

为了增强法律的可操作性，在法律中，尤其是经济法中重要的核心是建立几项有效的制度。在可再生能源法中，也提出了建立五项重要的制度，即总量目标制度、强制上网制度、分类电价制度、费用分摊制度和专项资金制度。这些制度都充分考虑了政府推动和市场引导的相互作用，即政府的干预通过市场手段来体现，因此《可再生能源法》符合当前的市场经济的原则。以下对主要制度做简要分析。

1）总量目标制度

可再生能源产业是一个新兴产业，处于商业化发展的初期，其开发利用存在成本高、风险大、回报率低等问题，投资者往往缺乏投资的经济动因，因而可再生能源的开发利用不可能依靠市场自发形成。对这种具有战略性、长期性、高风险、低收益的新型基础产业，在尊重市场规律的基础上，必须依靠政府积极的推动，而政府推动的主要手段是提出一个阶段性的发展目标。一定的总量目标，相当于一定规模的市场保障，采用总量目标制度，可以给市场一个明确的信号，国家在什么时期支持什么、鼓励什么、限制什么，可以起到引导投资方向的作用。因此可以说，总量目标制度是可再生能源法的核心和关键，是政府推动和市场引导原则的具体体现。

2）强制上网制度

实施强制上网制度，是由可再生能源的技术和经济特性所决定的，因为可再生能源是间歇性的能源，电网从安全和技术角度甚至自身的经济利益出发对可再生能源发电持一种忧虑和排斥的心态。在现有技术和经济核算机制条件下，大多数可再生能源的产品（如风力发电和生物质能源发电）还不能与常规能源产品相竞争。因此实行可再生能源电力强制上网制度，是在能源销售网络实施垄断经营和特许经营的条件下，保障可再生能源产业发展的基本制度。实行强制上网制度，可以起到降低可再生能源项目交易成本、缩短项目准入时间、提高项目融资的信誉度等作用，有利于可再生能源产业的迅速发展。

　　3）分类电价制度

可再生能源商业化开发利用的重点是发电技术，制约其发展的主要因素是上网电价。由于可再生能源发电成本明显高于常规发电成本，难以按照电力体制改革后的竞价上网机制确定电价，在一定的时期内对可再生能源发电必须实行政府定价。随着电力体制改革，实施发电竞价上网，是电力市场改革的正确方向。因此对于可再生能源发电，需要建立分类电价制度，即根据不同的可再生能源技术的社会平均成本，分门别类地制定相应的固定电价或招标电价，并向社会公布。投资商按照固定电价确定投资项目，减少了审批环节；电网公司按照发电电价全额收购可再生能源系统的发电量，减少了签署购电合同的谈判时间和不必要的纠纷，从而降低了可再生能源发电上网的交易成本。

　　4）费用分摊制度

可再生能源由于受技术和成本的制约，目前除水电可以与煤炭等化石能源发电相竞争外，其他可再生能源的开发利用成本都比较高，还难以与煤炭等常规能源发电技术相竞争。可再生能源资源分布不均匀，要促进可再生能源的发展，就要采取措施解决可再生能源开发利用高成本对局部地区的不利影响，想办法在全国范围分摊可再生能源开发利用的高成本。费用分摊制度的核心是落实公民义务和国家责任相结合的原则，要求各个地区，相对均衡地承担发展可再生能源的额外费用，体现政策和法律的公平原则。实施费用分摊制度后，地区之间，企业之间负担公平的问题可以得到有效的解决，从而可以促进可再生能源开发利用的大规模发展。

　　5）专项资金制度

缺乏有效和足够的资金支持一直是可再生能源开发利用中的一大障碍，而可再生能源开发利用能否持续发展，在一定程度上取决于有没有足够的资金支持。建立费用分摊制度主要解决了可再生能源发电的额外成本问题，其他可再生能源开发利用的资金瓶颈仍需要专门的渠道解决，因此法律中提出设立可再生能源专项资金，专门用于费用分摊制度无法涵盖的可再生能源开发利用项目的补贴、补助和其他形式的资金支持。

七、中国节约能源法律政策支撑与保障

（一）节能法实施效果和存在的问题

《节约能源法》于 1998 年 1 月 1 日生效，这是中国首部能源节约的综合性法律，旨在通过节能立法来规范和调整全社会在能源利用过程中的各种权利与义务关系，以促进合理用能和节约能源，提高能源的利用效率和经济效益，保护环境，保障国民经济和社会的发展，满足人民生活的需要。客观地评估这部法律的立法理念和思路，虽然从起草准备到立法的完成，由立法方案的反复论证和调研到国家立法机构的几度审议，耗时十多年。但是，节能法的法律基本框架、节能行为的规范和制度的设计，基本符合中国市场经济体制发展过程实际，并有一定的立法前瞻性。然而，这部法律生不逢时。它的颁布实施之时，恰是中国能源需求在国内外经济影响下步入低谷时期。能源供大于求，导致节能疲软，国家行政机构的改革，进一步弱化了节能管理机构，造成节能人员缩编，对节能法的实施、执法与监督无疑是雪上加霜。因此，节能法的执法主体缺位，法律实施条件的逆向变化，成了《节约能源法》立法实践的最大软肋。尽管如此，法律的权威性，以及市场因素的逐渐增强对法治的需求，还是使这部法律的实施取得了明显效果。

《节约能源法》实施后，中国的能源消耗逐渐下降，与此同时，能源消费结构也有了一定程度的优化和调整。

但是从"十五"中后期开始，由于产业结构的重化工倾向和粗放的经济增长方式回归等诸多因素影响，能源消耗过快增长，环境的制约增强。能源供求关系的紧张和环境恶化，反映了节能法对体制变化与推进实施可持续发展战略的不适应性，使节能法的法制效用和适用性下降。上述问题的出现，显然与现行节能法规制和调整的社会经济、法律关系覆盖面小，以及相应的规范和法律制度缺位有关。

节能立法缺位主要表现在：一是现行节能法对市场化节能机制的培育和发展缺少可保障的规范和制度，因此，一些适应市场机制行之有效的节能方法和措施没有在节能法中被规制，如合同能源管理、自愿节能协议等；二是法律颁发后，由于政企分开，节能领域中政府功能与作用不明晰，加上各级节能管理机构普遍弱化，出现了执法主体和权责模糊，造成执法主体缺位或者多头执法，由此影响了法律实施的效力；三是在节能管理方式上，存在计划经济的烙印，未能把财税、价格、金融、信贷等多种激励手段引入法律之中；四是节能的监督监管机构缺位，有的省市虽然建立了节能监察中心，但是只能对违法行为下达整改通知，无权对其惩罚；五是建设节约型社会，全社会成员都要担当起节能的法律责任，但是在现行法律中它的调整范围比较有限，偏重于工业和重点耗能企业，而交通运输、建筑节能、政府机构和公共机构领域却涉及很少，不利于规范全社会的能源节约工作；六是节能法中的一些条款规定的比较原则，可操作性较差。

（二）节约能源法的修订及其体系的完善

1. 节约能源法及其体系修订和完善的原则与目标

1）正确理解节约与增长的关系，强化全社会的能源节约

"发展才是硬道理"，这是改革开放以来人们普遍认同的经济规律。但是不能把发展与节约的认识绝对化，如果不在增长中去节约，而是追求高投入、高消耗、高污染模式下的高增长，这种增长不仅不能持久，还将因为受到资源的严重制约和花费大的代价去治理环境，而给经济的发展带来负面效应。增长与节约是相辅相成的两个方面，不要把增长和节约对立起来。要增长就要讲节约，节约可以促进增长。修订节能法首先要在保障经济社会可持续发展的目标下，去认识对能源节约的客观需求。但是，目前的现实是片面地追求 GDP 的增长，不注重节约，特别是社会进步、经济的发展，使人们的能源消费方式发生了很大的变化，对能源消费的数量和质量都提出了新的需求。然而节能观念的淡薄，节能的社会约束力不强，加上能源价格偏低，助长了浪费地使用能源和不合理地消费能源，不适应建设节约型社会的要求，没有使每个社会成员都担当起节能的义务和责任。因此，从法律规范以及相关的制度上，必须强化全社会节能的责任和义务。

2）明确节能的执法机构，加强节能的监管

明确执法主体的法律地位、权利与责任是法律得以坚定贯彻实施的保证。现行节能法实施中的问题，多是反映在执法机构的弱化和主体缺位。现行节能法中，对政府能源管理的相关机构的功能缺少明确的规定，使很好的制度设计，没能得到实施和监督执行。如固定资产投资项目可行性研究报告中的节能部分，不少是流于形式或者不做评价。以机构立法，往往随着机构的撤编而使执法成为真空，这是不可取的。以法律的长效性来固化执法的机构，才能发挥法律权威之力。要通过法律授权节能监察机构，使其有权对节能违法行为予以惩戒。

3）政府是节能法的责任主体

现行节能法中政府的定位仅仅是指导者和管理者，而没有把其作为责任主体，负有建设、培育节能市场、规范市场运作，并且为克服市场障碍而需要引入财税、价格、金融、信贷等经济激励政策。例如，节能基金问题，经调查了解，自从节能资金"拨改贷"后，各地节能基金的安排，没有固定渠道，即使有也少得很，并且不稳定。所以，要建立在市场机制下的节能行为，需要政府充分发挥引导、培育市场的功能。

4）构建节约型社会，要扩大节能法的调整范围

现行节能法的调整范围，虽然在立法宗旨上明确了是促进全社会节能，但是在法律框架的设计上，偏重于规范耗能量大的工业节能，特别是重点耗能企业的节能规范和制度设计。根据近几年能源供需状况的变化，为了克服能源资源和环境对经济社会发展的制约，确保能源供应安全，需要实施节能优先的战略，努力构建节约型社会，为此要适应节能工作的需要，对节能法的调整范围做出扩充和调整。

建筑和交通运输的能源消耗，是未来能源需求增长较快的领域，但是在现行节能法中缺少相应的节能规范和制度安排。例如，前一时期，有些地方出台了禁限经济、低能耗的小排量汽车的规定；不利用节能的水路、铁路运输方式，而大量使用汽车远距离运煤；甚至不给节能的柴油小客车上牌照；达不到节能标准的建筑仍在施工建设；等等。

又如，在城市的基础设施上，过分地搞夜景工程，而且不使用节能灯具，大量地消耗电能；政府机关和公共建筑，由于不注重节能，单位面积的电能消耗竟是民用能耗的几倍到十倍；居民由于节能意识淡薄或者节能知识不足，使用能源效率低下的家用电器和大量耗能，使住宅耗能持续高速增长；等等。

5）政府机构节能

政府在节能工作中处于主导地位，它负有推动全社会节能的重大责任，特别是在节能领域，节能市场及节能机制的形成与培育，没有政府的政策引导和有效的节能管理与监管节能的目标和任务就不能实现和完成。但是，如果政府不能以身作则，率先节能，起到示范和表率作用，那么政府在节能工作中就会因公信度的缺失而难以履行自己的职责。现行的节能法中只规定了它的管理责任，而没有规范政府自身的节能义务，需要在节能法的修订中予以规范和表述。

6）适应市场化节能机制的建立，做出制度安排

市场节能机制的建立，目的是使节能市场的主体和责任人实现政府"要我节能"到"我要节能"的转变，即从完全的被动节能变为主动节能。但是，实现转变一要政府政策的引导，二要法律的介入。前者使责任主体产生自发的动力；后者是在法律的感召下，把节能作为履责的必然。在市场经济国家行之有效的合同能源管理、自愿节能协议制度下，电力需求侧管理和应用于节能领域的清洁发展机制要结合中国的节能特点创新制度予以确立。

2. 节能法体系的配套法规

2016 年 7 月新修订的《节约能源法》已经公布，但较原则化。配套法规具体的修订或修改和完善也将进入程序。相关建议如下。

1）完善节能法的实施细则

修改后的节能法将在可操作性上得以加强，如可以量化某些节能目标，甚至明确一些制度实施的程序以及机构的法定权力和责任。但是作为大陆法系的国家，中国节能立法不能为了提高它的操作性，而使其成为覆盖所有节能领域的每一个细节，调整所有范畴的社会经济和法律关系的法典，因此在法律修订案通过后，及时制定和完善实施细则不可避免。但是为了提高法律的时效性，法律应该授权政府机构在限期内制定颁发。实施细则通过对法律条款进一步细化，使节能执法与监督有准确可行的法律依据，使节能法更具可操作性。

2）建立在市场经济条件下节能促进机制形成的节能法规群

在促进节能市场机制的形成中，市场培育并运作规范和相应的制度，均需要一定的法规，如节能产品认证和信息发布制度、节能技术的开发和市场推广制度、节能技术和产品的财税激励政策、节能监察和监督条例、节能奖惩制度等。

3）制定地区性的、行业性的节能法规

由于地区经济技术差异、行业用能特点和技术管理水平的差别，本着从实际出发，既承认差别又不保护落后，需要通过节能法规的实施引导到先进的耗能指标和节能管理上来，根据法权配置的不同层次，需要制定地方性节能法规和行业性规范。目前，大部分省市都有了节能管理办法等地方法规，随着节能法修订后并颁布，这些地方法规除少数新制定的外，也将进入修改程序。

4）需要完善节能的技术规范和标准

目前虽然有大量的节能技术规范和节能技术、产品标准，但是有相当一部分已经不适应现在的技术和工艺水平以及环境要求，需要重新制订颁发，有的领域则是空白，需要研究制定。

八、完善中国能源法律政策的综合建议

以"法制、体制、机制"三制协同一致为立足点，梳理当前中国能源法律政策问题。

（1）完善能源法律体系建设，填补石油天然气、核能领域立法空白，修订现行《煤炭法》《电力法》并制定配套法规政策。

（2）修订《可再生能源法》，出台配额管理办法、引进绿色电力证书等市场配置机制，协调分布式电源并网制度衔接使余电全额收购落到实处。

（3）推动能源价格市场化，进一步改革电价制度，优化价格补贴和资金激励措施，鼓励企业向可再生能源项目投资。

（4）把财税、价格、金融、信贷等多种激励手段引入法律体系，建立在市场经济条件下节能促进机制形成的节能法规群，制定地区性、行业性的节能法规，

完善节能的技术规范和标准。

（5）调整现行《中华人民共和国大气污染防治法》。

第一，调整立法目的价值取向。删除促进经济发展这一目的，将保护公众健康和公共福利，维护空气质量作为立法的根本目的。

第二，重新划定总量控制区域。应当根据地理区域的特性划分界限，而不是根据行政区来划分。由国家重新划定空气污染物质总量控制区域，对于跨省界的空气污染物质进行统一管理和总量控制。对于个别大型的排污企业，以该企业作为一个单独的总量控制单位，由国家专门单位进行管理。企业排污只要总量不超过一定配额，就可以在单个固定的污染物之间调节。这样既可以控制环境污染，又维护了经济发展，更鼓励了企业改进技术控制排污的积极性。

第三，增加对燃料生产企业的责任。应当借鉴美国《清洁空气法》设定"功效全面一致"制度，以增加燃料生产商的责任。除了环境法上的义务，还需要从经济法的角度去规制燃料商的垄断地位，必要时在能源市场引入市场竞争机制，以加强燃料生产商的危机意识，督促其改进技术，提高油品质量。只有燃料商的社会责任感高了，才能从源头上控制汽车尾气污染。

第四，提高经济制裁的处罚力度。大气污染防治法应完善对违法排污行为的处罚制度，取消罚款最高限额规定，大幅提高处罚金额，根据违法排污行为的恶劣程度给予经济处罚。为避免现有罚款金额静态计算法的僵化性，应采用动态的计算方法。删除"一次性"的经济处罚方式，采用日叠加罚款金额。这种动态计算法可能会导致最终处罚金额巨大，但只有严厉的经济制裁措施让违法排污行为"无利可图"，才能从根本上提高排污企业遵守法律规定的自觉性，从而确保大气环境质量得到改善。

（6）探索出台《清洁空气法》，协调能源、资源、环境领域的统一立法，以法制建设推动体制机制的改革。在制定清洁空气法时，应明确一些基本问题：①制定国家空气质量标准原则。②制定不能恶化原则。也就是说，环境状况不能劣于法律制定之前的原则。③应有整章节的区域联防联控内容，把相关清洁空气机制交代充实、具体，才能使区域联防联控具有刚性和执行力；或者也可以借鉴欧盟的做法，在法律中增加附件，把具体执行情况纳入附件，不同区域根据自身特点择情选择。④对污染标准进行更加细致的分类，制定保护公众健康的严格的"首要国家空气质量标准"和保护一般社会公共福利的"次要国家空气质量标准"。

（7）建立绿色警察，加强政府监管责任，积极完善配套政策法规与机制，加强能源、环境跨领域的执法。

（8）建议从零开始的排放收费累进机制，并借鉴清洁发展机制经验，以法律形式确认排放权，以市场手段和价格调控推动企业节能减排动力。能源消耗和排污收费制度是贯彻"污染者负担"原则的一种形式，也是降低能源消耗、控制污染的一项重要环境政策，它运用经济手段要求污染者承担污染对社会损害的责任，以促进污染者积极治理污染。在具体实施的过程中，可参考阶梯式电价、阶梯式水价的收费方式，为企业进行能源消耗、排污设置阶梯价格；在能源消耗和排污收费集体价格设置上，可按照零排放、达标、超标设置不同的收费标准。在阶梯式的收费操作中，应注意两方面的问题：第一，随着人们生活经济水平的提高，收费的基数应当不断进行修正；第二，所收取的带有惩罚性部分，应当列入政府专项基金收入，用于能源技术研发。

第十二章 能源生产消费革命的
体制机制支撑与保障

一、能源体制机制是支撑能源革命的重要保障

2014年6月13日，习近平总书记在中央财经领导小组第六次会议上提出要推动我国能源生产与消费革命，强调"四革命"和"一合作"的能源安全战略构想，即要在能源消费、能源供给、能源技术和能源体制四个领域开展"革命"和加强全方位国际合作。其中，以"抑制不合理消费需求、提高能源利用效率、调整能源消费结构"为目标的"能源消费革命"是前提基础；以"构建多元持续供应体系，保障能源供应安全"为目标的"能源供给革命"是能源革命的最终根本；以"提高能源科技创新和进步水平，促进能源产业升级"为目标的"能源技术革命"是手段；而以"理顺能源市场运行与管理机制，构建现代能源市场体系"为目标的"能源体制革命"则是当前推动能源革命的落脚点。其核心内容是坚定不移推进改革，还原能源商品属性，构建有效竞争的市场结构和市场体系，形成主要由市场决定能源价格的机制，转变政府对能源的监管方式，建立健全能源法治体系。

二、现行能源体制机制存在的问题和成因

尽管自改革开放以来，我国能源领域按照先易后难的渐进式改革模式，在放宽投资限制、放松价格管制、实行政企分离、培育市场主体等方面已经进行了一系列的体制机制改革并取得了积极成效。但与其他领域市场化改革步伐和力度相比，能源体制机制改革显得谨小慎微，甚至裹足不前。尤其是近些年来，尽管《政府工作报告》中每年都要提到进行能源体制机制改革的一些内容，但有关能源行业里深层次的体制机制改革措施迟迟难以出台和实现。相反，以宏观调控的名义加强行政审批、以市场失灵的名义强化政府干预之势愈演愈烈，能源领域"国进民退"现象日益突出，使本已清晰的能源领域市场化改革方向又变得模糊起来。

例如，能源法律体系建设滞后，重要性不突出；能源税制不够完善，环保性不够；能源领域投资的行政性审批非但没有精简，反而有所加强；能源价格难以由市场形成，行政性管制依然存在；能源领域国有企业改革不到位，没有真正实现政企分开；能源领域行政性垄断依旧未被破除，电力行业"一网独大"，油气行业"三油垄断"局面长期存在，导致竞争主体不健全；等等。

在上述能源体制机制众多弊病中，最让人诟病的是能源行业市场集中度高，市场化程度相对较低，垄断现象突出。这种垄断不是市场自由竞争形成的，而是政府的行政性垄断导致非公资本难以进入造成的。行政性垄断不仅造成市场化改革不足、现代能源市场体系尚未完全建立的局面，还诱发政府对能源价格强有力的行政管制。行政性垄断和价格政府监管两者共同导致我国能源产业技术进步缓慢，产业技术经济水平不高，在造成市场效率降低的同时，也造成社会的不公平，因此，行政性垄断和价格政府监管是我国能源市场未来发展面临的主要问题，也是能源体制机制存在问题的根源所在。如何破除能源行业的行政性垄断和价格政府监管问题将是我国未来能源体制机制改革的主要突破方向。

我国能源行业行政性垄断的形成，一方面是由于资本密集型的能源行业，在经济发展早期缺乏比较优势，这在客观上要求在改革开放后较长的一段时间内，政府需要以行政性垄断的方式对能源行业进行补贴性保护；另一方面是由于相当长时间内，及时、有效地进行能源供应是我国能源行业的第一要务，来不及就能源领域的各种问题进行深入的改革。行政性垄断的建立必然要求政府对行业价格进行管制，以谋求公共利益和国有企业政策性保护的平衡。为追求经济高速增长，政府也通过价格管制手段长期压低能源价格，以能源低价来保障工业发展。能源价格管制也表现为"该管（的价格）未管"：能源的生产和消费活动产生严重的环境污染，但包括资源税、污染税等在内的环境价格管制却长期缺位，致使能源价格无法包含其环境成本，不但导致能源价格总体偏低，而且形成清洁能源和非清洁能源的价格结构性失衡。

严重滞后的能源领域市场化改革却使行政权力成为配置能源资源的决定性力量，市场则难有作为。在经济层面上，当行政干预建立并维护行政性垄断和价格管制时，市场的竞争机制和价格生成功能基本丧失，我国能源发展所面临的总量问题、结构问题和环境问题也由此形成，且长期难以解决。市场竞争机制的缺失导致在位垄断企业效率低下、技术创新和勘探开发受到严重抑制、社会收入分配恶化，并由于赋予了在位企业在行业里配置资源的绝对经济权力，容易诱发寻租和腐败行为。而"成本加成"下的管制价格，则由于无法反映市场中不断变化的供求关系以及资源的稀缺性，严重阻碍了稀缺能源的有效配置和高效利用，是能源供应短缺、清洁能源发展滞后以及环境污染日趋严峻的根本性原因。

三、能源体制机制的具体革命内容

完整的"能源体制机制"是国家能源行业或能源领域内资源配置的具体方式、市场运行以及监管制度模式等各种关系的综合。由"能源市场基本制度""能源市场竞争结构""能源市场运行机制""能源市场管理与监管体制"四大基本要素构成。其中，能源市场基本制度是指为保障能源市场稳定、高效运行所做出的一系列制度安排及其制度执行机制，包括作为法律规范的制度、作为市场规则的制度、作为技术和产业标准的制度、作为政府导向的产业政策制度等。能源市场竞争结构是指市场供给者之间（包括替代品供给）、需求者之间、供给和需求者之间的关系，也包括市场上现有的供给者、需求者与正在进入该市场的供给者、需求者之间的关系。它又包括三个基本构成要素，即市场主体、市场竞争格局和市场集中度。能源市场运行机制主要由供求机制、价格机制、竞争机制和风险机制构成。其运行表现为供求、价格、竞争、风险等机制之间的相互关联和相互作用。能源市场管理与监管体制是指为了对能源市场实施综合管理和专业化的监管，保障市场正常运行和均衡发展，规范市场行为、避免市场机制的自身缺陷、促进能源市场的发育而做出的体制性安排。

在四要素中，能源价格机制在能源市场运行机制中处于核心地位，能源市场运行机制是整个能源体制机制的核心，而能源市场运行机制又是由能源市场竞争结构决定的，具备什么样并形成什么样的能源市场结构，也就决定了能源市场运行机制是什么样的。能源市场基本制度、能源市场管理与监管体制起到一个外围的服务保障作用。而能源体制机制不是凭空存在的，必须建立在一定的能源市场基础设施上，能源市场基础设施是否充分，也会影响能源体制机制改革时机的选择和力度的大小。

四、能源体制机制革命的具体建议

针对当前我国在能源领域面临的严峻挑战，将之前的能源体制机制改革提升到能源体制机制革命这样的高度，需要使当前能源体制机制发生根本变革，那么，改革思路和对策应不仅局限于某一能源领域的修修补补，而应该从长远的、全局的角度统筹考虑。

（一）明确能源体制机制改革的市场化方向

我国能源体制机制改革的方向肯定是市场化改革。但鉴于能源自身的特殊性和复杂性及其在经济社会发展中的基础性、重要性，再加上市场自身的失灵，市场化改革并不是说放弃政府干预，所以我国能源体制改革的核心原则是"市场的归市场、政府的归政府"，最大限度地减少政府对市场的干预，为市场机制在能源资源的配置中起到决定性作用创造先决条件。在明确能源体制机制改革的市场化方向前提下，从各个方面逐步推进围绕这一方向的体制机制建设。一是尽快推出统一的能源市场准入制度。应当允许企业依法平等地进入负面清单外的领域，真正做到"法无禁止皆可为"。二是进一步破除各种形式的行政性垄断，特别是加快开放石油、天然气、电力等垄断行业的竞争性环节业务。三是抓紧推进电力、石油、天然气领域的改革。凡是涉及竞争环节、竞争领域的价格，政府干预越少越好，能放开的要尽量放开。四是探索全面取消预算资金对竞争性领域的补贴，清理过度干预微观活动的产业政策，同时建立健全鼓励充分竞争、有利于各类生产要素平等自由流动、保护知识产权方面的竞争性政策。

（二）破除行政性垄断，还原能源商品属性与行业竞争性

长期以来，煤炭、电力、油气被主观定性为特殊商品或准公共产品，是市场失灵的领域，应该由政府管制、国企垄断经营。事实上，能源虽然是关系国家安全的战略性资源，但也是商品，具有一般商品的基本属性，受价值规律和供求关系调节，可由竞争优化配置资源、由供求决定价格、由契约规范交易。自20世纪70年代以来，回归能源的商品属性，推进能源领域的市场化改革成为全球性趋势。无论是成熟的市场经济国家还是体制转轨国家，大都转变理念，对能源领域实行放松管制、打破垄断、引入竞争，大大提高了能源供给能力和利用效率。

推动能源体制机制市场化改革的前提是将行业中的竞争性业务与非竞争性业务分开。属于竞争性领域的完全放给市场，引入多元投资主体，扩大对外开放，让供求关系决定价格，竞争优化资源配置，由契约规范交易。属于非竞争性领域的业务实行公平接入、提高普遍服务水平，加强政府对其经营业务、效率、成本和收入的监管。与此同时，改进政府管理，对市场失灵领域，应切实履行宏观管理、市场监管和公共服务职能。作为机制改革重要的一环，能源管理过程中的政府职能也在发生微妙的变化。我国能源革命的复杂性和特殊性，要求政府部门不再仅仅扮演政策制定者和监管者的角色，政府职能新的要素，包括宏观引导、市场监管、资源保护和利益协调，缺一不可。最迫切的是协调中央与地方的关系，也包括政府与企业、企业与企业、企业与民众之间的关系。

根据《中共中央关于全面深化改革若干重大问题的决定》精神，推进能源领域的市场化改革，首先是要破除石油、天然气和电力三大行业各种形式的行政性垄断，放开市场准入。其中对于天然气管道、电网等各行业应实行网运分开、放开竞争性业务。

首先，破除油气领域的行政性垄断。随着经济进一步增长，原油和天然气的进口比例还将进一步提高。因此，要破除油气行业的行政性垄断，打破原油和成

品油进口环节的行政性垄断，并以此促进成品油批发和零售环节的充分竞争，是最为关键的一步。第一，可允许油气田的自由交易。第二，结束油气勘探专营制度，对油气勘查区块进行公开竞争性出让，向市场尤其是向已有海外油田收购和经营经验的民营资本，开放油气勘探开采环节。综上讨论，先放开下游流通环节，再允许油气矿藏自由交易，最后放开油气勘探，先易后难，逐步推进，破除油气领域的行政性垄断完全可期。

其次，应对管网的自然垄断。天然气管道和电网具备自然垄断的性质，但是自然垄断并不要求由一家公司垄断全国范围的管道和网络经营，也不意味着必须要由一家公司同时垄断管网和管网上流通商品（天然气和电力）的经营。电力和天然气的生产经营都有生产、运输、配送和终端销售四个环节。目前，我国的电力领域已放开生产环节，其余三个环节由电网企业垄断；而天然气领域则已放开配送和终端销售环节，生产和运输环节由石油企业垄断（主要是中石油）。因此，破除电力和天然气市场的行政性垄断，最为关键和根本的一步是将自然垄断的生产环节（天然气管道和输配电网）从现有的油气公司和电力公司完全分离出来，同时放开生产和销售这两个竞争性环节。例如，可以通过大用户直购电、允许成立独立的售电公司和组建电力交易市场等手段，放开电力销售环节。新成立的天然气管道公司和电网公司不得参与天然气和电力的具体经营，只以收取"过网费"和"过管费"的形式对管网进行自然垄断经营。通过网运分离，就可以形成中间运输环节自然垄断，生产和销售两头充分竞争。根据网运分离后的市场实际运行效果，如有必要，可考虑进一步将天然气管道公司和电网公司根据区域进行横向拆分，同时放开天然气管道和输配电网的投资建设，尤其是要允许民营资本投资新建管网或收购现有管网，变管网全国性的自然垄断为区域性的自然垄断。

目前，新一轮的电力体制改革已为整个能源行业提供了体制改革的基本路向参考。2015 年 3 月 15 日，《中共中央　国务院关于进一步深化电力体制改革的若干意见》（中发〔2015〕9 号，简称"9 号文"）已正式下发至各部委和电力企业，与 2002 年的《电力体制改革方案》（国发〔2002〕5 号，简称"5 号文"）相比，"9 号文"对电网行业最大的冲击将是其盈利模式的改变，即让电网公司从以往的购售电差价转变为成本和合理利润相结合的模式，将压缩电网的高额利润，让其回归到合理利润水平。但整体方案采用"存量不变，变增量"的思路减轻当下改革阻力，期望届时有通过增量来倒逼存量改革的效果。通过梳理从发电、输电、售电、购电各环节的定位，"9 号文"中明确了一些改革任务，包括放开新增配售电市场，放开输配以外的经营性电价、公益性调节性以外的发电，而对于市场交易机构则要求相对独立，但政府监管仍将加强，继续强化电力统筹规划，强化和提升电力安全高效运行和可靠性供应水平。除了继续对输配电市场进行部分管控外，在上下游的发电和售电环节，则将尽量市场化。特别是在售电侧，还计划对社会资本放开，引导市场主体开展多方直接交易，建立长期稳定的交易机制。

（三）突破政府定价主模式，坚持能源价格由市场决定

《中共中央关于全面深化改革若干重大问题的决定》明确提出，"凡是能由市场形成价格的都交给市场，政府不进行不当干预。推进水、石油、天然气、电力、交通、电信等领域价格改革，放开竞争性环节价格。政府定价范围主要限定在重要公用事业、公益性服务、网络型自然垄断环节，提高透明度，接受社会监督"。成品油价格、天然气价格、上网电价和销售电价都应放开。而由于自然垄断问题，电力和天然气的管网运输价格，则应保留现行的价格形成机制，以"成本加成"的原则进行管制定价。另外，目前电力领域的交叉性价格补贴应转由财政支出。

煤炭方面，核心是在取消电煤合同价的基础上，着手推进煤炭价格完全市场定价；配套实施煤、电、运全产业链综合改革，建立煤炭价格、上网电价和销售电价实时联动机制，彻底解决煤电矛盾。

石油方面，在新的成品油价格形成机制基础上进一步完善定价机制，包括调价周期、调价幅度、调价方式等。定价权应更多地下放给行业协会或企业，在实现与国际接轨的基础上，价格调整不必由政府发布，可以由行业协会按照政府确定的规则，自行调整发布。

天然气方面，在门站价进行市场净回值定价的基础上，建立上下游联动机制，形成真正反映资源稀缺程度、市场供求关系、环境补偿成本的价格，最终实现天然气出厂价由市场竞争形成，终端销售价格放开，政府只对具有自然垄断性质的输配气价进行管理。

电力方面，应坚持 2002 年和 2015 年新一轮电力市场化改革的正确方向，进一步区分竞争性和非竞争性业务，逐步推动电力交易、调度独立，推进大用户直购电模式，上网电价、销售电价尽量减少由政府制定，逐步形成发电和售电价格由市场决定、输配电价由政府制定的价格机制，即"放开两头、管住中间"。

同时建立和完善公开、公平、公正的能源现货及中远期合约市场，逐步建立现代能源期货市场。进一步加强和完善能源市场基本交易制度建设，积极推进电子交易市场建设。同时，有序开放我国能源期货市场，逐步形成具有国际影响力的区域能源市场中心。目前可以考虑在能源生产或消费重点区域，如山西、东北、新疆、上海等地建立煤炭、天然气和石油等交易中心或期货交易市场；而电力交易市场可考虑建立一个独立于电网、全国统一的交易中心，各省成为其区域分中心，在这个交易平台上，发电企业与用电方公开、公平、公正地进行交易，电网不再统购统销，而应无歧视公平开放。

按照市场化改革的思路，进一步推进政企分开，剥离国有企业的政策性负担

和行政性特权，培育合格的能源市场竞争主体。修改相关法律法规，破除行政性垄断，降低市场准入门槛，消除进入壁垒，鼓励和引导民间资本有序参与能源领域投资。

（四）加强政府对环境外部性的管制

1. 加强政府对能源消费的环境外部性管制

通过污染税等市场化的手段解决能源消费的外部性问题。市场出现失灵，无法有效配置环境资源，政府则应适时介入，有所作为。在解决环境外部性问题上，一直以来有两种可供选择的政策思路：一是政府通过行政管制之手直接配置环境资源；二是政府通过征收污染税、补贴清洁能源或污染权交易等市场手段生成环境的价格，从而让市场依据价格信号配置环境资源。在能源领域，我国普遍的做法是对天然气、光伏发电、风电等清洁能源和包括电动汽车、氢燃料汽车在内的新能源汽车进行补贴。跟税收手段一样，补贴也能理顺失衡的能源价格，在一定程度上纠正环境外部性问题。但是，相对于污染税，对清洁能源进行补贴的缺陷在于，从长期来看，补贴会导致能源产品的总体价格相比于（能源以外）其他商品的价格过低，形成能源产品价格和非能源产品价格的失衡，这最终会导致人们过多地消费能源产品，制造更多的污染。另外，补贴对财政也形成一定压力。因此，虽然从短期看，补贴有助于纠正能源价格结构性失衡，加速能源结构转型，但是从长期来看，必须适时、逐步地退出补贴，开征污染税。

2. 积极完善体制机制，引导全社会节能先行

2015年4月4日，国务院办公厅印发《国务院办公厅关于加强节能标准化工作的意见》，对进一步加强节能标准化工作做出全面部署。要求创新节能标准化管理机制，健全节能标准体系，强化节能标准实施与监督，有效支撑国家节能减排和产业结构升级，为生态文明建设奠定坚实基础。《国务院办公厅关于加强节能标准化工作的意见》提出的节能标准化工作目标是，到2020年，建成指标先进、符合国情的节能标准体系，主要高耗能行业实现能耗限额标准全覆盖，80%以上的能效指标达到国际先进水平，标准国际化水平明显提升。

为在2020年达到上述目标，需要多管齐下完善保障体系：

一是将增强企业内在动力作为今后节能减排工作的核心内容。要在更大程度上发挥市场配置资源的决定性作用，加快建立以市场定价为主的节能减排指标交易机制。允许企业之间通过资金、技术支持等方式交易节能减排指标，建立企业自觉减少污染排放的激励和约束机制，通过市场机制提高企业节能减排的整体效率。

二是借鉴国外经验探索能效标杆转化机制，适时将能效"领跑者"指标纳入强制性终端用能产品能效标准和行业能耗限额标准指标体系。能效"领跑者"指标是指同类型可比产品中能源效率领先的指标。能效标准中的能效限定值和能耗限额标准中的能耗限定值应至少淘汰 20%左右的落后产品和落后产能。目前，国家已发布家用电器、照明器具、工业设备等领域 65 项强制性能效标准和钢铁、有色、石化、建材等行业 79 项强制性能耗限额标准，取得了显著的节能效益。对钢铁、水泥等高耗能和产能严重过剩的行业，通过制定能耗限额标准，设定能耗限定值、新建准入值和能耗先进值，为淘汰落后产能、引导技术进步提供技术依据。

三是形成覆盖重点领域的节能标准并与国际接轨。实施"百项能效标准推进工程"，形成覆盖工业、能源、建筑、交通、公共机构等重点领域的节能标准体系。"十二五"以来，国家标准化管理委员会、国家发改委等有关部门联合实施"百项能效标准推进工程"，大力推进节能标准制修订工作。目前，中国在节能领域已发布国家标准近 300 项，包括强制性能效标准、能耗限额标准和推荐性节能基础与管理标准。同时，推动节能标准体系走出国门，推动节能标准国际化，扩大节能技术、产品和服务国际市场份额。使节能标准具有国际水平，面向国内国际两个市场。要加大节能领域的国际标准化工作力度，争取担任相关节能国际标准化组织技术机构的重要职务，积极参与制定节能量测量和验证等一批有影响力的国际标准。推动外部电源、微型计算机等领域能效标准的国际协调互认，争取电风扇、电饭锅、节能灯等中国先进节能产品的能效标准被其他国家采用，积极探索中国能效标准"走出去"，支持中国节能技术、产品和服务走出国门，加快中国装备"走出去"和推进国际产能合作。

四是针对节能服务领域的巨大市场需求，全面推广合同能源管理等先进的能源管理模式，逐步建立和完善节能减排技术服务市场，使参与各方都能够从中获益。建议执行从零开始的非线性排放收费机制，借鉴碳排放权交易试点形成的经验，以法律形式确认排放权，以市场手段和价格调控推动企业节能减排动力。让排放低的企业得到激励并从中受益，让高排放的企业对超标排放部分按照阶梯价格支付环境成本。

3. 解决政府的执行激励问题和能力建设

污染权交易的前提是强制参与。由于信息不对称，参与交易的主体有很强的动机对污染排放进行编造和瞒报。这两点迫使各级政府必须积极参与到交易市场的建设中，不但要通过行政权力强制企业或个人参与，还要进行强制性的监督检查。这就意味着如果要建立污染权交易市场，政府必须建立一支新的执法队伍。政府对能源的管理主要体现在两个方面：一是政策职能；二是监管职能。以往能源主管部门更加注重通过投资项目审批、制定价格和生产规模控制等方式干预微观经济主体的行为，而对行业监管及其他职能相对而言重视不够，政府职能缺位与重叠并存。所以，应下决心改变之前政府对能源的管理方式，按照"大能源"的内在要求进行体制改革，以便对整个能源行业的管理进行整体设计和运作，推动能源行业整体协调发展和健康发展。建议国家设立绿色环境警察部队，对环保事件主动出击，独立调查，独立取证，独立向环境法庭起诉，环保警察直接对中央负责，避开地方行政权力干扰，使其成为捍卫国家环境安全的坚强卫士。

4. 适时合理利用污染税发挥其"双重红利"作用

污染税作为新增税收，在纠正市场失灵的同时，可以用于降低其他税种的税率，以减少其他税种对市场的扭曲。因此，在应对能源消费的环境污染问题时，污染税也是选择路径之一。但是，在中国企业高税负的背景下，开征煤炭和石油污染税的前提是必须要降低企业其他税负。由于煤炭的最终污染排放在很大程度上取决于企业的技术和流程选择，因此在污染税的征收上，可本着先易后难、逐步推进的原则，先对石油和煤炭征收适量的燃料税，再考虑对电厂、水泥和钢铁等用煤大户进行监控，根据污染物实际排放量对这些企业加收额外的污染税。

另外，需要从全生命周期的角度来看待环境污染问题。除了消费环节所产生的污染，能源本身的开采和生产环节也会产生一定程度的污染，尤其是目前各地上马的煤化工项目（煤制油、煤制气等），其已经对当地生态环境造成巨大的破坏，生产环节的污染税征收亦不可缺少。所有这些环境管制都需要以改变地方政府考核机制、转变地方政府职能为前提，尤其要加大地方政府环境指标的考核。否则，在保增长的政绩压力下，各种环境管制措施终将流于形式。

（五）健全国家能源安全储备、预警与应急体系

近十年来全球能源发展的新趋势为"生产、消费过程中环境友好、低碳降耗"，能源安全不再只是充足、可靠、安全的能源供应和可承担的能源价格，而应强调环境的可接受程度，即具有四大能力——资源储量的可利用能力（availability）、地缘政治的可获得能力（accessibility）、能源价格的可负担能力（affordability）、环境容量可接受能力（acceptability）。作为能源安全战略维护的路径选择，中国需要建立多元供应体系、还原能源商品属性、全方位加强国际合作、实现开放条件下的能源安全。具体做好以下部署。

1. 健全能源战略储备体系

能源战略储备制度是建立国家能源安全应急机制的重要组成。根据中国能源结构的特点，从国内外应对能源安全的经验来看，能源战略储备制度的基本定位应在于提高能源供给的安全性、可靠性、经济性，提高国家在变动的经济格局中

处置能源经济波动和突发性事件的能力，降低能源市场剧烈波动对社会经济的强烈冲击。

为促使能源战略储备制度的有序发展，制定科学的国家能源战略储备规划是不可替代的工具手段。中国制定能源战略储备规划，应由政府统筹规划，科学论证，合理布局，分步实施，逐步扩大储备规模，形成符合中国国情的能源战略储备体系。在国家能源战略储备规划中，明确划定重要能源资源国家规划区、重要经济价值矿区、确定特殊的能源品种，实施统一规划和保护性开采。应有计划地将那些勘探好或开发好的油气田、矿山封存或减量开采，或把开采成本高于进口价的边际性油气田、矿山等作为探明储量储备于地下，暂时不予开采，以作为战略储备资源。其中，就煤炭资源而言，必须改变目前中国煤炭资源无序开采和盲目扩大出口导致优质资源外流的状况，立足优质煤炭资源的保护性开发和在现阶段建立煤炭资源的战略储备制度。同时，在经济全球化特别是资源全球化的新形势下，中国能源供应需要在一个更加开放的体系中配置，煤炭资源供应的国际化延伸战略与资源保护性开采和储备战略，是当前中国煤炭资源开发最迫切实施的战略。

从各国建立能源储备制度的经验来看，纯粹的官方能源战略储备体制，能源储备调用迅速，但国家资金占用量大，管理程序非常复杂，且灵活运用市场机制时提高管理效益的能力明显较弱。对比政府储备与企业储备相结合的模式，从中国国情和能源供需现状来看，建立政府储备和民间企业储备相结合的模式具有更强的可行性，而且，发动民间企业能源储备不失为提升中国能源战略储备能力的一条途径。政府可以通过财政、税收、金融等调控手段支持企业进行能源战略储备设施建设。中国能源战略应当兼顾安全、经济、可靠等多方面的约束要求，能源储备基地应分散布局，储备方式上因地制宜。

2. 构建预警与应急机制的组织体系

就能源安全预警与应急来说，中国必须建立一个"职能明确、责权分明、运行灵活、统一高效的危机管理体制，并用法制化的手段明晰政府各职能部门各自的职责，以实现危机应对时这些部门间的高效协调运作"。因此，能源安全预警与应急机制中组织体系的科学与否直接关系到预防、处置和消除能源危机的效果。一个合理完备的能源安全预警与应急机制组织体系，应当由指挥决策机构、管理执行部门、参谋咨询机构、支持保障部门以及企业和公众组成。

首先，明确统领性的能源安全指挥决策机构。指挥决策机构是能源安全预警与应急机制组织体系的核心。指挥决策机构能不能在最短的时间内做出反应，有效地领导、指挥应急工作，是衡量能源安全预警与应急机制是否灵敏高效的关键。2005年6月，中国成立了由国务院总理任组长的国家能源领导小组，其作为国家能源工作的高层次议事协调机构，实际上是国家最高能源决策机构。2010年1月27日发布《国务院办公厅关于成立国家能源委员会的通知》，为加强能源战略决策和统筹协调，国务院决定成立国家能源委员会。这是目前中国最高规格的能源协调机构。2013年11月12日，中国共产党十八届三中全会公报指出，将设立中央国家安全委员会，完善国家安全体制和国家安全战略，确保国家安全。2014年4月15日上午，习近平总书记在主持召开中央国家安全委员会第一次会议时提出"总体国家安全观"，并首次系统提出"11种安全"。其中资源安全、核安全、生态安全等都与能源安全问题相互交织，未来是否将能源安全问题作为其统筹决策的内容还有待明确。故此，建立统领性的能源安全指挥决策机构有两种路径选择：一是在国家能源委员会设立更为具体的部门，协调国家能源安全管理工作。二是在中央国家安全委员会设立协调国家能源安全的决策管理部门（国家能源安全办公室）。目前，由国家能源委员会作为能源安全预警与应急机制的决策机构比较现实，但考虑到成立国家能源委员会的初衷主要是国家能源部大部制改革的过渡模式，其职能主要在国务院权属内。而能源安全的维护和保障还涉及军队和其他机构的协调，建议未来在中央国家安全委员会下常设专门的国家能源安全办公室。负责督办落实中央国家安全委员会有关能源安全的决定，跟踪了解能源安全状况，预测预警能源安全和重大问题，向委员会提出对策建议；一旦能源危机发生，能源安全办公室则成为处置能源危机的指挥中枢。

其次，明确管理执行部门。能源安全预警与应急机制的管理执行部门是指直接负责能源危机防范、监测和应对的职能部门或机构。它是能源安全预警与应急机制中的骨干和中坚力量，是能源安全预警与应急机制的直接行动力量。目前，中国涉及能源安全的管理执行部门包括国家发改委、国土资源部、商务部、环境保护部、国家能源局等十几个部委局，其中国家发改委是中国目前主要的能源管理部门。从国家发改委在中国各级政府中的地位，以及在能源管理方面的人员配备和机构设置的优势来看，各级发改委均应是中国能源安全预警与应急机制的主要管理执行部门。

再次，明确参谋咨询机构。能源危机的预警与应对涉及政治、经济、技术、法律等诸多专业知识和能力，往往需要外界提供智力支持。参谋咨询机构由各个领域的专家组成，专家可以为决策者提供专业的服务，使决策具有科学的依据，减少错误决策造成能源危机的发生和能源危机危害的扩大。因此，建立和完善政府序列之外的参谋咨询机构，是满足政府需要，提高政府应对能源危机的有力保障。参谋咨询机构的职责应包括：开展应急工作管理模式，能源危机预测、预防、预警和应急处置等事项的科学研究；了解、掌握国内外应对能源危机的相关知识和信息，以提供咨询服务；预测能源危机的发生、发展趋势，提出启动和终止能源安全应急预案的建议；指导、调整和评估能源危机的应急处理措施；参与能源危机应对工作的总结评估并提交评估报告；等等。

最后，明确支持保障部门并引导企业与公众参与。支持保障部门主要包括以下行业和业务主管部门，即交通、通信、公共工程、信息、商业、物资支持、卫生和医疗服务、搜索与救援、财政、经贸、红十字会、银行、保险公司、审计部门等。它们的职责是协助能源安全预警与应急机制的决策机构和管理执行部门的危机应对工作，提供人力、物力、财力等各方面的服务。应对能源危机离不开企业（尤其是大型能源生产和使用企业）与公众的参与，企业与公众是能源安全预警与应急机制组织体系的重要组成部分。企业与公众在应对能源危机中的责任主要包括：约束自身和监督他人可能影响能源安全的行为，及时向政府相关部门和机构报告能源勘探、生产、储备、使用等相关信息以及协助、服从政府各部门和机构在应急处置能源危机时所实施的有关能源生产、分配和使用方面的管制措施等。

3. 健全中国能源安全预警与应急的制度保障

健全的能源安全预警与应急制度体系，应包括能源应急预案制度、能源安全预警制度、信息沟通制度、应急保障制度和交流与合作制度。应急预案的管理主要包括：预案的编制主体采取适当的方式使政府工作人员、企业员工和公众便于了解预案的内容；根据能源生产和使用的发展变化及时调整、更新预案内容等。应急预案制度是能源安全预警与应急机制其他各项制度的基础，其他各项制度实际上都是对预案中相关内容的具体化和系统化后形成的。能源安全预警是指对辖区内的有关能源安全的数据进行调查，以建立能源安全预警系统，当收集到有关信息证明能源危机即将发生或者极有可能发生时，及时发布预警公告、宣布进入预警状态。能源安全信息沟通制度是指对有关能源危机信息的报告、接收、发布和处理等活动进行规制的一系列规范组成的有机整体。信息沟通制度涉及信息的报送与处理、信息公开与发布等内容。能源安全应急保障制度是指对应急资金的筹集、管理与使用，应急物资的生产、储备、管理与使用，人员的培训与演练等活动进行规制的一系列规范组成的有机整体。

4. 健全能源安全交流与合作制度

能源危机影响的广泛性和复杂性，使能源生产者与消费者之间、政府机关与企业之间、部门之间、各地区之间、各国之间，以及国家和国际组织之间的交流与合作成为必然。只有加强各方的合作，才能应对能源危机的挑战，才能取得各方满意的结果。能源相关各方这种交流与合作包括国内和国际合作两个方面，涉及能源信息交流、能源共同开发以及共同制定能源政策等方面的内容。能源安全交流与合作制度旨在明确能源相关各方在交流与合作中的权利与义务，规范交流与合作的活动，以建立应对能源危机的交流与合作长效机制。

（六）完善法律体系和财税体制，创造能源市场制度环境

加强法律法规建设，如尽快出台"能源法"；加快制定石油、天然气、原子能等单行法；修改现行《电力法》《矿产资源法》《煤炭法》《节约能源法》等能源单行法中部分不符合实际的内容。同时，加快能源行业财税体制改革，包括取消不合理的补贴，建立公平有效的能源财政补贴；改革现行能源税制，建立广覆盖、多环节的综合税收调控体系，尽快择机开征碳税，全面推进资源税改革，将开征能源环境税作为中长期的目标导向，并将燃油税以及排污费和污水处理费"费改税"后并入能源环境税中，在提升税率的同时，健全能源环保税收优惠措施。具体法律政策本书第十一章开展了具体论述，故这里不再展开。

《中共中央关于全面深化改革若干重大问题的决定》提出，要紧紧围绕建设美丽中国深化生态文明体制改革，加快建立生态文明制度，健全国土空间开发、资源节约利用、生态环境保护的体制机制，并对改革生态环境保护管理体制做出了具体部署。2015 年版《环境保护法》的实施，更为改革提供了法治保障。因此，要以生态文明建设作为顶层设计理念指导实践，通过技术创新、体制创新、重大工程建设和政策法规及标准体系建设支撑和保障能源生产与消费革命。协调能源、资源、环境领域的统一立法，以法制建设推动体制机制的改革。抓当前突出矛盾，建立适合中国国情和特色的配套制度和机制。

第十三章 能源生产消费革命的支撑与保障总体建议

一、以生态文明建设理论与实践推动能源生产消费革命

党的十八大描绘了全面建成小康社会、加快推进社会主义现代化的宏伟蓝图，对能源供应保障和科学发展提出了更高要求。党的十八大把生态文明建设列入中国特色社会主义建设总体布局，对能源工作赋予了重要使命，提出大力推进生态文明建设，推动能源生产和消费革命，支持节能低碳产业和新能源、可再生能源发展，建设美丽中国。建设生态文明是顺应世界潮流的战略选择，实现绿色低碳发展已成为世界范围内可持续发展的核心议题。而推动能源生产和消费革命是建设生态文明、实现绿色低碳发展的重要支柱和突破口，也意味着能源领域的根本性变革。新的能源革命将催生"第三次工业革命"，引发经济社会由"工业文明"向"生态文明"过渡。在此国际形势下，国内能源发展面临资源环境制约日趋强化的新形势，能源供求体系需要革命性变革。从"变革"到"革命"，凸显出能源生产与消费方式不得不变的紧迫性和重要性。"革命"就是要产生更大的变革，就是指把过去的推翻，建立一个新的体系。能源的"革命"就是在生产和消费方式上发生更大的转变。"革"的就是旧的生产和消费方式。旧的生产与消费方式要发生转变，建立新的适应形势的方式。主要是提高可再生能源、低碳能源的比重。因为现在的能源生产与消费所产生的污染已经临近，有的地方甚至已经超过了环境容量，没法再发展下去，到了不得不变的地步，产业结构和行业结构都要调整。"革命"是旧的能源生产和消费方式面临的必然选择。

能源生产与消费革命必须以生态文明建设理论为指导。总体而言，生态文明建设在理论层面包含三个维度，即生态意识文明建设、生态制度文明建设、生态行为文明建设。

生态意识文明建设观念是行动的先导。生态意识文明是社会主义生态文明的第一个层次。生态意识文明是人们正确对待生态问题的一种进步的观念形态，包括进步的意识形态思想、生态心理、生态道德以及体现人与自然平等、和谐的价

值取向。它旨在引导决策者与全社会拒斥人类中心主义意识，学会理解自然和尊重自然，逐渐确立人与自然一体。生态文明是人类文明的更高层次，体现在以人与自然和谐为取向的生态价值观、生态伦理观、资源开发与消费观。

生态制度文明建设制度是行为的保障。社会主义生态文明的第二个层次是生态制度文明。生态文明观指导下的制度，不仅调整人与人之间的关系，而且调整人与自然之间的关系，强调人类社会与自然界的依存关系，以良好的制度约束人的行为，实现社会制度对生态文明的保障。生态制度文明是指人们正确对待生态问题的一种进步的制度形态，包括生态法律、制度和规范。它涉及经济、政治、文化、社会和生态建设等各领域，旨在建立和完善有利于建设生态文明，促进人与自然和谐目标实现的法律、政策、规则等制度体系，并增强决策者和全社会的制度意识，形成良好的生态制度文化。这是我国生态文明建设的基本保证。

生态行为文明建设行为是规范的结果。生态文明的第三个层次是生态行为文明。生态行为文明是在一定的生态文化观和生态文明意识指导下，人们在生产和生活实践中的各种推动生态文明向前发展的活动。它旨在引导决策者和全社会以生态意识文明为指导，以生态制度文明为准则，以促进人与自然和谐为目标开展生产生活实践活动，包括在近期基本形成节约能源资源和保护生态环境的产业结构、增长方式、消费模式，包括坚持生态正义，实施生态补偿等。这是我国生态文明建设的关键，也是根本。

根据上述生态文明建设理论，能源生产和消费革命不是一场运动，而应建立起长效机制保障改革深入推进。建立长效机制更多的要依靠市场，增加市场的主导性，让市场主动地调整，同时辅助以行政手段。通过市场手段去促进和激励，充分运用财税的杠杆作用，形成对企业能源消费的倒逼机制，既使企业不得不做出生产方式的调整，又使企业能够在调整中获得好处，形成一个良性发展。当然，长效机制的建立也离不开行政手段，需要有必要的强制性。同时，健全相关法律法规也是必要的。在推进能源生产与消费革命中要依法行政、依法治企，用法律来约束市场行为和政府行为。

国家《能源发展"十二五"规划》中对 2015 年能源消费总量控制在 40 亿吨标准煤的指标属性定位为预期性指标，并不是约束性指标。但已形成倒逼机制让大家更加注重发展质量，而不是靠简单的规模扩张去发展经济。能源消费总量控制是一个过程，需要时间和大量的配套措施来落实。从微观层面论，在消费侧方面，要加强节能和能效管理，通过价格、峰谷差价等措施，保持合理的比价关系。可以通过价格加码，或者提高能效标准来控制能耗。生产侧方面，要实现清洁生产，通过技术创新提高资源勘探开发的效率，提高生产过程和产品的能效水平。从宏观层面论，产业结构也要调整，高耗能、高污染产业要逐步减少，提高高效低碳产业比重。从消费侧来讲，可以说智能化、可视化、即时性的信息技术极大地改变了能源的利用形式。以电力为主的能源传输可以更加方便快捷，分布式能源可以大量使用。新一代信息技术使能源利用方式更加便捷，而且不受距离的影响。电力的使用方式更加灵活，对基础设施的要求也大大降低，减少了征地、建设等成本。供应侧方面，生产调度可以通过网络信息技术来实现，既快捷又准确，降低生产所需的能耗。

二、推动能源生产和消费方式革命应努力实现的转变与着力点

改革开放以来，我国能源生产快速增长，保障了国民经济持续快速发展。但我国资源禀赋差，能源消费增长快，能源对外依存度不断攀升，环境压力不断增大，传统能源发展方式难以为继。在新的发展时期，我国能源面临的最大课题就是必须全面贯彻科学发展观，切实推动能源生产和消费方式革命，真正构建安全、稳定、经济、清洁的现代能源产业体系，实现中华民族能源资源的永续利用。

多年来，我国能源生产快速增长，实现了煤炭、电力、石油、天然气、可再生能源和新能源的全面发展，能源自给率保持在90%以上，保障了国民经济持续快速发展。2012年，我国一次能源生产总量达到33.1亿吨标准煤，居世界第一。其中，原煤产量36.5亿吨，原油产量2.04亿吨，天然气产量1 065亿立方米。从发展的轨迹可以看出，无论是经济发展对能源的依赖，还是能源对经济发展的约束都越来越明显。

我国能源资源禀赋差。截至2011年，煤炭剩余探明可采储量为1 145亿吨，约占世界的11.5%，居世界第4位；石油剩余探明可采储量为24.3亿吨，约占世界的0.9%，居世界第14位；天然气剩余探明可采储量为2.9万亿立方米，约占世界的1.5%，居世界第14位。我国人均能源资源远低于世界平均水平，煤炭、石油、天然气的人均占有量分别仅为世界平均水平的67%、5.4%、7.7%。

我国能源消费增长快。从2000年到2011年，我国能源消费总量从15.61亿吨标准煤猛增到34.8亿吨标准煤，居世界第一，占世界能源消费总量的20%。2011年，我国消费石油4.7亿吨，成为世界第二大石油消费国；消费天然气1 305亿立方米，已成为世界第四大天然气消费国。2011年油气消费的增长，相当于当年世界油气新增产量的25%，新增石油进口量占世界石油新增产量的63%。2012年，我国一次能源消费总量已达到36.2亿吨标准煤。但能源利用效率并不高，2011年，我国GDP约占世界的8.6%，但能源消耗约占世界的19.3%。我国单位GDP能耗是世界平均水平的2倍、美国的2.4倍、日本的4.4倍，也高于巴西、墨西哥等发展中国家。

能源对外依存度不断攀升。2011年，全国一次能源净进口5.3亿吨标准煤，比上年增长12.9%。石油净进口2.66亿吨，对外依存度达到56.7%。天然气净进

口量为 281.8 亿立方米，对外依存度为 21.56%。2012 年石油对外依存度可能达到 58%，天然气对外依存度可能超过 29%。有专家预测，按以往的消费年均增长速度，2030 年石油对外依存度可能接近 70%，天然气可能接近 40%。

环境压力不断增大。目前，我国是世界第一大能源消费国，也是世界最大的 CO_2 排放国。数据表明，在我国 SO_2、NO_x、烟尘和 CO_2 等污染物排放中，相当的比重都源于煤炭。空气中的固体颗粒物绝大部分是由能源生产和消费活动造成的。因此，必须通过提高清洁能源、新能源在一次能源消费中的比重，来优化能源消费结构。可以预见，在未来几十年以至更长的时间，新能源和替代能源会迅速发展，但我国能源消费以化石能源为主的格局很难从根本上改变，这就对化石能源的清洁发展赋予了重大历史责任。

传统能源发展方式难以为继。我国经济发展对能源的依赖度较高。改革开放前 20 年，能源消费翻一番，支撑了 GDP 翻两番；进入 21 世纪的前 10 年，能源消费翻一番，支撑 GDP 增长了 170%，即翻 1.4 番。按照这个增速关系，2020 年能源消费总量将超过 55 亿吨标准煤，对资源环境和国家能源安全造成巨大压力。未来，我国靠高耗能支撑快速发展的路子已经走不下去了。

在新的发展时期，我国能源面临的最大课题，就是必须全面贯彻科学发展观，切实推动能源生产和消费方式革命，真正构建安全、稳定、经济、清洁的现代能源产业体系，实现中华民族能源资源的永续利用。

推动能源生产和消费方式革命，应努力实现六个转变。

一是从着力提高能源保障能力转变到在着力提高能源保障能力的同时，更加注重用战略和开放的眼光构建能源安全体系。

二是从敞口式消费能源，转变到科学管理能源消费，"调结构，转方式"，节约能源资源，提高能源效率，遏制能源消费总量过快增长。

三是从过度依赖传统化石能源，转变到优化能源结构，努力实现能源清洁化利用，增加新能源和可再生能源的比重。

四是从依靠高耗能支撑经济快速发展，转变到更多依靠科技创新和体制创新，提高能源发展质量和效益，实现以更少的能源消耗支撑更多的经济增长。

五是从主要关注能源对经济发展的贡献，转变到同时更加关注能源对民生改善的作用，努力提高普遍服务水平，让能源发展成果更多地惠及全国人民。

六是从重能源开发利用，转变到开发与保护并重，促进能源绿色转型，实现与经济、社会、生态环境协调发展。

推动能源生产和消费革命，应牢牢抓住五个着力点。

第一，进一步提高能源保障能力。要科学规划煤、电、油、气、核及新能源的发展利用。立足国内，依靠技术创新，增强油气供应保障能力，科学、有序、高效开展油气勘探和开发利用。充分利用油气资源相对充足的有利条件，用更加世界和开放的眼光，构建更加安全稳定的能源保障体系，更好地利用"两种资源、两个市场"，实现安全不间断的能源供应。

第二，控制油气消费过快增长。到2020年，争取把一次能源消费总量控制在48.5亿吨标准煤以内。这一指标相当于日本2011年人均能源消费2/3的水平，但真正实现难度很大。这里最重要的是调整产业结构，转变消费方式。要强化节能意识，发展节能产品，推广节能技术，倡导节能型生活方式。要强化制度规范和政策引导，既要提高能源普惠服务的水平，又要体现对稀缺性资源的节约导向和价值。形成机制，对消费总量实施有效控制。到2030年左右，力争把能源消费稳定在一定的水平上。

第三，切实提高能源效率。提高能源效率潜力巨大。要大力调整产业结构，化解产能过剩的矛盾。大力推进技术进步，制定分产业能耗技术标准，淘汰高耗能技术装备，产业和经济政策都要向节能技术与产品倾斜，通过结构节能、技术节能、管理节能提高能源效率。重视分布式能源的规划和推广，开辟能源生产和消费的新途径。深入开展石油和化学行业能效"领跑者"活动，全面提高节能降耗的水平。

第四，推动能源绿色发展。走绿色低碳发展之路，是能源发展的大势所趋。要清洁、高效、可持续地开发、转化和利用化石能源，加快天然气，包括非常规天然气的发展。支持新能源、可再生能源发展。切实搞好石化园区建设，搞好页岩气示范区建设，破解制约煤层气发展的瓶颈，超前研究探索 CO_2 技术和水合物技术，实现创新驱动与绿色发展相互促进。

第五，提高能源管理水平。主要包括：加快能源立法；完善和编制国家能源战略与规划；建立更完备的标准体系，提升标准制修订总体水平；健全和规范能源统计管理体系，建立系统、准确、完备、共享的国家能源信息系统；改进政府管理，强化能源管理职能，建立专业、高效的监管体系；继续深化改革，充分发挥市场的决定性作用，发挥好价格、税收等手段对能源经济的杠杆作用；等等。总之，能源带给我们的问题是深刻的、严峻的，带有很大的挑战性，需要我们共同关注。

三、推动能源生产与消费各技术领域的分类建议

（一）加强煤分级转化与多级利用

1. 加强煤分级转化与多级利用科技创新与体制创新

现有产业布局和学科发展没有充分体现煤炭既是能源又是资源的理念，对煤炭资源化利用的科技创新动力不足。在煤炭资源化利用方向上，科技、教育与经

济的衔接不紧密，甚至在某些领域相互隔离，没有形成相互支撑、相互促进的协同发展态势。

国家应进一步加强科技体制创新，充分发挥高校等研究机构的多学科交叉和多种创新要素的集聚效果，加强有组织的合作创新活动和产学研用的有效分工协作，促进高校和研究机构的原始创新与企业投入为主的应用技术创新紧密结合。

在煤炭高效转化与近零排放系统技术发展过程中，加强企业和研究机构的合作，以保证技术创新有源泉，技术发展有动力，新技术能够不断发展。

2. 加快煤分级转化与多级利用技术研发与工程应用

进一步明确煤炭高效清洁利用技术是今后煤炭利用的重要方向。将煤炭高效转化与近零排放系统作为重点规划内容，并作为我国重点支持的产业方向列入高新技术产业目录。在近期和中期重点技术发展规划中，安排其相关核心技术的研究、开发及推广应用。建议重点安排煤炭分级转化利用系统、IGFC 系统、粉煤灰提取氧化铝等示范工程建设。

促进电力、化工、煤炭等企业融合，促进产业推广应用，制定与煤炭分级转化利用系统及其产品相关的健康、安全、环境的法规及技术规范。协调各方利益，打破行业保护，实现电力市场公平竞价上网，低成本低污染电力优先上网。

打破行业分隔，促进电力、化工、煤炭等企业的相互融合，推进煤炭分级转化利用等先进技术的示范和应用。

3. 出台引导政策，调动企业创新技术研发与应用积极性

政府通过科技投入、项目审批、财政、税收、价格、金融等一系列政策倾斜，鼓励企业积极投入资金，牵头参与煤炭清洁高效利用技术等重点技术的研究、开发及工业示范。

4. 完善煤分级转化与多级利用标准体系

煤分级转化与多级利用涉及能源、化工、冶金、建材多个行业，如何建立跨行业的标准和设计规范是需要解决的关键技术问题。要抓紧研究煤炭资源化利用发电系统工业应用需要的设计规范和标准，能源、化工、冶金、建材行业已有设计规范和标准的修订，以及跨行业的新标准和设计规范建立。

（二）推动污染物综合脱除与资源化回收

1. 分阶段实现燃煤污染物近零排放

在燃煤污染物综合高效脱除方面，促进污染物控制从单一污染物治理向多种污

染物协同减排转变，制定污染物排放阶段性目标，实行分阶段污染物协同高效控制政策。第一阶段实现燃煤电站污染物排放达到燃气轮机标准，鼓励推广应用 SCR 高效脱硝技术、高效除尘技术、高效脱硫协同硝汞控制及湿式静电深度脱除技术，达到排放标准颗粒物≤5 毫克/标准米^3，SO_2≤35 毫克/标准米^3，NO_x≤50 毫克/标准米^3，汞≤0.005 毫克/标准米^3。第二阶段在燃气轮机排放标准思路基础上，添加 O_3 等活性分子，推广应用活性分子多种污染物协同脱除技术，并结合湿法高效脱硫协同硝汞控制技术，实现 NO_x、汞及 SO_2 等污染物的深度脱除，达到更高的排放标准颗粒物≤3 毫克/标准米^3，SO_2≤20 毫克/标准米^3，NO_x≤20 毫克/标准米^3，汞≤0.003 毫克/标准米^3。第三阶段在前两阶段的基础上，进一步推进新型廉价 CO_2 吸收技术，保障 CO_2 捕集率达到 50%~90%，CO_2 排放达到排放率≤7%的标准，同时大幅度降低 CO_2 捕集成本，最终实现大气污染物近零排放。

2. 大力推进燃煤污染物资源化利用

在燃煤污染物近零排放的基础上，加强推进污染物资源化回收利用。鼓励污染控制技术从传统的高消耗、高排放、低效益污染治理模式向低消耗、低排放、高效益治理模式转变。试点应用并规划发展可行的资源化脱硫技术，实现硫、氮化合物的资源化利用。严格污染物控制设备的运行监管和监测规范，采取更严格的手段，在保障污染物近零排放的基础上，通过技术集成及综合治理，实现污染物资源化回收利用，变传统污染控制方式为资源节约、环境友好的低碳、绿色污染物资源化回收利用新方式。

通过实施燃煤大气污染协同高效脱除和资源化利用战略，大幅度降低环境空气中各种污染物排放，参考国外先进技术推广模式，采用可行的多污染物协同控制和资源回收利用技术，最终实现污染物近零排放及资源化回收的最终目标。

3. 促进多行业污染物共同减排

鼓励除煤炭以外多个行业污染物近零排放的共同发展。首先规范工业锅炉、水泥、有色金属、煤化工等领域的污染物排放标准编制；其次加强污染物深度脱除协同控制及污染物资源化回收等新技术在多领域的研究与开发，在实现环境友好型发展的同时提高能源利用效率，实现能源高效利用及污染物近零排放；最后进一步加强各行业运行监管，对多行业进行排污评价，规范多行业排污费以及补贴政策的有效实行，引导各领域污染物减排技术的发展。

4. 加强污染物共同减排政策与体制建设

要加强科技创新与体制创新，大力提高自主创新能力，发挥科技支撑引领作用，加大原创性技术研发支持力度，坚持原创性技术创新驱动、服务发展。鼓励产学研用相结合，加快先进技术的产业化，改革科研成果评价体制，鼓励开展具有产业应用前景的科学研究，同时建立基础研究、应用研究、成果转化和产业化紧密结合、协调发展机制。鼓励产学研的联合研发，大力支持煤炭资源化利用环保产业发展，并着力把煤炭资源化利用的政策要求有效转化为产业发展的市场需求，促进燃煤污染物全方位协同控制并实现环保产业的循环经济发展。

针对污染物排放评价体系，首先亟须开发适用于污染物控制装备评价的指标、体系及方法，对污染物控制装备运行情况给出适当的评价，促进污染物减排，同时对于污染控制措施的效益分析，鼓励副产品回收效益。其次是电价补贴效益，并进行排污费收取，根据现行的电价补贴政策规定，脱硫电价补贴为1.5分/千瓦时，脱硝电价补贴为1分/千瓦时，除尘电价补贴为0.2分/千瓦时。现行的《排污费征收标准管理办法》规定，SO_2 和 NO_x 的排污费标准为0.6元/当量，亟须在此基础上进一步发展电价补贴政策及排污费收取政策，大力促进多种污染物共同减排。

（三）推动油气供给与消费革命

1. 改革油气供给与消费方面的财税政策

推动我国油气供给与消费革命，必须改革现行的部分财税制度，包括合并相关资源类税费，实行从价计征，建立差别税率；启动及扩大对非常规天然气的财税政策支持；减免管道气和LNG进口环节增值税；减少或取消过多行政性收费，积极推进油气税费制度向规范、稳定、法制化过渡。

第一，合并相关资源类税费，实行从价计征，建立差别税率。建议借鉴市场经济国家通行的做法和遵从"简税制"的原则，在对国内外油气税收制度进行比较研究的基础上，改革现行资源税费制度，继续保留探矿权采矿权使用费与价款的收费制度，把现行的矿区使用费、矿产资源补偿费、资源税和石油特别收益金合并，统一征收资源税，实行从价计征。从天然气的清洁性和我国支持天然气的利用来讲，可以适当降低天然气的资源税征收率，且不实行浮动征收率。同时，科学划分天然气资源等级，扩大不同等级、不同品质资源的级差收益，以加强对优质资源的合理保护、高效开采和对低品质资源的开发，减少单纯追求利润、浪费资源的现象发生。此外，应该调整资源税费征收方式，合理分配中央与地方收益。资源税费的调整和提高直接关系到油气资源收益在中央和地方的分配比例。既要保证中央的财政收入，又要不影响地方政府的积极性，保证石油矿业秩序的稳定和环境的治理。因此，要深入研究油气资源税调整和提高的合理水平，确定油气资源税费收益中中央与地方的合理分配，特别是在资源税费合并的情况下，应当确定中央与地方对资源税收入的合理分配比例。考虑到我国的实际情况，建议把资源税改为共享税，分别上缴地方和中央，在二者的分配比例中地方高于中央。

第二，启动和扩大对非常规天然气的财税政策支持。建议对"三低"天然气的勘探开发比照现行煤层气产业发展的优惠政策。在所得税方面，对"三低"天然气资源开发，允许在所得税前提取折耗准备金，专项用于资源的勘探和开采，并允许采用加速折旧法计算所得税，以确保投入资金的及时回收，促进资源的有效开发利用；资源税方面，对"三低"天然气暂不征收资源税；增值税方面，对"三低"天然气勘探开发企业销售天然气，采用5%的低增值税税率，或实行先征后退政策，即先按13%征收，后按8%退还，所征收的5%归地方财政。进一步加大煤层气开发财税政策支持力度。具体包括：一是，利用所得税研发费用加计扣除、技术转让免税等手段推动煤层气勘探和开发的技术创新。二是，利用投资抵免所得税、加速折旧、相关税收减免等手段鼓励煤炭生产企业先采气、后采煤，促进煤层气运输管网建设等。三是，利用所得税费用加计扣除的手段倡导煤层气的优先和有效利用。四是，建立煤层气发展基金，将排放煤层气视为排污，按一定的标准收费，纳入煤层气开发利用项目基金，而开发煤层气的企业，可按开采利用煤层气量标准使用该项基金开展技术研究。

第三，制定优惠税费政策，激励页岩气开发。借鉴美国页岩气开发的成功经验，参照国内煤层气开发的优惠政策，研究制定页岩气开发税费优惠政策。例如，对页岩气开采企业增值税实行先征后退政策，企业所得税实行优惠政策；页岩气开发关键设备免征进口环节增值税和关税；对页岩气开采进行补贴；对关键技术研发和推广应用给予优惠政策，如相关费用可抵税等。

2. 推动油气供给与消费方面的体制机制改革

我国目前油气行业监管由政府部门根据各自分工负责管理，涵盖了上中下游，包括资源、市场、技术安全标准等各个方面，通过法律法规、政策，以及行政隶属关系实现对油气行业的管理。进入21世纪以来，鉴于油气行业的快速发展，在市场经济制度和全球竞争的环境下，我们需要加强油气行业监管研究，建立相关法律制度和政策条例，按照现代监管理论重塑国家油气行业管理体制和机制。打破垄断，鼓励企业公平竞争，促进产业发展，提高资源利用的总体效益。

第一，建立适应社会主义市场经济特征、符合现代监管要求的法律体系。我国油气行业监管法律体系建立的基本原则包括：一是以现代规制经济学的基本理论为指导，确定法律调整范围和现代管制结构；二是要处理好管制与鼓励发展的关系，立法要有利于促进天然气的有效开发和利用；三是处理好天然气行业各类参与者之间的利益关系，包括投资者、经营者和消费者之间，以及勘探开发、运输、配送各环节经营者之间的利益关系。未来天然气立法的基本内容应该包括：

国家对天然气行业发展的总体方针、政府规制的基本原则和政策；法律采取的基本模式；建立监管机构的原则及监管机构的性质、职能、组织结构（特别是要明确中央和地方监管机构的设立方式及其职能划分）等；对天然气行业不同领域的利益平衡做出原则性规定；规定天然气长距离运输管道和配气管网建设的条件；规定天然气下游市场准入条件和企业资质；阐明天然气定价政策及定价机制；规定输、配企业的行为准则、经营规范、服务标准及管道路由权协调的基本原则等。"天然气法"或"石油天然气法"不仅是建立现代监管制度的基础，也是天然气行业吸引外部投资，促进天然气市场发育的制度保障。就法律层次来说，目前宜从二级法律入手，即先制定国务院管理条例，待条件成熟再上升为一级法律。

第二，建立集中、统一、独立的监管委员会，并赋予其完善的职能。建立监管委员会应在分离政府制定政策职能与监管职能，并在彻底剥离国有油气公司现有的行政和监管职能的原则下，界定监管委员会的职能并授予权力。其主要职能包括项目审批、市场准入监管、管网第三方准入和普遍服务监管、价格监管、服务质量监管、与邻国监管机构就跨国管道事宜进行沟通及安全、环保等技术监管。

第三，对自然和非自然垄断领域采取不同的管制方式。对天然气行业区分为自然垄断领域和非自然垄断领域，在非自然垄断领域逐步放松管制、充分发挥市场的决定性作用；而在市场失灵的自然垄断领域，以现代监管替代市场机制，建立公平竞争的市场环境。

第四，监管政策要鼓励对天然气基础设施的投资。建立现代监管体系的国际经验证明，天然气行业发展到需求增长缓慢、城市配气系统发达、长输管网相互连接的成型期适宜引入现代监管体制。在监管体制机制建设中，应鼓励加强天然气市场基础设施建设，包括输送管网、储存设施和配送网络建设。

3. 推动油气供给与消费方面的科技创新

第一，采用多种技术获取模式，加快油气技术发展步伐。综合考虑我国的技术基础、发展目标、国内外技术拥有者情况等因素，在关键技术的获取方式上主要分为四类：第一类是我国研究基础好，国外有成熟技术但对外采取技术壁垒的技术，建议采用自主研发模式；第二类是我国尚未开展过研究，国外有成熟技术但对外采取技术壁垒或者引进成本太高的技术，建议采用气田对外合作开发和技术自主研发并重的模式；第三类是通过购买或并购国外公司可以获得的技术，建议采用引进并购模式；第四类是基础研究和天然气水合物等储备技术，建议采取和研究院所合作研究的模式。

第二，继续深化技术发展战略研究，以科学发展观引导油气行业发展。油气技术发展战略：一是突出适用性原则，即适用的技术才是好技术，而非最先进的技术才是好技术；二是低成本战略，石油与天然气的发展受政策、价格等的影响，应用技术创新降低成本是国外油气勘探开发的一贯做法；三是可持续原则，低碳经济的快速发展为油气发展提出新课题，应以超前的战略思维布局天然气技术发展战略。

第三，增加科技投入，确保技术研发的稳定连续支持。对技术的研发投资应该做好长期的准备。在课题设置、经费投入方面加大对关键技术的支持力度，并积极争取国家研发投资支持和其他企业共同合作研发，共同承担风险和利益，促进科技成果的尽快转化利用。

第四，重视天然气业务人才布局，大力培养天然气技术专家和骨干人才。在满足天然气业务发展战略的前提下，突出科技人才队伍的能力建设和素质建设，完善人才引进机制、人才流动机制和人才培养机制，重点加强高层次、急需和紧缺人才的引进和培养，使油气业务人力资源发展所面临的核心骨干人才短缺的问题得到缓解，全面保障油气供给体系的发展。

（四）推动核能的革命性发展与利用

1. 加强核安全法律法规建设

抓紧研究制定原子能法和核安全法，加快制修订核安全行政法规、部门规章和标准，力争到"十二五"末，建成比较完整的核与辐射安全法规标准体系。完善核安全监管部门对相关工业标准的认可制度，强化相关工业标准与核安全法规导则的衔接。加强核安全管理和政策研究，适时发布核安全政策。

2. 全面加强核能发展管理

进一步增强核安全监管部门的独立性、权威性、有效性。明确和强化核行业主管部门、核电行业主管部门的核安全管理责任，加大核行业主管部门对包括科研院校在内的全行业管理力度。完善应急机制，把应急管理与日常监管紧密结合，充分发挥各涉核部门的职能作用和核企业集团公司的专业技术优势，细化涉核企事业单位的主体责任。加强政策引导，形成由国家投入为牵引、企业投入为主体的核安全技术创新机制。加大研究费用的投入力度，纳入国家科技发展管理体系。行业主管部门将核安全要求作为制定相关产业和行业发展决策的重要依据，确保发展与安全的协调统一。完善核安全监管部门与行业主管部门在制定行业发展战略、规划，以及项目前期审批和安全监管中的协调机制。建立行业主管部门、核安全监管部门与气象、海洋、地震等部门的自然灾害预警和应急联动机制。优化核安全国际合作体系，实现国际国内工作的协调统一，进一步加强和深化核安全领域与国际组织的交流与合作。

3. 创新核电发展科研体制机制

完善与我国核电发展相适应的行业管理和安全监管体系，提升行业管理与安全监管能力和水平。完善符合市场规律的核电投融资机制。不断完善核电企业管理制度，规范企业法人治理结构，逐步推动国内技术力量和设备制造企业优化重组。按照社会主义市场经济发展的总体要求，建立符合市场规律的电价形成机制，使上网电价与燃煤火电相比具有竞争力。完善核电厂运行与技术服务体系，提高安全、稳定运行水平。建立核燃料生产和后处理的专业化公司，形成与世界接轨的核燃料价格体系，提供可靠的燃料保障和后处理等相关服务。

4. 加强人才队伍培养

制定满足核能与核技术利用需要的人力资源保障规划，加大人才培养力度。搭建由政府、高校、社会培训机构及用人单位共同参与的人才教育和培训体系，加强培训基础条件建设，实现人才培养集约化、规模化。在核安全相关专业领域开展工程教育专业认证工作，加强高校核安全相关专业建设，进一步密切高校与行业、企业的联系，加快急需专业人才培养。完善注册核安全工程师制度，加强核安全关键岗位人员继续教育和培训工作。完善核安全监督和审评人员资格管理制度及培训体系。完善人才激励和考核评价体系，提高核安全从业人员的薪酬待遇，吸引优秀人才进入核安全监管部门和核行业安全关键岗位，促进人才均衡流动，保证核安全监督、评价和科研的智力资源。

5. 积极提高核能公众接受度

在项目周期的不同阶段逐步引入公共参与机制，特别是在重要决策制定过程中，可以通过民意调查、座谈会、听证会等方式让公众参与核电建设过程。在公众参与过程中，政府或企业应认真解答公众特别是利益相关者的疑问、忧虑。要注意区分不同文化背景、知识水平的人群，采用适合的公众参与方式。公众参与，重在平等和尊重，要使公众真正表达自己对项目正面的和负面的期望、态度，为决策的制定提供可靠的依据。创新科普宣传模式，全方位、立体式开展核电科普宣传，充分利用街头展版宣讲方式、报纸电视科普专栏方式、科普网站或政府官方网站等传统方式，重视微博、博客等新型媒体的开发。

6. 努力开辟新的投资渠道、优惠政策

为实现国家 2050 年核电战略目标，更好地建设实施我国先进核能系统、一体化海外核电工业体系基地建设工程，要尽快加强我国核电发展政府投入的统筹协调，以及相关工作的战略规划和组织管理。第一，在国家能源委员会下设核电发

展管理分委会，成员由国家能源委员会相关领导、国家发改委（国家能源局）、工业和信息化部（国家国防科技工业局）、环境保护部（国家核安全局）、科学技术部、外交部、商务部等部门领导组成；第二，核电发展管理分委会下设办公室，设在国家能源局（核电司），重点在协调我国大型先进压水堆和先进核能系统建设的基础上，统筹协调核电产业的综合性开发利用规划、政府投资、核电厂址开发与保护、核电及相关产业装备自主化、重大项目建设与管理等；第三，充分发挥政府导向作用，建立有效的经费保障机制，加大对核安全与放射性污染防治的财政投入，推动规划项目落实。落实好相关税收优惠政策，建立多元化投入机制，积极拓展融资渠道。完善核安全管理的资金管控模式。

（五）推动智慧能源网的发展

（1）确实落实智慧能源网所带来的新型产业的落地规划，创造就业机会，服务于民，真正为落实人口城镇化做努力。

（2）推行信息化能源管理平台和智慧水务网的建设，将之确实纳入城镇化基础设施的建设范畴，从而规范用户用能和用水行为，并提供稳定安全可靠的水/能供给。

（3）对用能区域进行合理规划，将之划分为对应的小区域，用分布式能源系统协调中央能源系统，对小区域进行可靠的能源供给。

（4）大力发展新型的热电联供和冷热联供系统，力争将对主网的依赖性降至最低，减少主网压力。

（5）大力推行中水回用技术和雨水收集回用技术，增强区域内水资源的循环利用，并且推行新型水处理技术，保证居民用水的安全性，与此同时，合理规划管网设计，增强水务网的应急性和可靠性。

（6）大力倡导绿色出行，加强对绿色交通的投入力度，合理布局补气站和充电站，推广新型混合燃气汽车和电力汽车。

（7）加强对废弃物的监管力度，做到废弃物的分类处理，"变废为宝"，用废弃物的二次利用，满足部分燃气和电力的需求。

（六）推动重点耗能产业结构调整及工艺革新

1. 推动产业结构调整和优化升级的科技创新与体制创新

第一，支持高附加值、高技术含量产品研发力度。加快传统产业技术创新，发展低能耗高附加值产业。加大先进技术、工艺和装备的研发，加快运用高新技术和先进适用技术改造提升传统产业，促进信息化和工业化深度融合，支持节能产品装备和节能服务产业做大做强。支持优势骨干企业实施横向产业联合和纵向产业重组，通过资源整合、研发设计、精深加工、物流营销和工程服务等，进一步壮大企业规模，延伸完善产业链，提高产业集中度，增强综合竞争力。

第二，支持耗能行业清洁能源替代的相关研究。对燃煤工业锅炉实现天然气改造和部分工业锅炉热电联产替代的可行性和经济性需要进一步研究，逐步实现相关技术的研发推广、示范推广、重点推广、全面推广，完善清洁能源替代利用的技术体系。加快天然气的开采与利用，为工业锅炉天然气替代提供燃料来源与保障，对于燃气价格高于燃煤导致的燃气改造经济动力缺乏的问题，应予以经费资助和政策支持。研究开发煤炭分级清洁利用技术，逐步推广 IGCC 技术等高效洁净能源利用技术。鼓励以热电联产替代部分工业锅炉。

第三，优化区域布局。调整钢铁工业"北重南轻"的布局，解决东南沿海经济发展迅速，钢材需求量大，长期供给不足的问题。改善部分地区钢铁工业布局不符合全国主体功能区规划和制造业转移要求的现象，使钢铁行业适应城市的总体发展要求。优化煤电布局，加快西部、北部煤炭基地煤电一体化开发，建设坑口电站群，推进输煤输电并举；在供热负荷落实地区，优先发展热电联产。落实国家区域发展总体战略和主体功能区战略，根据资源能源条件、市场需求、环境容量、产业基础和物流配套能力，统筹沿海沿边与内陆、上下游产业及区域经济发展，优化产业布局，满足各地区经济社会发展需求。综合考察跨省区企业的产业链排放，并且建立区域间排放转移的补偿机制。在较不发达的中西部地区，应提高环境标准并严格执行。

2. 推动产业结构调整和优化升级的基础建设与重大工程

随着节能减排意识的深入人心，节能工程以科学技术为依托，以政策法规作协调，将当前先进的能源高效利用技术、余热利用技术、多联产技术、节能改造工程等提高到重大工程的层面，在高能耗行业通过全面推广、重点推广、示范推广、研发推广等不同阶段的实施步骤，将这些工程纳入完整的工业节能体系之中，对工业节能做出了具有一定高度的指导作用。

加强工业节能技术研发和产业化示范。推动建立以企业为主体、产学研相结合的节能技术创新体系；推动组建以市场为导向、多种形式相结合的节能技术与装备产业联盟；支持国家级工业节能技术中心建设，围绕工业领域核心、关键和共性节能技术，组织开展技术攻关；鼓励企业使用首台（套）国产节能重大技术装备，加快产业化基地建设。

组织实施工业锅炉窑炉节能改造、内燃机系统节能、电机系统节能改造、余热余压回收利用、热电联产、工业副产煤气回收利用、企业能源管控中心建设、两化融合促进节能减排、节能产业培育九大重点节能工程，提升企业能源利用效率，促进节能技术和节能管理水平再上新台阶。区分锅炉运行效率和使用燃料等情况，重点推进中小型工业燃煤锅炉节能技术改造。淘汰结构落后、效率低、环境污染重的旧式铸铁锅炉；采用在线运行监测、等离子点火、粉煤燃烧、燃煤催化燃烧等技术因地制宜对燃煤锅炉进行改造；采用洁净煤、优质生物型煤替代原煤，提高锅炉燃煤质量，在天然气资源丰富地区进行煤改气，在煤、气资源贫乏的地区推进太阳能集热替代小型燃煤锅炉。

3. 推动产业结构调整和优化升级的政策法规与标准体系建设

第一，控制高耗能产业规模，限制高能耗产品出口。强化节能评估审查制度，提高行业准入门槛，严控高耗能、高污染行业企业过快增长，努力提高新增项目的能效水平。严格新建项目节能准入。及时制（修）订强制性单位产品（工序）能耗限额标准，实施工业固定资产投资项目节能评估和审查，建立健全新上项目管理部门联动机制和项目审批问责制，从源头把好节能准入关，严格控制高耗能、低水平项目重复建设和产能过剩行业盲目发展。对于未完成年度节能目标的地方，其新上高耗能项目采取区域限批措施。继续运用提高资源税、调整出口退税、将部分产品列入加工贸易禁止类目录等措施，控制高耗能、高污染产品出口。

第二，淘汰落后产能，加快兼并重组。加大淘汰落后产能力度，地方各级政府要对限期淘汰的落后装备严格监管，禁止落后产能异地转移。要将上大与压小相结合，淘汰落后与新上项目相结合。严格执行产业结构调整指导目录和行业准入条件，落实淘汰落后产能年度计划和国家财政支持政策，加大技术改造力度，完善落后产能压缩和疏导机制，确保淘汰落后和产能优化工程目标实现。按政府引导、企业为主体、市场化运作的原则，结合优化布局，大力支持优势大型骨干企业开展跨地区、跨所有制兼并重组，提高产业集中度。积极推进上下游企业联合重组，提高产业竞争力。充分发挥大型企业集团的带动作用，形成若干家具有核心竞争力和国际影响力的企业集团。

第三，实施严格污染物排放标准。对钢铁、水泥、化工、石化、有色金属和冶炼等重点行业进行清洁生产审核，针对节能减排的关键领域和薄弱环节，采用先进适用的技术、工艺和设备，实施清洁生产技术改造。燃煤电厂、工业燃煤锅炉、钢铁行业的烧结机和团球生产设备、石油化工行业的催化裂化装置、有色金属行业等安装脱硫设备，燃煤机组、新型干法水泥窑实行脱硝改造，燃煤锅炉和工业窑炉现有的除尘技术改造，减少 $PM_{2.5}$ 排放。以保护生态环境和人体健康为目标，加快环境保护标准制修订步伐，进一步完善国家环境保护标准体系。坚持因地制宜，鼓励有条件的地区制订更严格的排放标准。进一步深化细化重大排放标准制修订工作内容。

（七）推动中国储能产业的发展

1. 明确储能产业发展整体框架和发展思路

在可再生能源发电系统中，针对可再生能源在中国电网发电能源结构调整中的快速发展，明确储能技术在间歇式、分布式可再生能源并网调节控制和安全稳定等环节亟待解决的关键问题，特别需要加强对大容量储能技术的研发支持，从宏观上制订储能规划方案。针对电力交通领域存在的多种电化学储能技术进行整合和协同，根据二次电池和超级电容器储能的特点以及电力交通储能的需求，明确新材料、新工艺、新技术的开发应用方向，掌握自主知识产权。

2. 大力发展先进高效储能技术，积极支持进行示范应用推广

对现有储能技术进行分类，根据不同应用对功率密度、能量密度、响应时间、储能充放电效率、设备寿命、成本、环境影响、安全等储能关键参数的要求，确定储能技术的能量、功率、电压范畴及工作模式。对技术瓶颈进行归纳总结，针对各类储能需求提出重大基础、技术研究项目和产业化推进项目，积极发展先进能源材料、传热传质、电化学、模拟仿真等储能相关领域。通过多学科多领域的交叉互补，积极推动先进高效储能技术的发展和性能突破，加快建成若干示范项目以供评估和应用推广。

3. 构建和完善储能设备评价标准，并建立和完善合理的优惠政策和补贴机制，服务于储能规模化商业应用

对现有储能设备进行细分归类，总结并完善现有独立评价标准，避免储能端与用户端之间的脱节现象，针对性建立评价标准体系。根据需求建立和完善政策鼓励机制，结合大规模示范和商业应用情况针对储能设备生产、装备、运行等环节建立相应评价标准，提供标准化设计和评估方案，探索降低储能技术成本的途径。同时，迫切需要和国际发展形势接轨，加大相应领域国际标准化建设的主导和参与程度。

参 考 文 献

[1] 岑可法，骆仲泱，王勤辉，等. 煤的热电气多联产技术及工程实例[M]. 北京：化学工业出版社，2004.

[2] Yoshimura Y. Outline of 21st century coal technology strategies[J]. Shigen-to-Sozai，2000，116（12）：1011-1017.

[3] Ruth L A. Vision 21：ultra-clean energy plants for the 21st century[C]. 2000 Gasification Technologies Conference，2000.

[4] Weiss H，Lisboa A C L. Oil shale[A]//Nortcliff S，Hulpke H，Bannick C G，et al. Ullmann's Encyclopedia of Industrial Chemistry[C]. Berlin：Wiley-VCH Verlag GmbH & Co. KgaA，2000.

[5] Coal A H P O. Lurgi-Ruhrgas process[R]，1977.

[6] 尉迟斌. 煤综合加工制取化学原料和燃料[J]. 煤炭转化，1984，（4）：55-59.

[7] Corporation E. Encoal mild coal gasification project：encoal project final report[R]，1997.

[8] Atwood M T，Schulman B L. The toscoal process-pyrolysis of western coals and lignites for char and oil production[C]. ACS Spring Meeting，1977.

[9] Sass A. Garrett's coal pyrolysis process[J]. Chemical Engineering Progress，1974，70（1）：72-73.

[10] Lee S，Loyalka J G，Sudarchan K. Handbook of Alternative Fuel Technologies[M]. Boca Raton：CRC Press，2007.

[11] Edwards J H，Smith I W. Flash pyrolysis of coals：behaviour of three coals in a 20kg H-1 fluidized-bed pyrolyser[J]. Fuel，1980，59（10）：674-680.

[12] 徐振刚. 日本的煤炭快速热解技术[J]. 洁净煤技术，2001，（1）：48-51.

[13] 郭树才. 褐煤新法干馏[J]. 煤化工，2000，（3）：6-8.

[14] 杜铭华，戴和武，俞珠峰. Mrf 年轻煤温和气化（热解）工艺[J]. 洁净煤技术，1995，（2）：30-33.

[15] 岑可法，倪明江，骆仲泱，等. 循环流化床燃气蒸汽联产工艺及装置[P]. 中国：22E，1993-07-28.

[16] 岑可法，骆仲泱，方梦祥，等. 新颖的热、电、燃气三联产装置[J]. 能源工程，1995，（1）：17-19.

[17] 倪明江，岑可法，方梦祥，等. 循环流化床热电气三联产装置研究[J]. 工程热物理学报，1995，16（4）：499-502.

[18] 岑可法，王勤辉，方梦祥，等. 汽气共生热电气联产技术的研究[J]. 浙江大学学报（自然科学版），1997，31（2）：451-458.

[19] 曹源泉，任有中，钱剑清，等. 干馏制气–气汽联产装置[P]. 1997-01-22.

[20] 曹源泉. 固体热载体循环的三联产工艺的研究[C]. 中国电机工程学会供热新技术学术交

流会，1998.

[21] 梁永爱，范季贤，王旌海，等. 一种生产干馏煤气的方法及装置[P]. 1062751，1992-07-15.

[22] 王新雷. 一种新的联合能源生产工艺——热、电、煤气"三联产"[J]. 电站系统工程，1998，14（3）：3-6.

[23] 王伟，范晓旭，那永洁，等. 循环流化床多联供试验台的冷态试验研究[J]. 锅炉技术，2006，（4）：40-43.

[24] Fan X, Lu Q, Na Y, et al. Experimental study on coal multi-generation in dual fluidized beds[J]. Journal of Thermal Science，2007，16（3）：277-282.

[25] 吕清刚，刘琦，范晓旭，等. 双流化床煤气化试验研究[J]. 工程热物理学报，2008，29（8）：1435-1439.

[26] 吕清刚，刘琦，那永洁，等. 双流化床低温煤热解工艺探索[J]. 中国煤炭，2009，（6）：71-76.

[27] 梁鹏，王志锋，董众兵，等. 固体热载体热解淮南煤实验研究[J]. 燃料化学学报，2005，33（3）：257-262.

[28] 王志锋，梁鹏，董众兵，等. 循环流化床多联产洁净煤技术的研究及应用[J]. 煤化工，2005，（5）：26-30.

[29] 梁鹏，曲旋，王志峰，等. 对 Cfb 燃烧/煤热解多联产工艺过程的开发[J]. 热能动力工程，2010，（3）：278-282.

[30] 姚建中，郭慕孙. 煤炭拔头提取液体燃料新工艺[J]. 化学进展，1995，7（3）：205-208.

[31] 胡钰英. 立式炭化炉技术在中国的开发和应用[C]. 国际煤炭利用会议，1989.

[32] Cortez D H，赵振本. 用多思科煤（Toscoal）工艺联产合成原油及电力[J]. 煤炭转化，1983，（4）：1-17.

[33] 吴永宽. 国外煤低温干馏技术的开发状况与面临的课题[J]. 煤质技术，1995，（1）：39-45.

[34] 大唐华银. 东乌褐煤干燥示范装置开工[J]. 化肥设计，2009，（3）：12.

[35] National Academy of Sciences. Assessment of technology for the liquefaction of coal[R]，1977.

[36] Smith I W. The conversion of brown coal to oil by flash pyrolysis[J]. Energy，1986，11（11~12）：1217-1224.

[37] Tyler R J. Flash pyrolysis of coals. Devolatilization of a victorian brown coal in a small fluidized-bed reactor[J]. Fuel，1979，58（9）：680-686.

[38] Edwards J H, Smith I W, Tyler R J. Flash pyrolysis of coals：comparison of results from 1g H-1 and 20 kg H-1 Reactors[J]. Fuel，1980，59（10）：681-686.

[39] 郭树才，罗长齐，张代佳，等. 褐煤固体热载体干馏新技术工业性试验[J]. 大连理工大学学报，1995，35（1）：46-50.

[40] 神木富油能源科技有限公司. 主动适应新常态创新求变谋发展[R]，2015.

[41] 吴善洪，袁明友，郝军. 热电煤气"三联产"产气工艺热态试验研究[J]. 北京节能，1998，（1）：8-11.

[42] 朱伟林，米立军，张厚和，等. 中国海域含油气盆地图集[M]. 北京：石油工业出版社，2010.

[43] 国土资源部油气资源战略研究中心. 新一轮全国油气资源评价[M]. 北京：中国大地出版社，2009.

[44] 国土资源部油气资源战略研究中心. 全国油气资源动态评价（2010）[M]. 北京：中国大地出版社，2011.

[45] 周守为. 中国海洋工程与科技发展战略研究（海洋能源卷）[M]. 北京：海洋出版社，2014.

[46] 马怀书，子庆武. 我国毗邻海区表面波能的初步估算[J]. 海洋通报，1983，2（3）：73-82.

[47] 王传崑. 我国海洋能资源的初步分析[J]. 海洋工程，1984，2（6）：58-67.

[48] 王传崑. 海洋能资源[A]//中国自然资源丛书编撰委员会. 中国自然资源丛书（海洋卷）[C]. 北京：中国环境出版社，1995.

[49] 吴文，蒋文浩. 我国海水温差能资源蕴藏量和可开发量的估算[J]. 海洋工程，1988，6（1）：79-88.

[50] 杜祥碗. 能源革命：为了可持续发展的未来[J]. 中国人口·资源与环境，2014，（7）：1-4.

[51] 崔颖. 互联网+智慧能源：引领能源生产和消费革命[J]. 世界电信，2015，（8）：53-56.

[52] 岑可法，倪明江，骆仲泱，等. 基于煤炭分级转化的发电技术前景[J]. 中国工程科学，2015，（9）：118-122.

[53] 中国可再生能源学会风能专业委员会. 2012 年中国风电装机容量统计[R]，2013.

[54] 吕福明. 2012 年风力发电跃居中国第三大主力电源[R]，2013.

[55] 沈从举，贾首星，汤智辉，等. 风光互补发电系统在农村的推广应用[J]. 机械研究与应用，2013，（2）：86-88.

[56] 扁旭涛. 风光互补供电系统的运行与应用分析[J]. 城市建设理论研究，2012，（5）：86-88.

[57] 晁勤，陈江. 风电–水电互补电力系统潮流计算[J]. 新疆工学院学报，2000，（2）：90-94.

[58] 谭果林，刘彦，潘毅. 加强水–风两种电力资源协调互补[J]. 中国科技投资，2012，（5）：50-52.

[59] 包能胜，蔡佳炜，倪维斗. 风电与燃气轮机互补发电系统发电特性分析[J]. 沈阳工业大学学报，2006，（6）：675-680.

[60] 包能胜，倪维斗. 解决新疆风能资源大规模开发瓶颈的探讨[J]. 中国能源，2006，（1）：24-28.

[61] Fay G，Udovyk N. Factors influencing success of wind-diesel hybrid systems in remote alaska communities：results of an informal survey[J]. Renewable Energy，2013，57：554-557.

[62] Wilson J H. California wave energy resource evolution[J]. Journal of Coastal Research，2015，23（3）：679-690.

[63] Gutiérrez-Martín F，Confente D，Guerra I. Management of variable electricity loads in wind-hydrogen systems：the case of a Spanish wind farm[J]. International Journal of Hydrogen Energy，2010，35（14）：7329-7336.

[64] Zhou T，Francois B. Modeling and control design of hydrogen production process for an active hydrogen/wind hybrid power system[J]. International Journal of Hydrogen Energy，2009，34（1）：21-30.

[65] Pérez-Navarro A，Alfonso D，Álvarez C，et al. Hybrid biomass-wind power plant for reliable energy generation[J]. Renewable Energy，2010，35（7）：1436-1443.

[66] 王宇. 风光互补发电控制系统的研究与开发[D]. 天津大学硕士学位论文，2004.

[67] 左婷婷，杨建华，邵冰然. 风水光互补发电系统多目标优化设计[J]. 农机化研究，2009，（8）：25-28.

[68] 刘惠敏，王世锋，刘伟，等. 风水互补发电系统优化设计初探[J]. 水力发电，2007，（3）：77-79.

[69] 包能胜. 风电–燃气轮机互补发电系统若干关键问题的研究[D]. 清华大学博士学位论文，

2007.

[70] Reichling J P，Kulacki F A. Utility scale hybrid wind-solar thermal electrical generation：a case study for minnesota[J]. Energy，2008，33（4）：626-638.

[71] 白桦，迟凤岭，胡琼静. 以风-水互补方式促进我国风电产业发展[J]. 中国软科学，2013，（1）：176-181.

[72] 郝辉. 生物质直燃发电项目技术经济分析[D]. 华北电力大学硕士学位论文，2008.

[73] 李琳，郑骥. 我国生物质能行业发展现状及建议[J]. 中国环保产业，2010，（12）：50-54.

[74] 国家能源局. 生物质能发展"十三五"规划，2017.

[75] 王路海，袁宗胜，马建英. 国内外生物质能利用现状及展望[C]. 中国化工学会 2008 年石油化工学术年会暨北京化工研究院建院 50 周年学术报告会论文集，2008.

[76] 罗雁，陈良正，陈爱民. 国内外生物质能利用技术现状及发展暨对云南生物质能发展的建议[C]. 2006 年中国农学会学术年会，2006.

[77] 王海，卢旭东，张慧媛. 国内外生物质的开发与利用[J]. 农业工程学报，2006，（S1）：8-11.

[78] 国家能源局. 生物质能发展"十三五"规划，2017.

[79] 宋艳苹. 生物质发电技术经济分析[D]. 河南农业大学硕士学位论文，2010.

[80] 陈建华，郭菊娥，薛冬，等. 十里泉秸秆发电项目社会效益研究[J]. 当代经济科学，2008，（5）：103-107.

[81] 中关村储能产业技术联盟：储能专业委员会. 储能产业研究白皮书 2013[R]，2013.

[82] John B. Overview：algae oil to biofuels. AFOSR research workshop on algal oil for jet fuel production[R]，2008.